杨小微 等 著

指标与路径：

中国教育迈向现代化

INDEXES AND APPROACHES

Chinese Education Modernization

教育科学出版社

·北 京·

出 版 人　李　东
责任编辑　方檀香
版式设计　杨玲玲
责任校对　贾静芳
责任印制　叶小峰

图书在版编目（CIP）数据

指标与路径：中国教育迈向现代化／杨小微等著
．—北京：教育科学出版社，2020.12（2021.10重印）
ISBN 978-7-5191-2428-1

Ⅰ.①指…　Ⅱ.①杨…　Ⅲ.①教育现代化—研究—中
国　Ⅳ.①G52

中国版本图书馆CIP数据核字（2020）第255836号

指标与路径：中国教育迈向现代化
ZHIBIAO YU LUJING: ZHONGGUO JIAOYU MAIXIANG XIANDAIHUA

出 版 发 行	教育科学出版社				
社　　　址	北京·朝阳区安慧北里安园甲9号		邮　　　编	100101	
总编室电话	010-64981290		编辑部电话	010-64981252	
出版部电话	010-64989487		市场部电话	010-64989009	
传　　　真	010-64891796		网　　　址	http://www.esph.com.cn	
经　　　销	各地新华书店				
制　　　作	点石坊工作室				
印　　　刷	唐山玺诚印务有限公司				
开　　　本	720毫米×1020毫米　1/16		版　　　次	2020年12月第1版	
印　　　张	24.5		印　　　次	2021年10月第2次印刷	
字　　　数	383千		定　　　价	75.00元	

本书系华东师范大学基础教育改革与发展研究所杨小微教授主持的国家社会科学基金"十二五"规划教育学重点课题"教育现代化评价体系及推进路径研究"（课题批准号：AFA130001）的成果

目录
Contents

迈向现代化：中国教育的百年梦想 ⋯⋯⋯⋯⋯⋯⋯⋯⋯⋯⋯⋯⋯ *1*

| 追根溯源篇 |

第一章　教育现代化的全球视野 ⋯⋯⋯⋯⋯⋯⋯⋯⋯⋯⋯⋯ *11*

一、现代化理论透视 ⋯⋯⋯⋯⋯⋯⋯⋯⋯⋯⋯⋯⋯⋯⋯⋯⋯⋯ *12*

二、教育现代化的发展路径 ⋯⋯⋯⋯⋯⋯⋯⋯⋯⋯⋯⋯⋯⋯⋯ *18*

三、比较视野下中国教育现代化的基本取向 ⋯⋯⋯⋯⋯⋯⋯ *34*

第二章　中国教育现代化的历史追寻 ⋯⋯⋯⋯⋯⋯⋯⋯⋯⋯ *39*

一、中国教育现代化的启航及其实践轨迹 ⋯⋯⋯⋯⋯⋯⋯⋯ *40*

二、内源动力：教育现代化变革中的传统元素及其转化 ⋯⋯ *45*

三、教育现代化推进的文化透视 ⋯⋯⋯⋯⋯⋯⋯⋯⋯⋯⋯⋯⋯ *53*

第三章　教育现代化进程中的现代性反思 ⋯⋯⋯⋯⋯⋯⋯⋯ *58*

一、现代性问题的提出 ⋯⋯⋯⋯⋯⋯⋯⋯⋯⋯⋯⋯⋯⋯⋯⋯⋯ *59*

二、现代性的批判之维 ⋯⋯⋯⋯⋯⋯⋯⋯⋯⋯⋯⋯⋯⋯⋯⋯⋯ *67*

三、现代性的重建之路 ⋯⋯⋯⋯⋯⋯⋯⋯⋯⋯⋯⋯⋯⋯⋯⋯⋯ *75*

四、启示 ⋯⋯⋯⋯⋯⋯⋯⋯⋯⋯⋯⋯⋯⋯⋯⋯⋯⋯⋯⋯⋯⋯⋯ *84*

第四章　教育现代化评价的价值论基础 ⋯⋯⋯⋯⋯⋯⋯⋯⋯ *87*

一、教育现代化评价中的价值选择 ⋯⋯⋯⋯⋯⋯⋯⋯⋯⋯⋯⋯ *88*

二、价值商讨是达成教育现代化价值共识的过程··············102

三、教育现代化评价的功能在于价值引领··············105

/ 指标探究篇 /

第五章　教育现代化评价指标研制的方法论基础··············109

一、教育现代化评价指标研制的方法论问题讨论··············110

二、教育现代化评价指标研制方法概览··············116

三、教育现代化评价指标研制方法的综合运用··············120

第六章　区域性教育现代化评价指标体系及特色分析··············127

一、省域教育现代化评价指标的比较研究··············128

二、区域性教育现代化评价指标体系的案例分析··············138

三、区域性教育现代化评价指标体系的问题与改进··············151

第七章　教育现代化评价指标体系的优化尝试··············156

一、教育现代化评价指标体系的优化过程及原始框架结构··············157

二、两轮专家问卷调查中对方案的修正··············161

三、优化方案的实践版：由理念框架向 CIPP 模式的转化··············183

/ 路径探索篇 /

第八章　评价导引下的教育现代化路径求索··············189

一、教育现代化推进面临的难题与挑战··············190

二、教育现代化内涵式发展的路径探寻··············195

三、推进教育现代化的战略思路··············200

第九章　教育现代化推进路径研究··············204

一、"以评促建"，实现内涵发展··············205

二、示范引领，体现协同发展··············219

三、第三方介入，着力共同发展 ⋯⋯⋯⋯⋯⋯⋯⋯⋯⋯⋯⋯ 229

四、城乡统筹，推进区域发展 ⋯⋯⋯⋯⋯⋯⋯⋯⋯⋯⋯⋯⋯ 249

/ 制度保障篇 /

第十章　教育现代化推进机制探索 255

一、教育现代化推进机制概述 ⋯⋯⋯⋯⋯⋯⋯⋯⋯⋯⋯⋯⋯ 256

二、教育现代化推进机制的运行过程 ⋯⋯⋯⋯⋯⋯⋯⋯⋯⋯ 265

三、教育现代化推进机制的案例分析 ⋯⋯⋯⋯⋯⋯⋯⋯⋯⋯ 279

第十一章　教育现代化监测制度探寻 284

一、教育现代化监测制度的价值和构建原则 ⋯⋯⋯⋯⋯⋯⋯ 285

二、教育现代化监测制度的架构 ⋯⋯⋯⋯⋯⋯⋯⋯⋯⋯⋯⋯ 292

三、教育现代化监测制度的实施 ⋯⋯⋯⋯⋯⋯⋯⋯⋯⋯⋯⋯ 297

第十二章　教育现代化政策创新 302

一、价值引领：以"人的现代化"为核心目标 ⋯⋯⋯⋯⋯⋯ 303

二、目标图景：公平、质量与多样 ⋯⋯⋯⋯⋯⋯⋯⋯⋯⋯⋯ 312

三、治理变革：调动多元主体参与教育现代化实践 ⋯⋯⋯⋯ 320

四、政策工具：提炼地方有效经验，发挥辐射引领作用 ⋯⋯ 333

第十三章　教育现代化推进中的文化生成 337

一、过去与现在：文化生成的历史之维 ⋯⋯⋯⋯⋯⋯⋯⋯⋯ 338

二、多元与复合：文化生成的现实境遇 ⋯⋯⋯⋯⋯⋯⋯⋯⋯ 344

三、结构与主体：文化生成的内在张力 ⋯⋯⋯⋯⋯⋯⋯⋯⋯ 351

四、教育现代化的文化意蕴 ⋯⋯⋯⋯⋯⋯⋯⋯⋯⋯⋯⋯⋯⋯ 355

余论：中国教育现代化的未来图景 ································· *358*

参考文献 ································· *361*

索　引 ································· *379*

后　记 ································· *383*

迈向现代化：中国教育的百年梦想

无论是把中国社会及教育的现代化起点定在 19 世纪下半叶的洋务运动及洋务教育，还是定在 20 世纪初西方学制引进，抑或五四运动期间"德先生"（民主）、"赛先生"（科学）驾临中国，中国社会的现代化以及教育的现代化都走过了漫长的蹒跚学步的历程。如果说改革开放以来我国以建设"四个现代化"（即工业现代化、农业现代化、国防现代化和科学技术现代化）为标志重启了现代化的历程并持续至今，那么 1983 年邓小平为北京景山学校题词"教育要面向现代化，面向世界，面向未来"则标志着中国教育现代化重新扬帆起航。在这梦想时断时续的一百多年中，一些问题始终萦绕着我们，挥之不去。什么是现代化？在学界这一热议的概念为何又被"现代性"悄然取代？教育的现代化与社会的现代化之间存在何种举足轻重的内在关联？在外部刺激和内心渴望的双重压力或驱动力之下，中国的现代化能否走出一条独特的"中国道路"？相应地，中国的教育现代化有无可能据此获得"道路自信"，并以自己的方式增进中国社会现代化的自信？

如果最简略地说，现代化就是"传统社会向现代社会转变的过程"，或者仅从量的意义上说，是一个"传统性渐减、现代性渐增"的过程，那么，传统性与现代性之间究竟是一种什么样的关系？

"世界上任何国家一旦实现现代化，其影响不可避免地会传遍全球任何地方，不管是用武力，还是靠人民的选择，或是两者兼而有之。于是，所有不再是先行者的国家就变成后来者，而所有后来者都会发现，他们社会中的主要因素被强烈的要求或与现代化有关联的因素的压力所破坏。"（罗兹曼，1989）[5] 这段话表达了两层含义：一是现代化是没有任何力量可以阻挡的世界潮流；二是被"卷入"其中的任何一个国家都将发生深刻的甚至是根本性的改变。

由于现代化最先发生于西方，所以人们难免会把现代化理解为西方化，并进而导致简单模仿和照搬的行动偏向。如勒纳（Daniel Lerner）认为"现代化是社会的变化，欠发达国家通过这样的社会变化获得了比较发达的现代工业社会的共同特征"（布莱克，1996）[译者前言 18]。这种观点通常以非此即彼的方式理解现代性与传统性，但这并不能反映事实。"在任何社会中都不存在纯粹的现代性和纯粹的传统性。相反，现代化过程是一个传统性不断削弱和现代性不断增强的过程。每个社会的传统性内部都有发展出现代性的可能，因此，现代化是传统的制度和价值观念在功能上对现代性的要求不断适应的过程。"（布莱克，1996）[译者前言 18]

从文化学视角分析，传统性有赖于一种"濡化"的方式得以代际相传，即年青一代在老一辈指示、引导或强制下接受传统思想和行为方式的过程。而对中国目前经历的这种"后发型"现代化来说，现代性落地生根的过程则是一种有别于传统文化的由外而内的"涵化"过程。所谓"涵化"，是指由具有不同文化的个人组成的群体，因持久、集中的接触，相互适应、借用，结果造成一方或多方原有文化模式发生大规模变迁的过程。中国的传统性，能否同化或整合外来的现代性，是中国现代化能否成功、能否发展的关键。中国社会的现代化能否成功和发展，直接关系到中国教育能否走出一条有自己特色的可持续发展之路。

奥康内尔（James O'Connell）特别指出，"非西方文化接受了首先产生于西方的某些形式和技术。但是，绝大部分这些形式从认识论来说，是现代的而不是西方的。它们属于全人类的精神，而不属于它的任何特殊的表现"（布莱克，1996）[24]。奥康内尔既反对将现代化等同于西方化，也不同意将现代化归结为经济形式。他用"创造的理性"来表达现代化进程的精神状态，这包括三个方面：分析因果关系和创造发明的观念，工具和技术的大量增加，对社会结构的灵活性与连续性的认同（布莱克，1996）[25]。其至可以归结为一句话：现代化是探索性和创造性思想态度的发展，它既是个人的思想态度，也是社会的思想态度。这种态度隐藏在技术和机器使用的背后，使个人之间的社会关系产生新形式（布莱克，1996）[32]。

> 社会与教育，谁决定谁？答案似乎不言而喻。然而，社会现代化与教育现代化之间的关系，远不是相互制约、相互促进那么简单明了。

改革开放以来扬帆起航的中国教育现代化，起初还不是"自身的现代化"，而只是"面向现代化"或者说是"为现代化建设服务"。这可以从邓小平当年常说的一段话中得到证实：实现四个现代化，科技是关键，教育是基础。也就是说，通过教育培养出科学技术人才，投身于工业、农业和国防等的现代化建设。然而，为现代化建设服务的教育，自身不可能不是现代化的教育。试想，一所完全不是由现代教育思想主导的学校，何以能够培育出有现代意识的"人"或"人才"呢？

诚然，负有文化传承和创新使命的教育，唯其自身具备现代气质才能担负得起推动社会现代化的重任。但也必须看到，社会的现代化程度又决定了教育现代化的水平。例如，公平是教育现代化的重要的价值维度，当社会整体公平尺度未成为公认尺度时，或者说公平观念尚未成为社会每一个人的观念时，教育内部的公平也难以成为普遍状态。

面对这种教育现代化与社会现代化相互制约的"循环"，我们不禁要追问：如何摆脱被动，使二者能够相互促进？站在教育的立场上，我们不应被动地等待社会现代性的提升，而应取主动姿态，让教育适度超前，引入更多的"现代性种子"，植根于中国教育文化的传统土壤，静待其萌芽、舒枝、展叶并绽放出名为"中国现代化"的教育之花。

有意思的是，最初一谈起教育现代化，人们的第一反应就是"教育信息技术的现代化"。时至今日，我们去西部某地调研教育现代化现状时，虽然事先提交了调研材料，但对方安排接待我们的负责人还是信息办主任。但更多的教育界人士在接受调研时都能脱口而出："教育现代化更重要的是

'化人'而不只是'化物'。"这表明，作为观念的"现代性种子"，已经深深埋下并开始发芽。

> 相同的目标、不同的路径，相同的理念、不同的文化，前有先驱、后有来者……，在教育现代化的大潮中，我们应依凭什么来获得中国教育现代化的"道路自信"呢？

在迈向现代化的世界大潮中，不仅有继续领航的"先行者"，如英、法、美等国，也有不少被誉为"成功的后来者"的追赶者，如日、俄等国。那么，我们将凭借什么"后来居上"？上海学生在 PISA 测试中"一举成名"，引起西方国家的高度关注，这似乎有助于增强我们的自信心。然而，对于中国教育中种种或隐或显的问题和弊端，我们也心知肚明。仅凭"尊师重道"和"学而优则仕"的传统是不够的，仅仅引进西方教育观念和国际优质教育资源也可能是"远水解不了近渴"或者会"水土不服"，还有一条可能的道路——最好的中国传统教育加上最好的西方现代教育——似乎也难以走通。

于是，我们还剩下最后一条路：在这不确定的世界里不断地探索与创新！用奥康内尔的话说，就是用"创造的理性"去开辟未来！这也正好符合他对现代化的定义：现代化是探索性和创造性思想态度的发展，它既是个人的思想态度，也是社会的思想态度。至少，我们在两个重要节点上是需要发挥创造理性去谋求突破与创新的：一是基于价值澄清的教育现代化目标的凝练；二是在推进教育现代化上理性地进行路径选择。在这两个节点上都必须审慎地对待路径依赖，即在目标凝练上应避免简单套用先行者国家的教育发展标准，这是要避免对西方的路径依赖；在路径选择上则要尽量避开过去习惯了的"达标运动式"的行政套路，这是要克服对自己的路径依赖。也许，路径依赖未必全都不好，比如按经验办事可以减少决策成本，可以及时启动。但是这里讨论的重点是：当教育发展进入"深水区"和"攻坚段"时，容易解决的问题早已解决，剩下的都是"硬骨头"。当已有的经验和"招数"统统失效时，唯创新才会有出路。

回望走过的道路，面对今天中国所面临的形势，审思教育现代化推进中的成败得失，我们需要好好思索：我们需要的究竟是什么样的教育现代化？

凡以教育发展规模与速度、设备与条件、工具与技术为指向的现代化努力，均可称为"外延式"教育现代化发展；凡不考虑投入增加而以要素及其结构优化和质量提升为主旨的发展，则可称为"内涵式"教育现代化。改革开放以来的教育现代化历程告诉我们：比工具和技术现代化更重要的是人的现代化和文化的现代化，或可再加上"制度的现代化"，其优化和提升正是一种内涵式发展意义上的现代化。

现代化是一个历久不衰且还将持续的世界历史潮流，中国作为"后来者"，从最初被动卷入到现在主动参与并自觉推进，其中既有成功的经验也有挫败的教训。要想在今后的路上走得更好，准确把握现代化的内涵是采取正确行动的前提。

一般说来，现代化是传统社会向现代社会的转变过程，是涉及人类生活所有方面的深刻变化。概言之，现代化可以被看作经济领域的工业化、政治领域的民主化、社会领域的城市化以及价值观念的理性化的互动过程（布莱克，1996）^{译者前言7}。仅仅从人均国民收入来衡量现代化的水平，或者只是从政治机构、组织结构与功能来解释社会的现代性是远远不够的。正如英克尔斯（Alex Inkeles）所指出的那样：如果一个国家的人民缺乏能够赋予先进制度以生命力的广泛的现代的心理基础，如果掌握和运用先进制度的人在心理、思想、态度和行为上还没有经历一场向现代性的转变，那么失败和畸形的发展就是不可避免的。（殷陆君，1985）[4] 英克尔斯关注现代化进程中人这样一个最基本的因素，从现代人格形成的视角调查了六个正在走向现代化的国家，归纳出现代人的九个心理特征。其中最重要的四个特征是：有丰富知识的参与型公民，对个人效能抱有充分的信心，有高度的独立性和自主性，愿意接受新的经验和新的思想。英克尔斯把这些特征称为"现代性精神"。现代性精神是一个国家经济增长和社会发展的必要前提。也有另一种认识：现代性是一种注重"权利、能力、理性、自立（包含自由）"的主体精神、批判精神、理性精神和启蒙精神，这是现代化经济、社会和政治三维结构所体现的共性（韩庆祥，2016）。

除了人的因素，与人有关的社会文化因素也极为重要。一些学者指出："现代化是探索性和创造性思想态度的发展，它既是个人的思想态度，也是社会的思想态度。这种态度隐藏在技术和机器使用的背后，引起个人之间社会关系产生新形式。"（布莱克，1996）[32] 这段话指出了现代化中相互依存的三个方面：思想和精神、社会结构、工具和技术。一些社会学家认为："结构方面的条件为社会的发展提供了可能性，而文化因素才使这种可能性变成现实。"（布莱克，1996）[译者前言 21] 因此，现代化研究应该把重点放在通过国家的社会－经济政策来改造传统文化，使它适应现代化的需要上面。

综上所述，人的现代化和文化的现代化，是现代化的核心内涵。仅有工具和技术的现代化，只能算是形式上的现代化；关注人的现代化和文化的现代化，才能使现代化名副其实。

> 改革开放以来的中国教育现代化，经历了从效率优先的重点发展向公平导向的均衡发展的转变，同时也正在经历从"外延式发展"向"内涵式发展"的转变。

如果说 1985 年颁布的《中共中央关于教育体制改革的决定》还只是将"面向现代化、面向世界、面向未来"作为一种指导思想的话，那么自 1993 年《中国教育改革和发展纲要》颁布以来，我国才真正开启了以教育现代化为目标的改革和发展征程。2010 年《国家中长期教育改革和发展规划纲要（2010—2020 年）》（以下简称《教育规划纲要》）颁布，意味着我国教育（至少是基础教育）的改革之路正式从"效率优先的重点发展"转向"公平导向的均衡发展"，发展的前景和目标，也正是基本实现教育现代化。随着工业化和城市化的迅速发展，我国教育中早已存在的东中西部之间的梯度发展差异以及城乡差异进一步凸显，因此要促进教育公平进而推进社会公平，就必须致力于教育的均衡发展。在促进教育均衡的过程中，最先要解决的就是设备、条件和技术等器物层面的均衡问题。这样一来，教育的均衡发展，也必然要经历一个从"外延式均衡"向"内涵式均衡"的转变过程。

有学者以世纪之交为历史分期点，将江苏省的教育现代化前20年的发展命名为"启动和成长阶段"，21世纪以来则为"全面建设小康社会的新发展阶段"，其间经历了一个从自然融入到自觉推进的转型过程。在自然融入时期，重点解决的是加快国民教育普及、增加教育投入、调整教育结构、深化体制改革等"外延"意义上的发展问题（杨小微 等，2013）。1993年秋，江苏省启动了区域性教育现代化试点工程，以促进现代化过程从自然融入向自觉推进的转型，其工作机制是"集中于苏南突破，带动苏中启动，促进苏北少数示范点探索"；对苏南地区的教育现代化试点工作提出了教育理念、教育结构体系、条件装备、师资队伍建设、教学体系和教育管理等六个方面的现代化发展目标，集中了教育要素的现代化要求，反映了于物质、制度、文化观念等多层面同步推进教育现代化的战略意图（周稽裘，2008）。江苏省教育现代化的这一转型发展过程在全国是颇具代表性的。

在意识到教育现代化不仅仅是"化物"更重要的是"化人"之后，观念转化为行动需要借助制度的力量，因而，教育发展从"外延式"转向"内涵式"的关键在于制度的现代化。

从文化学视角看，教育现代化是一种自觉的文化过程，它总体上包含着器物性、制度性和精神性这三个相互转换又互动生成的维度。人总要通过实践，建构为我而存在的关系（马克思 等，1972）[35]，改变自然物的形态和属性，以满足人的需要。由"为我关系"组成的世界就是广义的文化世界，包括器物性文化和精神性文化。人类通过实践来改造世界，实践不但具有普遍性的品格，还有直接现实性的品格。后一种"品格"是指实践是物质活动，前一种"品格"与实践的目的和方法相联系。目的和方法是认识活动的产物，属于理性范畴，具有普遍性品格，是实践能动性的根据。实践的普遍性品格体现了精神性文化改造自然的功能。人们在实践中必然发生关系，形成以制度等为载体的"社会组织方式"（费孝通 等，1988），这就构成了属于精神性文化的制度文化。制度文化以影响人们交往方式的形式影响着人们的实践活动，体现着文化改造自然的功能。

制度性文化属于精神性文化，又在器物性文化与精神性文化之间起着中介或转换的作用。当人们越来越意识到教育现代化不仅要"化物"更要"化人"时，以"分权""放权""监权"为基本方式来理顺政府与学校的关系、扩大学校的办学自主权、形成学校内部治理机制就显得更为迫切。唯其如此，以学校为基本单位的课程教学改革、教师专业发展和学生自主成长等指向学校内涵提升和办学质量优化的改革创新举措才有真正落地的可能。制度层面的变革，一直是教育改革中较被忽视的领域，党的十八大提出推进治理体系和治理能力的现代化，为教育制度的变革带来了新的契机。

在中国教育现代化进程中，我们对评价指标和推进路径进行了哪些探索和创造？围绕这些探索和创造，又展开了哪些验证、反思与再创造？

感谢一次机缘让我和我的同事及学生得以深入进行教育现代化的研究，这就是 2013 年投标国家社科基金重点课题获得成功。我们中标的"教育现代化评价体系及推进路径研究"是当年的 1 号课题，足见国家对这一问题领域的重视。因为这一契机，我们便将之前一直关注的义务教育均衡发展区域推进的研究拓展到更广、更深的领域，同时也从历史、哲学、文化等不同视角，以及制度、政策等不同层面去探究教育现代化背后隐藏的现代化、现代性等问题。随着研究的深入，我们在震惊于现代化问题之博大精深和错综复杂的同时，也欣喜地看到改革开放以来我们在奔向教育现代化的路上迸发出来的热情、智慧和创造。

在评价指标方面，北京、上海、江苏、浙江、广东等省级单位，成都等市级单位拿出了自己的教育现代化评价指标体系，其内容有诸多共通之处，又带有各自明显的地域特色，呈现了丰富多样的指标体系版本。在这些版本中，上海又区分了市级版和区级版，后者不涉及高等教育阶段指标——如此区分是很合理的。市、区两级版本，各自认定了10个指标作为核心指标。江苏省和成都市还特别推出各自的教育现代化评价监测系统，以常规化的方式进行监测，每年公布一次结果。这种系统监测有助于切实保证教育现代化在实践中有序、有效推进。迄今为止，尚无国家级的教育现代化评价指标体系版本，但这不代表没有机构或研究者正在从事相关的研究与开发。无论如何，是国家级版本出台的时候了！

在教育现代化的推进路径方面，无论是各级行政部门推进的实践、一些地区和学校自发启动的相关探索，还是从学理上对其展开的探究，都精彩纷呈，让人目不暇接。就我们通过各种渠道所了解到的情况而言，源起于上海浦东的薄弱学校委托管理、杭州市政府大力推动的名校集团化、在多地出现的"一校多校""一校多区"等，都不约而同地代表了教育发达地区推进基础教育优质均衡发展的创意和决心。而在苏南地区的一些城市，如常州、南京等地，在"产教融合""普职融通"等方面付出的智慧和努力，也令人称道。也许，许多由历史与现实原因造成的弱势、短板或缺陷很难一下子得到弥补或消除，但这些可贵的尝试无疑让我们看到了光明和希望。

我们就是在这样的基础上开始我们的研究的，我们深知将要破解的是一个大难题，我们将要书写的是一篇大"文章"，但我们有足够的心理准备来迎接它带给我们的挑战！

本书的内容以四个板块呈现。（1）追根溯源篇。分别从教育现代化的全球视野、历史追寻、现代性反思和价值论基础等方面展开阐述与讨论，力图为全书奠定理性的基础。（2）指标探究篇。基于对评价及其指标体系研制的方法论探讨，梳理部分省、市教育现代化指标体系的设计思路与特色，然后依据德尔菲专家问卷及专家工作坊研讨结果，对国家级指标体系展开优化研究。（3）路径探索篇。根据多地调研材料，梳理近年来我国推进教育现代化的全国性和地方性的典型经验，从中梳理提炼出若干有代表性的推进路径，如以评促建、体制多元、示范区引领、第三方介人、城乡统筹等，以案例的方式呈现这些路径与策略，并阐述这些推进路径与评价指标之间的内在关联性。（4）制度保障篇。主要从教育现代化推进机制、监测制度、政策创新和文化生成等不同维度展开讨论，在揭示体制机制对教育现代化建设事业的支持保障功能的同时，探寻教育现代化实践进程与现代化文化的交互创生，进而揭示建立教育现代化理论、实践与政策之间良性循环机制的必要与可能。

第一章　教育现代化的全球视野

现代化是人类历史上一场深远而剧烈的变革，对教育现代化的审视需要放置于整个现代化的大背景中才不至于管中窥豹。从理论发展的视角来看，对现代化的追问主要着眼于三个问题逐渐展开：西方社会为何能够率先实现现代化？非西方社会如何实现现代化？对于非西方国家而言，沿着西方道路去追求现代化可行吗？

从历史脉络上看，教育现代化经历了"先行者"发轫、"追随者"超越和"后来者"跟进这三个时代，并在每个时代演绎着复杂而跌宕的故事。这些都为中国教育现代化的价值定位和道路取舍提供了可以参照的宝贵经验。

在全球教育现代化的大背景下，中国的教育现代化如何构建起与社会现代化的共生关系？如何走出有自己特色的现代化道路？如何确立中国教育现代化的核心价值和值得努力的方向？

这些，都是本章逐一探寻和讨论的问题。

教育现代化是一个过程，是教育领域现代性不断增长的过程。关于教育现代化的起源与发展问题，当前理论界仍然是众说纷纭、莫衷一是。但是，无论从理论上还是实践上，大家都有明确的共识，即教育现代化的发展与全球范围内近几个世纪以来波澜壮阔的现代化进程是密切相关的。因此，有必要借用对现代化理论的概括梳理来探求教育现代化的发展历程。

一、现代化理论透视

现代化是人类历史上最剧烈、最深远并且显然是无可避免的一场社会变革（罗兹曼，1989）[4]。"现代化"这个术语自20世纪60年代以后在西方社会科学研究中逐渐流行起来，严格意义上的"现代化理论"即起始于此。然而，现代化所涉及的社会变迁却要追溯到几百年前的那个大变革的时代，它概括的是人类近期发展进程中社会急剧转变的一种总的动态。

人类的现代化进程始于欧洲。依据文化学的观点，人们常把文艺复兴、宗教改革和地理大发现作为现代化的开端。但更多的学者倾向于将18世纪工业革命带来的工业化视为现代化的实质，将现代化看作人类社会从传统农业社会向现代工业社会转变的历史过程。这一过程在"二战"之前只囿于欧美和日本等国家和地区，而在"二战"之后迅速席卷整个世界，开始了全球范围内的扩展。因此，广义上的"工业化，不能仅仅理解为十八世纪后半期从欧洲肇始的工业革命所引起的那个工业化过程，那只是初期工业化或古典式工业化……；而在其他一些地区，工业化的进程大都始于二十世纪；对第三世界的新兴国家来说，则始于第二次世界大战结束之后"（罗荣渠，1986）。工业化除了给工业领域和经济领域带来了翻天覆地的变化以外，也使知识增长、政治发展、社会动员、心理适应、生活方式和价值观等各个方面发生了各种功能性变化，由此而产生的社会各单元对于新环境的变化和适应也应纳入现代化的进程。

面对工业革命带来的社会生活各方面的深刻变革，政治、经济、社会、文化等各领域的理论大师都就这一重大社会转型进行了深入和广泛的研究，形成了一个庞大而又复杂的现代化理论体系。该体系围绕着前后相继的两个宏大问题展开：西方社会为何率先实现了现代化？非西方社会如何实现现代化？第一个问题是在日本、苏联步入现代化之前理论大师们关注的焦点；第二个问题则是在"二战"以后为解释非西方社会发展路径而产生的，并直接带来了 20 世纪 60 年代以美国为中心展开的现代化理论建构高潮。进入 20 世纪 80 年代以后，现代化理论受到了来自后现代的强力抨击。后现代的学者们否认存在一个全世界共同追求的所谓"现代化梦想"，而是强调各国家和地区的文化多元性与特殊性。由此，我们可以增加另一个问题：沿着西方道路去追求现代化可行吗？我们可以就这三个关键问题来梳理一下百年来的现代化理论发展路程。

（一）西方社会为何率先实现了现代化

尽管真正意义上以"现代化"命名的理论始于 20 世纪 60 年代，但是该理论的起源确是十分悠久的。从洛克提出古典市民社会理论以来，斯密的古典经济学、孔德和斯宾塞的社会进化理论以及涂尔干、韦伯和特尼斯的社会学理论等，都可以包括在现代化理论之中。其核心尽显于著名的"韦伯问题"：为什么工业资本主义兴起于西方而不是别处？

其实，自从欧洲因科学发展和产业革命带来了整个社会的急速大发展，使得经济、文化和日常生活产生急剧变化以来，众多理论家就开始从社会进化论的角度来探寻产生这一进程的深层次原因。实证主义者孔德和斯宾塞在总结了欧洲的发展历程后，坚信全人类注定要沿着单一轨线发展。这条轨线由诸个前后相继、性质严格区别的阶段构成，所有的民族都必须依次经过这些阶段。现代社会代表着这条轨线上的最后一站。依孔德的理论，人类文明必须经过这样三个阶段：第一是神学阶段，其中一切现象均由超自然的力量解释；知识是有限的，幻想而非理性起着主导作用；统治力量是教士和军人，征战是其主要的活动。第二是形而上学阶段，其中一切现象均由抽象理念来解释，其进步表现在纪律和理性思想的增强；社会结构由司法－立法者主导，征战让位于城防。第三是实证阶段，其中一切现象均由以经验观察为基础的科学原则和定律来解释，现代社会即属该阶段。斯宾塞把社会变迁视为一个类似生物体进化的过程，即由简单成长为复杂。在此过程中，结构和机能日益分化，分化的各部分间日益地相互依赖。整体来看，人类文明由军事社会和工业社会组成，前者依赖于对外的征战和对内的强制，后者依赖于契约关系、个人主动性、自愿协作，因此导致政府力量的削弱、战争的消亡、民族界限的融合和全人类共同体的建立。然而，这种单线式的发展模式很容易崩溃，因为任何一个反例的出现都会使其失败。而众多地区的发展现实是它们并没有最终走向现代社会，反而在世界发展的浪潮之中起起伏伏，甚至一蹶不振。

既然人类社会并不是沿着一条固定的路线向前发展的，我们就不可能概括出一种放之四海而皆准的模式来解释现代化发展路径，那么将视野限定在从前现代（premodern）社会到现代社会的阶段性变革期，是否能够找到更合理的解释呢？特尼斯和涂尔干等探讨了这一问题。他们倾向于采用二分法，认为在现代化所指示的现代社会之前必然是一种所谓的传统社会，两者是相异的甚至是对立的。特尼斯使用了"乡土社会"与"法理社会"两个概念。他说，以前是家庭生活和家政经济设定基调，而现代设定基调的则是商业和城市活动。一方面，"乡土社会"的整个发展趋向"法理社会"；另一方面，在"法理社会"里，"乡土社会"的力量仍留存于集体生活的现实中，但这力量是衰减的。涂尔干用的概念是"机械的结合"与"有机的结合"。他认为，机械结合的传统社会缺乏有机的结构和机能分化，各社会单元自给自足，很少相互交往，社会成员们被一种强有力的"集体意识"所规约，显示出极为一致的思想和行动。有机结合的社会则是由专门化的结构性单元组成，集体意识弱化，契约关系取代原有的宗亲关系构成社会关系的基础。

对特定时期的现代化进行研究的理论都具有两个特征：第一，集中在西方现代化的问题上，因为这是当时唯一实现了现代化的地方；第二，集中在资本主义现代化问题上，因为这是当时唯一存在的现代化形式。韦伯对于西方社会能够实现现代化的解释是：如果单看物质条件，西方原先在许多地方并不优于其他地方，而西方现代化成功的一个核心因素是文化中的理性主义精神，这种长期潜伏的精神到了近代因"新教运动"而得到强化和系统化，从而推动了对传统主义桎梏的冲决，使西方得以完成向现代化社会的转变。我们在此可以看出其中的隐义，即现代化的独一性——西方现代化的成功得力于经济理性主义，这种精神不是其他文明均有的，而是西方文明独有的，因此现代化只是在西方成功了，而未能在其他地方成功。这个立论在韦伯时期是符合事实的。但进入20世纪以后，日本和苏联却日益显示出现代化的成功。这就激发学者们去探讨：在成功实现现代化的非西方国家中，哪些因素起到了如新教伦理在西方现代化中的功效？（丁学良，1988）

（二）非西方社会如何实现现代化

20世纪60年代，现代化理论以美国为中心发展与兴盛起来。此时，现代化过程对西方国家而言已经成为历史，人们关注的不再仅仅是先发国家的现代化问题，而是放眼世界，寻求普遍意义上的现代化理论。因此，真正导致现代化理论兴起的是第三世界国家的发展问题。由此开始，现代化理论所要考虑的就不再是一个国家或者一个地区现代化的独一性问题，而是整个世界的普遍性问题，即寻求不同文化背景下向现代社会转型的共同特征，试图"阐明非西方发展中国家得以实现工业化和现代化的条件，并就由此产生的社会变动的性质作出提示"（富永健一，1986）。

此时的现代化理论仍然延续着关于"传统"与"现代"的二分法，将两者作为相对的概念进行比较，并阐述从传统走向现代的途径，试图为非西方社会实现现代化提供一种路径，或者至少是构建一种分析框架，用于分析是否能够实现现代化。穆尔（W. E. Moore）把工业化得以产生的条件归纳为四个方面：第一，在价值观念上，由亲属优先的思想方法过渡到业绩优先的思想方法，以及建立在国粹主义基础上的国民统一；第二，在制度上，建立能够为经济生产而动员土地和资本的可转让的所有制，以及使劳动力能够自由流动的劳动市场制度和促进流通的商品交换系统；第三，在组织上，建立专业化、金字塔式统制的科层制组织和得当的国家财政组织；第四，在个人动机上，培养有创造精神的个性、业绩主义志向、向上的积极性以及对教育的渴求和活动热情（富永健一，1986）。以这四个条件为依据，可以对各个国家的现实进行比照，由此将现代化理论发展为普遍可行的分析工具。

20世纪70年代，现代化理论的热潮传到了德国。茨阿波夫（Wolfgang Zapf）将以美国为中心发展起来的现代化理论介绍到德国，并在此基础上建构了自己的理论。他将竞争民主、市场经济、福利国家和大众消费作为现代化社会的重要基础。对于非西方社会而言，它们并非只有西方化的一种路径，而是可以对各种要素进行整合，寻找到一条特有的、符合国情的道路。这一理论进一步丰富了现代化分析的概念图式（茨阿波夫，1997）。

综上所述，人们在理论上都认为非西方国家与西方国家相比，只是处于一种发展相对落后的局面，如果能够借助西方已有的科学和工业成果，非西方国家同样可以顺利完成现代化，正如日本所经历的那样。日本社会学家富永健一提出了日本实现现代化的四大条件：第一，输入工业文明而摆脱传统主义；第二，由推进现代化的杰出人物承担工业文明的输入和发展任务；第三，出现使工业文明转向内部的人；第四，现代阵营与传统阵营之间对立的消除。然而，现实情况是，"二战"后能够像日本一样实现现代化的国家屈指可数，更多后发展国家即便引进了所谓先进的政治民主制和工业化成果，其现代化进程仍然曲折重重。

后发展国家真的能够沿着先进国家当时的产业化和现代化道路并最终走向发达吗？与先进国家最初开始产业化和现代化的情况相比，非西方社会的确具备有利的条件，正如格申克龙（Alexander Gerschenkron）援用凡勃伦（Thorstein Veblen）的术语所说的那样，后发展国家可以利用先进国家的"可借用技术"。然而，其不利条件也更加明显，即后发展国家要与已经实现了产业化和现代化的先进国家竞争，特别是由于后发展国家从先进国家借用的可能是尖端技术，这使后发展国家产生了多重结构，即不同时代的物质并存于同一个时代。更重要的是，它们要在世界范围内与远比自己强的对手竞争。在20世纪70年代，国际上产生了"依附论""世界体系论"等现代化理论学派，它们批判"西方中心主义"的理论取向，代表人物主要有弗兰克（Andre Gunder Frank）、沃勒斯坦（Immanuel Wallerstein）等。他们认为，那种以西方国家的发展经历为基础形成的理论模式不可能用来指导今天完全处于新形势下的非西方发展中国家的发展研究。现代化理论最大的问题是忽略了不同社会在发展时所处的外部环境，而事实上外部环境对于一个社会的发展具有重要影响。西方发达国家与非西方不发达国家在开始各自的现代化进程时处于完全不同的外部环境之下，前者在世界体系中多居于独立的、中心的地位，后者则多居于依附的、外围的地位，这就使得它们的发展过程必然会呈现出不同的模式、不同的特点和不同的结果。也有人认为，由于依附情况的存在，现存的非西方发展中国家将永远不可能达到西方发达国家的发展水平。

然而，"亚洲四小龙"（韩国、中国香港、中国台湾、新加坡）作为处于"依附"地位的国家和地区，其经济与社会的大幅度发展，又给现代化理论注入了新的生机，使得现代化理论尽管未能形成一种严密的理论体系，但仍保持着强大的生命力。

（三）沿着西方道路去追求现代化可行吗

可以说，围绕着前两个问题进行理论论争的学者基本都承认"现代化"的积极意义，并为后发国家寻求实现现代化提出了可行之策。但西方社会实现了现代化之后的所谓"后现代"（postmodern）社会也并非一派升平景象，仍然存在着众多无法调和的危机与冲突。同时，理论的自我反思也渐入大家的视野。由此，重在批判与反思的后现代理论家们在审视西方社会的同时，更是对世界范围内追求工业化、现代化的潮流展开了批判。后现代主义理论认为，西方的现代化已走入绝境，现代化的美好的、统一的理性梦境如今变成了噩梦一场。为此，应以文化的多元性来替代统一的理性和"西方主义"，以异质文化之间的彼此宽容、互相沟通及加强对话和理解为重，强调后发国家自身的传统和特殊性。

后现代主义最激进的表现形式是以德里达为代表的解构主义。德里达、福柯、巴尔特、利奥塔等人的理论主旨就是要消解和摧毁那个由孔德、涂尔干和帕森斯等人苦心孤诣建立起来的社会结构理论。他们认为，社会原本没有结构，它不过是在自然科学成就的诱惑下，按主观与客观二元分立的思维方式，为了控制充满无限偶然性和变动性的社会而编造出来的概念模式（刘少杰，1997）。尤其是在现代化理论中所假定的那种"西方中心主义"倾向，被认为是一种盲目的自大和虚妄，是应该被舍弃的。因此，后发展国家对所谓现代化国家的向往和追求根本就是一种建立在不合理基础上的误解和自我的迷失，它们应该迷途知返，在自己的传统与现实中寻找发展的契机与模式。基于此，后现代理论大师们给整个世界带来了更加审慎的思考。当然，这也并未给现代化理论以致命的打击，反而为整个宏大的理论世界带来了新的生机与发展的动力。

二、教育现代化的发展路径

从全球视野看，现代化的发展必然对各个国家的教育现代化进程产生重要影响，因为教育系统是整个社会发展的重要保障，尤其是工业大发展以来，教育发挥着越来越重要的作用。一方面，现代化的发展推动了教育现代化的起步；另一方面，教育的现代化进程进一步促进了国家现代化的实现。当然，在现代化大潮中，教育领域也有着自身的发展路径，呈现出独有的特色和趋势。

针对全球教育现代化，有学者提出了三阶段论：孕育阶段（15—19世纪），形成与发展阶段（20世纪初—20世纪40年代），成熟与完善阶段（20世纪50—90年代）。在这个发展过程中，教育发展呈现出了民主性、科学性、人文性、开放性不断增长的趋势（刘朝晖 等，1998）。也有学者根据各国教育现代化发展的多样化路径提出了诸多模式：有二分法，即早发内生型与后发外生型；有三分法，即早发内生型、后发外生型与后发内生型；也有四分法，即内生型、应激追赶型、植入型和内生追赶型。由此可见，无论从全球教育现代化发展阶段来纵向地看，还是从各个国家的现代化发展模式来横向地看，教育现代化都是一个错综复杂、交错共生的过程。任何一个国家的教育现代化都不是封闭的，而是要受到全世界教育发展潮流的引领与影响。即便像英、法、德等率先实现教育现代化的发达国家，今天也仍然通过各种改革谋求进步，也不断地实现现代性的生长。

因此，为了更好地阐述几百年来全球性教育现代化发展的大趋势，我们认为，可以突破固有的阶段论和模式论，将各个不同发展水平的国家放在同样的时间背景下进行分析，既反映国内诉求，又呈现国际潮流，放眼全球的教育现代化进程，理清其中的脉络与节奏。由此，我们借鉴美国学者吉尔伯特·罗兹曼（Gilbert Rozman）提出的先行者、成功的后来者与后来者三个概念，将教育现代化发展的进程分为三个时代，并试图描绘三个时代表现出来的不同特点。其中，在第一个时代，西方先发国家在教育现代化起步与发展过程中进行了许多摸索与突破；在第二个时代，后起的美、日等国教育在模仿中开展了超越；在第三个时代，"二战"后独立的第三世界国家在教育现代化建设中进行了曲折的探索。三个时代从时间上来看虽是逐步推进的，但也并非是截然分开的，而是互相交织与重合，各个国家在时代大幕中共同推进了人类历史上最重要的一系列巨变。

（一）先行者的探索时代

在18—19世纪现代化发展进程中，英、法、德无疑是绝对的主角，凭借着文艺复兴、大航海、宗教改革及启蒙运动等改变历史的巨大革新，欧洲史无前例地站在了时代发展的最前端。接踵而至的两次工业革命，更是将欧洲推向了现代化发展的最前沿。经济、社会、政治、文化与教育交织在一起，谱写了整个现代社会发展的精彩篇章。

1. 教育现代化起步的动力：经济、政治与思想的助推

尽管对于教育现代化的起点问题，学界的观点并不一致，但是，严格意义上的现代教育自第一次工业革命开始却是公认的。工业革命的发展直接推动了教育系统的现代化，但是，将教育现代化的动力仅仅局限于工业大生产的需要却并不恰当。例如，英国虽然是第一个迈入工业社会的国家，建立了强大的"日不落帝国"，却并非教育现代化的领头羊。由此，引发了大家对于教育现代化发展动力问题的讨论。教育现代化的动力当然离不开经济与工业发展的需要。无论经济对于教育发展的推动是直接的还是间接的，其关键和实质性作用都不可否认。如果说英国是因工业发展的需求自发探索教育现代化之路的话，那么法、德两国则是为了经济发展而用政府之手来推动教育的现代化。所以说，在先行国家之中，教育的发展是与经济发展紧密联系在一起的。以英国为例，第一次工业革命引发的生产力的急速发展与生产关系的变化，必然对劳动者的素质和能力提出新的要求。为了应对这一要求，就需要通过教育对当时的和潜在的劳动力进行技能与技术的培训。当然，这一关系在实际的运行过程中也会出现扭曲。正如英国学者格林（Andy Green）所说，教育模式与生产技术和经济技能需求水平的变革之间的关系是简洁的，它需经由其他因素作为中介来发挥作用；教育发展与劳动的社会条件变革之间的关系也很复杂，它们之间根本构成

不了一种直接而便捷的对应性关系（Green，1990）[78-79]。这便可以解释，第一次工业革命的发源地、首先迈向现代化的英国却并不是第一个实现了教育现代化的国家。事实上，英国现代教育的起步和发展都是姗姗来迟的，直到工业革命发起一百多年后，英国才颁布了《初等教育法》，开始建立国民教育制度。英国教育现代化发展的速度和强度也远不如美国、德国等后来者。所以，教育现代化的动力绝不仅仅局限于经济因素，而更直接地受到政治、思想等的推动。

与经济发展共同起作用的是现代民族国家的建立和发展，这也是教育现代化的前提条件。没有现代民族国家的建立和发展，教育现代化是很难启动的。教育现代化需要一个稳定的、统一的国家来支持。很明显，法国和德国在选择现代化的路径时，都坚持将建设一个统一的现代民族国家作为第一步。因为对于饱受邦国战争和教派纷争之苦的欧洲大陆国家来说，这是它们迈向现代化的重要前提。如德国在拿破仑的铁骑下爆发出了强烈的民族主义情绪，为了增强国家的经济、政治和军事实力，德国将教育改革作为摆脱国家困境的有力武器，首先提出实施义务教育，创建现代教育制度，构建了从小学到大学一体化的结构体系。这一阶段的德国教育直接奠定了西方公立教育、义务教育、实科教育、师范教育和职业教育的基础。这种自上而下的教育改革直接推动了德国教育现代化的进程。

当然，在教育现代化的过程中，思想的力量更是不容小觑。可以说，法国的思想启蒙运动为整个西方的教育现代化提供了思想和理论上的准备。法国启蒙运动时期的诸多思想家以追求新的"理性王国"为出发点，强调由国家办世俗教育、培养公民和推行义务教育。孟德斯鸠和爱尔维修的政治教育论、卢梭的自然主义教育思想和国家教育思想、狄德罗的国家大学管理理论、拉夏洛泰的国民教育理论以及孔多塞的教育现代化论纲，为现代化的教育制度奠定了思想基础，并影响了整个西方教育的大发展。

可以说，先行国家对教育现代化的探索绝不是单方面的，其变革的深度与广度也不是一国或一个领域就能够达成的，它是社会变革、工业发展、政治革命和思想启蒙综合作用的结果。因此，若说发展的动力，那么这些国家的教育现代化从属于因生产力的变革而导致的社会经济、政治和文化等各个领域的现代化，其中既包括工业化、城市化、都市化、世俗化等，也包括民主化、民族化、国际化等。

2. 多种道路相融合的教育现代化推进模式

一般来讲，西方先发国家的教育现代化是渐进式的。教育作为社会整体的一个子领域，是伴随着整个国家的现代化进程逐步发展起来的。当然，不同国家因其发展的基础和目的不同，会呈现出相异的发展道路。

从动力源来看，教育现代化有内生型，也有外生型。所谓内生型教育现代化，是指一个国家的教育现代化是由这个国家经济、政治、文化发展引起的，带有较强的自发性、自主性、主动性，它使本国传统教育更加适应社会和人的发展需要，适应教育现代化过程。内生型教育现代化不排斥向其他国家、民族学习和借鉴，但这种学习和借鉴不带有任何外来的强制性和压迫性，是本国民众主动选择的结果。或者说，民众只是选择那些他们认为对国家和民族发展有利的教育现代性因素，并把这些因素纳入本国传统教育的框架内，而对于那些他们认为不适合本国社会和人的发展需要的外来教育影响，则通过一定的机制予以排除和避免（郭永华，2009）[10]。英、法等老牌发达国家的教育现代化基本符合内生型的特点，而后起的德国则呈现出另外一番景象。

身居欧洲大陆中心的德国，经历了漫长的民族分裂史，直到19世纪中后期才完成了统一。其教育现代化的动力并不仅仅源自国家内部经济和文化的发展，而更多的是肇始于民族主义与民主主义发展的需求，其目的多是增强国家的整体实力并在与其他国家的竞争中取得胜利。因此，这种源于外在压力的强大动力促使德国用更快的速度实现了教育的现代化。

从推进方式来看，教育现代化有自下而上型，也有自上而下型。源于经济发展和社会文化生活需求的教育改革更多的是自下而上型。以英国为例，在现代化早期的漫长时间中，英国并没有形成一种国家办学制度，而是将教育的主动权交给教会、社会组织和个人，由此产生了与欧洲大陆截然不同的分权式教育制度。这无疑与英国的先发地位有关，这种优势使得英国能够有时间和耐性对教育进行不慌不忙的稳妥的改革。然而，相对于英国而言，急切寻求发展的法国和德国则"冲动"得多。正如德国哲学家费希特所说，建立能够教化全体国民而不只是培养少数有文化阶层的国民教育制度，是重建德意志民族国家的唯一道路。法国更是如此，无论是18世纪的思想家还是法国大革命政治家，几乎都认为教育是国家当然的职能。国家超越了普通民众的意愿和诉求，自上而下通过政府的强力手段推行现代学校制度，举全国之力普及义务教育，借政策之手大力发展职业教育，并最终通过教育现代化的发展推动了整个国家的现代化进程。

3. 先行者的优势：教育现代化的渐进性与独立性

与后发国家相比，先发国家的教育现代化进程中几乎没有出现传统与现代的剧烈冲突，其现代化也不是一个抛弃传统的过程。"现代"与"传统"的区分并不十分清晰，因为现代性正是源于传统之中。先发国家的优势正是体现在，这样一种渐进性的变革能够顺应国家和民众的需要，逐步改良传统，并从中生长出适宜国情的现代化教育。当然，不可否认，即便是渐次萌生的现代化教育，相对于传统教育而言，也是极具变革性的，是一种明显的教育变迁过程。18世纪60年代开始的第一次工业革命和100年后因电力技术引发的第二次工业革命，都极大地改变了整个社会的面貌。与传统的社会生产方式相比，机械化、自动化的技术变革彻底改变了人们的生产方式，也必然引起教育的巨大变化。由此，现代教育逐渐定型：制度化的教育得以产生和确立；普及初等与中等教育及发展职业教育成为主要的教育任务；世俗化、大众化成为学校教育的主要特征；班级授课制成为基本的教学组织形式，科学性课程占据教育内容的主导地位；学校教育体现了教育与生产劳动的结合（邬志辉，1998）。但是，与后来的新兴国家相比，英国、德国等国家仍然保留了很多传统的教育元素。英国的教育现代化进程自一开始就是在传统和现代两种力量的相互妥协中渐进地向前推进的。在英国的传统中，教育一直是教会和家庭的职责，其学校教育体系也主要是由教会以及其他各类社会团体主导的。在教育现代化进程中，英国政府主要扮演了一个协调者和适度干预者的角色。在这样的情形下，英国现代学校教育体制中的传统色彩至今还相当浓厚。德国教育也保留了很多传统特色。例如德国的职业教育体系，仍然有很多传统学徒制的印记。德国人在教育现代化过程中保留了中世纪学徒制传统，并加以改造以适应新的现代学校教育制度，从而形成了独特的德国式职业教育体系，为其现代产业培养了一批又一批高素质的技术工人（项贤明，2007）。由此可见，教育现代化中现代教育与传统教育的关系从一开始就不是对立的，而完全可以通过适宜的方式，通过两者的协调发展，最终形成独具国家特色的现代化教育之路。

同时，我们不得不承认，早期教育现代化国家拥有独特的时代优势。这种优势，一是表现在发展的独立性上，二是表现在资产的急剧积累为教育发展带来的经济保障上。这些都是后发国家所不具备的优势条件。作为时代发展的排头兵，先发国家虽说是"摸着石头过河"，但是它们却拥有自我发展的自由——没有被奴役的历史，没有被剥削的过往，可以凭借自身的发展需要制订教育的发展规划。同时，随着大航海时代到来，西方国家在全球肆意殖民和盘剥，亚非拉地区大部分国家成为它们源源不断的原料产出地和货品销售地。可以说，当时欧洲社会的发展集中了整个世界的资源，而教育当时作为一个典型的消费领域，很难甚至不可能带来经济上的直接收益，反而需要大量的政府和社会投资。这样一笔"买卖"对于被殖民国家而言只能是望洋兴叹。因此，虽然欧洲曾经在很长一段时间内在教育现代化的道路上处于领先地位，但其教育现代化模式却无法套用在其他国家上。

先发国家用它们的实际行动证明了教育现代化能够极大地推动社会的发展。最初，对国家而言，"教育先行"并不是一个固有的理论，正是德国的强大促进了这一理论的产生。作为当时相对落后的国家，德国需要借助强有力的发展力量来提高整个国家的竞争力，教育则成为一个重要的备选项。德国之所以能够实现对英、法等国的超越，离不开其完善的国民教育体系。由此可以看出，教育一旦奋起，就会产生强大的引领作用，推动整个社会的发展。也正因如此，后来者在模仿与追赶的过程中都对教育投注了特殊的期望与希冀。

（二）追随者的超越时代

这一时代是由美国和日本开启的，一直延续到"二战"结束。之所以将教育发展的步子并不晚于甚至早于欧洲很多国家的美国划分为"追随者"，是因为同日本一样，美国也并非老牌的内生发展型国家，而是同样借助于欧洲已有的教育现代化经验来打造自身，在模仿的同时走出了自己的道路，并用非常快的速度追赶并超越了英、法等先发国家。更重要的是，在美国、日本等国家教育迅速发展的进程中，在欧洲教育思想发展的基础上，新教育运动、进步主义教育运动的产生与推进带来了整个教育思想的新发展，使得全球的教育实践和理论步入了新的时代。在这一阶段，美、日异军突起，但欧洲国家也不甘落后，不断提升和完善现代化的教育制度，从初等、中等教育一直到高等教育都呈现新的发展势头。

1. 后发优势使得教育现代化的跨越式发展成为可能

有乐观的学者曾假设，如果没有实际历史进程中大规模、远距离的民族迁徙，没有殖民征服和民族奴役等一个民族对另一个民族历史发展轨迹的巨大扰动，按照历史唯物主义的基本观点，后发国家都会依据自身的发展规律和条件迈向具有自己特色的教育现代化。然而，历史是无法假设的。当历史的快车驶进19世纪后半叶，毫无疑问的是那些欧洲先发国家已经站在了世界的制高点，在教育领域亦是如此。教育发展为那些国家带来的巨大利益强烈地刺激着后发国家，迫使它们通过学习、模仿和不断探索来寻求各自的发展，并努力发挥"后发优势"以实现跨越式的追赶。当然，后发国家在现代化的进程中也面临着诸多不利因素，但就当时而言，不论是先发国家中相对后起的德国，还是沿袭了欧洲现代教育制度的美国和日本，都精彩地演绎了后发国家的强劲发展势头，让我们不得不承认这些国家的发展必然是因站在了前辈的肩膀上才实现了突破。单就日本而言，在此前的1000多年中它以中国为榜样，而当大清帝国也屈服于西方的坚船利炮之后，它转而寻找到新的依托，并干脆全面引入西方所谓的先进事物。正是因为这种后来者的历史地位和善于学习的民族特点，日本在短短几十年后青出于蓝而胜于蓝。然而，我们还必须清醒地认识到，这种后发优势是有条件的。德国的后来居上是因为其深处欧洲腹地，文化传统是一脉相承的；美国的异军突起是因为作为全新的移民国家，它可以在一个高起点上腾空飞跃；日本破旧立新的魄力源于积极学习、变革的文化传统。

同时，对于后起的追随者而言，之所以能够在短时间内实现教育上的赶超和突破，离不开民族国家的独立与觉醒这一前提条件。美国作为新兴的移民国家，在很长一段历史时期成为欧洲列强的殖民地，作为农业种植园区和产品销售地居于依附地位，很难有机会谋求自身的发展。然而，随着独立战争的爆发，原英属13个殖民地获得独立地位，美国开始在现代化道路上极速前进。独立后的美国既学习英国，又学习法国和德国，在综合各国的优势后取其长处，在借鉴和创新中慢慢形成了独具美国特色的国民教育体系。可以说，美国教育现代化的起点是很高的。同时，美国借助于优越的地理位置和丰富的资源，在国家迅速走向现代化的同时构建了具有特色的教育体系，在很多方面都超越了欧洲。

日本在经历了200多年的闭关锁国后，在明治维新时期打开了通往现代化的大门，实现了民族的觉醒。19世纪初，《职方外记》《西学凡》等传入日本，它们介绍了欧洲学校体制，并详细描述了当时欧洲的教育制度，包括课程、教学、教师等内容，使得日本在封闭中看到了现代教育的曙光。后续诸多留学归日和赴外学习的管理者、学者带回了西方各国的教育措施，直接影响了江户时代末期和明治维新时期的日本教育。日本的教育现代化直接开始于仿效西方成立现代学校。在全民协力的情况下，日本仅仅用了50年的时间便完成了对欧洲200多年现代化成果的超越。应该说，在与西方文化的交融中，西学成了日本教育从传统走向现代的催化剂，日本在这一催化剂的作用下，跨越式地完成了赶超的任务。正是由于先发国家的经验，后来者不再踟蹰于是否应该走国民教育道路，也不再为如何发展教育而纠结，而是直接在现有的经验措施中挑选适合自己的内容，在一条相对平坦的道路上大跨步前进。由此可见，后发的民族国家教育发展并非萌芽于自身的土壤，而是直接引入了当时先进国家的教育体系。大到国民教育制度，小到教材的具体内容，都或多或少地沿用了欧洲先进国家的成果。然而，必须看到的是，先进的事物并不会自动引起他人的追随，促使美、日两国发展现代教育的前提条件是其自身发展的意图，是民族国家奋起的内部动因使它们走上了教育现代化之路。

在超越的过程中，丰富的教育学思想也为后发国家教育发展注入了精神动力。教育现代化启蒙式思想家理论的普及和盛行，使欧洲实现了教育学的兴起与传播。裴斯泰洛齐、赫尔巴特、福禄贝尔等人的思想极大影响了全世界的教育实践。到了 20 世纪以后，教育变革思想以崭新的面貌独立于世。这期间，从教育思想到教育目的、内容、方法、形式以及师生关系等教育的各个方面都产生了巨大的变化，开始更加重视全民教育，更加重视学生的主体地位。美国在本土实用主义哲学的影响下，形成了独具美国特色的教育思想。20 世纪初，以杜威为主导的新的教育思想进一步促进了美国教育的发展，并反过来影响了欧洲国家的教育进程。杜威在美国重构了欧洲人发明的现代学校教育制度，倡导教师在教学过程中采取一种平等探讨的而不是居高临下宣讲真理的态度，鼓励学生在实际活动中提出问题，探索解决问题的办法，以培养学生独立解决问题的能力，进而在经验的基础之上形成自己真正掌握了的知识（项贤明，2007）。在新型教育思想的引领下，美国的教育突破了欧洲长期以来贵族教育的传统，强调教育在培养人才、为社会服务等方面的职能。这些理念为美国学校教育方式、课程设置、办学特色等方面带来了欧洲所不能比拟的优势。可以说，正是这样一些具有独创性和突破性的教育理念，为美国进而为全世界教育的新发展带来了动力。

2. 本土传统与外来因素的交互作用是后来者教育发展的必经之路

自 18 世纪以来，在民族国家引领下的整个社会与教育的现代化成为全球的共同趋势。迫于国际国内发展的要求，众多国家积极调整自身，主动加入这一浪潮之中。而在逐浪的过程中，必然产生一种趋同模式，即不论地理环境、文化传统、政治经济状况如何，都大力发展工业、鼓励商贸、兴办教育，并在迎头赶上之时呈现出与先发国家雷同的面貌。然而，在这样一种看似千人一面的状况中，我们仍然可以看到各个国家所展现出来的不同特色，如英国始终保留着分权制教育特色，地方教育委员会拥有强大的教育主办权，而法国的中央集权式教育制度刚好与之相反；德国的职业教育仍然独领风骚，美国的实用主义教育根深蒂固，日本的军国主义教育影响深远。可见，各个国家在追求教育现代化共性的同时，也在试图走出一条具有自身特色的道路。而先行者的教育现代化之路与追随者的相比，更明显的不同是前者可以通过长时间的循序渐进来实现教育的转变，后者则在很大程度上受到外来因素的激发与影响，并不断地与本土传统相互磨合，甚至会产生各种各样的冲突。如此一来，追随者要想实现现代化，就面临着更为复杂的国内和国际环境，更需要妥善处理本土传统与外来因素的交互影响。

美国作为一个移民国家，最初主要是沿用宗主国的教育传统。例如殖民地时期美国南北方的教育状况很大程度上受到了英国清教徒和国教会教育形式的影响，直到19世纪30年代才开始仿效欧洲的国民教育制度，掀起了公立学校运动，逐步形成了独具美国特色的教育制度。在模仿和移植他人的发展经验并实现自身超越这一方面，应该没有比日本更为成功的国家了。1868年明治维新启动之后，日本整个国家的方方面面就开始走"西洋化"道路，教育也不例外。很快，日本在1872年正式创立了现代学校教育体系，不仅学习英、法、美等国的教育实践与思想，而且非常多地借鉴了德国的国家主义、民族主义特色，在模仿的同时武装自身，试图按照西方的教育现代化模式"重走西方路"。尤其是与日本有着共同发展倾向的德国，致力于增强国家的竞争实力，为日本的发展提供了十分丰富的经验。

但是仅有模仿是无法真正实现教育现代化的，因此，后发国家的另外一项重要工作就是将他人的经验与自身的传统和现状相结合。美国在移植宗主国教育传统的同时，更是结合本土的实际，极具创新性地构建了自身的教育制度。如在富兰克林主导下创办的文实学校，就结合了美国工商业发展的需求而迅速发展起来。尤其是在美国实用主义哲学理念的引领下，美国学校教育更加务实，并最终在20世纪成为引领整个世界教育发展的先行者。即便是日本这样一个大量移植他国经验的国家，也在努力寻找更加适宜自身的发展道路。19世纪中后期，日本在教育领域确立了"东洋道德、西洋艺术"的基本原则和"和魂洋才"的培养目标，走出了一条移植与创新并举的发展道路。日本人起初诚心诚意地要彻底学习欧美的教育，仿照欧美建立了现代教育制度，其制度架构和教育内容无不充满欧美色彩。然而，移植来的教育制度必定会"水土不服"。1879年日本颁布《教育令》，废除了1872年发布的《学制令》，用美国的分权制代替了中央集权制，然而日本很难接受这种自由化倾向的制度，遂在1880年底又重新强化了中央集权的教育领导体制。在福泽谕吉的"进化论的实用主义"及其强调"独立和自重"精神的影响下，日本人逐步找到了有自己特色的教育现代化之路。1885年，曾经留学欧洲、深谙德国教育的森有礼担任文部大臣，将德国的国家主义与日本的天皇制国体相结合，建立起日本近代教育体制。1890年，日本天皇颁布《教育敕语》，标志着"日本化"过程的完成。《教育敕语》奠定了"尊王爱国"的国家主义道德和教育价值观念，形成了与日本民族性格合拍、与现代化目标合拍的新的教育制度模式和国家意识形态。从此日本教育开始向具有日本特色的现代化方向快速发展，并很快实现了对先发国家教育现代化的赶超。

在这一时期，虽然先行者们并未停止自己进一步现代化的步伐，但追随者的主角地位却是越来越明显了，并在思想上也实现了突破。19世纪末20世纪初，教育现代化已经达到一定程度的欧美国家掀起了教育革新的大幕，新教育运动与进步主义教育运动进一步引领教育的发展，并使得现代教育迈上了更高的台阶。教育不再仅仅是为工业生产培养合格的劳动者，而是要培养更多独立、自主、有个性的人。因此，教育开始强调满足儿童的需要，反对灌输式的教学法，突破学科课程，让教育更加贴近生活，并鼓励教师与学生建立真诚的信赖关系。这些先进的教育思想和理念逐步在实践中扎根，即便是经历了两次世界大战的摧毁，仍然保留了顽强的生命力，并最终在和平年代里绽放。

（三）后来者的追赶时代

"二战"结束后，整个世界掀开了新的发展篇章，新技术革命改变了人们的生产生活方式，第三世界的崛起改变了整个世界的格局。众多新独立的国家在美、苏两极世界中寻求自身发展，纷纷试图通过发展教育带动整个国家的现代化。发达国家也并不放松，都在极力大兴教育，以期在知识经济和信息化的新时代获得更大的发展。美、苏两国在"冷战"过程中着力加强国家综合实力，日、德两国在重建后再次实现腾飞，新兴独立国家更是铆足了劲发展工业、发展经济。各国都形成了一种共识，那就是要迎接新技术革命的挑战和承担国际竞争的压力，必须把教育放在优先发展的战略地位。无论是发达国家还是发展中国家，都大力投资教育、培养人才，争取在世界竞争中站稳脚跟。在这样一个世界发展大背景下，教育现代化获得了前所未有的动力。

1.迎来新时代：新兴国家、新技术革命与新的教育思潮

新兴独立国家现代化的强烈诉求推动着教育的大发展。对于从殖民地和半殖民地发展而来的独立国家而言，战后世界大环境是相当优越又相当复杂的。正如亨廷顿（Samuel P. Huntington）所言，在第一世界和第三世界这两个世界中，在迥然不同的历史条件下，产生了并将继续产生不同的现代化发展道路。亚非拉绝大多数新兴国家在独立之前都经历了几十年甚至几百年被殖民的历史，丧失了一脉相承的文化传统，缺少经济发展的物质基础，整个社会秩序都是在保障宗主国利益的前提下建立起来的。这些国家饱尝落后、被欺压的痛苦，迫切地想要摆脱被奴役的命运，急于通过现代化来增强国家实力。"教育兴国"成为新兴独立国家在寻求发展之路时找到的重要突破口。于是，很多国家开始提出教育优先发展的政策，并寄希望于教育的经济效益，将其作为国家发展的助推器。当然，有些国家实现了预期目的，如韩国、新加坡等步入了新兴发达国家之列。然而，也有很多国家在经济尚不发达、政治不够稳定甚至人民的受教育需求没有那么强烈的时候，照搬他国的教育发展经验，遭遇了诸多坎坷。无论如何，教育进入了黄金发展期，全世界都在追求更长的义务教育年限、更多的受教育人口和更高的高等教育入学比例，教育现代化在一个前所未有的广阔范围内迅速前行。

新技术革命对科学、技术的需求引发了包括老牌发达国家在内的世界范围内的教育改革。"二战"后，以电子计算机、原子能和航天空间技术为标志的新技术革命迅速席卷全球，极大促进了生产力的发展，也彻底改变了产业结构和人们的生产生活方式。原有的制度化教育更多的是与前两次技术革命的要求相一致，强调以学校教育为中心，仿照大机器生产的模式，以规范化、专业化、统一化和集中化的方式"加工"标准型人才（郇志辉，1998）。而新技术革命改变了社会对人才的要求和人们接受教育的方式。此时，国家更需要高科技人才和能够熟练应用新技术的工人，对人才的要求更多地倾向于创造性和专业性。人们仅凭从学校教育中获得的知识已经无

法应对日后的工作，需要更多的职后教育甚至终身教育。这些都对教育提出了新的要求。于是，自20世纪80年代开始，全球性的教育改革运动此起彼伏，就连被视为进入了"后工业社会"的欧美国家也丝毫不放松对自身教育的革新，不断有教育的新思想、新举措、新模式涌现出来，进一步推动了教育现代化的脚步。

新的教育思潮为教育现代化开拓了增长点。自20世纪中期以来，出现了众多引领教育发展的新思潮，人力资本理论、终身教育思想、全民教育思潮等影响着各个国家的教育政策与实践。舒尔茨（Theodore W. Schultz）等人在20世纪50年代提出了人力资本理论，认为人的知识能够极大促进经济的增长，对人力资本的投资能够获得显著的经济收益。于是，急切地想要发展经济的新兴独立国家将这一理论奉为圭臬，认为找到了经济增长的关键，将教育发展与经济增长等同起来，使办教兴邦的教育现代化运动骤然兴起。然而很快，20世纪70年代经济危机的打击接踵而来，各国开始反思盲目扩大教育规模、忽视教育质量和国家经济需求的失误，逐步调整教育结构，使得教育现代化逐步迈入正轨。1965年，由朗格朗（Paul Lengrand）正式提出的终身教育思想在短短数年之内广为传播，使教育的现代化不再仅仅局限于正式的国民教育制度，而是扩展到了社会教育和非正规教育之中。在联合国教科文组织和其他国际机构的大力推广下，各国在制定教育政策时都援引终身教育思想，并将终身教育作为国家教育发展的新目标。另外，1990年世界全民教育大会明确提出了"全民教育"概念，将扫除文盲、普及初等教育和加强女童教育作为基本目标，号召世界各国采取一系列举措实现全民教育目标，再一次引发了全球教育发展的高潮。

2. 新兴独立国家的教育现代化在移植与创新中曲折发展

在这一时期，教育现代化波及范围之广、影响之深远都超过了"探索时代"和"超越时代"。之前，教育的现代化多是某个国家或地区的自发行为，其数量屈指可数。当时，除欧美诸国和日本之外，其余国家要么处于封闭和落后的阶段，要么作为殖民地被大肆掠夺。然而，当独立的浪潮席卷全球，在短时期内近百个国家都在谋求发展，教育现代化已经不再是一时一地之事，而成为全球性的大事件。在这个过程中，新兴独立国家急切地探索教育发展的方式。在经历了曲折的发展之后，发达国家也不断调整自身教育结构。总之，世界各国都用各自不同的方式追求教育现代性的不断提高。

新兴独立国家的教育现代化具有明显的自上而下的发展特点，政府成为教育发展最主要的推动力。尽管众多发达国家，尤其是德国、日本等国，在教育现代化过程中也主要采用政府主导的自上而下的模式，但当时的人们也基本认同国家的发展战略，并有紧随而来的工业、贸易和文化发展相配合，教育在多方努力下实现了最优化发展。在新兴独立国家中，一般是政府居绝对主导地位，人们的受教育需求往往在政府引导下逐渐增强，政府扮演了越来越重要的角色。例如，在 1947 年独立后，印度政府便根据发展的需要对殖民地时期的教育体系进行改造，并于 1968 年颁布新的学制，形成了具有自身特色的现代教育制度。新加坡也是如此，在 1965 年独立后，其领导人非常重视人力资本的积累，着力加大教育投入，保证了新加坡经济发展的活力，为其他国家提供了很好的范例。

新兴独立国家的教育现代化经历了移植、调整和再创造的过程。许多亚非拉国家长期以来受到殖民统治，其已有的国民教育几乎完全是由宗主国移植而来，教育的目的是为殖民者培养统治的工具，抑或为上流社会培养统治者。即便是独立之后，这些国家短时期内也无法建立起正常的工业生产方式和现代化的经济生活方式。在这种情况下，国家又急切地谋求教育的现代化，学习西方建立现代化的学校教育制度，快速启动义务教育和拓展高等教育。尽管政府的意图是好的，但使教育背离了人民的需求，脱离了经济发展的需要，导致学生辍学率高、大学毕业生失业率高等问题。同时，西方教育理念的引入和传统文化的断裂致使青年一代缺乏民族认同感，造成了严重的"文化异化"现象。于是，在经历了若干年的扩张式发展以后，各国都在逐步调整自身的教育制度，谋求更为适宜的现代化道路。20 世纪七八十年代以后，随着西方工业国经济的衰退和新兴工业国家逐步探索出新的发展道路，各国更是纷纷推陈出新，创造性地走出了适合本国国情的教育现代化之路。以韩国为例，"二战"后的韩国可以说是一贫如洗，自 20 世纪 50 年代开始学习西方的方法办教兴邦，教育获得了巨大的发展。然而，与人们的期望不符的是，教育的兴盛并未带来经济的繁荣和发展，反而引发了种种社会问题。为了改变这一状况，政府在20世纪60年代着手调整教育结构，大力发展职业教育，创办各种专科院校，根据当时的经济状况设置专业和学科。由此，教育开始与经济发展需求相一致，这促使韩国在此后实现了经济的腾飞，并跃居发达国家之列。可见，在与当年西方国家教育发展完全不同的国际环境以及与发达国家迥异的国内需求下，新兴独立国家在学习他国先进经验的同时，必须考虑自身的需要，结合本国特点，创新教育发展之路。

更为重要的是，后发国家的教育现代化面临着更为严峻的传统与现代的关系问题。不仅如此，教育现代化的路子可以参照他人，而如何处理传统与现代的关系却是没有现成经验的。因此，每个国家都要根据自己的实际情况创造性地解决这一问题。如今，人们普遍认同传统教育与现代教育并不是截然对立的两方，因此现代化也绝不是毫无保留地摒弃文化传统，而是要择优去劣、去粗取精，在民族传统的基础上树立起现代化的大旗。例如，深受儒家思想影响的韩国，现在已经是全世界教育最发达的国家之一。"二战"后，韩国由于长期受到美国的影响，其教育带有浓厚的美国色彩。然而，韩国的国民教育始终没有放弃以国民道德教育为核心的国民精神教育，包括历史文化传统教育、道德教育和生活习俗教育。传统元素的保留不仅没有影响国家的现代化进程，反而为韩国塑造了独一无二的民族精神，强化了国家的影响力。再如，新加坡政府在施政纲领中也明确规定了平等对待马、中、印、英4种语文教育源流，并以马来语为国语，推行双语教育，努力通过教育来消除文化的冲突。

对于新兴独立国家而言，其教育发展过程中需要应对一定的危机，包括教育与经济、政治的矛盾以及教育内部结构的危机。在这些国家谋求发展之时，其外部环境与先发国家不同，可谓是困难重重。这些国家必须在与发达国家相互竞争的残酷的生存压力下发展起来。因此，即便国内民众的受教育水平尚低，工业发展能力不足，政府强行启动现代化进程，从而引发了或强或弱的冲突和矛盾。尤其是新兴独立国家要在短时期内将先发国家在几百年中陆续实现的政治民主、国家整合、社会福利、经济增长、教育普及等等同时提上日程，很难办到。例如，部分拉美国家在现代化过程中存在着教育与经济、政治等发展的错位，造成了大量优秀人才的流失和教育投资的失效。就教育内部结构而言，部分国家存在偏重高等教育、忽视基础教育的误区，以及偏向科学教育、轻视人文教育的倾向。如新加坡在20世纪60年代以后过于注重实用型科技人才的培养，忽视学生的人文素养，造成了社会整体道德水平的下降。直到20世纪80年代后，政府努力纠偏，全面加强道德教育，掀起了以培养"健全的人"为目标的"优化教育"运动。借此，新加坡才在国家精神文明建设方面取得了成功。可见，作为社会子领域的教育，其现代化过程需要与经济、政治、文化等协调共进，且在内部实现全面、均衡的发展。由于不少新兴独立国家处于依附地位，其教育不可避免地存在着三个方面问题。第一，原宗主国将本国的教育制度、结构强加给殖民地国家，获得独立后的新兴国家不加选择地输入、移植发达国家的教育体制、结构，而移入的教育模式往往脱离自身的国情，甚至与之格格不入。第二，发展中国家与发达国家双边教育交流中的不平等。发达国家提供附带条件的教育援助使受惠国蒙受损失，在许多涉及经费问题的教育交流项目谈判中，发展中国家的独立性与自身发展的需要被完全忽视。诸多留学生教育项目常常事与愿违，造成发展中国家人才大量流失。第三，从发达国家输入的教育模式、教育内容以及数量可观的师资，往往有意无意地强调输出国的文化和价值准则的重要性，贬低或否定输入国的本土文化，这就造成了发展中国家青年一代的文化认同困境。可以说，身处弱势地位的新兴独立国家难免会出现以上问题。因此，摆脱依附地位，寻找到自身发展的突破口，便成为重中之重。例如，韩国在发展之初，借助当时国际资本转移的契机，充分利用本国的劳动力优势，大力发展制造加工业，在教育上着力培养中等职业人才，同时建立了企业与教育互相扶持发展的教育制度，成功实现了大转型，促进了经济和教育的快速发展。可见，各国在创新教育现代化之路时，需要充分考虑本国的资源优势和国际发展形势，在全球变革性发展此起彼伏的新时代寻找到恰当出口，抓住时机，实现突破。

纵观几百年来教育现代化的发展历程，可谓是跌宕起伏、精彩纷呈。

在21世纪的今天，世界各国仍然面临着来自各方面的压力和挑战，发展教育的动力和愿望被激发着。知识的爆炸性增长、信息网络的高速发展、国际化进程的跨越式前进以及资源环境的压力和可持续发展的需求，都迫使世界各国不断更新自身的教育制度，改革教育内容，优化教育方法，改善教育评价，提高教育现代化水平，进而带动整个社会的发展。

三、比较视野下中国教育现代化的基本取向

当整个世界都卷入现代化大潮之时，中国作为典型的后来者，其发展的路径受到复杂历史背景和特殊国际环境的影响。在中西文化的撞击中，这个拥有着几千年灿烂文化的大国像一个蹒跚的婴儿一样从头开始学习与成长。中国对作为异质文化的西学的引入和模仿始于19世纪的洋务运动。100多年来，即便我们没有明确使用"现代化"这一名词，也在进行着这样的改革与转变，并取得了一定的成绩。与其他后来者相比较，中国在教育现代化过程中应充分汲取他人的经验和教训，并结合自身的国情进行审慎的思索和推进，努力发挥后发优势，并克服可能出现的种种问题与困境，促进中国教育阔步前进。

（一）着力构建教育与社会的共生关系

教育是整个社会系统的有机组成部分，且是十分重要的一部分。教育发展与社会发展之间存在着一种弹性的相关关系，两者相互交织又彼此推动。对于先行国家来讲，教育在发展中更多地体现出一种追随者的特征。如英国的教育发展最初远远落后于其经济和社会的发展水平，人们受教育的迫切需求和国家办教育的热情要等到社会发展到很高程度时才逐步显现出来。从这个意义上说，教育并非一开始就具有一种"先行"地位。然而，对于后来者来说，不论是早期的德国还是后发的日本，为了能够迅速实现国家的现代化，都把教育作为一个重要的杠杆，大大拓展其在人力资源培养中的实用性价值，并最终实现了社会的现代化。这似乎又给其他国家带来了启示，让它们认为对教育的投资必然带来社会的现代化发展。然而，20世纪50年代以来，很多后发国家盲目投资教育带来了社会问题和资源浪费，这又给了人们敲响了警钟。由此，我们必须谨慎思考教育现代化与整

个社会现代化的关系。

1. 教育现代化为国家现代化服务，并努力推动整个社会现代化的进程

"国家投资教育→提升人力资源水平→促进国家现代化"这一模式经由德、日等国家的成功实践，让后发国家看到了希望。从积极意义上看，教育获得了巨大的关注以及多方力量的支援，各国倾其国力推行义务教育，扩大高等教育，并希冀从中寻找到国家实力提升的可能性。我国也不甘屈居人后，在新中国成立后，很快提出了"农业现代化、工业现代化、国防现代化和科学技术现代化"的战略目标。然而，作为世界现代化进程中的后发型人口大国，中国人均自然资源占有量偏低，人均物质生产资本偏少，因此以廉价劳动力和技术含量低的产品参与国际经济分工角逐的优势将很难长期维持。实现国家现代化，最迫切和最有效的途径就是通过发展教育将人口的数量优势转变为人力资源优势（胡瑞文，2009）。虽然我国并未将教育现代化作为整个社会现代化的构成要素之一，但是国家领导人多次阐明的一个重要观点是：实现四个现代化，科技是关键，教育是基础。也就是说，教育是为社会的现代化服务的（杨小微，2014c）。1983年，邓小平同志在给景山学校题词时明确指出，"教育要面向现代化，面向世界，面向未来"。此后，教育被看作国家现代化的重要突破口，人们受教育的水平急速攀升。改革开放四十多年来，教育的跨越式发展使我国成为世界教育大国和人力资源大国，支撑了我国经济的快速发展。由此可见，对教育现代化的关注甚至是推动教育的超前发展，在一定程度上是有助于国家现代化发展的，这不仅在中国，在其他许多国家和地区的发展中也都得到了充分的证明。

2. 教育现代化的性质与特点受制于社会的现代化水平

国家发展，教育先行。要贯彻这一理念，明确"先行"的程度与方式是很重要的。中国的教育现代化必须以中国的社会现代化为前提和基础，即便教育能够有所超前，也必须是有限的超前。未能实现自身现代化的教育，是难以为社会的现代化服务的，至少是不可能服务到位的。因而正确的理解应当是教育在为社会的现代化服务的同时，还要努力实现自身的现代化。（杨小微，2014b）许多后发国家走过的弯路为我们提供了借鉴。如

印度在独立之后，将高等教育作为社会现代化起飞的"高地"，迅速降低高校门槛，提高高等教育入学率，在有限的时间内实现了高等教育的迅猛发展。然而，教育的盲目超前发展并未带来预想中的社会发展，反而使高等教育质量下滑，毕业生大面积失业，尖端人才大量流失，造成了国内技术人才短缺和高校毕业生的结构性失调，其负面效果影响至今。可见，在教育与社会现代化的关系中，教育现代化的程度受制于社会的整体需求和发展水平。同时，社会现代化也在一定程度上决定了教育现代化的水平。以我国当前的教育发展为例，义务教育普及率和高等教育入学率已经达到甚至超过了某些发达国家水平。然而，教育当中仍存在着很多阻碍教育彻底变革的弊病。例如，教育的公平问题始终是我国教育现代化中绕不开的一个问题。教育发展水平的地域差异、城乡差异和校际差异是客观存在的。我国经济发展的地区差距明显，城乡二元体制下各类资源配置不均衡，在这样的背景之下，仅凭教育是很难做到完全的公平与正义的。因此，教育现代化与社会的现代化是交错共生的，需要从国家的宏观视域思考教育现代化的具体问题。

（二）立足本土，走出自己的特色道路

对于所有的后发国家而言，教育现代化都有着必不可少的外部刺激，也正是这些刺激促使后来者朝着先发国家的成就奋起直追。正是在这一过程中，诸多理论与实践的领军人物提出了后来者在现代化过程中需解决的首要问题：如何在追赶先发国家的进程中走出自己的特色道路？

必须承认，对于绝大多数国家而言，教育现代化并不是一个自然而然的内生过程。我们已无从得知，如果没有西方的坚船利炮，是否会在全球范围内出现整个人类社会步入现代化的大趋势。但是，无可否认的是，如果没有西方势如破竹的具有破坏性的殖民和开拓，世界范围内的现代化步伐必定会缓慢许多。倘若没有追赶先进国家的外在压力，没有教育在培养人力资源过程中无可替代的重要作用，相信各个国家的教育还仍然不疾不徐地走在其固有的轨道上。因此，既然教育现代化源于他者在这条道路上显而易见的领先地位，后来者就不可能脱离前者的影响而自顾自地发展。因此，初期的模仿是后来者不可能绕过去的一步。

　　然而，各国发展的经验告诉我们，教育现代化绝不仅仅是简单的模仿和移植。每个国家都有自身的传统和特殊的国情，从西方借鉴的所谓"先进"事物很容易遭遇水土不服，造成"传统"与"现代"的冲突甚至不可调和的矛盾。因此，后来者还面临着更为严峻的挑战，就是如何在借鉴他人经验的基础上探索适宜自身的道路。在这条道路上，既不能顽固地抱守已经不合时宜的传统，又不能简单地将先发国家的教育现代化作为自己亦步亦趋的标准。每个后发国家都经历了对教育发展标准的逐步调适，不断地在成功与失败中寻找契合点，走出最为协调的步伐。

　　对中国而言，还有进一步的难题，就是如何找寻到整体实现教育现代化的道路。就如同国际上后发国家对先发国家的模仿与追赶一样，在我国幅员辽阔、各地发展水平存在巨大差异的国情下，欠发达地区对发达地区的追赶也是很明显的。同样，正如先发国家往往会根据自身经验评价后发国家一样，发达地区稍有不慎，也会用自己的标准对欠发达地区的教育品头论足，甚至欠发达地区本身也会自然而然地主动向发达地区看齐，试图建立同样的标准来督促自己。然而，必须认识到，对于起点不同的各个地区而言，教育发展的重心和需求是迥异的。不论是各层级教育的结构分布还是教育领域内各个要素的相互关系，都要依据自身的发展水平、地区经济需要和社会人文状况进行调整，特色化的发展应成为国家和地区共同的追求。

　　（三）基于审思确立教育现代化的价值定位

　　后现代主义对现代化的反思是深刻的，其提出的"现代性"概念也是具有启发意义的。问题在于：如何看待"现代性"，以及可以把哪些属于现代性的积极方面尽可能吸收进来？当前，对于现代性的构成，人们基本可以达成共识的内容包括以下方面，即科学、民主、法治、公平正义、可持续发展等。这些对于现代化的理性思考为正走在现代化道路上的中国带来了很多启发和借鉴。

　　中国已经在教育现代化的道路上行进了许多年，我们必然要思考的一个问题就是：对教育现代化的考察应以何种视角展开？许多研究者关注到了教育现代化进程中若干形态上的变化，如教育管理体制、教育的类型与结构、课程与教学方法、教育条件等等，然而更为重要的是我们需要考察这些形态变化背后所蕴含的教育现代性的增长情况。现代化在本质上是现代性不断生长的过程和结果。反思西方社会的现代化进程，人的主体性和理性得到了前所未有的张扬，精于计算、注重技术的工具理性渐渐超越价值理性并渗透到社会的各个领域，结果是我们付出了能源枯竭、生态失衡乃至心态失衡的沉重代价，这是值得深刻反思的。今天中国社会的"现代性"，除了被高度弘扬的主体性、理性而外，还应当包括公平、正义、责任、可持续发展等核心价值。也就是说，我们要的教育现代化，应当是既符合理性又符合人性的，而用以衡量教育增长的指标，既要有教育产出总量的增长指标，又要有反映梯度差异、区域差异、校际差异、人群和个体差异的指标（杨小微，2014c）。这样的现代化并不局限于对结果的关注和强调，而是更为重视过程，重视现代性的增长趋势。也就是说，现代化是一个"化"的过程，是传统社会向现代社会转变的过程。落实到教育上，便是教育从传统向现代转型的过程，是一个传统教育价值渐减、现代教育价值渐增的过程。这里的增、减不能理解为简单的加减运算，而是具有十分丰富的内涵。所谓"渐减"，是指在当代或未来社会和生活的挑战下，传统的教育价值观体系中那些不合时宜、无法帮助青年一代适应和参与现代社会生活的价值观将受到考验和审视，或剔除，或改造，或进行当代意义上的重新阐释，即做到有所传承、有所扬弃。所谓"渐增"，是指教育者创设条件或直接引领青年一代在吸收新的人类精神文明成果的过程中，经历一系列价值对话（商谈）、价值体验或价值澄清，从而形成新的价值观体系以指导自己的未来生活（杨小微，2014b）。可见，教育现代化发展至今，我们需要以理性的态度对教育现代化的价值进行审慎思考和定位，在国际比较和对自身发展的反思中谋求教育发展的合理路径。

第二章　中国教育现代化的历史追寻

伴随着鸦片战争的炮火及其后令国人创巨痛深的"庚申之变",有识之士遂由器物变革之心,进而萌生对"变革之人"的强烈渴望,开启了中国早期教育现代化之梦。中国的教育现代化属于后进的外发型现代化,我们在较长时间里奉行着以"中体西用"为原则的教育变革立场。从开设洋务学堂、派遣留学生,到引进西方先进的教育理念、建构中国近代学制,乃至废除科举制度,中国早期的教育现代化得以稳步推进。推翻帝制后,特别是新文化运动期间,西方的新文化和新教育思想蜂拥而至,激烈反传统与全盘西化的思想一度占据主流。

随着时间的推移,许多学者开始更加谨慎地审视中国教育现代化的运行机制与发展路向,注意到教育现代化变革的内源动力——传统元素及其创造性转化。

与此同时,人们也越来越意识到,教育现代化的可持续发展离不开通达开阔的国际视野和立足国情民性的本土立场,更重要的则是对教育现代化进程中价值重心和人本旨趣的理性把握。

中国早期的教育现代化是在对"变革之人"的强烈渴望中启航的，许多学者谨慎地审视着中国教育现代化的运行机制与发展方向，在注意到作为教育现代化变革内源动力的传统元素的同时，也注意到了使其持续发展的本土性立场。传统精髓与现代价值就在这一过程中得到挖掘和转化，进而在教育现代化的变迁中开启了具有多元价值的文化透视之旅。

一、中国教育现代化的启航及其实践轨迹

与西方内生型现代化不同，中国教育现代化遵循的是以"中体西用"为原则的外发型现代化发展路径，其演化运行和变革节律有独特的内在逻辑，需要我们结合近代中国特定的社会历史背景展开深度考察与剖析。

（一）"中体西用"与教育现代化的启航

众所周知，中国闭关自守的大门是被英国侵略者的坚船利炮强行打开的，酣睡的国人陡然惊醒，深切体会到中国正面临着"数千年未有之变局"与"数千年未有之强敌"。其最直接的反映，先是魏源提出"师夷长技以制夷"，继而是洋务派倡行内以"剿贼"、外以"御夷"的洋务自强运动。而要顺利实施洋务自强运动，则离不开大量洋务人才的有计划培养，这始有1862年京师同文馆的开设。其后，又陆续创办了上海广方言馆、广州同文馆、福建船政学堂、上海江南制造局操炮学堂、天津水师学堂、天津武备学堂、广东黄埔鱼雷学堂、湖北自强学堂等。19世纪60—90年代，我国共创办了30余所新式洋务学堂。

这些新式学堂与中国以经学教育为中心的传统官学不同，所学内容涉及西方语言、军事科技、经济管理等诸多知识领域。以京师同文馆为例，其8年课程即为：第一年，"认字写字、浅解辞句、讲解浅书"；第二年，"讲解浅书、练习句法、翻译条子"；第三年，"讲各国地图、读各国史略、翻译选编"；第四年，"数理启蒙、代数学、翻译公文"；第五年，"讲求格物、几何原本、平三角弧三角、练习译书"；第六年，"讲求机器、微分积分、航海测算、练习译书"；第七年，"讲求化学、天文测算、万国公法、练习译书"；第八年，"天文测算、地理金石、富国策、练习译书"（中国史学会，2000）[84-85]。从这份长达8年的课程设计中，我们不难看出，洋

务派奕䜣等人对西方科技新学的重视。虽然大学士倭仁极力反对京师同文馆的学生习读"技艺之末",主张崇尚"礼义"之学,但奕䜣深信仅"忠信""礼义"之辞绝不可能"制敌之命"。需要指出的是,洋务派并没有放松对这些业已饱学儒家经书的"正途人员"的伦理规训,要求他们礼拜六须到馆学习汉文经书,声称"汉文经学,原当始终不已,故于课程并未另列"(中国史学会,2000)[86]。显然,洋务派要培养的是既具备精湛的西学"奇技异能",又忠心于大清王朝的洋务人才,其新式教育实践必须限定在其"中学为体,西学为用"的哲学框架之下。

洋务派在创办洋务学堂的实践中逐渐认识到,光在本土举办洋务学堂并不一定能够学到西学精髓,故而萌生出派遣留学生直接到西方学习、取经的想法。清政府于1872—1875年先后派遣120名幼童留学美国,1877—1896年又陆续派遣80多名留欧学生。应该肯定,派遣留学生反映了洋务派求取西学新知的迫切心情,但洋务派奕䜣、李鸿章等人期望这些留美(欧)幼童在专攻西学的同时,切不可忘却"中学"之本,要求管理留学事务的陈兰彬、吴子登时刻督查学生的思想动向,组织学生定期学习《圣谕广训》,温习儒家经典。面对留学生西学知识的不断积累和兴趣爱好的微妙变化,顽固派吴子登极为敏感,甚至以"极端鄙夷"的心态污蔑留学生行为放荡失检,称其"久居美国,必致全失其爱国之心"(容闳,1985)[91]。而这恰恰是洋务派的隐忧,因为它违背了其"中体西用"的教育战略构想。因此,洋务大员们竟然于1881年让尚未完成学业的百名幼童凄然回国。正如法国学者巴斯蒂(Marianne Bastid-Bruguière)所言:"1881年中国政府突然决定结束年轻的留美学生的游学生涯,正是因为害怕他们会美国化。"(许美德 等,1990)[8]

不难看出,洋务派所热衷的创办新式学堂、派遣留学生等举措在很大程度上突破了传统儒家教育的既定内容,将西学引入教育实践,但他们只容忍将西学定位在"用"的层面,而坚持"中学"的本体价值。最初论及"中体西用"思想的人物是冯桂芬,其在《校邠庐抗议·采西学议》中已明确提出"以中国之伦常名教为原本,辅以诸国富强之术",但明确表达出来的则是沈寿康,而最为乐道且系统阐发的当推洋务派领袖张之洞。其所谓"中学",包括"四书五经、中国史事、政书、地图",核心内容即是孔孟以来的儒家名教伦常，张之洞声称"圣人所以为圣人，中国所以为中国，实在于此"（张之洞，1998）[70]。其所谓"西学"，已不仅限于西方的军事科技之学，而是拓展至西艺、西政、西史等诸多内容。不过，其"西政"并不包括设议政和兴民权。直观地看，"中体西用"似乎是一个保守的教育哲学命题，特定意义上的"西学"必须服从和服务于中国的伦常本体。然而，诚如著名学者陈旭麓先生所言："'中体'和'西用'是不会互不侵犯的，'用'在'体'中会发酵，势必不断促进事物的新陈代谢。"（陈旭麓，1992）[119]已纳入体制的"西用"在实践中日益受到重视，其丰富内涵也因为培养"制器之人"的需要而被日益扩充；与此同时，对"中学"的变革需求则日益强烈：从书院的改良到对八股的抨击，乃至"另设洋学局"以变通科举，以至于后来"废除科举"。

毋庸置疑，"中体西用"命题客观上促进了中国早期教育现代化的启航，并在很大程度上推动其缓慢前行。30多年里，洋务派所精心创办的洋务学堂不仅数量有限，类型也不够丰富，其办学更时常遭遇顽固派的反对和刁难；派遣留学生的过程同样是一波三折，折戟而返，令人扼腕叹息。不可否认，"中体西用"的教育哲学设计只是"中西融合过程中的一种初级形式"，但需要指出，洋务派借此而诚心"学习西方的现代军事技术和生产技术，不论在军用工业、民用工矿企业、交通运输事业等方面，仍然取得了一些主要成果。这些成果对此后一个长时期中国的经济现代化都具有重要的作用"（罗荣渠，2004）[301]。

（二）制度变革的曲折与教育现代化的推进

1894年中日甲午战争中清政府的惨败，不仅标志着洋务自强运动的破灭，"也是中国现代化进程的一个转折点"（罗荣渠，2004）[307]。洋务派苦心经营的洋务事业和海军建设，非但没有抵御住西方列强的侵略，甚至连不起眼的小国日本也无法抗衡。一时间举国震惊，惶惶然弥漫着亡国灭种之虞。一批目光深远的维新志士更是对洋务派"中体西用"的教育构想提出直接批评，着力谋求整体性的制度变革，并引发了晚清的一系列改革，从而极大地推动了教育现代化的前进步伐。

借助"中体西用"，西学固然堂而皇之地进入了中国教育的实践体系，但仅在"用"的层面定位西学，显然未能学到西学之精华。维新派严复直接批评其背离了社会有机体原则，他说："有牛之体，则有负重之用；有马之体，则有致远之用。未闻以牛为体，以马为用者也。……故中学有中学之体用，西学有西学之体用，分之则并立，合之则两亡。"（严复，1986）[558-559]他强调中西学各有自身之体用，"牛体马用"必有隔阂之嫌，提醒国人要关注西学自身的完整性，加深对西学精髓的认知和摄取，这也是严复特别关注当时西方最新学术进展之深层缘由。严复深知，西方"自由"与中国"不自由"之间存在巨大鸿沟，由此而衍生的种种差异更是不可避免；但他相信，中西方也有共通之处，如对人类的"不孝、不慈、负君、卖友"等恶行劣迹，必然同仇敌忾。因此，严复极力主张以平等、理性的态度处理好古今、中外的辩证关系，强调要"统新故而视其通，苟中外而计其全"（严复，1986）[560]，主张用"古今汇合"和"中西融通"的战略思想原则来引领和指导新式教育的现代化变革。

维新志士不只看到了西方坚船利炮的器物文明之优势，更透视出其背后所深藏的政治、经济和教育制度之支撑。康有为借助其1891年建立的万木草堂，系统创构了中西汇通之学。其设置的义理之学、经世之学、考据之学和中外语言文字学，不仅包括中国传统的学问，更涵盖西方哲学、政治沿革、史学、数学等方面新知。在他看来，只有培养"异乎常纬"之人，进行制度层面的一系列变法维新，中国才能救亡于危难之际。他明确指出"泰西之所以富强，不在炮械军兵，而在穷理劝学"（康有为，1981）[130]，强调西方之所以富强，关键就在于其背后的"穷理劝学"之学制。为此，康有为在戊戌变法期间奏请光绪皇帝，明确要求"远法德国，近采日本，以定学制，乞下明诏，遍令省府县乡兴学，乡立小学，令民七岁以上皆入学，县立中学，其省府能立专门高等学大学，……若其设师范、分科学、撰课本、定章程，其事至繁，非专立学部，妙选人才，不能致效也"（康有为，1981）[306-307]。这一系统的学制引进以及建立教育管理机构的设想，对晚清教育的现代化变革产生了十分重要的影响。

应该肯定的是，维新派的政治变法和教育革新顺应了世界潮流，但却触碰了以慈禧太后为核心的满清政府之顽固神经，由此遭到了疯狂的镇压。

"六君子"血溅菜市口，维新运动仅百日而终。其后不久，八国联军野蛮入侵，京城沦陷。慈禧太后在仓皇逃亡中有所醒悟，逐渐萌生"预约变法"之举，开始了持续 10 年的清末新政。其中，教育制度变革是首要内容。

与戊戌变法期间极力反对维新志士"兴学"举措的态度截然相反，清末新政要员主动且快速地发起了全社会的"兴学"运动。1901 年 9 月 14 日，清廷"兴学诏"明令："除京师已设大学堂应行切实整顿外，着各省所有书院，于省城均改设大学堂，各府及直隶州均改设中学堂，各州、县均改设小学堂，并多设蒙养学堂。"（璩鑫圭 等，1991）[5-6] 这一"兴学诏"，在很大程度上呼应了康有为戊戌期间的兴学诉求，但在具体做法上较为鲁莽和过于简单，如将所有书院一律改为学堂之举，缺少逐渐过渡的理性思考。同时，他们还担忧：即使书院改为学堂，由于千年惯性作用，读书人仍然巴望着科举入仕，在此种心态之下，新式学堂断也不能有大兴之望。因此，如何"废科举"以"兴学堂"，而又能保存科举背后的儒家伦理精神，如何大兴学堂而又不背离其"中体西用"之办学原则，成为清末新政领袖们倍感焦虑的棘手问题。

然而，国势日危的险境和对新式人才的强烈渴望，使新政要员们的改革举措日益激进。他们本寄望通过逐年"分科递减"的方法来削弱"科举"，但很快又改变策略，主张"立停科举"。在他们看来，"纵使科举立停，学堂遍设，亦必须十数年后，人才始盛。……强邻环伺，岂能我待？"（陈学恂，1986）[576] 与此同时，他们极力要求加大新式学堂的经学课程分量来彰显"中学"之本。事实上，1904 年颁行的中国近代第一个学制——"癸卯学制"，即是在"中体西用"思想指导下并参考借鉴日本成法形成的。张百熙、荣庆、张之洞等在《重订学堂章程》中明确指出："至于立学宗旨，无论何等学堂，均以忠孝为本，以中国经史之学为基。俾学生心术一归于纯正，而后以西学瀹其智识，练其艺能，务期他日成材，各适实用，以仰副国家造就通才、慎防流弊之意。"（舒新城，1961）[197] 在他们看来，若学堂里不读经书，等于背叛了孔孟道统和纲常伦理，国家也就失去了"立国之本"。因此，在课程设置方面，"读经讲经"课程备受重视，所占课时数亦特别多。为了让儿童在学习知识之际，"令圣贤正理深入其心"，

《奏定高等小学堂章程》和《奏定中学堂章程》都对学生每天读经字数、每周读经时间和成诵要求做了详细规定。其中，高等小学堂读经讲经每周 12 小时，占全部课程时间 36 小时的三分之一；中学堂读经讲经每周 9 小时，占全部课程时间 36 小时的四分之一。除读经讲经外，清政府还要求通过修身、历史、地理等科目，强化儒家文化精髓和伦理本位意识。

直至辛亥革命爆发、帝制崩溃、民国建立，中国教育现代化才挣脱了"中体西用"的束缚，开始更加理性、更加深入的中西文化教育融通，自由、平等、民主、科学、个性等西方观念成功融入"壬子癸丑学制"。其后，帝制复辟、军阀混战、国共纷争、抗日救国等诸多政治军事事件，致使教育改革探索与民族国家重建、世界革命局势异常复杂地交错在一起，教育现代化探索也出现了迥异多维的发展路向。特别是"国民党南京政府成立以后，就逐渐转向德国式的统制经济与军事集权的道路。共产党则转向以农村为根据地进行'苏维埃共和国'的实验"（罗荣渠，1997）[110]。国共两党政治理想的不同，必然导致教育现代化求索内容与路径的巨大差异。

二、内源动力：教育现代化变革中的传统元素及其转化

制度变革特别是政治制度的变革，在很大程度上决定了教育现代化的发展方向，但指向人的深层观念的文化变革才是教育现代化发展的内在动力。经过新文化运动的洗礼及其后有识之士的深刻反思和实践探索，如何面对教育现代化进程中的传统元素及其创造性转化，仍然是后帝制时代中国教育现代化挥之不去的重要问题。不可否认，我们一度有过激烈反传统的急迫心理，甚而提出"全盘西化"的极端主张，但多数学者能够理性地对待传统，注重传统与现代化的汇合融通，努力探寻传统精髓在教育现代化动变中的深层价值，这些深层价值事实上已得到以儒家文化为底色的东亚国家现代化的证实。进入全球化时代的当代中国，思考如何深度开掘传统文化元素以推进我们的教育现代化事业，无疑具有十分重要的战略价值和现实意义。

（一）教育现代化进程中的激烈反传统及其偏失

依据一般的社会现代化理论，现代化可分为早发内生型和后发外生型

两种类型。与之相适应，教育现代化也可以大致分为早发内生型教育现代化和后发外生型教育现代化。与英国典型的早发内生型教育现代化不同，中国教育现代化是典型的后发外生型教育现代化，这种教育现代化"往往是从外部引入与本土完全异质化的现代性因素时开始启动的。这时，在其本土社会结构中更多地充满了传统性的因素"（黄济 等，2003）[205]。这样一来，传统性和现代性之间的对抗常常更加激烈、具有戏剧性。针对这一客观现实，中国在教育现代化启动时选择"中体西用"为指导思想，显然有其良苦用心。虽然洋务派只是"把西学定位在器物层面，但是'制器之器'的引入必然波及'制器之人'的培养，而'制器之人'的培养又必然导致对传统教育制度和科举制度的变革"，正是这一系列洋务活动的次第展开，"客观上导致了传统教育向现代化教育的逐渐过渡"。（黄书光，2001）

然而，由于两千多年的封建专制统治和儒家教化渗透，即使在封建统治被推翻之时，"传统性因素"仍然会伴随某种政治气候变化而死灰复燃，从而使传统性与现代性的冲突更趋白热化。有鉴于此，一些急于引进西方科学民主思想、个性独立观念的文化激进主义者自然要与传统决战，要对传统儒家思想进行全面清算和激烈批判，他们不仅喊出"礼教吃人"，甚至提出"打倒孔家店"的口号。其批判锋芒之锐利无疑超过前贤，但对于传统文化评判本身显然失之偏颇，仅限负面揭露和批判，未及正面分析与阐述。诚如金耀基所言："五四以来，中国文化思想界的主流是批判传统，只看到传统中坏的或极坏的因素，因此认为非打倒传统不足以开启现代化，五四新文化运动之批判精神是应该肯定的，在当时真有勇猛创新的气象。但它对中国文化的评估是片面性的，以此并未能提供一条中国现代化的路向。"（金耀基，2010）[190]

激烈反传统与全盘西化乃是孪生兄弟，这一点在胡适身上体现得特别充分。他在新文化运动时期曾公开称赞吴虞是"四川省只手打孔家店的老英雄"，到了20世纪30年代又撰文拥护陈序经的"全盘西化论"。虽然胡适很快又以"充分世界化"修正之，声称要"用理智来教人信仰我们认清的大方向，用全力来战胜一切守旧恋古的情感"（胡适，2003）[323]。他晚年更辩称，"打倒孔家店并不是打倒孔子，……如果不打倒一尊的孔家店，没有法子使得思想解放，思想自由"（胡适，1986）[213]。但激烈反传统必然在很大程度上淡化民族情感，消解民族自信心和凝聚力，甚至走向民族虚无主义。胡适说："我们必须承认我们自己百事不如人，不但物质上不如人，不但机械上不如人，并且政治社会道德都不如人。"（耿云志，1993）[155]事实上，过于否定自己的传统必然使民族的自信心和战斗力整体涣散，反而不利于现代化事业的理性推进。这是因为"将传统一概否弃实质上是历史虚无主义的做法，这种做法使现代化赖以发展的资源减少，貌似进步实则倒退。……对传统的全面否定势必带来传统的反弹，反弹是对全盘否定这种错误的做法的一个反动"（褚宏启，2013a）[94]。

激烈反传统的本意固然在于反省自家的弱点，而激发知耻努力之心；但它确实引发了"与传统决裂"的极端情绪，这在后来"文化大革命"的"破四旧"中达到了顶点，从而极大地背离了教育现代化发展的理性轨道，其负面影响至今难以肃清。郭齐勇曾痛斥"不分青红皂白地否定包括传统道德在内的一切文化遗产给我们带来了巨大的民族性的损伤"，指出"没有哪一个民族的现代化是脱离本民族精神资源的陶养的。一个多世纪以来，我们几代人对民族文化的伤害太严重了"（郭齐勇，2009）[322-323]。

（二）传统精髓在教育现代化动变中的深层价值

与激烈反传统的文化激进主义者不同，以文化保守主义者为主体的各类学者都不同程度地肯定传统文化教育在现代化动变中的独特价值，热衷于将传统与现代化汇合融通。文化保守主义集大成者梁漱溟就明确表示：西方的科学、民主固然值得东方人学习，但由于东西方文化路向不同，过于急迫向前的西方文化已"走到了尽头处"；我们需要改变学习态度，"走孔家的路"，用儒家文化去弥补调和之；要重构以"德业相劝、过失相规、礼俗相交、患难相恤"为准则的"吕氏乡约"，建立以"乡学村学"为基点的儒家民间教化组织系统，以期在奠定中国文化根基和树立儒家人生志向的前提下，"融取现代文明以求自身文化之长进"（梁漱溟，1992）[401]。

事实上，不只是文化保守主义者褒奖传统文化教育的深层价值，自由主义教育家同样没有否定传统文化教育之精华。胡适曾一度扮演激烈反传统和提倡"全盘西化"的角色，但他更多的时候则是崇尚传统与现代的协调融合。他不仅公开批评近代过于急速的废书院改革，大力表彰书院教育的自修传统和独立研究精神，而且特别注重"现代化"与"固有文化"的内在协调发展。他说："如果对新文化的接受不是有组织的吸收的形式，而是采取突然替换的形式，因而引起旧文化的消亡，这确实是全人类的一个重大损失。因此，真正的问题可以这样说：我们应该怎样才能以最有效的方式吸收现代化，使它同我们的固有文化相一致、协调和继续发展？"（胡适，2003）[772]

至于像蔡元培、陶行知、陈鹤琴这样的大教育家，都有较长时间的留学经历，对西方学术思想文化和教育哲学理论有更真切的濡染感知。他们在博采西方先进文化的同时，对自己民族文化的精髓同样有着十分深刻的认识与体悟，因此能够提出独具特色的"中西融通"的文化教育新论。我们从蔡元培"思想自由，兼容并包"的北大办学方针、陶行知的南京晓庄试验乡村师范学校（以下简称南京晓庄师范）和重庆育才学校的"生活教育"实践，以及陈鹤琴的鼓楼幼稚园与江西省立实验幼稚师范学校（以下简称江西实验幼师）的"活教育"探索中，都能够深切地感受到他们对传统教育精髓的敬重，以及立足国情、汇通中西的本土化教育改革路向。蔡元培曾把来华的杜威与中国的孔子做比较，说"孔子的理想与杜威博士的学说，很有相同的点"（蔡元培，1991）[240]，声称"择怎样是善，怎样是人类公认为善，没有中国与非中国的分别的"（中国蔡元培研究会，1998）[14]，其"择善而从"的文化筛选原则仍然是当代多元文化交融变革时所应该持有的理性态度。同理，陶行知和陈鹤琴在深刻批判传统教育弊病的同时，也努力汲取其有益的滋养，在借鉴杜威"生活教育"理论的同时，能结合自己独特的本土办学实验进行理论再创造。陈鹤琴曾自信地说：我们和杜威一样，"在创造理论，也创造方法"（陈鹤琴，1991a）[350]。

众所周知，日本现代化变革之所以取得成功，与其重视传统的"和魂洋才"战略不无关联。金耀基说："日本现代化之所以迅速而成功，实缘于传统因素的支撑与运用。譬如天皇制度就是一传统的遗物，但他却在日本现代化过程中扮演了一个极重要的角色，即他为'国家的认同'提供了一个稳定的对象。"（金耀基，2010）[148-149] 而中国近代则提出了"中体西用"的教育哲学观，虽未能引领当时中国在短期内实现现代化，但"这一口号毕竟把尊圣、崇经、法古的中国文化中心观打开了一个大的缺口，缓解了顽固派对'西学'的全面拒斥，使应变式的改革从被动向主动方面转化。这是最早形成的中国式现代化理论框架。……它对启动时期吸收西方近代文明起了积极作用"（罗荣渠，1997）[144]。应该肯定，它在中国现代化启动时期承认了西方文明的合理性，冲破了"夷夏之辨"，客观上促进了"西学东渐"和近代中国社会的新陈代谢。

推而广之，深受儒家思想传统影响的日本、韩国、新加坡等国，其现代化推进模式无不深深打上儒家文化的烙印。"东亚新兴工业化区的一个共同点是自然资源贫乏而人力资源丰富，因此重视教育、普及教育成为发展经济的一个重要手段。"（罗荣渠，2004）[479] 不可否认，20 世纪东亚经济的发展奇迹，与源远流长的儒家"尊师重教"传统密不可分，同时也与儒家所提倡的乐观向上的人生哲学和讲求责任诚信的职业伦理有关。美国学者狄百瑞（William Theodore de Bary）指出："现代化起初被认为是和西方科学、技术、工业的进步及亚洲大规模采纳的专业技术教育平行。直到后来，一些旁观者因东亚某些地区惊人的经济奇迹，才意识到这个过程中本土文化起的作用，或通常社会经济术语中所谓的'儒家职业伦理'。"（哈佛燕京学社 等，2001）[184] 诚然，由于儒家教化的长期浸染，儒教文化圈中的社群很自然地养成了好学深思、敬业乐群、诚实守信、谦逊明礼、日新向上等观念品质，这些独特的观念品质是我们理解东亚现代化奇迹之所以产生的关键所在。正如当代学者郭齐勇所言："中国大陆和中国台湾、中国香港，以及新加坡、韩国等国家与地区的现代化运动中，民间社会的儒家伦理教化的积淀起了积极的作用。在文化小传统中，勤俭、重教、敬业、乐群、和谐、互信、日新、进取的观念，无疑是经济起飞的文化资本。"（郭齐勇，2009）[133]

在当代，我们正满怀信心地怀揣着美好的"中国梦"，朝着有中国特色的富强、民主、文明、和谐的社会主义现代化方向迈进。为此，我们不能割断自己民族的文化血脉，更"不可抛弃中华民族的优秀文化传统，恰恰相反，我们要很好传承和弘扬，因为这是我们民族的'根'和'魂'，丢了这个'根'和'魂'，就没有根基了"（中共中央文献研究室，2013）[33]。

（三）传统文化教育元素的当代开掘

在当代，中国和其他国家都进入了知识经济和信息传播的全球化时代，如何在全球化背景下更好地推进已进行百余年的中国教育现代化之未竟事业？如何系统挖掘具有5000年文明史的民族传统文化教育元素，使之与我们的现代化追求和谐共进，以达成"传统的再造"与"现代化的升华"之双重梦想？这些不能不促使我们做一些深层次的思考。

其一，倡导"有教无类"，追求注重公平、责任的"大道"社会理想。伟大的教育家和思想家孔子深信理想的社会理应由"贤才"治理，而"贤才"的获得不能靠世袭，只能最大限度地取之于民间。为此，孔子承诺会公平地招收学生，一概不看贫富、贵贱之别，只要有愿学之心，即收为入门弟子。他声称："自行束脩以上，吾未尝无诲焉。"这一"有教无类"的办学方针，不仅最大限度地体现了其公平的办学理念，保证了人才来源的广泛性，而且反映了其理想社会治理的教育基础设计。在孔子看来，"大道之行也，天下为公"。遵循"大道"的理想社会，必然要求和呼唤负责任的君子，而君子人格的养成必然离不开其"有教无类"的博大办学情怀。无论当代中国社会如何变革，都需要保障人的受教育权，它是社会公平的教育基础。因此，当代教育现代化变革需要从两千多年前孔子的"有教无类"思想中寻觅智慧的源泉。

其二，回归人性本源，构筑终身学习、社会教化的理论根基。从孔子"三人行，必有我师焉"的泛在学习，到后代儒家精心构建的上有太学、国子监，中有州、府、县学，下有民间广泛存在的私塾、家塾、义学等蒙学机构，以至于家规、族法、乡约、宗庙、戏剧、小说等非学校形式，其社会教化的组织体系确实十分严密周全，保证了儒家教化精神的代代传扬及其对基层社会的全方位渗透。儒家这一"大教育"建构之所以能够成功实践，进而形成中华民族的好学重教传统，则与儒家学者向来注重人性探秘有关。尽管历代儒家对于人性众说纷纭，但恪守人的道德本性，回归人的道德本源，提倡后天学习修养，突出教育家的启发引领之功，无疑已成共识。《三字经》中的"人之初，性本善；性相近，习相远"，以通俗易懂的语言生动地反映了儒家一贯重视教育的传统，这一"性学相通"的理论预设，也揭示了人的主动向学、积极进取的人性依据，对当代中国建构学习型社会和推行终身教育实践具有重要的启发意义。

其三，彰显"义以为上"，突出"义以生利"、义利统一的儒家人本价值导向。儒家为人处事向来以"道义"为重，孔子说："朝闻道，夕死可矣。"孟子更是倡言"求之有道，得之有命"，主张在"生"与"义"不可兼得的境遇下，要"舍生取义"，充分彰显和肯定了"义"的崇高、至上价值。孔子及其追随者反复告诫我们，要牢牢把握"重义轻利"的原则，旗帜鲜明地反对功利主义偏弊，强调"见利思义""义以生利"，要求将"义"和"利"辩证地统一起来。在市场经济体制下，见利忘义、以权谋私、损公利己，乃至极端功利主义和片面利己主义现象已不鲜见。如何在当代中国社会主义市场经济变革中汲取传统儒家"义利之辨"的精华，剔除其过于严苛的"道义论"色彩，在肯定和保障个人基本利益的前提下，使个人利益、集体利益、社群利益和国家利益有机地融通起来，无疑需要我们结合全球化的时代精神，进行更加深入的理解、融通与转化。

其四，注重"因材施教"，倡导"修身立己""由己及物"的文化扩充诉求与内在超越精神。儒家特别关注个体的社会化成长，其教育重心往往奠基于对学生个体的全方位观察、感知和理解。在此基础上，方予以随机点拨、因材施教，重启发、善诱导，务必使学生在反复的磨练和体悟中豁然贯通，进而修身立己。在儒家看来，只有做好自己了，才能理性地处理人与人，乃至人与世界万物的关系，即所谓"己欲立而立人，己欲达而达人""己所不欲，勿施于人"。这一通达的人己关系原则，已被认定为世界伦理之黄金定律。儒家教育精神之深意还在于：不能只满足于人际关系和谐，更要祈求人与自然之密合，人与周遭世界的平衡。儒家深信："能尽人之性，则能尽物之性；能尽物之性，则可以赞天地之化育；可以赞天地之化育，则可以与天地参矣。"（朱熹，1983）[32] 很显然，儒家设定的由"因材施教""修身立己"继之"由己及物"而"与天地参"的系统表达，充分体现了其教育哲学的深层文化扩充诉求及潜藏的内在超越精神，值得在过于功利的当代教育环境下反复玩味。

其五，崇尚"天人合一"，萃取传统思维方式的合理内核。与西方哲学建立在"天人相分"基础上的分析思维不同，中国传统哲学热衷于"天人合一"的理论建构，甚而提出"天人本无二，不必言合"（程颢 等，2004）[81]，其偏好整体统整的思维特征表露无遗。分析思维易做到对具体事物的深刻认识，进而求索、征服和改造自然；整体思维擅长全面、系统地把握问题实质，进而体察、参悟并适应自然。在现代化进程中，过于急迫地征服和改造自然，很可能导致自然的报复，从而造成洪水泛滥、大气污染等种种生态失衡，人反而不得安宁。因此，一开始就从"天人合一"的高度来理性地设计和推进现代化事业，将整体思维与分析思维有机结合起来，显然有助于相互推助，实现优势互补。我们还可以从老子的"有无相生，难易相成，长短相形，高下相盈，音声相和，前后相随"、孔子的"叩其两端而竭焉"、程颐的"物极必返，其理须如此"、朱熹的"知行互发"等众多先贤的哲思卓见中，去体会中国传统辩证思维的深刻内涵。它提醒我们不要片面、机械地看待事物，而要辩证、动态地去思考问题，注意事物发展的两面性及其在一定条件下的合理转化，这对于以知识经济为特征的当代社会无疑具有重要的现实启迪意义。此外，中国传统的直觉思维也有其不容忽视的重要理论价值。从老子所说的"涤除"一切欲念干扰的"玄览"，到庄子的"离形去知，同于大通"的"坐忘"（方勇，2010）[119]，以及张载所谓"大其心则能体天下之物"的"体物"，都不同程度地突破了感性经验的狭隘与局限，注重个体自我体悟的豁然贯通与经验超越。这样的直觉思维虽然不同于现代意义的科学思维，很难有惯常的逻辑轨迹与规律可循，但它对当代教育现代化变革中创新精神和创造能力的培养同样不无启发，有待进行更加深入的意义挖掘。

毋庸置疑，传统文化教育的某些具体方面不可避免地被打上了过往时代的烙印，不适宜直接搬来套用，但其深邃内涵还有待有识之士的创造性开掘。如果开掘并转化得当，传统不但不是现代化发展的阻力，还会成为教育现代化理性变革的有力推手。

三、教育现代化推进的文化透视

百余年中国教育现代化变革的波澜起伏的历史告诫我们：教育现代化的可持续发展，离不开自身演化的历史节律和开阔通达的国际视野，离不开立足国情的本土立场和火热的理论实践创生。此外，还要经得起教育现代化变迁中可能出现的剧烈震荡。教育现代化须摒弃物化侵蚀，坚守"人本"理念，注重科学精神与人文向度的辩证统一。

（一）教育现代化推进的历史节律与国际视野

每一个开展教育现代化变革的国家，不可避免地要直面本国的特定社会发展情境。遵从适宜本土环境变迁的历史节律是每个民族国家的天赋权利，体现了现代化变革的自主选择性；而扩充开阔通达的国际视野，追赶世界先进教育潮流，则是各国教育现代化变革的价值共识。

以日本为例，历史上日本长期以中国为榜样，唐朝时曾派遣留学生到中国取经，学习儒家的教育思想、治国理念和礼仪制度。但明治维新之后，日本政府倡导"求知识于世界"，国际视野愈益开阔，瞄准世界前沿，确立了"脱亚入欧"和"和魂洋才"的文化教育战略，从而在较短时间内夯实了其社会现代化变革的教育基础，为其后挤进现代化强国之列铺平了道路。又如，作为移民国家的美国，素来以多元文化为底色，这成就了其开阔的国际视野。现代化的野火是由英国人从工业革命开始点燃的，其后由英国蔓延至西欧、美国，乃至东亚各国。而在现代化进程中，美国不仅效法英国、法国，还向科学技术日益发达的德国学习，特别是其高等教育变革深受德国大学制度的影响。"到 19 世纪，约有 1 万多名美国学者到德国留学或考察，其中包括学界巨擘和现代高等教育的奠基者，正是他们将德国大学的新思想带回美国，推动了美国现代高等教育制度的形成。"（邵长兰，2011）[42] 美国还以优厚的待遇悦纳和使用包括德国科学家在内的世界各国顶尖人才，让欧洲新教育与美国实用主义教育相互助推，从而极大地推动了美国科学技术的迅猛发展和教育的深度变革。

与西方社会的内生型现代化和日本社会的主动求变型现代化不同，中国的现代化萌生于巨大外力冲击下，国人是被迫"睁眼看世界"的。长达两千多年的专制教育压迫和过于沉重的儒家传统教育，决定了中国的教育现代化变革不可能短期速成，其国际视野也只能是渐次打开，并随着社会的深层变革而愈益开阔通达。从最初看到西方"坚船利炮"而进行相应的器物变革，到开设新式洋务学堂、派遣留学生及至戊戌变法中对西方近代政治、教育、学术制度的引进，从清末新政下的近代学制建构，到新文化运动期间对西方科学、民主和个性独立的极力推崇，再到接踵而来的西方新教育潮流——特别是实用主义教育思潮在中国教育学术界的涌动及其在教育实践领域的传播，国人的国际视野和世界观念可谓因时移步，时时更新。不可否认，"中国早期教育现代化正是借助于'中体西用'的命题而缓缓推进，它赋予西学以合法地位，促使洋务教育活动全面展开，从而在客观上导致了传统教育向现代化教育的逐渐过渡"（黄书光，2001）。随着社会经济、政治变革的进一步发展，教育现代化发展的节律也必然与时俱进。

应该肯定，国际视野的不断扩大是中国教育现代化发展的重要条件与动力，没有先发国家的教育现代化引领和示范，中国教育现代化变革也就失去了可资参照的样板，还要在黑暗中摸索更长的时间。当然，国际视野的不断扩大和全球化程度的日益提升，也给国人带来了越来越多的关于现代化道路的比较与论争，以及如何进行中国式教育现代化建设的疑惑与沉思。

（二）教育现代化求索的本土立场与理论创生

需要指出的是，后发外生型教育现代化求索终究离不开坚定的本土立场。诚然，新文化运动和新教育运动高涨之际，我们致力于全面引进西方的科学民主精神、个性独立观念，甚至有人直接提倡"全盘西化"，以杜威为代表的实用主义教育思想及其相关的制度设计与实验精神备受推崇。但随着时间的推移和认识的加深，有识之士越来越注意到不能徒袭外来制度，而要致力于外国先进教育制度的本土化探索与西方教育理论的中国化改造。

众所周知，我国的近代学制先是移植源于德国的日本学制，继而转向对美国学制的系统引进。特别是在借鉴美国的"六三三"学制时，受到了杜威实用主义教育思想的直接影响——这从学制标准中的"适应社会进化之需要""发挥平民教育精神""谋个性之发展""注意生活教育"等表述中可见一斑——但也应该肯定，参与新学制制定的社会贤达、教育理论专家与实践工作者也是经过反复调研、理性商议的，并非简单地盲从美国学制，而是在一定程度上注意到与本国实际的结合，如在学制标准中，明确提出要"注意国民经济力""多留各地方伸缩余地"（璩鑫圭 等，1991）[990]。即便如此，在此后的实践运作中仍然暴露出结合国情做得不够的事实。且不说梁漱溟等文化保守主义者对新学制的猛烈批判及其"走孔家之路"的邹平乡村教育建设行动，即便像陈鹤琴、陶行知、晏阳初、雷沛鸿等一批具有留学背景的教育家，也都热衷于回归区域层面的各种教育改革实验，开展了风格多样的教育本土化实践探索，积累了诸多具有鲜活的民族文化特色的教育本土化经验。

与此同时，结合新式教育的各色实验，许多学者致力于西方教育理论的中国化求索，催生了一批具有开阔的国际视野又不乏自己民族文化特色的本土教育理论。以陈鹤琴、陶行知为例，他们一起留学美国，且都在美国教育研究重镇哥伦比亚大学教育学院修读教育学专业，深受世界级教育家杜威教育理论的熏陶和影响。回国之后，他们创办了南京鼓楼幼稚园、江西实验幼师、南京晓庄师范、重庆育才学校等著名学校，并在办学实践中逐渐生成各具特色的"活教育"和"生活教育"理论。陈鹤琴并没有照搬杜威的"生活教育"理论，而是吸收其反传统的实验精神，凸显本土教育改革的实际需要，强调是否"适合国情"乃是教育本土化推进的唯一条件，提出了以"做人，做中国人，做现代中国人""做中教，做中学，做中求进步"为旨趣的"活教育"理论，实现了与杜威"一起创造理论，也创造方法"的美好梦想。陶行知则在创办南京晓庄师范、重庆育才学校的过程中，创造性地将杜威的"教育即生活""学校即社会"，改造为"生活即教育""社会即生活"，使其生活教育理论创造与正在进行的中华民族解放事业密切联系在一起，实现了本土教育理论的自主创新与生成，极大地推动了中国教育现代化的前进步伐。

应该肯定，民国时期中国有识之士的国际化视野和本土化立场是顺应世界教育变革潮流的，与当时国联教育考察团对中国教育改革实践的认识和建议有不谋而合之处。国联教育考察团特别警示：中国教育改革当"不徒务肤浅之美国化而已"，要"取法美国人之创造精神"，但必须立足本国"特有之情状"，强调"新中国必须振作其本身之力量，并从自有之历史，文献，及一切真属固有之国粹中抽出材料，以建造一种新文明，此种文明，非美非欧，而为中国之特产也"（国联教育考察团，1932）[19-20]。

（三）教育现代化变迁的价值重心与人本回归

席卷全球的现代化旋风，不仅极大地冲击和撼动了国人固有的价值观念，搅动了人们内心深处的功利追求和物质欲望，而且张扬、放大了人的主体精神与理性能力。人们在征服自然和改造世界中凯歌行进，"科学"成了被无限膜拜的对象。但是，我们不能忘记科学在带给人们便捷、精确和高效的同时，也给许多独裁者、战争狂人和恐怖主义分子提供了毁灭人类的可能性。近代以来，中国人民饱受西方侵略者坚船利炮的摧残，而20世纪的世界人民也同样没有逃脱两次世界大战的蹂躏。当人类的科学发明不能用于人类自身发展的正当目的，而异化为制约自己的对立物，我们的现代化也就失去了前进的方向。因此，教育现代化探索决然不能仅仅追慕现代化进程中的科学精神，更要注重科学理性与人文向度的有机结合，着力培养学生的科学与人文融会贯通之精神，从而理性把握教育现代化动变中的价值重心，实现以人为本的价值回归。

诚然，科学教育并非我们的主流教育传统，是近代以来特别是新文化运动领袖们特别礼赞的核心教育理念，对于摆脱长期以来的封建专制主义教育牢笼，推进教育的现代化变革，培养国人的基本素养和公民意识，均具有十分重要的意义。但必须指出，科学并非万能，它并不能解决人类社会发展中的一切问题，特别是人生观问题。在张君劢等人看来，这些问题"决非科学所能为力，惟赖诸人类之自身而已"（张君劢 等，1997）[38]。科学教育可以满足我们对知识的理性追求，但人生观的选择则带有极大的主观色彩，我们需要深层次的精神引领，而这有赖于有别于科学教育的艺术化的人文教育。

事实上，科学教育注重的是求真的教育，强调通过可计量的实证手段，去探索客观物质世界之奥妙与规律；人文教育向往的是崇善的教育，主张通过可以意会的直觉思维，去叩问主观精神世界之玄妙与美好。由于缺少科学教育的系统训练，我们无法适应近代物质世界的剧烈变化和器物文明的长足进步，并因此备受西方列强的侵略和摧残。这一点，我们自然要引以为戒，对国人从小加强科学素养的培育。但是，如果我们矫枉过正，唯科学主义，忽视人文教育，受制于物质主义和功利主义的驱使，那么必然堕落为物的奴隶，逐渐丧失与生俱来的直觉与童心，进而泯灭宝贵的精神追求和终极关怀。很显然，科学教育与人文教育只有相互推助、协调发展，才能避免培养目标的"单向度"偏向，从而造就符合全球化时代需要的自由独立的健全的人格。

第三章 教育现代化进程中的现代性反思

　　无论是深究教育现代化的理论意蕴，还是探索教育现代化实践的中国道路，我们都无法绕开一个前提——现代性与后现代性研究。

　　在本章中，我们首先通过对错综复杂的西方现代性理论的梳理，从解构与建构、建设性与批判性、提出问题与解决问题等不同维度概括出多种探索路径和核心观点；继而参照现代性与后现代性之间的对立、冲突、分歧和折中调和等多种思想纠葛，对西方现代性的拯救方案（特别是教育方案）进行提要式勾勒，以求为我国教育现代化的理论研究提供参照和借鉴。

　　本章的旨趣在于，基于西方现代化过程中的现代性反思研究成果，通过聚焦社会总体现代性反思批判和拯救式的教育方案等主题的探讨，立足我国教育现代化的发展现实，提纲挈领式地呈现西方教育现代性的多学科反思框架，为后续的教育现代化的价值基础分析提供理论参照。

本书前两章分别从教育现代化的全球视角和中国教育现代化的历史钩沉两方面概述了教育现代化的时空背景，本章将深入探讨教育现代化理论研究和实践探索都无法避开的前提性问题——现代性与后现代性，并对此进行一番梳理和反思。

一、现代性问题的提出

现代化过程是一个"全球化"过程，本质上也是一个从传统社会向现代社会的结构转型过程。这一过程内含着从共同体到社会、从身份到契约、从农业社会到工业社会、从特殊主义到普遍主义的转变（金耀基，1999）[64-65]，不同地域、不同起点的国家（无论先发国家还是后发国家），都或迟或早地卷入这一"魔咒"般的"现代命运"中。而伴随着后现代社会的降临，以及由此而来的从工业社会到信息社会、从生产型经济到消费型经济、从物质的匮乏到物质的丰裕等社会形态的转变，人们从后现代主义出发对现代性所进行的激进式批判，则更加凸显出现代性问题的时代价值。尽管我们可以带着审美式的片刻超越和宗教式的永恒解脱的"断想"或"臆想"，在人类学的文化多元和文化独立的"声嘶力竭"般的"呐喊"中，在各种充满温情的反思存在的文本体验中，在寄托于"乡愁"的对"回乡感"的抒情中，表达对原始风光的迷恋、对乡土民俗的留念、对人性美好的尊重、对人类童年的呵护，在"生态理性"的自觉唤醒中，暂时性地搁置"末世"来临的绝望困惑，但这些都无法回避从传统社会向现代社会的结构性转型中现代性的阵痛甚至灾难。

现代化不仅是对中国社会整体走向的概括，而且也是世界很多民族国家的共同命运。当今世界，现代化已经成为一种全球发展现象，现代化话语已经成为一种"全球性话语"。尽管当前的西方世界一般不大再提现代化的话语，但现代化的问题却是中西方学术界共同面对的课题。现代化过程本质上是一个社会的传统性逐渐减弱而现代性逐渐增生的此消彼长的过程，是不可抗拒的世界发展潮流。它使得"民族史"不断走向"世界史"，"世界史"不断发展为"全球史"。面对"全球史"时代的到来，地球上任何一个角落都会自觉或不自觉地卷进现代化漩涡之中。而摆在当前中国教育现代化面前的，则是前现代、现代和后现代的共时存在。澄清观念和形成共识是我们进行教育现代化探索的理论前提，而这需要我们把眼光投向异域的求索。

（一）内涵理解与概念界定

对现代社会特征的认识离不开对现代化和现代性概念的辨析，现代社会的特征也是在这两个概念的辩证关系中得以揭示的。全面分析现代性问题的思想谱系离不开对后现代性或后现代主义思潮的把握和透视，也离不开对历史上某些先知先觉者的觉醒和预言的追溯。

关于现代性问题的研究文献汗牛充栋，理路杂陈，概念杂多。复旦大学俞吾金教授曾进行了概括，梳理出一组如"现代化""前现代""现代""后现代""前现代性""现代性""后现代性""现代主义""后现代主义"等概念，并指出关于现代性的认识不能脱离对这些概念的辨析澄清，也不能孤立地对某一个概念进行分析；同时，他也认为，在"前现代""现代"和"后现代"三个概念中，"现代"应该起着核心的作用（俞吾金 等，2002）[26-27]。

在与"现代"密切相关的词语中，"现代化"和"现代性"是两个出现频率最高且词义颇为含混的概念。前者可以被看作一种"化"的过程性的动态研究，后者可以被看作一种"性"的结果性的定性研究。前者一般含有客观和积极进步的观念，其中还透着"西方中心主义"观念；后者则多数反映了西方哲学家和后现代人文学者对现代化过程中的问题的反思。现代性研究一般持批评反思态度，但也不排除建设性的研究取向。

从词源学角度看，哈贝马斯（Jürgen Habermas）在《现代性：一项未完成的谋划》一文中，曾引用了姚斯（Hans Robert Jauss）对"现代"一词的词源学考证，认为"现代"（modern）一词的拉丁文形式是"modernus"（哈贝马斯，2004）[10]。相传最早使用"modernus"一词的是一个叫卡西奥多尔（Cassiodorus）的拉丁作家，他用这个词来指称已经基督教化了的"现今"，以区别于古罗马异教的"往古"（the past）。可见，"modernus"最初是一个用以区别时间状态的概念。紧随着"modernus"，像"现代化"（modernitas）、"现代人"（moderni）等拉丁词语很快流行起来（谢立中，

2001）。美国学者卡利内斯库（Matei Calinescu）也进一步指出，在英语里，至少自 17 世纪起，它就已经通用了。就现代性而言，1627 年出版的《牛津英语辞典》首次收录了"modernity"词条。现代性的早期含义是声音与节奏。法语是在 19 世纪才出现现代性一词的。（卡利内斯库，1999）

在历史学和其他社会科学的研究领域，"现代"往往被用来表征一个观念体系、一个与古代相区别的新时代。一般认为，由于文艺复兴否定了中世纪的神学权威，转而尊崇古典文化，加上科学技术的进步和工业革命的兴起，人类的生活方式和社会面貌极大地改变了。为此，人们用"现代"来表示与以往（主要是文艺复兴前）历史传统的区别。正是在这个意义上，哈贝马斯把"现代"界定为"一种新的时代意识""一种与古典性的过去息息相关的时代意识"，这种新的时代意识是"通过更新其与古代的关系而形成自身的"，"是一个从旧到新的变化的结果"。

可见，"现代"一词一般来说至少包含两层含义：一是作为时间尺度，泛指从文艺复兴特别是自启蒙运动以来一直延续至今的一个历史过程；二是作为价值尺度，特指区别于中世纪的新时代精神与特征，是一种与现实相联系的思想态度、行为方式和精神气质。

1863 年，波德莱尔（Charles P. Baudelaire）在《费加罗报》发表了题为"现代生活的画家"的系列文章，其中第四篇的小标题就是"现代性"。在这篇短文的开篇，波德莱尔称现代生活中的画家是一个"富有活跃的想象力的孤独者，……他寻找我们可以称为现代性的那种东西"（波德莱尔，1987）[484]。可见，"现代性"一词主要是用来表示人或事物所具有的一种性质或品质。从形式上看，是以"现代"一词为词根，加上表示性质、状态、程度等意义的后缀"-ity"构成。随着时间的推移，"现代性"就成为一个表达现代时期的社会生活所具有的品质或状态之类含义的概念（张凤阳，2004）[5]。可以看出，对现代性的探讨多为静态表述，一般是对已经实现了现代化或转型为现代社会的特质的概括和反思。而大多数学者则把现代化当作一个由传统社会向现代社会发展的动态过程，正如亨廷顿所称，现代化是"一个多层面的进程，它涉及到人类思想和行为所有领域里的变革"（亨廷顿，1989）[30]。

总之，"现代性"一词最早出现于西方英语世界，其背景是文艺复兴、启蒙运动及至西方近代工业革命。从词源学的角度来讲，"现代性"一词早期主要运用于文学、艺术评论等领域，用以和"传统"创作方式和"古典"审美观念相区别。陈嘉明指出，现代性主要是指"一种与现实相联系的思想态度和行为方式，因此它与哲学认识论、方法论和道德、宗教、政治哲学密切相关"（陈嘉明 等，2001）³。这是从哲学角度探讨的"现代性"的意涵。但一般来说，"现代性"的内涵不局限于此，它更多的是一种时代境遇的概括反映。狭义地讲，"现代性"是指现代商品生产和市场经济的运作方式；广义地讲，"现代性"则是指一种在世界范围内业已存在的现代社会生活和组织模式，以及人们在这种模式下的生活方式、社会认知、文化心理、交往规则、思想态度与行为习惯等。应该说，现代性包含着一套政治、经济、科学技术、文化等等意识形态和制度维度，由此而产生的现代化的确具有同质性，但是这并不意味着所有走上现代化之路的民族和国家都失去了或必将失去原来的文化特质。按照艾森斯塔特（Shmuel N. Eisenstadt）的多元现代性观念，现代性不等同于"西化"，西方模式的现代性不是唯一"真正的"现代性——尽管现代性的西方模式享有历史上的优先地位，并且将继续作为其他现代性的一个基本参照。因此，现代性中包含着严格控制的均质性，也同时包含着一定的创造性。

说到现代性，就不能不提到后现代性。作为一种文化时尚，后现代话语也是不断演变的结果。虽然有人认为，这种流行思潮已经过去，但说到现代性，对后现代性不能不有所了解。从词源学上看，早在1870年左右英国画家查普曼（John Chapman）就率先使用了"后现代"一词来形容比法国印象主义更新的画法。1917年，德国哲学家潘维茨（Rudolf Pannwitz）使用该词来描述新世纪西方文化中的虚无主义。1934年，西班牙文学批评家德奥尼斯（F. de Onis）以后现代主义来概括世纪初的西班牙及拉美诗歌中与现代主义背道而驰的保守主义倾向。1939年，英国史学家汤因比（A.J. Toynbee）用"后现代时期"来指称自第一次世界大战以来的世界历史，后来他的看法又有所扩展。在社会学中，1959年米尔斯（C.W. Mills）明确地用"后现代"来表示西方世界中启蒙运动的理性主义理想（自由主义和社会主义）之破灭。当然，就对后现代性的一般理解而言，其与现代性的关系密切。有人认为它是一种认识态度，也有人认为它是一种历史分期；有人认为它与"现代性"如出一辙，也有人认为两者之间大相径庭；有人主要把它看作当代社会的文化逻辑，也有人着重从社会方面来探讨它的种种表现；有人认为它是激进主义的，也有人认为它是保守主义的；……众说纷纭，莫衷一是。从与"现代化""现代主义"概念的区别来看，"现代性"一词反而是在后现代话语中产生和流行起来的，它自然也是后现代话语中的基本概念之一。如果考虑与后现代性相关的因素，大概包括"后工业社会""知识社会""信息社会"（"计算机化社会"）等社会变化背景，与"消费社会""中产阶级""意识形态终结""文化政治""身份政治""身体政治"等相关的"多元文化主义"，以及"全球化""虚拟世界"等日常生活变化，等等。这些变化使得后现代性聚焦于现代性问题，并产生了两种理论取向：一个是批判解构取向，另一个是建设性发展取向。

（二）问题产生和理论谱系

西方关于现代性问题的研究，有一个从问题提出到问题聚焦，再扩展为一个问题域的多学科参与和推进的过程。

从社会结构的演变来看，伴随着文艺复兴、宗教改革、地理大发现、启蒙运动以及工业革命所带来的社会经济结构的深层变化过程，西方在"走出中世纪"以后，经历了以进步为标志的现代社会快速发展的过程。在这一以进步、科学、文明为标志的现代社会发展中，"人类中心主义""西方中心主义""理性中心主义""专家技术中心主义"等观念，不但对西方思想界产生了深远影响，也对东方包括中国在内的国家产生了巨大影响。那些现代化后发国家也自觉或不自觉地卷入现代性发展过程中，并且面对的是现代性和后现代性问题的双重挑战。

可以说，从不同角度对现代性形成的批判反思活动，构成了西方一道亮丽的学术风景。从某种意义上说，现代西方绝大多数标志性学术成果都可归于现代性问题域中，近代以来的所有学术成果都可以理解为对现代性问题的认识和突破。

针对现代性问题，可以分辨出"激赏"与"反思"两种态度。激赏的态度，是正面理解现代化的积极意义。自启蒙运动以来，人类在扩大自己的视野、破除传统宗教迷信、弘扬个体力量、发展科学技术、建立民主法治国家的过程中所感受到的，是财富的增加、生活范围的扩大、受教育程度的提高、人的自由度和解放感的增加等。当我们聚焦于这些人类既往历史中从来没有过的发展成就时，看到的是现代性所能够释放出来的人类理性潜能，是启蒙的理想带给人类的憧憬和希望。

反思的态度，则是换一种视角来审视现代化进程中的现代性问题。伴随着西方现代化的发展，对启蒙的反思、对主体性的反思、本质主义与反本质主义的争论等聚焦于现代性的总体性反思批判活动就一直没有间断过。只不过限于时代发展的阶段性特点，早期现代性问题并没有像后来那样凸显。

伴随着现代性的增长，尤其是伴随着20世纪的两次世界大战，城市化发展中"城市病"的出现和恶化，"后工业社会"中人的"无意义感""无趣感"的增加，人们越来越震惊于现代性并非如原初设想的那样美好。理想的破灭、前景的渺茫、欲望的膨胀、人的异化和教育的僵化等，使得现代人在"虚无＋怀疑"之中陷入技术时代的虚无主义困境，在"一切坚固的东西都烟消云散"中魂飞魄散，成了"找不到归宿"的"游魂"。这些问题使得一些思想家开始反思现代性的负面影响，进而对与现代性相关联的前现代甚至古代思维中的一些基本观念产生了根本的怀疑。于是，一些思想家发出"思古之幽情"，眷恋前现代的生活，甚至提出返回前现代。

比如，启蒙、理性、科学、主体性等概念提出之初，人类展示出对未来的憧憬，对美好生活充满希望，对自由、民主、平等等启蒙理念深信不疑，对人类主体的理性力量所释放的解放潜能充满信心，对人类未来必将走向的美好社会充满向往。但是，随着现代化进程的深入，经过了19世纪"人类中心主义"的快速膨胀，特别是经历了20世纪的两次世界大战、对殖民地半殖民地的掠夺以及愈演愈烈的"现代病"的增生蔓延，以及诸如"城市病"丛生、人性不断扭曲、传统遭到摧毁、生态遭到毁坏、贫富差异巨大、平等正义成为虚幻等病理现象，包括对西方民主自由政治合法性的怀疑等，人们开始质疑自己曾经坚信不疑的现代化观念。凡此种种，致使现代性问题成了困扰西方思想界乃至现实生活的大问题，反思现代化进程中的现代性问题，则成为思想界的关注焦点。

现代性问题产生于西方现代化过程之中，随着现代社会发展所产生的种种疾病被思想家、艺术家有所意识并反映到他们的思想理论中，现代性问题得以被聚焦和揭示。有学者甚至将现代性起源追溯至神学源头，但一般我们还是将现代性问题与启蒙和理性相关联。在对"后现代主义"批评与辩护的强大思潮影响下，人类在"本质主义""基础主义""人类中心主义""理性主义""技术主义""消费主义""逻各斯主义"等方面暴露出来的思维缺陷和思想障碍，共同构成了现代性的问题域。如何在反思现代性问题中重新理顺人与自然、人与社会、人与自我的关系，如何借助东西方乃至世界各民族文化中的精髓超越现代性，进而探寻人类的拯救之途，是现代性问题研究的目的和意义所在。聚焦于现代性的困惑、教训、危机、悖论、异化、虚无等种种批判反思，彻底的怀疑和解构，从根源意义上的摧毁和拆解的思想努力，构成了西方全面审视现代性问题的学术语境。

依据多种角度和线索，我们可以梳理出现代性的观念谱系。从源自西方的理性主义来看，其发展主线大致是从笛卡尔、康德、黑格尔到哈贝马斯。其中，黑格尔作为"实体主义"集大成者，将思辨理性发挥到极致，致使人类思想在颠倒的意义上开辟了诸如克尔凯郭尔的"孤独个体"、叔本华的"生命意志"、尼采的"权力意志"等非理性主义的道路，而哈贝马斯在"全面而又混乱的综合"尝试下提出的"交往理性"则可以看作是对康德纯粹先验理性的一种"准先验"条件下的折中尝试。而超越西方思维，借鉴东方智慧，寻找解救之可能，也是一种探索路向，这在海德格尔的思想中有所显现。

胡塞尔开创的现象学之路，可以说是在生活世界、主体间性乃至"回到事情本身"的思路下走出的一条借助意向性建构出"先验理性主义"的方法之路；同时也形成了海德格尔、舍勒和舒茨关于现象学发展的三种路向，这对法国的萨特、梅洛－庞蒂和利科尔等人的思想产生了很大影响。被誉为怀疑主义大师的马克思、尼采和拉康，以及虚无主义大师德里达、福柯和利奥塔等建构的后现代主义，形成了反思现代性，继而追问西方理性主义、启蒙主义、实体主义等形而上学源头的另外一条线索，他们从哲学和思想之源的角度对现代性进行了彻底的解构。同时，在解构性后现代主义的旁侧，也形成了建设性后现代主义之路。在上述线索中，拉康倾向于非理性主义的精神分析学，而弗洛伊德则坚持一种理性主义的精神分析学，后者对法兰克福学派有着较大的影响。不少法兰克福学派的领袖就是将马克思与弗洛伊德学说进行综合的代表，如马尔库塞、弗洛姆和本雅明等。与教育相关联的对话主义思想，则形成了从苏格拉底到杜威、米德、布伯、雅斯贝尔斯、巴赫金、弗兰克、哈贝马斯的线索。

如果把现代性研究分为解构批判和建设建构两条路向进行归纳的话，那么，思想家们已经为现代性的拯救之路提供了多种方案：有的主张回归经典或古典，如施特劳斯、罗尔斯等，其中罗尔斯的公共理性和正义理论对 20 世纪的政治哲学产生了较为广泛的影响；有的主张宗教拯救之路，如贝尔的新宗教的尝试；有的主张采用综合的文化批判和美学拯救之路，这与谢林、席勒、本雅明、詹姆逊等有所关联，法兰克福学派中的不少学者如马尔库塞、本雅明等探索了拯救现代性的文化和美学之路；还有的如麦金太尔、泰勒等提出了拯救现代性的道德伦理之路，作为批判异化和工具理性的结果，他们提出的交往理性、平等对话以及对道德法治的思考都产生了较为重要的影响。当然，也不乏其他尝试，如"反哲学"的"后哲学文化"之路。除此之外，在社会学、美学乃至经济学、法学、文化人类学、文化心理学、教育学等方向上，都有所尝试、有所突破。

从问题的提出和解决这一视角看，学者们及其所代表的学派是各有侧重的。一般来说，提出问题的思想家表现出批判的深刻性及其问题的尖锐性，使我们透过著作能够感受到其语言、概念、隐喻的力量和思想的锋芒，如尼采、福柯、德里达、利奥塔、鲍德里亚、德勒兹、瓜塔耶等都写出了颇具震撼性的著作；而侧重于解决问题的思想家们，则表现出思想的深刻、理性的深沉，其所释放出的观念力量和行动力量也足以震撼人心，如在"宏大叙事"中所表现出的对人类"理想国"的信念、对乌托邦式的"自由新世界"的梦想、对人类美好生活的那种不放弃的信仰等，这些都可以在这些思想家如罗尔斯、哈贝马斯等所提供的宏大方案中得到证实。

综上所述，对于现代性问题的思考可以有多种取向，如果以成对的概念来进行区分的话，那么可以表述为提出问题和解决问题、批判性和建设性、理性主义和非理性主义、西方思维和东方思维等。以上只是一种尝试性的分类，旨在突出不同思想家的不同倾向，具体到每个思想家，则实际情形可能更加复杂且多有变化。

二、现代性的批判之维

批判反思现代性的思想家，可以列出一个长长的名单：卢梭、康德、柏克、黑格尔、马克思、尼采、弗洛伊德、韦伯、拉康、阿多诺、利奥塔、德勒兹、福柯、鲍德里亚、德里达、罗蒂……。他们的那些闪耀着人类思想光芒的著作，在人类现代性思想史上汇聚成一条瑰丽的彩虹。在这些思想家的著作中遨游，本身就是在体验一种现代性的观念冒险和思想实验。本节着重从反思批判角度，择要提炼事关时代处境和人生困惑的基本观点。

（一）启蒙的幻象

一般来说，对现代性的批判矛头主要指向"启蒙理性"。虽然西方世界的启蒙思想也有着多种发展路径，但一般还是把法国激进主义启蒙运动作为反思的焦点。曾经被人类坚信不疑的"启蒙理性"，通过诸如理性、主体、自由、平等、科学、民主、自然等概念的建构和阐释得到彰显，其所持有的社会发展观念，与传统的"循环"和"轮回"的发展观念相反，是一种线性的社会进步观。这种以进化论为理论基础的"进步的幻想"所造成的结果，是人们发现曾经坚信的东西在不断的发展中与原初的设想和理解距离越来越远，"跟着进步的感觉走"的结果是人类在启蒙理想中所坚信的解放和自由的梦想反而变得遥不可及，在进步幻想背后，人们所坚持的理性的解放潜能反而成为压制和束缚人的新的"绳索"。现代性的增长程度与人类的自由解放程度出现了反差。人类的"启蒙理性"并非如人们当初所想象的那样万能和全无瑕疵，而是一把积极与消极并存、正面与负面相伴的"双刃剑"。现代人表现出的生存的困惑、意义的缺失、存在的迷惘、人性的沦丧等现代精神状况，一再说明现代人已经成了无根浮萍，成为无家可归的"流浪儿"，生活的意义正在现代性的增长中逐步沦丧。

所谓启蒙，就是人类充分运用理智脱离不成熟状态。这一来自康德的理解使得 18 世纪成为人类发展史上重要的思想解放时期，也是现代性急剧增长的时期。在这一时期，人类建立了自身的启蒙信念，坚信在不断启蒙中能够达到自由的彼岸和解放的境界。随着现代性的深入发展，启蒙的负面影响逐渐显现，消极后果逐渐扩大，渐渐遮蔽了启蒙的积极健康的一面。因此，启蒙的历史性决定了启蒙的开放辩证性质。启蒙是一项事业，一项未竟的事业。人类是在不断启蒙的过程中得到发展，进而实现自由解放的。启蒙的历史既是人不断解蔽与自我澄明的历史，又是不断形成成见从而产生新的遮蔽的历史。启蒙的任务永远是双重的，即解蔽与重建。这便是 20 世纪启蒙思想家所揭示出的现代性困惑与困境。

回溯源头，康德将启蒙定义为人类运用自己的理性而不臣服于任何权威。恩格斯在《反杜林论》中明确论述："在法国为行将到来的革命启发过人们头脑的那些伟大人物，本身都是非常革命的。他们不承认任何外界的权威，不管这种权威是什么样的。宗教、自然观、社会、国家制度，一切都受到了最无情的批判；一切都必须在理性的法庭面前为自己的存在作辩护或者放弃存在的权利。思维着的悟性成了衡量一切的唯一尺度。""现在我们知道，这个理性的王国不过是资产阶级理想化的王国；永恒的正义在资产阶级司法中得到实现；平等归结为法律面前的资产阶级的平等；被宣布为最主要的人权之一是资产阶级的所有权；而理性的国家、卢梭的社会契约在实践中表现为而且也只能表现为资产阶级的民主共和国。"（姜义华，2000）序 2-3

姜义华对理性的概括是：反省的批判的精神；通过理智，锲而不舍地追求真实与发现真理的意志；确立并严格依循一以贯之的分析、分解和结合、构建的认知方法（姜义华，2000）序 4-5。而福柯在《什么是启蒙？》中也说过："我们决不应忘记启蒙是一个事件，或者一组事件和复杂的历史过程，……它包括社会转型的因素，政治体制的类型，知识的形式，实践和知识的合理化的方案，技术的变化，所有这些是非常难于用一个字来总结的。"（姜义华，2000）序 9

　　福柯在《什么是启蒙？》中还说："事实上，康德把启蒙描述为人类运用自己的理性而不臣属于任何权威的时刻。就在这个时刻，批判是必要的。因为它的作用是规定理性运用的合法性的条件，目的是决定什么是可知的，什么是必须作的，什么是可以期望的。理性的非法运用导致教条主义和它治状态（heteronomy），并伴随着幻觉。另一方面，正是理性的合法运用按它自己的原则被法则规定的时候，它的自立性得到保障。"（姜义华，2000）[74] 他还指出："当一个人只是为理性而理性的时候，……当一个作为理性的人类的一员而思考的时候，那时，理性的运用一定是自由的和公共的。……当理性的普遍的、自由的和公共的运用相互重叠的时候，启蒙就存在了。"（姜义华，2000）[76]

　　就西方来说，在启蒙道路上的现代性研究，表现为三条线索。一条是坚信理性进步观，这体现在古希腊哲学、中世纪基督教、文艺复兴思想、宗教改革思想、启蒙思想中。思想家们相信人类一直在进步，相信人类具有的理性力量能够帮助人们摆脱神权统治，获得个体自由，张扬"希望原理"的力量。他们始终坚持一种积极的进步观，即使遭遇科学主义的困惑、工具理性和技术理性主宰世界的疑难，也要坚持通过科学来解决问题，进而产生后现代语境中的建设性后现代性的思想追求。

　　另外一条线索，则是在"我思故我在"的人类主体信念支撑下，对人类主体与现代社会保持距离、进行观望甚至持反思批判态度。持这种观念的包括帕斯卡尔、卢梭、尼采、齐美尔、拉康、福柯、德里达等一大批思想家。这些思想家坚持反思批判的立场，强调生命意志、非理性、反逻各斯主义，坚持以反对"宏大叙事"为特征的解构主义的思想风格，彻底颠覆人们曾经建立起来的关于理性和人类中心主义的信念。

　　介于上述二者之间的，是一种对现代性的温和批判取向。这类思想一般对启蒙的价值持积极肯定的态度，对启蒙的命运坚持用历史眼光做客观分析。在反思批判的基础上，多数人给出了走出现代性困惑的答案或道路，即方案。尽管这些方案是否具有可行性还存有争论，但这一批思想家还是坚持人类的理性而持有积极的入世情怀，继续发挥着理论的批判与建设的双重作用。他们可能存在折中妥协取向，但也在一定意义上影响和改变着人类的思想实践形态。这些思想家以康德、黑格尔、贝尔，尤其是哈贝马斯为主要代表。另外，斯特劳斯、罗尔斯、泰勒、诺齐克等大抵也可归属此列。当然，这只是大致的区分，事实上，思想家群体非常复杂，思想的源头和脉络繁多，思想之间多有交叉重叠，即使是不同的思想观念也并非简单对立的。要回答他们的思想在什么意义上、何种程度上不同或相同，需要进行非常困难而复杂的解读工作。

（二）全面的异化

针对 20 世纪人类所面对的工具理性泛滥下的社会危机以及技术至上、科学至上观念带来的人的精神家园失落等问题，法兰克福学派进行了猛烈的批判，形成了从马克思的政治经济批判到法兰克福学派的文化批判的扩展。针对大众文化和消费文化的泛滥，法兰克福学派的一些思想家，如阿多诺、马尔库塞、本雅明等，在一定程度上揭示了这种文化异化的根源。应该说，第二次工业革命之后，由于科技理性的滥用及人类中心主义理念的主导，一方面对物质资源的无节制攫取，导致环境污染日益严重、生态失衡，加剧了世界各国经济发展的不平衡；另一方面通过严密整合整个社会运作机制，社会总体上变得机械化、消费化、专业化，产生了个体的人被异化的现象。它集中表现为人之作为人的情感需求、道德关怀、信仰需求等问题无法得到解决，进而导致社会疏离进一步加剧。无论是批判技术主义、确立沟通合理性，还是寻找新信仰、反抗现代性，目的都在于使人类从自身的迷误中觉醒过来，并意识到脚下的危险，从而寻找新的道路。

在对现代性的反思与超越中，西方后现代主义可被视为对现代性予以深层反思与超越的一大流派。以海德格尔为代表的学者，主张深层解构现代性并提出了"后现代性"的概念，主张恢复宗教、信仰、传统在现代社会的价值和作用，消解现代性的哲学思想基础，对主体性形而上学实现颠覆与超越，从而回归"存在"的最初起源和归宿，试图重建人类的哲学思想。维特根斯坦将现代性看成一种语言游戏，认为现代性是一种游戏约定下的某种专断的话语霸权。福柯则从"知识－权力"的结构关系角度，解释了理性话语的意识形态特征，认为作为权力话语的现代性本身就需要被消解。利奥塔则将与现代性相对的后现代性定义为对"元叙事"的怀疑，对知识的合法性进行彻底的检视。

因此，人们在对启蒙理想的深深怀疑中，借助异化概念，把对现代性的批判集中在与人的诸多关系之中。如果说对启蒙的批判回到的源头性问题是"我们从哪里来"的话，那么借助异化概念，人们则在思考和审视"我们究竟是谁"。在对现代人的各种人性假设，诸如政治人、理性人、道德人、宗教人、文化人、经济人、主体人、无意识人、关系人甚至"非人"等的反思与批判的基础上，"人究竟为何""人的生存有何意义"等问题，成为人有关现代性问题思考的焦点。对于形成人的自然、社会、自我等关系的处理，则构成了分析人的异化问题的关键。认识从黑格尔提出的异化理论到卢卡奇提出的物化理论，及至重新理解马克思在《1844年经济学哲学手稿》中所深刻揭示的劳动异化理论，构成了借助异化概念而展开现代性问题透析的基本框架。这一框架可具体展开为如下几个要点。

第一，人与自然关系的异化。人与自然和谐相处是人与自然关系达到"天人合一"境界的要求。在原始社会，人等同于自然、复归于自然，保持着对自然的敬畏和神秘感，而现代性使人与自然疏离。随着"知识就是力量"这一口号所体现的认识自然、征服自然、控制自然的对象性思维的扩张，以及"人为自然立法"的绝对命令所昭示的主体性的张扬，人类作为知识开拓者、立法者的形象得到确立。"人是万物的灵长、宇宙的精灵"这种思想使得人类在自然面前的谦卑荡然无存，人类向自然发出挑战，进而向自然提出无理要求，利用自然满足自身不断膨胀的私欲，"技术时代"下的人类中心主义成为人控制自然的思维方式和操作模式的基本特征。在进步、科学、启蒙、自由等理念的光环下，人对自然的掠夺，使得人与自然的关系失去了平衡，人类为自己的行为付出了沉重的代价，遭到了自然界的报复。

第二，人与社会关系的异化。当对象性思维由人与自然关系进入人与社会关系时，人与社会关系的异化也就在所难免。科学主义背后的工具理性的扩张蔓延，带来社会的冷漠以及人与人之间关系的异化。政治、经济、文化三大领域的分离带来的是科学效率的提高，专业分工和分化的发达带来的是社会组织化程度不断的提高。伴随着启蒙理性对宗教的批判，社会整合的信仰机制缺失，人与自然关系的异化使得社会的道德整合机制失灵，发达的技术渗透到生活世界，工具理性膨胀且压制了目的理性，导致人的反思机制失灵，大众文化的流行则使得美学超越的功能同样丧失。人对上帝的疏离乃至否定，并未带来一丝被拯救的希望。启蒙理性相信无限的进步，相信社会、道德改良的无限发展，并抱着这种信念去设计自然、社会与人。现代性正是按照启蒙理性的内在逻辑去发展客观科学、普遍化道德与法律以及自律的艺术的。社会按照理性的要求，一方面大力发展科学技术、推动经济增长，使人严格服从于分工的需要，将自身消融在所扮演的角色当中；另一方面在政治领域又千方百计推陈出新，以求得社会的高度稳定与秩序化，并以物质上高度丰足、精神上高度平等的承诺瓦解了个人的权利。虽然人类的历史就是人不断发展又不断异化的历史，但在现代社会，由于技术理性的泛滥，人的异化则更为普遍、更加深刻。因为人所选就的一切都成了神物，人们只能或自愿地拜倒在它们脚下，在听命与服从中得到满足。

第三，人与自我关系的异化。这突出表现为人与自身相分离。弗洛姆说，19世纪，上帝死了；20世纪，人死了。福柯说，主体死了。人的理性能力张扬的目的，一方面是发现自然、社会与人的不变原理，以求达到征服自然、改造人生、推动社会进步的目的；另一方面也是为了从上帝那里夺回自己的权利，恢复人的自由与尊严。但在这样一个以理性主宰一切为目的的主体弘扬过程中，人既创造了理性的神话，也形成了非理性的神话。在这种理性张扬的过程中，人失去了反思性维度，在主客思维的工具理性的扩张中，主体与主体之间的关系变成了对象化的生存关系，人在自我的膨胀中失去了本身的丰富性。后现代主义呼唤人的肉身性，突出差异逻辑，关注异化的研究，甚至提出用"流浪者""散步者""游戏者""旅行者""阐释者"的角色来反对现代主义中的"立法者"角色，这些都表明了思想家在克服人的异化甚至在克服新专制下的人之恐惧方面的尝试。正如赫舍尔（A. J. Heschel）所说：我们知道人制造的是什么，但我们不知道人是什么。我们的全部文明建立在对人的错误解释的基础上，或者说，现代人的悲剧在于，他竟忘记了"人是谁"（赫舍尔，1994）[5]。

（三）系统的诊断

基于对现代性的反思批判，人们还可以形成对于现代社会的系统性诊断。社会是个系统，随着社会现代化的推进和深入发展，西方社会不断地暴露出现代性危机和问题。然而，有关社会问题的诊治却处在一种"头痛医头、脚痛医脚"的状态。尽管社会问题不断凸显，现代性问题的治理却总是这样一种情形：先去医治政治领域出现的问题，当看到政治手段出现问题时，转而依靠经济手段，在经济领域做文章，如市场中"守夜人"角色的登场；当政治、经济、文化领域分化为独立系统以后，又试图通过知识分子的文化观念的变革，寄希望于"克里斯马型"人物的出现，一揽子拯救现代性的命运，走出现代性的困境。在尝试了各种招数之后，西方社会的有识之士越来越看重从系统的角度对社会进行现代性诊断（尽管着力点在个体意义的丧失与获得上，但在个体、组织、社会等不同层面形成了更为系统的问题诊断思路），其诊断出的主要问题可大致概括如下。

第一，"他组织"中的被动状态。现代性根源于西方的启蒙运动，韦伯称其为"祛魅"，意为世俗化运动。启蒙运动打碎了神性，破除了人们对宗教的无意识迷信，使人们的生活世界日益世俗化。它以反思宗教蒙昧和高扬人的价值为宗旨，催生了自由、平等、民主、人权等一系列现代价值观念，形成现代性最本质的特征，即以理性为内核的主体性意识，这是现代社会经济发展、商品生产、社会运作的思想源泉。罗荣渠指出，"现代性是西方现代化理论对现代工业社会的特征的一种理想型假设，其实质是西方理性主义"（罗荣渠，1993）[39]。这种理性主义与人的情感需求、终极关怀、文化心理很少发生关联。在理性化社会，似乎有一只无形之手，隐性地控制着人的思想和文化感觉，人沦落为数据的人、技术的人、专业的人，一切都服从于冷冰冰的工具理性，生命意志、直观生活、价值性情绪的身体化感知能力都退居次要地位。科学的危机反映出生活世界的意义危机，带来的是全面的精神危机。从韦伯对理性牢笼和官僚科层体制的分析中，我们看到的是职位的效率以及这种效率背后隐含着的一种异化方式：人被抛入这个社会中，进而不断被组织组织进去。这种被组织的状态，导致人的自足、自治、自适的丧失，人便是在这种境况中出现内在性的彻底丧失，进而是美的尺度丧失。反观现代性的困境在教育中的体现，一个最大的问题就是由现代专业知识的扩大，以及职业化、专业化和高度分工化所带来的生活割裂状态，与教育源于生活的内在要求出现距离。在教育领域里出现功利主义、效率主义导向下的知识越多而离教育本真越远这样一种知识与教育背离的悖论。高度组织化的社会，使人的"被组织化"程度不断提高，"他组织"的状态导致人处于"被组织"的地位。在高度的"他组织"状态下，人被驱赶进不同的"牢笼"之中，失去了主动的地位，马克思曾经设想的那种"自由自觉"的"自组织"的理想状态变得可望而不可即。人的全面发展失去了主动性根基，只能为片面发展所取代。

第二，价值感觉方式的外在化。人究其根本是一种价值性存在，要获得意义、活出意义来，人需要由价值内在感觉方式所产生的自适应和自我肯定。但是，工具理性、功利主义、效率主义、实用主义看上去是在弘扬人的主体性，但由于过于放大主体理性，带来的却是主体内在价值的缺失。来自"他者"状态的价值感觉方式的外在化，导致人的精神的内在性和自足性丧失，从根本上说是意义的丧失。这呈现出一种主体性的吊诡，即在人的主体性、精神性力量极度膨胀的同时，精神的内在向度却在丧失，价值的意义只是以一种外在的方式存在着。

第三，反思性的自我关系难以形成。与上述问题相关的是一种自我的丧失。这表现为内视性、反省性批判思维的缺失，即面对自我而丧失了内在的提升力，反思性的关系丧失又导致人的精神力量疲软，个体在各种组织、知识和价值诉求中出现了松垮状态，人缺失了内在的精神生长能力，变成了行尸走肉。"认识你自己"变成了一句搞笑的话语，人对"认识自我"没有了敬畏感，导致的是人在失去知觉的麻木状态下的"我在困境"。现代性对人的自由本质的认同，主要是同某种抽象的个体乃至个人主义相联系的，它体现了独立、自主、自由的现代性价值，但同时也失去了社会意义，而与生活世界、道德习俗无关。通过对理性主义和个人主义这两个概念的分析，我们看到它们的共同特征在于：每个人均呈现为原子式的存在状态，一方面以追求自由和权利为最高目的，另一方面也日益与周遭的生活世界疏离。这种疏离从本质上说，也是人与自我的疏离、人与人之为人的意义关切的疏离。

第四，全面的危机包括合法性危机、生态危机和文化危机。在批判资本主义的理论中，马克思的经济危机理论有力地揭露了资本主义的问题。在科学技术成为"第一生产力"之后，资本主义社会在爆发经济危机的同时还出现了各种各样的危机形态，包括市场失灵、政府失灵、慈善失灵等，这种综合危机的出现，带来的是人类发展中的合法性危机。除了经济危机之外，诸如"历史终结论""文明冲突论""资本主义的文化矛盾"等，都表明现代社会存在着严重的文化危机。而工具理性的扩张，主体中心主义的高度膨胀，带来了资源的高度消耗，人们为了放大自身利益而忽视社会的整体协调发展，使得生态危机成为现代性的魔咒。按照哈贝马斯的说法，现代社会出现的是系统性的危机，涉及政治、经济、文化等各个方面，这导致了"生活世界的殖民化"。

三、现代性的重建之路

在人类发展史上，自启蒙运动开始，现代性就统治了西方的观念世界。这种观念的统治性不仅体现在积极进步的意义上，而且体现在批判反思的意义上。在这里，我们必须对现代性的积极价值加以重新肯定：也正是因为现代性自身蕴含着积极力量，才有可能进行重建。我们知道，西方的现代性针对的是中世纪的最高思想成就——宗教精神，它将一切学术、思想都置于宗教的名义之下，人被剥夺了世俗的生活权利，人类通达至善的途径仅在于放弃对尘世生活的眷念，在对上帝的顶礼膜拜中复归于上帝，所以人由理性而趋于信仰、由信仰而沦为迷狂，从而丧失了其主体地位。正是为了拯救人类，恢复人的尊严，确立人在宇宙中的主宰地位，将人从神性光环的笼罩之下解放出来，肯定人的现实生活的意义，文艺复兴运动发生了，它所要培植的是一种人本主义精神。人本主义作为一种与神本主义相对立的思想倾向，在一定程度上就是对神本主义某些思想偏向的矫正，因而人开始代替神成了世界的中心，人性取代了神性，人权克服了神权，人们的目光由对天国的渴望而转向尘世，"一切为了神"的思想观念最终在世俗化面前转变为"一切为了人"："我所关心的就是我自己"，"我是人，凡是人的一切特性我都具有"。而在中国古代社会，人们则将宗教替换为传统伦理。因此，现代性就包括了满足人的物质需求和精神需求两个方面，前者通过科学革命、工业生产和资本主义的发展来实现，后者通过哲学、艺术与宗教等方式来完成，所以，完整的现代性实际上是两种现代性的统一：社会领域的现代性或启蒙现代性以及审美现代性（吴先伍，2005）[2-3]。

概而言之，西方关于现代性的争论主要集中于启蒙与反启蒙、现代性与后现代性之间的纠结：或此或彼，抑或折中式的多元探讨。其中，不少思想家在反思现代性问题时回到思想的源头，试图从传统中寻找出路，为此，有人开始关注东方思想源头在回应现代性问题中的价值，中国的孔子、老子思想得到重视就是证据。这使得我们不得不关注到，对于一个正在告别传统工业社会，从以材料和能源为基础的地域性社会走向以信息和通信技术为基础的超越地域限制的全球社会的中国来说，究竟应该怎样面对现代人挥之不去的现代性幽灵，进而实现我们自己的现代化。特别是教育的现代化道路，成为我们必须思考的课题。而在提出我们自己的方案前，看看西方人的"处方"也许能为我们提供一些启示。

现代性显然具有多层次性，这导致人们不断地就现代性的概念发生争执，不断地关注现代性内部的冲突：现代时期与过去时期的冲突、现代文化与现代社会的冲突、现代技术与现代经验的冲突、现代观念与现代历史的冲突、现代欧洲与非现代欧洲的冲突等，正是这些冲突引发了现代性的危机（汪民安，2005）[27-28]。而对于现代性挑战的回应，也存在三种方案，即回到"前现代"、完善"现代性"和用"后现代"取代"现代性"。三种方案一直处于争论之中（姚大志，2000）[145]。

教育现代化过程，同时也是教育现代性的增长过程。探讨教育现代性问题不能脱离现代性问题思考的大框架。因此，教育现代性的发展过程，某种意义上是总体社会现代性增长中的一个有机组成部分。在面对现代性的困惑和挑战时，西方思想家有的从问题揭示的角度把教育当作证据来揭露现代性的问题，有的从拯救现代性危机角度探讨未来教育的价值诉求并进行展望。因此，在西方现代性分析大师的手中，既有把教育作为事实性问题进行的分析，也有把教育作为拯救之策的价值期待。这里选择以哈贝马斯为代表，以及对教育有直接论述的几位学者的现代性重建方案作为例证，以管窥现代性的拯救之策。

（一）以营造理想商谈环境重构现代性

以理想商谈环境的建立来探索现代性的重建是哈贝马斯具有代表性的努力。概括哈贝马斯的理论建树，可以说他通过建构交往理性取代了工具理性，借助其普遍语用学的理论建构，实现了法兰克福学派社会批判理论从意识哲学向语言哲学的范式转换，在成体系地提出其"系统"和"生活世界"双层理论框架的基础上，提出了商谈伦理学理论。他从以交往理性为核心概念的语言哲学角度出发，认定语言实践与交往行为一刻不离。语言的相互性决定了语言中人的主体间性，并预设了理想的商谈环境：一方面预设着交往中的平等、自由、公正、真理、美和爱等；另一方面也预设着对话、交谈、论辩、批驳、论证、公共性等。这是一个需要人去实践的理想，是一个需要勇气并理性地参与实现的理想，是一个"语言乌托邦"或者说是"交往乌托邦"。

哈贝马斯把教育视为实现这个理想的重要途径。为什么教育能够实现这个理想呢？在他看来，教育作为一种文化活动、一种道德内化的机制，其本身的有效性要求与交往行为的有效性要求是一致的。教育实践的合理性以满足交往行为的有效性要求为条件。教育实践本身蕴含着人类理想，许多乌托邦式的设想都可以在此实验。一个好的教育工作者一定是一个启蒙者，是一个善于营造合理化语境的能手，否则，教育行为就会异化为工具行为或策略行为。经济领域、政治领域需要法制化和体制化，需要策略行为和工具行为，这是本着节省资源、提高效率的考虑。文化和教育领域除了现实性的要求外，更为主要的是实现交往合理化，实现生活世界的再生产。人一旦走上社会，不但要胜任社会系统化的工作有关效率和竞争的要求，而且要具备生活实践的能力、交往能力、发现意义和创造意义的能力以及批判和克服异化的能力。

在哈贝马斯看来，教育过程本质上是一个交往过程，我们通过这个过程实现生活世界的再生产。因为只有交往合理化，生活世界的主体间性才能合理化。如果教育行为是一种语言行为的话，那么教育中就没有客体的地位。教师在学生面前是一个存在化身，是解释和"揭"存在之"秘"的人，是生活世界之意义的守护人。实现生活世界再生产的教育必须首先在生活世界中，而推动教育具体运作的教师则必须首先置身于生活世界，他们是寻找自由的人，而不是逃避自由之人。

哈贝马斯重构交往理性的尝试，意在将工具理性发展为交往理性，将主客体关系发展为主体间性关系，将系统对生活世界的"宰割"发展为生活世界再生产，即人类的自由与意义的再生产，将交往行为奠定在语言基础上进而超越策略行为。同时，他提出了商谈环境的有效性要求，并将正确的共识与错误的共识予以区分，提出走向交往理性的现代启蒙方案。哈贝马斯一方面延续了自启蒙时代以来人们追求平等、自由的理想，另一方面也延续了启蒙时代理性所具有的反思批判职能。人只有反思自身而后崛起。在这样一种价值诉求中，哈贝马斯作为具有建设性的现代性学者提出了重建现代性的计划或方案。就与教育的关系而言，哈贝马斯认为，教育是建立理想商谈环境的一种路径，也就是建构他的理想交往环境的重要途径。

（二）"以美育代宗教"，重建教育目的观

在后工业社会来临之际，针对工业社会中启蒙理性所带来的普遍与崇高被消解的问题，如何释放理性人自觉选择生活的能力，既朝向普遍、绝对，去追求秩序与完善，又朝向否定与对抗，张扬个性与本能？贝尔在后工业社会的消费文化中看到了现代性所追求的深度模式与崇高感的消失。当社会日益成为商品社会后，人往往滥用感情，宣泄自己，深陷后现代主义文化中，连超越自身的勇气都没有了。

为此，崇尚审美之维、追求审美超越成为西方很多思想家在进行西方审美现代性批判和文化现代性批判时提供的一种拯救现代性的方案。这以法兰克福学派批判理论为代表。应该说，马克思对现代性的深刻揭露与批判主要集中于其政治经济学之中。法兰克福学派吸取了马克思的批判精神，结合西方资本主义发展进入"晚期资本主义""后工业社会"的时代判断，针对文化工业所带来的消费文化、大众文化导致的平庸化和世俗化的问题，进行了系统的文化批判和美学批判。作为启蒙精神的理性由于受科学主义的限制而无法把握具有超越性的经验，只有艺术才能为人类赢得有限与无限之间和解的可能性。如本雅明借助对灵韵概念的阐释，试图让人们重新看到传统艺术品圣洁的光晕，在保持神秘性、距离感的独特的欣赏方式中重新找回传统文明，释放新的解放潜能。阿多诺则从批判本雅明的角度指出，电影和通俗音乐等现代艺术的欣赏方式本质上是被动和消极的，不仅不能培养人们的批判意识，反而使人们更加顺从于已经异化的社会现实。他强调艺术的自律性，批判文化工业下的大众艺术，认为本雅明低估了艺术自律的意义，也低估了机械复制艺术的制度化及文化工业的危害性。不管他们之间的分歧有多大，从对现代性问题的分析出发，提出文化美学超越方案（或回归古典和传统，或释放现代音乐文化的解放潜能，等等）都可以看作一种超越现代性的美学尝试。

也有批判现代性的西方思想家把教育作为一种解决现代性问题或危机的方案。弗洛姆认为："人道主义的社会主义代表着自由，代表着从恐惧、贫困、压迫和暴力中摆脱出来的自由。然而，自由不仅仅代表着摆脱，而且还代表着以积极、负责的态度参与所有关于公民事务的自由，代表尽最大可能的限度发挥个体潜在能力的自由。……如果必须在一方面扩大生产，另一方面扩大人的自由度、促进人的成长之间做出选择，我们必须选择与物质价值相对的人的价值。"（弗洛姆，1991）[116-117] "在教育领域，社会主义的主要目标是，帮助发展个人的批评权，帮助提供创造性地表现个性的基础——换言之，教育的主要目标是，培养自由的人。这种自由人不受他人操纵，不受所谓为了快乐和他人利益的暗示性宣传的影响。知识不应当仅仅是信息的堆积，而应当成为认识那种决定物质和人类发展进程的根本力量的理性手段，教育不仅应该包括理性，而且应该包括艺术。资本主义在它产生异化的时候，已经分离并贬低了人的科学的认识和人的审美意识。社会主义的教育目标是使人重新成为完整的人，并自由地发挥他的认识能力和审美能力。社会主义教育目标力图使人不仅成为一个有知识的观察者，而且成为一个有充分准备的参与者；不仅成为物质生产者，而且成为生活的享受者。应当通过体力劳动和创造性艺术活动的训练，通过两种活动在技艺（有用的艺术品的生产）上的连结，通过初等教育和中等教育，来抵消异化的理智化教育所带来的危害。每个青少年都必须通过自由的双手和技艺生产某些有价值的东西。"（弗

洛姆，1991）[123-124]

应该说，从挖掘古典文化、经典文化的崇高感，发挥人的想象力，重新释放艺术在人的自由个性发展中的价值，摆脱政治、经济、文化的综合危机方面，上述思想家都提出了自己的方案，形成了一种超越现代性的探索路径。

（三）回归生活世界，拯救生命意义，明确教育新功能

解构与摧毁是后现代主义哲学思潮中的重要成分。同时，在与之对话的过程中，也诞生了建设性的后现代主义观点，而这些观点一般都继承了现代性精神。不管怎么说，西方思想家都在苦苦思索人类的异化及其拯救之道。他们针对的问题有：工具理性的泛滥、人的异化以及人之为人的自由本质与批判本质的丧失；生活世界不断被技术化、金钱化、权力化和官僚化，以至于人与人的交往只有强制而没有平等，只有虚伪而没有真诚，只有利益交换而没有理解沟通。概括地说，即晚期资本主义社会中人的异化与文化贫困问题。他们提出，以人性的尺度守卫人的尊严，克服生活世界被客观化、技术化、金钱化的危机。他们期望，在人们的交往中，不再有强制，不再有暴力，不再有扭曲，而是充满平等、自由与理解。

贝尔认为，现代人的真正危机是信仰危机。现代人成为后工业社会中技术意识、商品意识、消费意识的奴隶，因而必须寻求一种宗教或类似宗教的东西，即文化崇拜。如果说现代主义之路由于它反叛传统的宗教神学从而是由神圣走向亵渎，那么贝尔则试图反其道而行，重新从亵渎走向神圣。他试图通过建立新宗教来为人类指准前进的方向，这似乎是一种思古怀想，而哈贝马斯的理想的商谈环境又似乎是另一种乌托邦，但他们的用意都是要对人类自身的生活做出理性的选择。

弗洛姆则从生死本能的角度对积极的人性做出了阐释。他认为："在人类中，再没有比区分热爱生活的人和热爱死亡的人更为重要了。这种热爱死亡是人所获得的一种特征，人是唯一能够感觉到烦恼的动物，也是唯一能够热爱死亡的动物。软弱的人……不能创造生活，他只能毁灭生活，从而超脱生活。生活中这种对死亡的爱是极端的堕落。……很多人从未在生与死之间作出过选择，为了掩饰这一点，他们竞相逃避。他们并不赞美毁

灭，但他们同时也不赞美生命，他们缺乏生命的喜悦。"（弗洛姆，1991）[57]

应该说，在诸多拯救方案中，哈贝马斯的生活世界理论最具理想性和完整性；同时，他也在生活世界理论中对教育给予了功能定位，在某种意义上提出了教育的新功能观。

生活世界是胡塞尔提出的重要哲学概念。回归生活世界成为克服工具理性主义，在科学世界与生活世界的分离中进入人的生活世界，使人获得意义的一种途径。而哈贝马斯的交往行为理论则把生活世界与教育直接关联起来，并提出生活世界再生产是教育功能的观点。

生活世界是 20 世纪思想界的一个重大发现。人们发现，自己置身其中并不断向外探索的世界居然与自己鲜活的生活联系在一起，丝毫不能分离。而一切现代病的产生都根源于这种分离，根源于人们对生活的遗忘。人们追求的所谓理性，不局限于科学技术中的理性，还包括生活世界中的理性，即一种具有主体间性特征的交往理性。科学技术中的工具理性对应的只是一个小小的科学世界，而科学世界必须植根于生活世界之中。生活世界不仅包括科学中的客观世界，而且包括社会世界和人的主观世界。生活世界不仅分化出科学世界，而且分化出道德世界和美的世界。人不可能离开理性而始终处于神话和形而上学的世界中，因此现代化本质上要求生活世界整体上的理性化。这种整体上的理性化可以分为三个部分，即科学实践、道德实践和美学实践中的理性化。它们分别遵守不同的有效性要求，并从语义学层面进入人与人之间的交往世界。总之，理性不仅仅是工具理性，还包括交往理性。交往理性包括工具理性的合理性要求，生活世界包括科学世界的理性化要求。二者绝不能互相取代，否则，诸如"意义丧失""自由丧失""生活世界殖民化""单向度社会""单向度人""异化"等具有现代性特征的疾病就会肆意滋生，侵入人的生活，并影响人的整个精神的全面而自由的发展。哈贝马斯正是在这个意义上提出了自己的生活世界理论。他认为，人类自身再生产既是物质资料的再生产，也是通过道德规范调节的交往行为所进行的生活世界再生产，而且道德和法律等规范结构的进化在社会进化中具有优先性。因此可以说，人类再生产在他看来主要就是生活世界的再生产，或者说生活世界的再生产在人类再生产中发挥着举足轻重的作用。

哈贝马斯认为，教育目标就是实现生活世界再生产。教育的"生活价值"体现在：一是直接实现个体社会化；二是间接对社会一体化和文化知识再生产做出贡献，从而最终实现生活世界再生产或合理化。人的生活世界是人存于世的根本，是文化、传统、意义、价值、知识的储藏库，是人们活动的一种"信念背景"。按照胡塞尔的观点，生活世界是一切可能的知识和人的生存意义的"地平线"或视域。哈贝马斯则在综合了涂尔干、米德、韦伯、舒茨的相关理论的基础上，提出了一个结构化的生活世界概念。他认为，生活世界由文化知识、社会规范和个人社会化三大领域构成，是包含个体、文化和社会在内的复合性概念，其不仅具有文化知识再生产的功能，而且具有社会规范再生产和个人社会化的功能。生活世界的再生产表现为文化、社会和个体的再生产，三者互相联系、互相促进，具有内在关联效应。生活世界的合理化则表现为三者良性循环、互动共进。如果生活世界出了问题，比如工具理性侵入生活世界导致生活世界的殖民化，人被科学技术所奴役，受到经济系统和行政管理的压制，人没有了自由，失去了生活的象征意义，等等，生活世界的各部分就会出现恶性循环，导致整个社会陷入危机。在经验的意义上，哈贝马斯认为教育在生活世界再生产过程中有两种作用：当生活世界被合理化时，教育发挥的是积极的促进作用；当生活世界被殖民化时，教育则因社会和文化危机而产生消极的阻碍作用。他说："生活世界的反常表现在三个领域：在文化再生产领域，结果是意义的丧失；在社会整合领域，出现了社会反常状态；就人格而言，我们面临着心理病理学。既然这三个领域中的每个领域都和其他两个领域的再生产相互作用，那么，（我们这个时代的）危机实际上就更加复杂：文化领域中意义的丧失可能导致社会整合领域中合法性的消失，并导致教育和人的定位的危机，社会反常状态可能意味着集体认同的日益失衡，而就个人而言，可能意味着逐渐异化。伴随着这一系列现象，心理病理学引起了传统的断裂，而在社会领域中，引起动机的消失。"（列文，1997）[导论3]这说明教育危机和社会文化危机是相互作用的，教育危机由社会文化危机引起，其消极作用异常强大。

从价值判断上，哈贝马斯认为教育应该为实现生活世界做出贡献。他说："每一种具有普遍性的道德都依赖于某种特定的生活方式。它和社会化过程的实践与教育有着某种对应关系，正是这些东西给予青年人以强烈的内在化了的意识控制，并要求相对抽象的自我同一性。一种具有普遍性的道德也与政治和社会制度有某种对应关系，因为在社会政治制度中，后传统的法律和道德的要求已经结合在一起了。"（奥斯维特，1999）[59] 教育不能仅限于提供职业训练，满足受教育者工作和地位升迁的需要，不能只关注功利性和受工具理性的主宰。教育本质上是一种文化传承机制，是社会道德和法律规范内化的机制，其最根本的功能是在教育交往中实现个体社会化。教育通过道德内化和社会化使得青年具有反思和批判能力，通过"意识控制"使其在未来的政治化、制度化、法律化的生活中成为能够获取、接受和创造生活意义的自由主体。正是在这个意义上，哈贝马斯认为教育目标应当是而且就是生活世界的再生产。

（四）释放交往理性的反思潜能，重构教育知识新形态

哈贝马斯对知识类型的界定奠定了重建现代性的理论基础。哈贝马斯认为，人类有三类知识：科学技术知识、人文科学知识、自我反思的批判知识。它们分别来源于服务人类自身再生产的三种准先验兴趣。推动科学技术发展的兴趣来自物质利益的需要，推动人文科学知识发展的兴趣来自对意义和价值理解的需要，推动批判反思知识发展的兴趣来自自我解放的需要。自然科学的目的是发展技术上可资利用的知识，以此有效地改造世界。它的价值取向是对待自然的工具行为态度，行为的根本结构是手段—目的式的，其要求的合理性是工具合理性。人文科学的目的是澄清实际生活中的行为规范和符号表达中的意义问题，它的行为结构是主体间的相互交往，要求的合理性是交往合理性。哈贝马斯认为，人类通过劳动和交往维持社会本身的再生产，劳动维持着社会性的物质再生产，相互理解的交往关系维持着社会关系的再生产。但是，在社会交往中，阶级利益的冲突会产生强制性的社会制度和意识形态，它们会导致人与人关系、人与自我关系的扭曲。因此，仅仅有科学技术知识和人文科学知识仍然是不够的。在人的生存和相互理解的需要之外，还存在着更高的人类利益诉求，这就

是人类的自我解放，也是人类的最高兴趣。人类的解放意味着人的自由和自律，批判和反思的任务在于通过对不合理的社会制度和意识形态的批判，把人们从他人的强制和自我异化的状态下解放出来，恢复人的自由和自律。

应当说，哈贝马斯把知识的基础奠定在具有先验性的"理性兴趣"上是值得商榷的，这基本上还是在意识哲学的框架下，属于认识论的范畴。这一点在语言学转向以后，特别是在后现代主义的学术话语中遭到了各方面的批判。后来他也放弃了这种认识论的努力，而转到语言学方向上来重建自己的理论基础。但是，在认识论的意义上，将兴趣和知识联系起来加以考虑不无新意，尤其对教育实践有一定的启发意义。教育总脱离不了对知识的传授和学习，但它应当充分注意培养学生的兴趣。在教育理论中，对兴趣从经验层面上研究的较多，从理性层面上研究的较少。依据哈贝马斯的知识观和兴趣观，教育不但要传授科学知识、人文知识，培养经验分析和理解的兴趣，更要重视批判科学知识的传授，这种知识的背后是解放的兴趣。这种知识的性质决定了传授这种知识的教育活动本身就必须是开放的、对话的，应成为参与这种教育活动的当事人获得解放的根本途径或试验场。试想，在非解放的教育环境中培养解放兴趣，在非反思的教育行为中学习反思知识，在不允许批判的教育氛围中学习批判知识，是多么滑稽和具有讽刺意味！而这在现实的教育中却比比皆是。

四、启示

上述各种有关现代性的理论研究成果，对于中国教育现代化来说，有什么样的启示？中国教育改革与发展需要避免什么？应该坚持什么？应该倡导什么？

（一）我们需要避免什么

首先，我们需要避免重蹈西方现代化建设的覆辙，吸取西方的教训。这是现代性研究中的中国本位问题。如同英、美、法、德的现代化发展道路都有所不同一样，我们走的是中国的现代化道路，更应该突出我们自己的文化特点，突出中国现代化道路的特色和优势。我们完全可以在充分研究、分析西方现代化建设的教训的基础上，结合我们自己的国情和特点，设计我们自己的现代化道路。其次，我们需要避免西方的"双重激进"。就是说，我们既要积极且有分寸地汲取西方后现代主义对现代性的解构和批判，也需要谨防西方启蒙运动中理性膨胀的激进主义的现代性革命。对于刚刚进入相对稳定的发展时期的中国来说，西方激进主义的历史教训值得记取。中国的教育现代化需要谨慎小心，因为弄不好，也许会贻误一代甚至几代人。最后，我们也需要避免畏首畏尾的保守心态。对于西方的现代性与后现代性讨论，我们需要冷静而又积极地看待。现代性重意图、设计与等级，后现代性则重游戏、偶然与无序；现代性重类型、确定性与超越性，后现代性重变化、不确定性与差异性。它们之间只是着眼点不同，而不是发生了根本性的断裂。即使是面对后现代主义思潮，我们也完全可以从积极的角度来看待西方现代性，在批判和否定中看到其保守和建构的一面，诸如宽容、创造、无执等积极价值都可以作为我们建设现代化的思想坐标。我们不要忘记，处于中华民族复兴过程中的中国，之所以有了现在的国际地位和繁荣景象，正是因为改革开放。中国要继续发展，就不能走回保守封闭的老路，依旧需要在对外开放学习的过程中，提升我们的现代性力量，包括理论力量和实践力量。

（二）我们应该坚持什么

首先，对于经历了"理性的启蒙"、处于现代化发展过程中的中国来说，依旧要坚持发挥科学、法治与市场的积极作用，相信人类的科学精神、法治精神和市场契约精神所能够释放出的个体解放力量。现代启蒙理性所带来的民主法治理想依旧是我们必须坚持的，也是我们进行教育现代化的核心价值观。其次，我们需要坚持改良的道路。改良不是保守，而是反对激进，反对在现代化发展过程中的浪漫主义。对于偌大的中国来说，任何简单的非此即彼的思维方式都会导致现代性理想的破灭，在这个意义上，激进主义所造成的西方现代性问题以及历史上激进主义对中国传统文化的破坏都值得反思和警惕。改良不是停滞，而是更加稳妥、谨防冒进。最后，我们需要坚持本土立场，挖掘本土资源，在继承和创新传统文化的基础上开辟我们自己的现代化发展道路。中国的现代性发展道路是现代性多元发展道路中的一条，只有明确自己的发展定位和方向，我们才能"拿自己的犁种自己的地"或者"拿别人的犁种自己的地"，而不是"拿自己的犁种别人的地"，更不是"拿别人的犁为别人种地"，努力从"不知不觉者"转变为"边知边觉者"，进而成为"先知先觉者"。如此，中国才能够引领世界教育现代化的发展。

（三）我们应该倡导什么

在中国教育现代化的推进过程中，最关键的是，我们需要提倡"大家说中国话"，建构属于我们自己的教育现代化的话语体系和核心价值观。在中国教育现代化过程中，我们不能允许西方现代性话语在中国"跑马"和"殖民"，我们应该有自己的现代化语言，有自己关于教育现代化的核心概念和概念建构方式。我们不能用西方的话语来解释中国的教育现代化现象，只能借鉴西方的工具重塑中国的教育精神和教育信仰。只有这样，中国的教育现代化才能名副其实，具有学理意义；即使是批判反思，我们使用的也非西方后现代主义的批判话语，而是有着我们自己特色和符合中国国情的批评话语和评价话语。同时，我们需要提倡的是在开放对话中共同探索教育现代化的建设路径。也就是说，我们绝不孤立地发展中国教育现代化，而是充分尊重各国教育现代化的道路，学习吸收有关现代性的理智成果和精神果实，在开放、包容、平等对话的过程中，形成我们自己的教育现代性话语，进而实现中国教育现代化过程中教育现代性的中国自觉和文化自觉。

第四章　教育现代化评价的价值论基础

　　进入 21 世纪，中国教育现代化的发展进入了更为错综复杂的阶段。本土的历史文化惯性与国际的现代化发展趋势之间形成了一种巨大的张力，迫使我们深入思考社会发展包括教育发展的意义与价值，这时也更需要以评价作为澄清价值、理清思路的手段：中国的教育现代化究竟发展到了何种程度、出现了哪些问题、遇到了哪些难题？怎样才能持续而健康地发展？本章重点探讨教育现代化评价的价值论基础，试图回应如下一些根本性的问题：当前我们的教育现代化评价需要建立在哪些价值维度上？面对丰富纷繁的价值诉求，我们该如何选择？怎样的评价才有助于引发价值商讨、达成价值共识？如何通过评价来实现对教育现代化的价值引领？之所以要弄清这些问题，是因为教育现代化评价所构想的"应然"要落地为教育现代化的"实然"，既需要对教育现代化价值目标有精准的选取和解读，也需要审视已经存在于教育现代化评价中的或隐或现的价值误区或价值盲点。

评价是依据一定的标准或倾向性对事物或对象做出价值判断的过程。价值标准或倾向性的形成通常是发现、比较和筛选的结果。由此可以推论，教育现代化评价至少有两个要件：一是确立价值标准；二是依据所确立的标准对对象做价值判断。本章试图回答：进入教育现代化评价视野的价值体系是如何形成和演变的？不同时期、不同国家为什么会有相同或不同的价值取向？我们今天的教育现代化评价应确立什么样的价值取向，为什么应这样？

一、教育现代化评价中的价值选择

（一）价值体系不断丰富

1. 教育现代化价值观念从单一走向多元

从历时性上看，教育现代化价值体系的形成是一个价值观念越来越丰富、越来越多元的过程，这主要体现在以下三个层面。

第一，价值理念经历了不断丰富、日渐多元的过程。教育的世俗化、民主化、科学化是教育现代化之初的主流价值理念，而后，其他的价值理念逐渐涌现，如教育公平、教育治理的现代化和人的现代化。由此，渐渐形成一个囊括多个方面、多个层次的教育现代化价值体系。与此同时，也可能表现为另外一种反面现象：教育现代化成为一个大而无当、无所不包的"概念筐"，任何好的价值理念都被贴上"现代"的标签。至此，产生一种新的需要：对现代化和教育现代化进行价值澄清，以判定什么样的价值是真正属于现代化的。

第二，同一价值理念随境遇的不同而在内涵上不断扩充、转化。"教育公平"这一理念是典型代表——从早期的城市教育和乡村教育冲突带来的公平观，到效率意识和精英主义占主导的公平内涵，再到以资源配置为主的教育公平观，以及当前正在引起注意的内涵式、过程性的教育公平观念。这表明价值理念的内核是由时代所创造的，这种时代规定性决定了对每一种价值理念的考察必须立足于当时的背景。中国早期的教育公平问题是由科举制度的废除带来的。由科举制度所产生的农村士绅阶层维持着农村文化的自主性，农村子弟可以进入宗族所组织的义学、私塾等，习得基本的读、写、算等知识。科举制的废除带来了士绅阶层的消亡，也把乡村文化的维系纽带带进了坟墓，使乡村文化"无根化"。有学者估计，南方农村人口的识字率，在科举制度废除之前要高于20世纪二三十年代。随着新式教育的普及，教育的重心逐渐转移到城市。代表着城市文化的新式教育强行传入，但它并不适合乡村社会的特殊情况，引发了乡村教育冲突，各地仇学、毁学事件频繁发生。根据当时一些报道，1904—1905年毁学事件高达151起，400多所乡村学校遭到毁坏（田正平 等，2009）[87-93]。但当时的政府没有足够的精力和经费及时恢复这些被毁坏的学校，这给乡村教育带来了沉重的打击，乡村教育问题一直未得到解决。而到了新中国成立之后，教育主要是为工农阶级服务，政策明确规定把正规教育与工农速成教育、业余教育、成人教育放在同等重要的位置。其政策导向是保证广大工农群众享有受教育权利。如1953年的高校招生办法规定，在成绩达到录取标准时优先录取工人、革命干部等（中国大百科全书出版社《中国教育年鉴》编辑部，1984）[148]。政策明文规定学校中工农子弟所占的比例，以保证工农子弟受教育的优先权，把更多的教育机会分配给工农子弟。这实际上是革命意识与阶级意识在教育领域的延伸，并没有处理好农村教育和城市教育的关系。同时，这一时期教育主要是服务于经济建设与工业化的目标，很难同时兼顾农村教育与城市教育、基础教育与高等教育，明显带有精英主义的取向。 这一取向主要表现在两个方面。一是优先发展高等教育。1954年9月，全国一届人大一次会议召开，在《政府工作报告》中提出：为了适应经济建设的需要，教育部门应当首先集中力量发展和改进高等教育（中央教育科学研究所，1984）[113]。该政策取向影响了后期教育结构的平衡，高等教育得到发展，基础教育却一直处于羸弱的状态。二是实施重点学校制度。1953年5月，毛泽东主持中共中央政治局会议，决定办重点中学。1962年教育部颁发《关于有重点地办好一批全日制中、小学校的通知》。1978年之后，在邓小平教育思想的指导下，重点学校政策更加成熟。1953年和1962年的这两项政策影响深远，尽管如今仍在努力纠正这两项政策带来的偏差，但效率与精英思维惯性依然存在，教育资源的配置仍然倾向于事实上的重点大学、重点中小学，以及某些学校隐性存在的重点班，这些都严重阻碍了教育公平的实现。进入 21 世纪之后，教育公平仍然是教育现代化最为重要的价值理念之一，多数学者从资源分配和入学机会的视角探讨教育公平问题，关注不同区域（城市与农村、东部与西部）、不同学校教育资源的分配，以及不同学生群体（城市学生与农村学生、男生与女生）的受教育机会。换言之，关注的是宏观的、起点的、分配性的公平问题。主流之外也能见到"点点星火"，即对微观的、过程性的、内涵性的公平问题的关注。如有学者提出教育过程公平性维度，突破了传统资源配置的视角，主要讨论教育过程中如何使有差异的对象得到充分而自由的发展（杨小微，2015a）。也有学者创造性地以学校基尼系数来衡量教育公平，通过基尼系数反映不同学生群体在教育经费、师资、教育期望及机会上的不公平的分配情况，衡量薄弱学生在教育过程中的资源获得情况（邬志辉 等，2008）[153]。分析这类价值理念，要尽量避免以当前的价值内涵去批判以往，而应把握内涵的演变脉络，并从演变中寻找价值转化的内在生长点。

第三，教育现代化价值演变路径的多元化（见表 4-1）。主要有三种路径：第一种是内涵扩充。在教育现代化启动之初，有些价值理念便已存在，经由时间的推移，其内涵不断扩充、丰富甚至是转变，不再具有原初意义。这类价值大多是在中国现代化开始之后从西方引入的，带有很强的西方色彩，比如民主与科学。教育公平的内涵同样在不断扩充，不同之处在于：教育公平是中国内生的一个价值理念，在教育现代化的浪潮下，其内涵有了明显的转变。考察这些价值理念在中国外引内生的过程，可以看清西方的价值如何转化为本土的价值，又如何从普泛的社会价值意识转化为具体的教育价值概念。

表 4-1　教育现代化价值演变的三种路径

路径	具体价值
内涵扩充	·教育民主化 ·教育科学化 ·教育公平

续表

路径	具体价值
话语转化	·教育治理现代化 ·教育的可持续性 ·教育国际化 ·人的现代化
价值消退	·教育的世俗化

第二种是话语转化。这种路径主要是将其他领域的价值话语转化为教育现代化的重要价值理念，如治理、可持续发展、国际化和人的现代化等。需要注意的是：（1）转化后概念的内核、侧重点及背后的价值倾向可能发生偏转；（2）转化往往没有明确的时间节点，是一个缓慢甚至隐性的过程。例如，治理是新公共管理理论中的一个重要概念，在教育领域治理仍然沿用了其多个主体的权责关系所指，但偏向政府和学校的关系，试图解决学校办学自主权不足、政府宏观管理能力不够、学校内部治理结构不完善等问题（褚宏启，2014）。可持续发展是用来探讨人与自然关系的一个生态学概念，作为教育现代化的价值理念则是指教育中人的可持续性及社会适应性。学校教育现代化的重要标志之一，就是具有使教师和学生动态适应变化的时代，形成终身持续学习态度和能力的制度和政策（邬志辉 等，2008）[153-154]。教育的国际化是为了迎接全球化浪潮和经济一体化而采取的一种教育行为选择，因此，对其理解主要限于教育的国际交流（包括人员、财力、信息的国际交换）。人的现代化发端于社会学领域对人在社会转型中生存样态的拷问，研究教育中人的现代化问题既要充分利用已有的社会学研究成果，也要回应一个根本性的问题，即人的现代化素养的培养是依附于社会发展需求，还是包含了教育对人的生命和价值的关切？

第三种是价值消退。某些价值理念随着时间推移而消退，最典型的是西方的教育世俗化，在中国则表现为教育西化。西方自然演进的教育现代化之路最明显的特征是教育由封建的、宗教的转为世俗的、大众的，其中世俗化是其首要的特征。这一问题在中国这类后发型的现代化国家则表现为教育西化的问题。中国对西学的认识有个逐渐变化的过程，最初停留在军事技术上。魏源在《海国图志》中提出制夷之长技有三，即战舰、火器、养兵及练兵之法。国之自强的根本在于武备，而武备的振兴则在西洋的船械和火器上。因此，这一时期教育的革新多数围绕军事技艺展开，所开办的学堂是船政、械器、水师武备学堂，翻译局、方言馆的设置是为军事学习服务的，派遣的留学生学习的多是制造和驾驶。然而效果并不理想。李端棻在"推广学校折"中讲到现行教育的"未尽之五"，即"诸馆皆徒习西语西文，而于治国之道，富强之原，一切要书，多未肄及，其未尽一也。……学业不分斋院，生徒不重专门，其未尽二也。诸学或非试验测绘不能精，或非游学察勘不能确，今之诸馆未备图器，未遣游历，……无自致用，其未尽三也。……今十八行省，只有数馆，每馆生徒，只有数十，……功课不精，成就无几，其未尽五也"（谭国清，2009）[224-225]。人们对这种只强调西方军事和技艺的教育诟病逐渐增多，对西学的认识也逐渐转移到西政和西艺，实用主义的教育宗旨、课程也逐渐在学堂中渗透。随着教育现代化的深入，教育的世俗化淡出视野，教育的本土化——教育现代化价值理念的内化和创生——成为教育现代化价值理念的重要方面。

2. 教育现代化价值体系从"拿来"走向"创生"

科学与民主作为"拿来"的价值理念，在中国经历了引进、转化和创生的过程。对此问题，可做以下两方面的分析。

第一，科学的引入及科学教育的兴起。现代科学真正被引入中国是在19世纪之后，到20世纪，科学已经在中国获得了无上崇高的地位，无论懂或不懂的人，无论守旧或维新的人，都不敢公然对它表示轻视或戏侮（陈独秀，1923）[2-3]。这种对科学的狂热一直持续不消，但人们对其缺乏真正的理解。西方的科学往往有这样三层含义，即作为可验证、可证明的科学方法，作为普遍有效的系统理论，以及作为信仰、价值层面的科学精神。中国却大不相同。科学从西方引入中国的时期正是科学方法尚未渗透、科学精神尚未内化以及科学成果尚未共享的时期。一开始，科学只能作为主义、信仰而存在，之后才是科学作为系统理论的建立过程。科学在中国的第一次转化始于1923年的科学与人生观的论战，由此形成了经验论科学主义、唯物论科学主义和玄学派。最终，"科学派"占了上风，推动了科学作为一种信仰和价值系统在中国的存在，也称为"唯科学主义"。唯科学主义被看作一种在与科学本身几乎无关的某些方面利用科学威望的倾向（郭颖颐，2010）[1]，并以此建立科学在各个领域的绝对地位，甚至极端地把科学精神和科学方法都抛诸脑后。马克思主义学者试图通过引入辩证唯物主义进行纠正，主张实事求是和客观真理，主张理论和实践的一致。但许多中国的思想领袖未能把科学客观性与绝对理性、科学规律和教条主义区分开来（郭颖颐，2010）[167]，因而未能彻底摆脱唯科学主义的余毒。

在教育领域，科学的引入产生了重大的影响。在甲午战争之前，教育对科学的引入还停留在技术层面，各种现代学堂在引进西方的科学技术方面不断做出努力。而甲午战争失败充分显示了这一尝试的失败，人们对科学的认识也逐渐转变，陆续采取了一些新的措施。1904 年颁布的系列章程确立了新的教育体系，使科学成为学校的必学科目，旨在从科学的思维、方法与精神层面真正影响国民。

之后，科学教育运动愈演愈烈，逐渐催生了两大趋势：一是教育的科学化，即主张以科学的方法来研究教育；二是科学的教育化，即根据教育的原理与规律来教授科学。由于缺少科学方法与科学理论的支撑，这样的趋势只有形式而没有实质。同时，这一时期由于对科学本身的理解存在歧义，没能将真正的科学精神与内涵融入教育中，教育的科学化运动也只能发挥有限的作用。早期教育的科学化停留在认识层面，在新时期，西方的经验科学、行为科学的引入，奠定了教育科学化的基础。教育不再是仅依托经验随意地传授或者模仿，而是有了科学的理论基础。以桑代克为代表的行为主义者集中研究人的本性、学习及个别差异，让知识能够以更科学、合适的方式传授给学习者。自然科学和技术的发展，使得一些新兴的教学方法，如经验观察、科学实验、实物教学、直观教学，以及一些新的教具，如标本、模型、图表和图画等，应用到教学中，不仅使得教学方法更加科学，丰富多彩的教学活动也更能引起学生的兴趣。除此之外，教育的科学化还体现为合理性、专业化、可持续发展理念在教育各个领域的渗透。上至国家、区域层面的教育决策，下到学校教育活动的开展，都应符合合理性原则，充分尊重教育规律。专业化是指教育作为专业领域，既要有专门的教育组织与教育制度的支撑，也要有专业的人才队伍的保障，尤为重要的是教育行政人员的专业化和教师专业结构的科学化，从事教育的人要具备专业的教育知识与教育能力、教育情怀和教育理想。教育的可持续发展是在科学发展观指导下的可持续发展，一个地区教育的可持续性取决于如何以更优化的结构提供优质教育，处理好当前与未来、短期与长期的关系。

第二，民主理念的传入及教育民主化运动的深入。在19世纪，与科学同时盛行的还有一个词——"民主"。如李大钊所说，"现代生活的种种方面，都带着Democracy的颜色，都沿着Democracy的轨辙。……凡在人类生活中占一部位的东西，靡有不受他支配的，简单一句话，Democracy就是现代唯一的权威，现在的时代就是Democracy的时代"（李大钊，1984）[632]。科学与民主这两者在中国似乎遭遇了同样的命运：被再包装为唤醒民众的口号，但其精神内涵始终都是模糊的。现代民主观念最初诞生于戊戌变法，是从"公"和"用"两个方面来阐释的："公"是类似正义的标准，核心是人与人的平等；"用"具体指的是靠政府来保全身家性命，为民办事，以及达成国家富强（李泽厚，2008）[280]。陈独秀进一步强调了这一理念并进行了转化，他主要从人的主体地位来理解民主，却把这种主体性限制在民众对政治权力的追求上，试图通过大众自觉、自动参与政治生活来实现民主的理想。另外，胡绳也是从人的角度来阐释民主的。他认为民主精神的根本和关键在于尊重个人，要把人从封建时代的生活与思想的禁锢中解放出来，使人获得独立的思想意识，拥有堂堂正正生活的权利与能力（胡绳，1999）[350]。

随着新兴的民主观念逐渐萌芽，被封闭多年的人的主体意识在西方价值理念的渗透中被唤醒，处于社会底层的人第一次感觉到了作为人的乐趣。但正如对科学的解读没有突破传统的框架一样，民主也面临着同样的命运。蔡元培以传统道德思维框架解读西方的主导价值，认为西方的平等就相当于中国的"恕"，即"己所不欲，勿施于人"。民主的观念在中国缺少了自由的根基，个人尊严缺少了个人自由的前提，这与西方的民主观念有着根本的差异，知识分子所构筑的民主理想不可避免地成为没有支撑的空中楼阁。民主观念的渗透带动了人对自身的主体权利的思考：人应该享有哪些权利？人要幸福生活需要哪些权利？受教育权作为人的一项基本权利，虽然当时没有得到确立，但人的受教育需要不断地增长和扩大，人越发渴望到学校接受教育，教育普及成了教育民主的最初形态。但教育民主真正取得突破，是在新中国成立之后，尤其体现在初等教育的普及及成人扫盲教育方面。入学人数的增加是这一时期教育现代化最明显的特征之一。虽然距离义务教育普及还有很长一段时间，但人们的教育权利意识逐渐萌芽，越来越多的民众能够参与学校教育。教育的普及是教育民主化最初的一种形式。随着时间的推移，教育民主化的内涵也逐渐分化。目前对教育民主的理解主要有三种。一是从受教育权利的平等性和广泛性的角度来理解，其实质是教育机会均等，这也是教育民主化最初的意蕴。在新中国成立之初，教育资源非常有限，保证更多的民众受到教育是教育民主化的题中之义。随着教育的发展，教育民主化必然要求给学生提供适宜其爱好、天赋、才能发展的教育，即教育资源的提供从"能够学"向"更好学"转变。二是教育管理体制和教育决策的民主化，这指涉教育部门职能实施的专业化、科学化与多元主体参与之间的平衡。三是更为柔性的一种理解，即一种民主的思想和精神生活。

从以上分析来看，教育现代化的价值要素都有一定的生命周期，价值理念的生长、扩充、转化乃至消退，动态地维持了教育现代化价值体系的平衡，也决定了不可能是某个价值理念一家独断，而是在整体上不断丰富、扩充着。当进行评价时，在众多的价值理念中应该保留哪些、忽略哪些、凸显哪些？这样一种趋势又会对教育现代化评价提出什么要求？这些问题都值得我们深思和研究。

（二）价值取向多元共存

教育现代化评价比起教育现代化的发展要滞后很多，教育现代化评价在20世纪90年代以后才逐渐成为一个被探讨的议题。在20多年的时间里，各种各样的教育现代化评价指标版本涌现出来，究其根本是评价主体持有不同的价值取向。同时，这与教育现代化本身被赋予丰富的价值内涵也有关系。评价主体对教育现代化评价活动的价值认识不同，也会导致在教育现代化价值选择上的取向或偏好有所不同。

1. 依主体分类的教育现代化评价价值取向

从主体来看，教育现代化评价价值取向主要有三大类：行政导向的督导式评价（政府为主体）、学术导向的内涵式评价（研究者为主体）、协商导向的综合式评价（合作中的多主体）。

（1）行政导向的督导式评价。中国现代化场域的属性是由制度所赋予的，政府是教育现代化最主要的推手，政策发布和评价引领是其常用的两种方式。在 1995 年江苏省颁布《江苏省乡镇教育基本实现现代化建设标准（试行）》之后，其他地方政府也陆续出台了评价指标，如上海市、北京市、四川省成都市、广东省、江苏省、浙江省等。这类评价有几个共同点：第一，地方政府是评价的组织者，评价对象为下一级的行政部门或学校；第二，实行的是自上而下的评价，行政权力的介入使得评价者和受评者不可能形成平等协商的对话关系；第三，判断结果与目标的差距是评价的主要功能，它关注的是教育现代化现状如何。因此，评价的可操作性和指标的可测性是这类评价考虑的首要因素，故多采用量化指标。行政导向的督导式评价把教育现代化作为地区事业发展目标，在设置评价指标时，教育现代化的内涵并不是第一位被考虑的因素，而是结合了地方的教育需求和政府的教育供给量；同时，这种评价实现了督导和评价的结合，使得评价具有行政性、权威性和执行性，从而使政府更好地履行了监督、检查、指导、评价和反馈的功能（曾天山 等，2014）[387]。

（2）学术导向的内涵式评价。这种评价在侧重内容、操作思路等诸多方面与行政导向的督导式评价有很大的差异。第一，在关注点上，教育现代化的内涵是学术导向的内涵式评价的重要分析对象，要解决的核心问题是教育现代化应是什么。与实践版本指标体系趋同的趋势相反，教育现代化的概念理解和应然模型建构具有极大的差异，如朱旭东提出教育的国民性、教育的法制化和民主化、教育的国家化、教育结构的完善化、教育理论的科学化和分化、教育方法的技术化、教育的终身化、教育的国际化和全球化（朱旭东，1998），袁本涛提出教育与生产劳动相结合、科学性与民主性统一、开放性等（袁本涛，1999），邬志辉建构了资源、管理、质量、公平、持续性、生命活力等六大评价领域（邬志辉 等，2008）[152]。差异化的概念表达并不意味着对教育现代化的特征没有共识，教育公平化、教育国际化、教育民主化、教育法制化、教育的终身性是当前共识度较高的几个教育现代化价值（冉华，2016）[60]。差异的背后是个体价值取向起到了筛选的作用，决定了什么可以作为教育现代化价值内涵的外在表达。第二，在操作思路方面，采用的是概念演绎的方式，即先将教育现代化理想模型概念化，接着将概念指标化，从而构建起评价的初步框架结构，因此，指标是否可测不是重要的考虑因素，指标框架是否具备理论效度才是影响评价质量的关键因素。在社会学研究中，回归分析、路径分析、相关分析和因子分析是分析内涵评价理论效度的主要统计方法（方然，2014）[162]，但这些尚未全部应用到教育现代化理念框架的建构中。

（3）协商导向的综合式评价。协商导向的综合式评价是在"U–S"（大学－中小学）合作和第三方评价兴起之后逐渐出现的一种评价方式。多方力量，如大学、地方教育研究机构、地方政府部门、中小学等共同参与到教育现代化的评价中，此时的多方参与不再是行政完全主导下、其他方作为附属力量的参与，而是多方平等参与，形成力量的均势。在权力格局的变动中，行政力量减弱，专业性力量增强，基层力量觉醒，政府的职责由原来的发挥支配和主导作用转变为提供支撑和协调。协商导向的综合式评价有两种实践类型。第一种是问题诊断式的学校评价，以学校自身形成的学校发展规划为评价标准，大学研究者、教育行政人员、名师名校长共同组成第三方评价力量，通过问题诊断、协商评估推动学校的现代化发展。在这样的评价中，首先，评估对象有充分的发言权，他们的期待、愿景以及现实境况能够被充分考虑；其次，只有教育行政人员改变了以往的支配地位而成为专业力量的组成部分，协商式的对话关系才有可能形成；最后，评估重在问题诊断，聚集群体智慧为学校发展"建言"。第二种是项目依托式的综合评价，即以课题项目为依托，创建大学、教育行政部门、教研机构、中小学等多个主体参与的合作平台，共同开发评价指标，实施评价。此种评价在人员组成上与行政导向的督导式评价类似，不同的是各个主体以不同的身份参与进来。在行政导向的督导式评价中，中小学教师与校长要么是评估对象，要么是信息提供者；而在协商导向的综合式评价中，他们是平等的参与者，他们的主张、期待与理解是评估指标的重要来源。在行政导向的督导式评价中，专家力量可能只是用来装点门面的，其专业力量难以发挥；而在协商导向的综合式评价中，专家团队起到牵头、平衡与调和的作用，能够融合多方力量，提出既符合实际又具有前瞻性的指标体系。

2. 从目的上分类的教育现代化评价价值取向

在社会指标研究领域，一直存在着关于指标性质与目的的争论，即指标是"描述指标"（"中立指标"）还是"分析指标"（"立场指标"）？前者侧重于描述事物的状况和问题，后者偏向于讨论"事物为什么会这样"以及"下一步应该怎么做"。对指标应是"中立指标"还是"立场指标"，不同支持者的看法不一。"中立指标"的支持者认为指标是客观的、无立场的，而"立场指标"的支持者则认为在评价的任何环节都渗透着价值（邬志辉 等，2008）[8-11]。这些差异源自评价主体的价值取向。在评价之前，主体首先会设想：为什么要进行这项活动？是描述事实还是进行价值判断？这是两种不同的评价目的，由这两种目的便形成了评价指标类型、建构方法和指标取向选择的分野。因此，根据目的分类，教育现代化评价可以分为现状描述性评价和价值判断式评价。

（1）现状描述性评价。这种评价关注的是"是什么"，力求尽可能多地提供事实信息和现实情况，因而把自身定位于描述上，并不关注事物为什么是这种状态，以及如何应对这种状态的问题。这种取向下的指标设置有两个明显特点：一是量化指标居多；二是更多指向教育现代化的外部条件，如教育投入、技术、设备规模和格局。江苏省早期教育现代化评价指标（1995 年版本和 2010 年版本）就明显地带有这两个特点，尤其是 1995 年设置的指标，如教育规模、格局与布局、入学水平（小学适龄儿童入学率、初中适龄儿童入学率和巩固率、初中升学率）、校园及校舍、基本设施等都反映的是教育发展状况和水平，并没有包含对"现代教育"的本质解读，属于典型的现状描述性评价（顾敦荣 等，1998）[118-121]。

（2）价值判断式评价。把教育现代化评价界定为价值判断主要有两方面的考虑：一是认为评价是一种基于认识的价值判断活动。评价要基于事实，但不纯粹是一种认识活动，而要依据标准对事实做出价值判断。二是教育现代化评价并非一成不变的固化评价，而是与时俱进、不断生成的。从教育现代化发展的过程来看，教育从传统的转变为现代的，进而获得现代的特征与价值，这个过程是缓慢而微妙的，是通过一代又一代人不断地累积与创造而逐步实现的，因此教育现代化的核心价值要素与价值特征随历史发展而演变：某个价值要素在某个时段属于教育现代化的表征，在另一个时段也许就不是了；或者，所指有所变化，某个价值要素曾经是"现代的"，换个时间则是"传统的"了。教育永远处在传统与现代交互变换的旋涡中，对其评价又怎能固守一套固定的价值模型？必然要在过程中去发现、去创造。教育现代化承载着人们对理想的现代教育的期待，只要有评价存在，就有理智因素，就有某种期待在场，就包含着人们所期待的某种有价值的东西，实际上是一种价值表达。对教育现代化的评价更是如此。教育现代化并非一个只依靠条件支撑和外部投入的客观化过程，而是内含着人们的主观期待，这种期待是人们对理想的现代教育的一种表达。对教育现代化的评价，除了要明鉴当前教育现代化的状况，对现实情况与理想的差距进行判断外，更重要的是不断在过程中创造理想的教育形态。因此，教育现代化的评价是理想的现代教育对现实教育的一种诱导。价值判断式评价是内含于教育现代化本质中的，其所关注的是教育现代化的根本目的和关键性推动力量。

（三）价值选择应以促进人的现代化为旨归

1. 在价值取向上，教育现代化要聚焦人的现代化

教育现代化面临的最根本的问题是：现代教育的本质是什么？这是现代社会对教育本质的追问。对这个问题的回答立足于"教育是什么"的逻辑思辨和对现代社会特征的实践考证，它起源于现代社会需要什么样的人，并最终落实到教育的本体价值上。当然，将现代社会发展需要作为重要的考虑因素，并不意味着学校必须直接教授些学生在以后生活中要用到的专业知识和技能。生活所要求的东西多种多样，学校不太可能实行这种专门训练，最为重要的是"教育不是培养驮着书本的蠢材"（杨斌，2010）[3]，而是把学生引向对社会很重要的领域，并借此形成在现代社会中有效活动的结构类型，促使人在心理、态度、价值观和行为上从较为传统的一端逐步

转变到较为现代的一端。因此，人的现代化是教育现代化的本体价值规定。一个国家，只有当它的人民是现代人，它的政治、经济和文化管理机构中的工作人员都获得了某种与现代化发展相适应的现代性，这样的国家才可真正被称为现代化的国家。传统人所具有的特征——比如，害怕和恐惧革新与社会变革，不信任乃至敌视新的生产方式、新的思想观念；被动地接受命运；盲目服从和信赖传统的权威；缺乏效率和个人效能感；等等（殷陆君，1985）[15]——在现代社会决不能被容忍，也必将被淘汰。现代化对教育的最大影响是转化了教育目的和教育的本体价值。传统教育多为政府服务，因而强调教育的道德目的。教育现代化的过程是回归人的过程，教育现代化最终将落脚在人的现代化上。社会的极速发展迫使教育要培养学生的现代素养与能力、构建学生现代的心理结构与态度，这成为现代教育最重要的一个目的。

在实践领域，教育现代化陷入为了国家发展和为了个体发展两种价值取向的争论中，不同发展程度的国家对两种取向的侧重不同。有学者认为，对于发展中国家而言，更应该关注促进国家发展的取向（褚宏启，1998）。这种观点从实际效用考虑，认为过分追求个体取向只会造成有限教育资源的浪费。另一种观点认为，教育现代化需要向人本回归，以促进个体发展为价值取向。促进人的全面发展和现代人格的培育、实现现代人素质的全面提升是教育现代化的本质所在和根本目的（刘小龙，2010）。质言之，上述两种观点反映的是社会本位与个人本位的争论。改革开放初期，百业待兴，国家急需人才进行经济建设，教育停留在尚且不能满足人民对教育的数量需求的阶段，此时教育应主要坚持促进国家发展价值取向。随着改革的深入，尤其是现代科学技术、现代机构组织的繁荣，人们能够欣然接受和迅速适应生活方式的改变，社会需要的是能够创造智慧、革新思想、办事有效率，并能够主动承担责任的人，人的改变与发展成为教育的主旋律。此时再固执地坚持为了国家发展的价值取向，只能是舍本逐末，既忽视了教育的本质特征，也没有兼顾现代社会的发展需求。需要进一步澄清的是，向人本的回归并不代表完全放弃促进国家发展的价值取向，相反，只有人的心理、思想和行为现代化了，国家的现代化才能够真正得以实现。只有社会本位价值取向适当隐退，人和社会的和谐发展才可能相得益彰。

2. 在发展方式上，教育现代化要聚焦内涵式发展

当教育的外部投入达到一定程度、接近饱和的状态时，再继续增加投入，只能起到甚微的推动效果。这时候，教育持续而深入的发展需要依靠组织制度、文化氛围与人才队伍的力量，也就是需要从外延式发展转向内涵式发展。内涵式发展是一种以事物内部因素及其结构的变革作为发展的动力，强调事物内部的改革，通过结构优化推动质量提升的发展模式（冯建军，2012）。该模式是由内部变革力量推动的一种方式，是基于学校系统内部"自组织"的发展，依靠的是"人"的力量。在很长一段时期里，中国的教育现代化主要是依靠外部和硬件的投入。在早期的教育现代化评价中，如江苏省 1995 年的教育现代化示范乡镇的评价，尽管也有少量关于课程和教学内容的指标，但重心集中在对教育规模及布局、入学水平、校园校舍、基本设施的监测上（顾敦荣 等，1998）[118-121]。这一方面是因为外延式发展模式的导向，另一方面是因为教育现代化的价值理念不明朗，指向物质条件的评价指标简便易操作。随着教育现代化的深入、复杂的教育问题的出现，以及人们对教育质量要求的提高，单一式的以外部投入为主的发展思路已经应付不了复杂的局面，需要转向文化与制度等更为深层的因素。中国的教育现代化，从强调外部、硬件的现代化逐渐转移到内涵、软件的现代化。人的现代化，包括教育行政人员、校长和教师的现代化，在这一过程中发挥着越来越重要的作用。尤其是当学校办学条件均衡化之后，校与校之间的差异主要在于学校里面人的差异，因此教育现代化最重要的任务在于造就一批有着现代素养的从事教育的人，如此才有可能创建现代的教育制度与组织并践行现代的教育理念，教育现代化的理想实现才不会遥遥无期。

因此，以促进人的现代化为教育现代化评价的最高价值取向实际包含两个方面内容：理念上，坚持以人的现代化为最高目的，促使人的心理、态度、思想与行为向现代化转变；实践上，以内涵式发展为主，通过教育系统中人的力量，发挥价值理念、教育组织、教育制度和文化氛围等多种软实力的综合效应。以人为起点，最终又回到人，在这样的价值导向之下，

教育现代化的评价应该与人或人的发展息息相关，促进人的现代化是其核心的价值取向。

二、价值商讨是达成教育现代化价值共识的过程

（一）价值多元时代呼唤协商式评价

不论是教育现代化的价值体系还是教育现代化评价的价值取向，多元化的趋势越来越明显，价值齐一的时代已经终结，这抛给我们一个个巨大的难题：在评价过程中，我们应凸显何种教育现代化价值理念？哪些价值观应当得到考量？公平、质量、均衡、国际化，何种价值取向值得秉持？关注"事实"的科学主义评价范式在价值混乱和多元的时代已经失效，意味着教育现代化不是一个完全客观的过程，而是包含着主体对现代教育的理解和建构的过程。显然，价值中立的方法论在这样的情境中已经起不了作用，呼唤新的评价方法和范式已迫在眉睫。

如前所述，价值是教育现代化评价中的关键词，哪些价值在评价中占据主导地位，以及如何协调价值分歧，将成为评价中的主要问题。以科学范式、价值中立、强调客观事实为特征的测量、描述和判断时代的评价方法处理价值多元的失败，迫切要求评价范式的转型，而以解释学和建构主义为范式的协商式评价（响应式建构主义评价）呼之欲出（古贝 等，2008）[5]，这也意味着教育现代化评价要实现相应的转变。首先是评价相关者身份的重新定位。教育现代化评价涉及的主体有四大类别：专家团队（大学研究者、地方教研组织），以地方行政部门为代表的组织者，以家长、学生、教师等为代表的信息提供者，以学校为单位的评价对象。在以往那些以测量为主要目的的评价活动中，评价相关者要么是根据研究主体和研究对象划分，要么是根据评价主体和评价对象划分，尤其是在政府主导的评价中，评价对象的唯唯诺诺和评价者的高人一等，令双方的不平等地位进一步突显。在协商式评价中，每一个人都作为主体积极参与，在地位与观念上充分平等，受评者的需求得到重视，身份得到尊重，隐私得到保护。就更深层次而言，观念上的平等还意味着所有评价参与者都有权分享彼此的理解和认识，并且能在共同努力中形成更加成熟与合理的教育现代化价

值建构（古贝 等，2008）[4]。其次是主体关系的转型。在传统的评价中，评价者只需要参与者提供信息就能够完成评价活动，但是教育现代化中价值的混乱要求参与者不仅仅提供信息，评价者还要了解他们对教育现代化的理解以及所持有的价值取向，并且发现不同主体价值观念的分歧，因此双方进入了真正的对话关系。评价中每一个参与者详尽地、认真地、入神地、敏锐地感知和领会他人所说的话及其意义，在冲突协调中产生和创造新的意义，这便形成了戴维·伯姆（David Bohm）所说的"意义溪流"，每一个对话者都能参与和分享这一意义溪流（伯姆，2004）[44]。协商式评价的最佳状态是形成这样一种对话关系，即免除了控制与被控制，在对话与协商中，促使关于教育现代化理解的新意义的产生。最后是评价范式的转型，即由实证主义范式转向建构主义范式。传统评价范式是在科学主义理念下形成的，对"究竟是什么"的把握是其永恒的信念，而评价是把握客观真理的一种方式，因此客观性和科学性在传统的评价中尤其重要。这种范式在价值多元和混乱的时代已经失效，我们需要的是一种承认多元、注重协商和多主体积极参与的建构主义评价范式。

（二）政府主导的评价中权力关系的不对等

区域教育现代化评价大多是以政府为主导，政府行政权力的介入使得这种评价不可避免地具有行政性、权威性和执行性的特点。它一方面具有高度执行性的优势，但同时也有一个明显的缺陷，即参与者权力关系不对等。首先，在角色的划定上，政府往往把自身作为主导者，把其他人划定为评价对象和信息提供者，使后两者的合理诉求、期望和主张得不到表达，也就是说，一线实践者对教育现代化的价值期待得不到重视，教育现代化评价最后变成了"伪造数据"以迎合上级要求的过程。其次，"价值"是政府主导式评价的主攻手段，也就是说，在这样的评价中政府的价值取向成为评价的主流价值，但这是隐含而不易被察觉的。因为权力地位与价值位阶具有一致性，权力实质上是一种具有复合性的多元价值系统，包括地位、声望、财富和头衔（王海洲，2011），由此将导致非主流价值取向被主流价值所遮蔽。而政府的主流价值一枝独秀，与教育现代化及其评价价值取向多元化的趋势相矛盾。这种不平等主要由两个因素所导致。第一，行政权力是推动评价进行的核心力量，而忽视了教育现代化发展实践需求的拉动。教育现代化评价的动因从根源上来自教育的实践发展需求而非权力关系的博弈。因此，实践中的教师、家长和学生渴望什么样的现代教育，以及这种渴望和期待与现实的差距才是评价关注的重点。第二，受传统评价思维的限定，判定式、监测型的评价不适合于教育现代化的发展，因此呼唤协商式、对话式和多主体参与型的评价。但这并不意味着取消政府主导式的教育现代化评价，而是需要实现评价范式的转型。在新的评价范式中，弱化与隐藏权力不平等的关系，实现观念、主张上的平等；防止单一价值的独裁，强调多主体价值的协商和对话。

（三）经由价值协商达成相对共识

从把教育现代化作为评价的客体开始，价值就不曾离开过，且渗透到对教育现代化本质的阐释、调查方式的选择、评价和分析方式的选取，以及对其做出解释与结论。在教育现代化评价中，即便是事实，也是在某种价值体系之下所确认的事实。由此引出了一个更关键的问题：究竟应该遵循什么样的价值以及遵循谁的价值？在"我认为"的价值和"你认为"的价值之间存在极大差异，教育现代化评价不是价值挑选的过程，不是选择了"我的"价值便放弃了"你的"价值的过程，而是诸多利益相关者携带着各自的主张、需求甚至是争议进行协商而达成价值共识的过程。这是教育现代化评价的题中之义。教育现代化发展历史之久、涵盖的领域之广、涉及的问题之复杂、关涉的主体之多，使教育现代化评价不那么简单。单纯以政府为主导的监测评价并不能很好地处理这些复杂性，亦不能更好地促进教育现代化建设。价值商讨的过程是处理差异、争议的过程，也是明确教育现代化评价价值取向的过程。当今教育变革很明显的一个特点是，教育理论不仅仅存在于高校内，也逐渐被一线教育工作者接受、理解甚至是创造。因此，不论是教育现代化评价实际问题的探讨还是理论选择，都不得不重视一线教育工作者对教育现代化的认识、理解和感知。华东师范大学基础教育改革与发展研究所"教育现代化评价体系及推进路径研究"课题组（以下简称课题组）通过对苏南五市的教育现代化调研发现，教师和校长对教育现代化的理解并不是感性、随意的，而是带有自身体悟的理性认识，这是中国教育现代化发展由理论导向转向实践导向的基础和支撑。教育现代化评价要改变以往以政府为主导、自上而下的评价方式，充分允许多个主体（包括家长、学生、教师、社会组织等）的参与，尊重、倾听与重视他们的声音，通过平等的对话、沟通与协商，不断处理冲突，进而明晰中国教育现代化的价值取向。同时要避免以主流与非主流价值观的划分作为协商的基础，以防止某种价值观的垄断。

三、教育现代化评价的功能在于价值引领

教育现代化评价应该发挥什么功能？尤其是在当前教育现代化的外部问题逐渐得到解决，核心价值理念逐渐清晰，诊断与鉴定教育现代化的实现情况意义不明确的情况下，评价有其更重要的使命，其所发挥的作用不仅仅是促进教育改革，更要以内在于其中的价值导向，推动更加公平、民主、开放、法治与科学的现代教育理想成为现实。

（一）当下的评价忽略了价值引领

"以评促建"是推动教育现代化的重要方式之一，但在实际操作中教育现代化评价所具有的价值引领功能却常常被忽视。人们意识到教育现代化不仅包括器物的现代化，也包括文化、思想观念的现代化。但监测实际上指向更容易操作和量化的外部条件，这种状况在区域教育现代化评价指标体系上表现得较为明显。很多地方教育行政人员、教师和校长对教育现代化的认知并不肤浅，有的甚至提出了具有独特性的教育现代化建设方案，但实践中零碎而丰富的知识资源并没有转化为评价的支撑和基础。因为他们只是被当作评价中的"信息提供者"，没有人尊重、倾听他们的声音，没有人去关心他们期待的现代教育。更为根本的是，对教育现代化评价做了错误的定位，认为评价只是联结评价者和评价对象的一种活动，是一方对另一方的附庸和迎合，两者不是一种协商的、共在的对话关系，因此，这种观念上的不平等阻碍了对教育现代化的理解和意义的共享。评价的定位受制于价值取向，但评价主体往往难以意识到价值取向的操控。倘若是现状描述性评价，那么评价只是具有描述、诊断与鉴定的功能；倘若是政府主导的督导式评价，那么评价是上级监督下级的工具和手段。无论是刻意

为之还是无意忽视，对教育现代化评价价值引领作用的漠视，最终使得评价成了鉴定型与同质化的运动（李刚，2015）。

（二）富有创意地引领教育主体的实践行为

1. 价值的引领性

教育现代化不只涉及教育的形态、规模与结构，还关涉什么样的形态、规模与结构更有利于不同群体享受到更优质的教育，更有助于发挥教育的人道性，使得每一个学生有权利、有机会实现自身的发展。因此，教育现代化本身具有价值承载性。多数研究者认为这些价值是通过引入教育现代性而获得的，如褚宏启陈述的人道性、多样性、理性化、民主性、法治性、生产性、专业性、自主性等八个方面（褚宏启，2013b），刘朝晖、扈中平认为的民主性、科学性、人文性与开放性（刘朝晖 等，1998）。诸如此类的主张大抵基于这样的考虑：现代性的历史要远远久于现代化，现代性不仅仅包括以理性主义和分析主义为核心的心智结构，而且是其他价值模式和现代社会合法化的基础；现代化则出现在 20 世纪初，某种意义上是非西方国家趋向西方工业化的一种委婉措辞（卡林内斯库，2002）[351-352]。这种内涵的替换避免了把教育现代化看成应景式而无真实意义的一场运动，使其成为教育现代性多层面价值的获得过程。同时，价值在文化中的核心地位也使基于自身文化传统进行价值重构成为可能。

如果要使价值具有引领性，就不能不讨论其引领作用实现的前提。首先，价值对于人或组织应该是有意义的，否则"引领"无从说起；其次，价值应是开放的，是可质疑、可讨论、可澄清的，让受评者不假思索、被动跟随的价值不是真有引领性的价值；最后，价值应该是可接受、可认同、可达成共识的，即使不是完全的共识或长久的共识，也是能起到引领效果的。在教育现代化评价过程中，所倡导的价值不能强加、不能灌输，而应充分敞现、允许质疑、允许辨析，让评价过程成为一个价值澄清的过程。若能如此，凭借事实、假以时日，教育现代化所蕴含的意义和价值便将成为越来越多人的共识并引领他们的行动。

2. 过程的创造性

教育现代化评价具有价值导向的功能还体现在其过程的创造性上。教育现代化评价就其实质而言是价值判断，价值通过判断行为而显现，且有可能依据具体的情境被重新定义。这意味着我们需要考量自身文化和理念的形成和转变过程。未经思考和辨析的现代化价值观，容易使人们简单化地将其源头追溯到西方的现代性。我们要放弃这种"先验论"，在评价教育现代化的过程中，不仅仅要去发现具有浓厚西方意味的价值理念，更要去关注这些理念在中国的教育现代化历史中被如何调整、转化、重述和内化，还要特别关注那些基于自身文化建构的价值理念。因此，价值判断"移步换景"、与时俱进的性质，决定了教育现代化评价过程具有可创造性，而价值商讨则使得这种创造成为可能。教育现代化评价过程的创造性不仅体现在价值的生成性上，更在于可以激发教育实践改革和创新的活力。

一是价值的生成性。教育现代化价值的生成性贯穿于评价的整个过程，主体对教育现代化理论的领悟和对实践的参与以及主体与主体之间的交互影响等，使得价值理念不断地被重新定义。如在教育现代化的早期，教育普及理念占据了主流地位，但随着教育现代化进一步深入，这一理念逐渐被边缘化。从大的历史洪流来看，教育现代化价值理念的定义与理解可能会改变，原有的价值理念可能被新的价值理念所替代，如教育治理现代化替代了教育管理水平现代化而成为一个新的热点。换句话说，绝对价值受到了质疑，但这又引出了一个更让人头疼的问题：既然无绝对价值，那么如何处理价值相对主义？既然价值总是处于相对状态，那么如何构筑稳定的教育现代化理想形态？然而，教育现代化价值理念的可贵之处，恰恰就在于这种变动性以及由此带来的生成性和创造性。这也从另一个层面表明，基于自身文化传统的重构是可能的，从而给非西方世界国家的教育现代化的本土化带来了希望。还有一种可能的解决途径则是重视历史上具有共识性的价值理念，将其加以调整、改造和创新，以形成适合某个阶段的教育现代化价值理念框架。

二是激发教育实践改革和创新的活力。教育现代化评价所体现的价值导向，促使我们去关注实践领域中最深层的教育问题，描绘现代教育的理想形态，勾勒出理想与现实的差距，并在专家力量的介入下，推动各级各类学校探寻达到目标可能的路径。与以外力施加于学校的监测评价不同，有价值的教育现代化评价能够促使教育者自我觉醒，使被动、消极的完成任务式的行为向主动、积极的变革行为转变：大则可能引发系统、全面的区域或学校的教育实践改革，小则可能影响教师的教育理念和日常教育行为。在实践中，教师的每一个细微、日常的教育现代化行为都是鲜活的，对某些价值理念的实现尤为关键。例如，教育过程公平的实现依赖于教师对待学生的方式和具体的教学行为，不可因其小而忽视其重大的意义。

第五章 教育现代化评价指标研制的方法论基础

评价指标研制无疑需要合适的技术、工具和方法，而要判断是否"合适"，不仅需要参照同行或自己的经验，更需要明晰这些技术、工具和方法背后的方法论原理。在教育现代化评价指标的研制上有哪些热点问题需要讨论？研制评价指标具体有哪些方法？已有的评价指标及体系可以进行哪些优化？如何保证用于不同对象、不同场合的关键指标、核心指标、个性指标和共性指标既合理又合用？

本章除回答以上问题外，还介绍了归纳－描述法、演绎－分析法、系统－整体法等教育指标研制的基本方法及其综合应用，并以课题组利用文献法、实地调研和德尔菲法等多种方法来开发教育现代化评价指标作为实例展开阐述。

《教育规划纲要》确立了"到2020年，基本实现教育现代化"的战略目标。而如何选择基本实现教育现代化并逐步走向全面实现教育现代化的实践路径，是中国教育事业科学发展面临的重大战略问题。教育评价作为推动教育现代化实现的重要途径之一，对教育现代化具有一定的引领和推动作用。评价指标作为评价指标体系的基本要素，具有无可替代的作用。本章着重从方法论视角讨论教育现代化评价指标研制的热点问题，探讨指标研制的方法，并具体分析本课题评价指标的研制方法。

一、教育现代化评价指标研制的方法论问题讨论

教育现代化评价指标体系是教育指标体系的一部分，是衡量教育现代化程度的评价体系。评价指标则是构成教育现代化评价指标体系的基本要素，研制和开发评价指标是构建评价指标体系工作的重中之重。然而，对于评价指标和评价指标体系，无论是理论研究还是实践探索都存在着许多争议和思考，不同程度地影响着评价作用的发挥。本部分主要从这些争议和思考入手，着重从方法论的角度进行讨论和分析，以便为后文内容做好铺垫和说明。

（一）一个指标还是一套指标体系

评价指标体系是指由表征评价对象各方面特性及其相互联系的多个指标所构成的具有内在结构的有机整体。评价指标是评价指标体系的核心和关键要素。正如陈玉琨教授指出的那样，"从评价学的观点来看，指标是一种具体的、可测量的、行为化的评价准则，是根据可测或可观察的要求而确定的评价内容"（陈玉琨，1999）[34]。毋庸置疑，评价指标和指标体系对事物发展具有评定、推动和引领的作用，是不可忽视的一股力量。然而，实践中越来越繁复的评价指标让被评价者苦不堪言，评价如何才能更加合理有效地发挥作用？一个指标能否替代一套庞杂的指标体系？由此，评价指标的选择和评价指标体系的研制成为我们首要关注的问题之一。

2003年，国家发展改革委宏观经济研究院副院长刘福垣指出，在旧的政绩观影响下容易出现一种倾向，即每当中央政府提出一个战略目标，地方上都会提出一套完整的评价指标体系相对应，各地都"照方抓药"掀起

新一轮的达标运动。这些指标体系使人们抓不住主要矛盾，情绪浮躁、本末倒置甚至误入各种陷阱。他明确提出，应该换一种思维方式，跳出目前的指标体系，探求一个反映主要矛盾、简单实用、纲举目张、直指战略目标的考核指标，其他统计指标只作参考。他以小康社会的评价指标为例指出："小康是个什么概念？全面小康又是个什么概念？这是必须首先搞清楚的问题。小康是一个由收入水平决定的消费方式生活方式概念。一个家庭的生活消费达到衣食住充裕没有后顾之忧的状态，就可视为小康之家。一个社会所有家庭都达到小康状态，这个社会就是全面小康社会。其主要标志是杜绝非小康人口。全面小康和基本小康的区别不在于收入消费量的差别，而在于小康人口覆盖面的差别。如果我们想清楚了这一点，考核全面小康建设进度就不用设计什么指标体系，只要一个能够准确反映低收入者达到小康水平的指标就足够了。社会保障覆盖率就是这个惟一的不可替代的考核指标。"（刘福垣，2003）

这个例子给我们一个启示，即评价指标的数量不是越多越好，评价指标体系的覆盖面也不是越全越好，衡量评价指标质量的关键点，在于敏感度高、适切性强。

同样，教育现代化评价指标及其体系作为测量和评价工具，是判断教育现代化整体进程或某一方面的标准，具有判断发展状态、诊断尚存问题、提供方向指引的作用。换言之，教育现代化评价指标体系为人们提供了一把衡量教育现代化事业发展水平的尺子，让评价者与被评价者清楚所在区域或学校的教育现代化发展水平是什么样的、处于什么样的位置、与其他区域或学校相比还有哪些差距、具有哪些优势或特色、当下发展中面临的主要问题是什么、未来的发展方向在哪里，从而为更好地把握现状、方向以及制定政策与实施方案提供支撑。因此，无论是选定一个评价指标还是一套评价指标体系，都要根据教育现代化评价的具体情形和实际需要来定。重要的是，在教育领域，我们需要寻找关键指标或核心指标来经济而有效地发挥评价所应有的作用。

（二）关注所有还是聚焦核心指标

教育现代化评价指标体系是教育指标体系的一部分，是衡量教育现代化程度的评价体系。高书国认为："教育指标体系是一种基于一定价值判断和价值追求、由一系列相关指标组合而成的系统评估工具，是衡量与评价教育发展和人的全面发展的重要手段。"（高书国，2015）[44] 他还指出，教育指标体系是内在价值性与外在工具性的统一体："没有价值观引领，教育指标体系就失去了灵魂；……放弃了工具性，教育指标体系就缺失了根本职能。"（高书国，2015）[44] 教育现代化评价指标体系也不例外，它是内在价值体系与外在工具体系的统一体。事实上，教育现代化评价指标承担着双重任务：内在地承载价值内涵，外在地显示获取事实依据的方向和范围。（杨小微，2015a）除此之外，教育现代化评价指标体系还会直接、间接地影响推进教育现代化的实践活动。伴随着第四代评价理论的兴起，教育现代化评价指标体系的"促建"功能得到了更多的重视，因此教育现代化评价指标体系还是一种促进手段。

在对教育现代化评价指标体系的内涵进行界定之后，需要考虑的问题是：什么样的教育现代化评价指标体系是一个"好的"指标体系，或者一个"好的"教育现代化评价指标体系具有哪些方面的特征？杨东平等人在论述教育公平评价指标时认为："一个好的评价指标，第一，应具有科学性，即能够比较有效地评价、解释教育公平的现状；第二，具有可测性，指标简洁，数据容易获取；第三，具有可比较性，指标与国际规范相一致；第四，具有实用性，可以方便地使用于实际工作之中。"（杨东平 等，2003）简而言之，他们看重指标的有效性、可测性、可比较性与实用性。高书国从内容与约束条件两个角度提出教育评价指标的特点：内容方面的明确性、普遍性与一致性，构成指标体系的内环；约束条件下的可计量性、可采集性、可维护性，形成指标体系的外环（高书国，2015）[55]。虽然上述论述针对的对象不同，但是从中可以提炼出评价指标都应该具有的一般特征，即可测性、可比较性、数据易获得。

然而，教育现代化评价的现实并没有理论表述那么丰满。课题组在苏南地区、重庆等地进行实际调研时，当地教育行政部门、校长和教师普遍反映教育现代化评价指标存在着内容和结构两方面的问题，主要表现为：其一，在内容方面，评价指标体系设计得面面俱到，但往往没有重点和核心关注领域，评价往往流于形式，失去了引领作用；其二，在结构方面，评价指标体系缺乏逻辑，想要涵盖教育的方方面面，无法发挥评价在实践中的导向作用。

课题组在研究过程中，针对上述问题采取了聚焦核心指标的原则，摒弃了大而全的指标选定原则，从根本上解决评价作用发挥不足的问题。研究过程中，课题组围绕教育现代化的核心价值追求，在常规化的教育发展质量督导评估指标的基础上，提炼出少数几个敏感度高、覆盖力强的"核心指标"，既突出重点，又聚焦特色，从而降低地方和单位"迎评"的工作量。这些核心指标往往并不追求量化而侧重于对性质的刻画，不重复常态督导评价的常规指标，意在充分揭示现代化内涵，从而构建起一种基于大数据、可以进行常态化监测、以考察关键指标为重点的选择性评价机制。那么核心指标应该具有哪些方面的品质呢？课题组认为，"作为核心指标，起码应具备如下三方面品质：一是敏感度高，二是覆盖力强，三是可观测到。也就是说，核心指标能敏感地反映差异和变化，全面地反映所欲获得的价值的实质，可以观察到也能检测出来"（杨小微，2015a）。

（三）个性指标还是共性指标

教育现代化是一个不断"化"的动态过程。从评价的角度看，教育现代化的过程需要以结合当地实际又有一定前瞻性的指标作为指引，使得评价指标体系更有针对性。目前评价指标体系中的许多指标指向容易量化的办学条件和技术装备等方面，如市级财政统筹和转移支付的水平、校舍建设达标学校的比例与中小学校园网联通率等。而东部很多地区已经基本完成这些方面的工作，这些指标对当地的教育发展起不到引领的作用。教育现代化不仅仅是器物层面的现代化，同时还是制度和人的现代化，后两者是教育现代化内涵发展的核心内容，也是未来教育发展的方向和重点。

在目前的教育现代化评价指标体系中，很少有能反映教育现代化内涵发展的指标，如教育领导与管理、教学过程中的互动状态、师生关系等。当前的指标体系只能体现初级水平的现代化，这是远远不够的，要注重现代化指标内涵的提升，因为没有制度的现代化与人的现代化就没有真正意义上的现代化。比如在东部地区，办学条件与校园建设的信息化标准、教育的普及度等指标早已达成，这样的指标已经没有了针对性、前瞻性，起不到引领的作用。相反，进城务工人员子女的教育、教育国际化等方面的指标，切合了当地教育的实际，就具有针对性与前瞻性，能够起到引领性的作用。同样是教育信息化评价指标，不同地区因情况不同就要有不同的评价侧重点：在硬件建设已经完成的地区，应聚焦于基于信息技术的教师日常培训机制、教学资料共享机制、课内外学生学习的资源提供与教师指导机制等软件建设；在尚处于硬件建设阶段的地区，应依照教师专业发展与学生日常学习的具体需求，采用硬件建设与软件建设并行推进的建设思路。反映地方当前急需解决的问题以及问题解决的方向，是教育现代化评价及其指标体系在整体方向上的追求，因为只有这样的指标才能发挥导向、引领作用，切实促进当地教育现代化的发展。

研究之初，我们选取了部分评价指标体系进行分析和归类，如上海市、江苏省、浙江省、广东省、北京市等地的教育现代化评价指标体系。依照分析标准，各省市共同关注的指标即共性指标，可以归结为教育公平（起点公平、过程公平、教育均衡发展）、经费投入与教师配置、开放度与国际化、学生综合素养与社会贡献、学习化社会、教育满意度等六个方面。

仔细研究后，我们发现，从整个指标体系的框架看，江苏省、广东省、浙江省力求建立完整的指标体系，反映教育现代化的方方面面，这与上海市、北京市的指标体系力求简洁、直接、明确反映教育现代化发展方向的定位有很大的不同，这种情况可能与省市教育现代化建设的实际情况有很大的关系。比如江苏省、广东省、浙江省地域广阔，省内市、县在经济、地域文化、人口素质、教育发展状况等方面具有很大的差异，教育现代化还处于起步阶段或者推进阶段，因而必须考虑整个省域教育现代化建设的方方面面，以求反映与保证教育现代化"底线意义"上的发展。而北京市、上海市地域面积有限，以市区为主，地域内的差异要小很多，而且教育现代化建设已经有比较深厚的基础，需要在更高层面上推进教育现代化的内涵发展。下文将分别分析五省市教育现代化评价指标体系中的个性化指标与指标体系构架上的特色。

除了上文提及的省级教育现代化评价指标体系之外，还有一些比较有特色的指标体系，如副省级城市教育现代化监测指标体系、苏南教育现代化示范区建设考核评估体系、成都市教育现代化监测指标体系等，这些为我们优化指标体系提供了更多的经验。副省级城市教育现代化监测指标体系以副省级城市为评价对象，关注城市教育的发展；苏南居于东部经济比较发达的地区，而且是跨区域进行教育现代化建设的国家级示范区；成都市是居于西部的副省级城市，较早进行教育现代化建设与评价的探索工作。这些因素在一定程度上影响了各地指标体系的特点。分析这些指标体系，除了有助于明晰教育现代化评价指标体系的梯度因素（东部、中部、西部；城市、农村），还有助于梳理跨区域合作中的经验，为我们研制和优化指标体系提供更多的启示。

鉴于以往教育现代化评价指标过于单一而缺乏个性、过于强制而缺少自主空间等问题，可以考虑在评价指标的设置上增强个性、地方性和弹性。各地指标方案中既需要设置一些体现共性的"必测项目"，也可以有体现地方特色和个性的"自选项目"，两者的比例可以根据不同地方的实际大致确定。在目前已有的省市教育现代化评价指标体系中，江苏省对职业教育的关注，浙江省对安全、减负和择校问题的重视，上海市对国际化的关切，以及广东省对促进地方经济建设的看重，都已经显露出一定的个性化特质，但是地区内部的个性化特征尚未引起足够的重视。

总的来说，中国幅员辽阔，不同地区、同一地区内部教育现代化的进程千差万别。鉴于发展水平差异以及地区行政重在管理教育而学校重在组织具体教育活动的性质差异，在制定教育现代化评价指标时，必须考虑将东中西部、城市和农村、区域行政和中小学区分开来，聚焦不同重点，进行分域、分类、分层的教育现代化评价。比如，对区域教育行政的评价以治理现代化为主，对学校的评价以人的现代化为核心，将这两种评价作为专题性评价项目。再如，在城市尤其是东部沿海发达城市，突出国际化和开放度，而对农村或新城区学校，则强调本土资源开发和地方文化传承。这就要求我们的指标体系在适用区域大小、内容层次上都有所考量，使得指标体系更有层次。同时，关注地区内部的个性化特征，保持指标体系在不同层面（市、县或区、乡镇甚至学校）的弹性，为不同层面的教育现代化特色发展与内涵发展提供空间。

二、教育现代化评价指标研制方法概览

从国内外已有的教育现代化评价指标体系来看，评价指标的研制方法主要包括归纳－描述法、演绎－分析法和系统－整体法三类。本部分主要从这三类指标研制方法入手，重点讨论指标研制和选择的方法论问题。

（一）归纳－描述法

归纳－描述法最初应用于社会指标的建构中。20世纪30年代，奥格本（William F. Ogburn）的统计报告《美国最近社会趋势》采用该方法建构了包括美国社会各方面百科全书式的指标体系。其特点是注重描述事实、收集统计资料，操作理念是通过"测度某些事物，然后将测度标准化，使之达到可接受的值得信赖的水平"（Duncan，1969）[9]。

在使用该方法得出概念框架之前，研究者会对教育系统进行全面的了解，收集大量的统计数据，对其归类整理，形成统计项目，然后凝练为教育指标的不同领域，据此而形成有关评价主题的多个评价维度（见图5-1）。该方法需要大量事实数据的支撑，研究者主要采用量化方法收集与分析数据，通过归纳法得出评价维度。该方法有相对规范的程序与方法保证其科学性与规范性，因而更能得出契合实际发展状况的评价维度，是一种自下而上、依靠数据驱动的分析模式。

采取这种方法制定教育发展指标的往往是一些大型国际组织，如经济合作与发展组织（OECD）、世界银行（World Bank）。以OECD为例，它成立了专门处理数据的组织OSS（OECD Statistics Strategy），该组织的主要功能在于提供用以鉴定和解决数据问题的系统机制，增强数据获取的透明性，以及加强信息化背景下OECD的行政角色。在此基础上，通过对统计数据的分析和梳理，逐步形成统计项目，进而归纳描述出相应的教育指标。

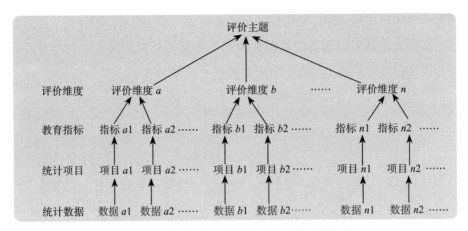

图5-1 归纳-描述法指标构建的分析框架

资料来源：孙志麟.教育指标的概念模式［J］.教育政策论坛，2000（2）：117-136.

OECD这一采用了归纳-描述法的指标研制方法、标准与程序对我们进行区域教育现代化指标本土化提炼给予了启示，但这一方法取向却遭到了诸多方面的质疑。首先是统计数据转化成可理解、有意义的信息存在困难；其次，基于统计数据所形成的评价维度对于解释一些社会问题作用非常有限，定量的测度没有办法得到恰当的意义解释。正如约翰斯顿（Denis F. Johnston）所说的："如果我们为了避免耽于理论的臆测而无所获，就转向对事实进行实证分析，那么迟早会回到同一问题，那就是：我们所设法观察与测度的事情究竟有何意义？我们必须回过头来关心理论问题，……否则就会沦为随意的实证主义（casual empiricism）。"（Rossi et al.，1981）[4]此外，由归纳-描述法所确立的评价指标凸显的是描述、反应功能，而弱化了评价指标的促进、引领作用，它更适合应用于教育现代化已经比较成熟的地区或国家。

（二）演绎-分析法

演绎-分析法是基于某种理论框架或抽象模型而建构指标框架，立足点不是对某种现象的事实描述，而是对这种现象背后的原因进行探寻，形成关于"何以如此"的理论框架。这种方法的关键在于约翰斯通（James N. Johnstone）所说的对某一相关现象的概念辨析，因此也被称为概念驱动或理论框架模式，即其演绎方式是从概念到测量维度，到指标，再到数据。

概念框架的形成是指标体系构建中至关重要的一步（Noll，2014）[3-4]。

这种方法反对以现有的资料和数据作为建构指标的基础，而以核心概念作为上位指导，是一种自上而下的模式（见图5-2）。

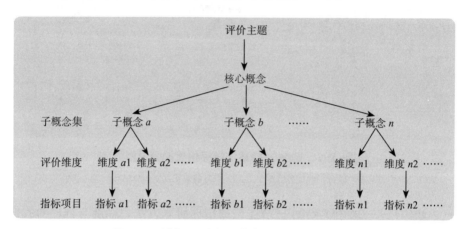

图5-2 演绎－分析法指标构建的分析框架

这种方法的落脚点在对核心概念的阐述上，也可以对核心概念进行拆分，形成子概念集。典型的例子是联合国教科文组织的教育指标体系，它以三个理论为根基：一是教育受到政治、经济、社会、文化与人口等因素的制约，因此人口、国民生产总值、文化与传统等也是反映教育状况的重要指标；二是教育需求与供给是一个国家教育发展水平的直接影响因素，可以用经费和人力资源指标来反映教育供给的情况；三是教育质量与公平是教育走向现代化必然要解决的两个至关重要的问题（徐玲，2004）。我国一些教育现代化评价也采用此种方法，沿用的是"教育现代性→教育现代化"的逻辑推理方式。这种方法建立在这样一个教育现代化的观念之上，即认为教育现代化是教育现代性持续增长的过程，国内学者如褚宏启、朱旭东、周稽裘等就持有这样的观点。

演绎－分析法避免了归纳－描述法没有理论基础的缺陷，却衍生出了另外一个问题：通过概念或理论演绎的评价维度如何转化成可操作、可测量的具体指标？一些评价维度没有办法一一转化成可测量的指标，不能获取数据支撑，这样的评价维度难以反映现实问题。我国学者在应用这一方法时存在一个很大的弊病，就是对教育现代性的阐述带有很浓的西方色彩，概念的内化不足，以此演绎的教育现代化评价指标体系很难真正反映中国教育现代化水平（冉华 等，2015）。

（三）系统－整体法

教育系统是由各种要素及其相互关系所构成的复杂系统，系统－整体法通过对教育系统进行分解，形成教育系统评价的分析框架。该方法应用广泛。系统－整体法具有输入－输出模式、输入－过程－输出模式、背景－输入－输出模式、背景－输入－过程－输出模式、输入－过程－输出－结果模式、背景－输入－过程－输出－结果模式等六种形态（孙志麟，2000）。教育现代化评价领域采用背景－输入－过程－结果（context-input-process-product，CIPP）分析框架的居多。正如前文所述，我国部分省市如浙江省、江苏省、上海市等参照这一模式，结合各自的实际情况，设计了本区域教育现代化的指标体系。

此外，也有部分研究者和实践者将教育系统分为不同的领域来研制教育现代化评价指标。这种思路在确立指标之前首先要明确教育系统包含着什么。教育现代化意味着各个系统领域的现代化。基于这样的前提，国内学者倾向于把教育现代化分解为教育思想、教育发展水平、教学体系、办学条件、师资队伍、教育管理的现代化等（中国教育学会 等，1999）[139]。江苏省将教育现代化指标分为教育普及度、教育公平度、教育质量度、教育开放度、教育保障度、教育统筹度、教育贡献度、教育满意度等几个领域，在此基础上，结合 CIPP 模式等进行指标的研制和建构，最终形成教育现代化评价指标体系。

总的来说，教育现代化评价指标的研制方法多种多样，每一种方法都有自己的长处和局限。归纳－描述法以统计数据为基础，自下而上的分析模式与教育现代化发展的实际情况相切合，但因统计数据解释有意义信息存在困难和解释社会问题存在局限而受到质疑。演绎－分析法以核心概念为基础，通过自上而下的分析模式揭示上下层级之间的逻辑关系，但同样面临部分概念难以转化为操作指标等问题。系统－整体法借助系统观点分析问题，从多层面探讨教育系统要素之间的相互关系，能够凸显横向的因果关系，但如果价值问题处理不当则易出现只有框架而无实质内容的问题。

因此，在教育现代化指标研制的过程中，有必要整合三种方法，并依据具体的情境、发展需求等因素进行综合应用。此外，指标选择和研制过程中也要关注定量指标和定性指标的结合、国际性和本土性的融通、导向性和指向性的统一等。

三、教育现代化评价指标研制方法的综合运用

教育现代化评价指标的研制方法多种多样，国内外也形成了不少教育现代化评价指标体系。考虑到已有丰富的研究资源和实践举措，本研究无意重新构建一套教育现代化评价指标体系，而是结合各地已经提出并施行的教育现代化评价指标体系，选择有代表性的区域展开实地调研，并对部分专家学者进行问卷调查，充分汲取好的理论成果和实践经验，发现普遍存在的缺陷和问题，进而提出优化版的教育现代化评价指标体系。

课题组在研究过程中综合运用了上述多种指标研制方法，研究过程主要分为以下几个步骤：搭建理论框架、确定评价模式、选择和优化评价指标及体系。在这一研究过程中，课题组充分利用了文献法、调查法、德尔菲法（Delphi Method）等多种方法，从多途径、多方面对评价指标及体系进行科学论证。

（一）搭建理论框架

课题组从研究之初就对整个研究工作进行了系统的讨论和梳理，并认为搭建理论框架是研究的首要任务。在搭建理论框架的过程中，课题组成员阅读了大量的中外文献，并对这些文献进行了分析和讨论，从而相对系统地梳理了国外教育现代化的历程与经验、中国教育现代化的历史脉络。在这些历史研究的基础上，课题组进一步反思了教育现代化进程、教育现代化评价的价值论基础，为构建初步的教育现代化评价指标体系提供理论基础与历史依据。同时，课题组还进行了三次实地调研，调研的地区涵盖上海、苏南5市、杭州、合肥、宜昌、重庆、成都等地。这些地区教育现代化的实践进程与经验，为理论框架搭建提供了必要的实践基础。

通过先期的文献研究与调研，课题组初构了评价指标体系的八个核心价值，即科学、民主、法治、公平正义、可持续发展、开放、信息化、专业化。在此基础上，课题组解读了每一个核心价值的含义，并以此作为选择评价指标的依据和基础。

（二）确定评价模式

教育评价模式是沟通教育评价理论与评价实践的桥梁和中间环节，对教育评价实践活动具有指导和控制作用。不同的教育评价模式代表着不同的教育价值取向和评价取向，关注不同的评价重点，因而表现出不同的教育评价指标选择和组合方式。因此，课题组在完成理论框架搭建后，开始确定评价模式，为评价指标及体系的选择和优化打好基础。

教育评价理论从第一代发展到第四代经历了漫长的历程，在这一过程中，也产生了诸多评价模式。通过对几种最为典型的评价模式的梳理，我们发现不同的模式发挥着不同的作用。通过比较和研究，结合当前已有的教育现代化评价指标体系，我们最终确定以 CIPP 模式作为选择评价指标、建构和优化指标体系的主要模式。

CIPP 模式是由背景评价、输入评价、过程评价和结果评价组成的一种综合评价模式，其核心思想是把教育评价看成"为决策提供有用信息的过程"（见表 5-1）。背景评价是为计划决策服务的，是对教育目标本身所进行的诊断性评价，也就是根据社会需要和评价对象的整体状况对所提出的教育目标进行价值判断。背景评价的内容包括了解、分析和判断教育目标背后的社会需要，这些需要的广泛性和重要性，以及所确定的教育目标能在多大程度上满足这些社会需要。输入评价是为组织决策服务的，是对用以实现教育目标的教育方案的可行性进行评价，即对实现教育目标所需要的条件以及可以得到的条件的评价。输入评价要解决的具体问题包括比较各种为实现教育目标而制订的教育方案并进行优选，或者将两种及以上教育方案的优势进行结合。在对教育方案进行比较、优选的过程中，需要对实现目标所需要的人、财、物和解决问题的策略等进行调查研究，并最终确定解决问题的最佳方案。过程评价是为决策服务的，是对方案实施过程的形成性评价。过程评价的目的在于了解和掌握方案实施的进度，获得反馈信息，及时发现方案实施过程中存在的问题，并通过对问题的分析，做出对方案进行调整或终止的决策。结果评价是为再决策服务的，是对教育方案实施结果的终结性评价。结果评价的目的在于测量、解释和判断方案实施的成效，为下一周期新的教育方案的制订提供依据。

表 5-1　CIPP 模式的维度分析

维度	目标	方法	解决的问题
背景评价	确定背景，明确评价对象的需要，诊断需要解决的问题，判断目标是否满足了评价的需要	系统分析、调查、座谈等	何种需要？重要性如何？方案中的目标对评定需要的适切性如何？
输入评价	筛选备择方案，并确定解决问题的最佳方案	调查分析人力、物力及程序的可行性及经济性	为满足方案的需要，分析方案实施的合理性和成功的程度
过程评价	掌握方案实施进度，获得反馈并进行调整	描述真实过程，与工作人员互相了解，观察活动	操作性方案的实施程度如何？如何进行修正？
结果评价	收集能反映结果的信息，将目标背景、输入过程等信息联系起来，从而对价值优劣做分析与判断	确定操作和测量的标准，对结果做判断分析	观察结果，对结果进行判断，并判断方案满足实施主体需要的程度

CIPP 模式最突出的优点是将四种评价结合在一起共同发挥作用，使评价活动贯穿教育活动的全过程，不仅重视最终结果评价，而且重视对目标本身的合理性进行评价，同时也重视对方案的形成性评价，拓宽了评价的范围与内容，能够为决策提供全面的信息。

在 CIPP 模式的基础上，课题组依照最初理论框架确定的八个核心价值，开始着手选择和确定相应的评价指标（具体内容参照第七章）。当然，CIPP 模式是研究过程中设计评价指标体系时所运用的模型，而在评价指标体系的实施过程中，根据不同的情境和需要还有不同的模式可供选择，如目标模式、应答模式等。

目标模式又称泰勒模式，产生于 20 世纪 30 年代美国"八年研究"的过程中。泰勒（Ralph W. Tyler）认为，开展评价时要把所要评价的内容分解成具体可见的、可操作的行为目标，以便在评价中能够围绕这些行为目标进行观察和测定。主要有以下几个步骤：（1）拟定教育的一般目的（broad goals）和具体目标(objectives)；（2）把目的和目标进行分类；（3）用行为化的术语界定目标；（4）设计可以展示业已达成的具体目标的情境；（5）选择和编制客观性、可靠度、有效性较高的测验，确定问卷、观察、交谈、作品分析等评价手段；（6）收集学生行为表现的资料；（7）把学生的行为表现与既定目标进行比较；（8）修改方案，重新执行方案（泰勒，2008）[105]。采用这一模式能够系统地、有目的地收集资料，判断实际活动是否达到预期目标或者达到目标的程度。

应答模式是斯塔克（Robert E. Stake）于1973年提出来的。他认为评价一个方案可以有不同的方法，没有哪一个方法是绝对正确的，而要使评价真正产生效用，其核心是应该向听取评价结果的人提供他们所关心的信息，评价者应该充分了解他们的关注点和兴趣点。因此，斯塔克指出，评价可以做到：（1）牺牲某些测量上的准确性以换取对评价结果听取人的有用性；（2）更关心方案的实施而不是方案的意图；（3）更注意反映与方案有关的各方面人的意志而不仅仅是一部分人的意志。简单来说，应答模式的评价理念可以表述为：不同的人有不同的价值观，在判断同一事物时，不同的人会选取事物的不同方面做出判断，并采取不同的价值判断标准，而只有各方共同参与才能使评价结果尽可能公正和客观。

关于应答模式的操作，斯塔克用了一个类似于时钟的图形加以表示，并命名为"评价时钟"（见图5-3）。但要注意的是，时钟所标出的顺序并不是不可改变的，在实际的评价中，操作的顺序要视评价的需求和问题而定，既可以顺时针进行，也可以逆时针进行，还可以跳跃式进行。

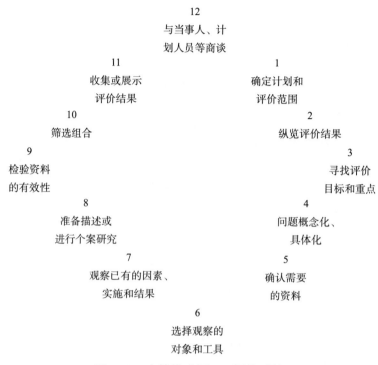

图 5-3 应答模式图——评价时钟

因此，应答模式强调评价者要同与教育活动有关的各方面人员接触，了解他们的愿望，并和实际活动进行比较，兼以理论和事实为据，确定教育活动的真正目标和问题。通过评价者与各方面人员之间持续不断的"对话"，对教育决策和方案做出修改，使活动顺利进行，活动结果满足不同人的需要，评价结果能真正产生效用。

总的来说，教育现代化评价的研究与实践同样重要，而评价模式亦要根据实际需要和情境来确定；并且，教育现代化评价指标的选择与实施也不是依靠单一模式就能解决的，需要多种评价模式的整合才能发挥更好的效用。只有这样，评价才能发挥应有的导向、引领和推动作用。

（三）选择和优化评价指标及体系

德尔菲法，又称"专家规定程序调查法"。该方法主要是指由调查者拟定调查表，按照既定程序，以函件的方式分别向专家组成员进行征询，而专家组成员又以匿名的方式（函件）提交意见。在征得专家对问题的意见之后，调查者进行整理、归纳、统计，再将结果匿名反馈给专家，再次征求意见，之后再集中，再反馈，直至得到一致的意见。课题组通过两轮使用德尔菲法，征求相关专家对课题组研制的初步指标框架的意见，以达到完善指标体系的目的。

首轮使用德尔菲法，目的是征集和删减指标内容。课题组采用半开放式问卷，并且特别留出足够的空白，便于专家阐明自己的意见。这轮调查主要是就课题组确定的核心价值以及相应的指标进行专家意见征集，并请专家对重点指标、特色指标是否匹配做出评定，或对指标进行适当增补。在这一过程中，课题组通过回收问卷，对专家的评定意见进行统计，保留赞同度高的指标，剔除赞同度低的指标，并结合专家的文字意见对部分指标进行修订。

在次轮使用德尔菲法时，课题组扩大了专家范围，目的是完善评价指标及体系。针对首轮专家咨询意见，课题组对初构的评价指标体系进行修订，主要包括指标合并、增删等，并形成次轮专家意见咨询问卷。在次轮专家咨询时，课题组向专家提供了首轮德尔菲专家问卷调查的结果及经过修正的次轮德尔菲专家问卷。本轮问卷同样采用半开放式，便于专家提出文字意见及建议。每项指标征求意见部分分为两块内容：一块是关于该项指标重要度的衡量，共分为5个等级，依次表述为"非常重要""重要""一般""不重要""非常不重要"；另一块是开放的，即征求专家关于该项指标的意见并允许其添加指标。

次轮咨询时课题组保留了首轮咨询时回复意见的8位专家，同时新增了部分专家。次轮问卷旨在请专家对核心价值、二级指标和三级指标的重要程度，以及重点指标和特色指标是否合适进行评定，并适当增补。在具体分析时，对重要程度不同的选项进行赋值，设定"非常重要"为5分，"重要"为4分，"一般"为3分，"不重要"为2分，"非常不重要"为1分，之后计算各项均值。依照均值与专家意见对指标体系进行完善。

经过两轮德尔菲法的使用，课题组筛选保留了5个核心价值（科学、民主、法治、开放、可持续发展），修改了1个核心价值（公平正义改为公平），删减了2个核心价值（信息化、专业化）（具体参见第七章内容）。

总的看来，课题组的研究经历了一个从复杂到简单、再从简单到复杂的过程。在此过程中，课题组综合运用了多种指标研制方法，并通过多种途径保证研究的科学性和规范性，确保评价指标及其体系能够有效发挥作用。教育现代化是一个层次与内涵丰富，从低级到高级、从不完善走向完善的动态变化发展的过程。在这一过程中，评价起到了举足轻重的作用，具有引领、诊断、改进等功能。在国内外教育现代化进程中，评价已经越来越为人们所重视和关注，也势必会在实践中发挥作用。从课题组的研究历程来看，这需要我们根据实际情况，灵活处理评价体系的指标构成与评价方法问题。一方面，要根据不同层次、不同类别、不同区域教育现代化的情况，结合测评对象的意见，确定评价指标体系与评价方法；另一方面，要意识到教育现代化是一个动态的过程，评价的指标体系与评价方法也应该相应做出调整。通过这两个方面的工作，形成时间维度与空间维度相互交织的动态评价模式。

第六章　区域性教育现代化评价指标体系及特色分析

　　国内不少省市都制定了自己的区域性教育现代化评价指标体系。它们之间存在着哪些共同的特质，可以为构建国家级教育现代化评价指标体系提供参考？这些地方性评价指标体系在运用过程中表现出哪些优点、积累了哪些经验，其中哪些经验是值得其他地区效法和借鉴的？遇到的哪些问题是需要进一步探讨和解决的？聚焦教育现代化的内涵式发展，增强评价的地方适切性、弹性及创新性，或许是人们普遍关心的热点和重点问题，但要将这些落实为可行之策，可能需要更具创意的探索。

　　本章首先对部分省市已有的教育现代化评价指标体系进行汇总与透析，对这些评价指标体系中的共性指标和个性指标进行梳理，从而为侧重共性的国家版以及体现个性的地方版教育现代化评价指标体系的研制与优化提供可靠的依据。之后对部分省市教育现代化评价指标体系的基本框架进行探讨，具体是梳理东中西部不同发展水平地区的特色指标，探寻其特色形成的原因，以便形成一个既有普遍共性又有个性特色的参考框架。最后结合前面的分析，着重总结当前已经形成和实施的教育现代化评价指标体系中存在的问题，并指出本研究中指标体系优化的思路与方向。

我国已经有不少省市提出了教育现代化的评价指标体系，因此课题组无意建立"独立"于这些指标体系之外的教育现代化评价指标体系，而是试图结合各地已经提出并施行的教育现代化评价指标体系，采用分区选点的实地调研和对部分专家学者的调研，汲取其中有价值的成果和经验，发现普遍性的缺陷和问题，进而提出优化版的教育现代化评价指标体系。

一、省域教育现代化评价指标的比较研究

2007 年以来，上海、浙江、江苏、广东、北京等省市颁布了以省（市）域、县（区）域为监测对象的教育现代化评价指标或评估方案。下面以其中较为成熟并具有代表性的《上海市 2010 年教育现代化指标体系及说明》《浙江省教育现代化县（市、区）评估操作标准》《江苏教育现代化指标体系》《广东省县域教育现代化指标体系及评估方案》《北京教育现代化评估指标体系框架》为例，分析地方教育现代化评价指标的共性与特点（见表6–1）。

表 6–1　五省市教育现代化评价指标体系的构成特点

省（直辖市）	一级指标数	一级指标内容	二级指标数	三级指标（监测点）数
北京市	11	教育经费投入水平、师资水平、教育普及水平、教育公平程度、教育质量水平、教育协调发展水平、学习型城市建设水平、教育信息化水平、教育开放水平、教育服务社会能力、教育满意度	44	—
上海市	9	教育布局、结构的合理程度，政府对教育的投入水平，义务教育资源均衡配置程度，教育信息化水平，教育国际化水平，学习型城市建设水平，教育发展水平，学生综合素质水平，社会满意度	28	—
浙江省	5	优先发展、育人为本、促进公平、提高质量、改革创新	12	41
江苏省	8	教育普及度、教育公平度、教育质量度、教育开放度、教育保障度、教育统筹度、教育贡献度、教育满意度	16	46
广东省	3	教育现代化保障、教育现代化实践、教育现代化成就	14	43

表 6-1 反映了案例省市指标体系的框架特点，从中可以看出各指标体系均具有相对独立的逻辑框架，并且受 CIPP 模式的影响比较明显，如广东省的指标体系基本采用"投入－过程－产出"的模式进行构架。从整个指标体系的结构及涉及的内容看，上海市与北京市的指标体系比较简洁，指标体系涉及的内容比较具体，且重点明确；而江苏、浙江、广东等省的指标体系则比较全面，力图反映与教育现代化实践相关的方方面面。从指标体系的逻辑看，上海市、北京市的一级指标比较具体，直接指向评价内容，因此也就没有必要对三级指标进行说明；广东与浙江两省的指标体系中，一级指标的抽象程度比较高，表达了指标体系的评价逻辑与思路，具体的评价内容则在二级指标中体现；江苏省指标体系中的一级指标抽象程度处于中间的位置。

结合上述省市指标体系在逻辑层次上的差异，我们认为将上海市与北京市指标体系中的一级指标与三个省份的二级指标进行比较分析较为合适，当然也会结合相应指标之下的监测点，对相关指标的具体内容进行解释与分析。从五个省市的指标体系看，它们受到 CIPP 模式的影响比较明显，因此我们采用这一模式作为比较分析各省份指标体系的具体框架。依据具体情况，还有一些指标难以完全归入上述体系，我们则用"综合指标"的方式予以呈现。表 6-2 总结了五个省市教育现代化评价指标体系的相关内容。

表 6-2　五省市教育现代化评价指标体系的内容比较[①]

一级指标	二级指标	三级指标	上海	江苏	浙江	广东	北京
背景指标	综合入学率	学前三年教育毛入园率		√			
		义务教育巩固率		√			
		高中阶段教育毛入学率		√			
		高等教育毛入学率		√			

---

① 在不改变指标原有含义的前提下，笔者根据不同层级指标的抽象程度，调整了原指标的层级和表述方式。

续表

一级指标	二级指标	三级指标	上海	江苏	浙江	广东	北京
背景指标	起点公平	残疾适龄儿童少年入学机会		√		√	√
		进城务工人员随迁子女入学机会	√	√	√	√	√
		女性适龄人口教育机会				√	
		农村适龄人口教育机会				√	
		贫困生教育机会				√	√
		境外人士子女教育机会				√	
输入指标	经费投入	非义务教育阶段学校公共资源供给		√			√
		教育投入"三增长"	√	√			
		财政性教育经费	√	√	√		√
		社会资金		√			
		生均教育经费		√	√		√
	办学条件及信息化水平	标准化办学	√		√		
		平安校园			√		
		国家信息化标准达标率		√		√	
		硬件建设（中小学生机比、学校联网）	√				√
		教学中信息技术的使用水平	√				√
		中小学教师教育技术能力					√
	教师配置	中小学生师比	√		√	√	√
		学前教育专任教师学历达标率	√	√			√
		义务教育教师学历	√	√			
		职业学校中"双师型"教师的比例	√		√		√
		教师培训	√		√		√
		中小学教师参与教育科研的水平	√				
		教师待遇			√		

续表

一级指标	二级指标	三级指标	上海	江苏	浙江	广东	北京
过程指标	开放度	产学研结合水平		√			√
		高校学分互认比例		√			√
		学校与社会教育资源的开放和利用	√	√			√
		公共图书馆藏书量	√				
	国际化	跨文化交流与合作		√		√	√
		跨文化教育和国际理解教育				√	√
		国际优质教育资源引进					√
		中小学境外学生占在校生的比例	√				
		国际学校和中外合作办学水平	√				
	过程公平	班额		√	√		
		提供多样化教育		√	√		
		困难学生受帮扶比例		√	√		√
		教师合理流动机制	√		√		√
		"择校热"问题			√		
	教育治理	民主（教育决策的公众参与度）	√				
		战略规划			√	√	
		依法治校	√			√	
		教育督导			√	√	
		信息公开			√		
		评价系统（学生、教师、学校）			√		
	办学机制	人才培养模式		√	√		
		公办学校多形式办学		√	√		
		民办教育		√	√		
		职业教育校企合作			√		

续表

一级指标	二级指标	三级指标	上海	江苏	浙江	广东	北京
结果指标	学生综合素养	思想品德	√	√			√
		心理健康	√	√			√
		身体健康	√	√			√
		学业水平（升学率、毕业率、结业率）	√	√	√	√	√
	社会贡献	新增劳动力人均受教育年限		√	√		
		主要劳动人口平均受教育年限		√	√		√
		高校科研创新能力		√			√
		高校应用研究开发成果转化率		√			√
	办学水平	高水平大学数量		√			
		达到优秀标准的各级各类学校比例		√			
	特色教育	教育改革的理念、教育研究与成效				√	
		特色的适切性				√	
		特色的影响力				√	
综合指标	教育均衡发展	各类教育协调发展与互通衔接	√	√			
		学校布局	√	√			√
		义务教育城乡均衡		√		√	√
		义务教育校际均衡		√		√	
	学习化社会	0—3岁幼儿早期教育					√
		终身学习网络		√		√	√
		继续教育		√			√
		社区教育网络	√	√	√		√
		学习型城市	√				
	教育满意度	学生对学校教育的满意度		√			
		社会各界对学校教育的满意度	√	√			√
		学校对政府管理和服务的满意度		√			√

注："√"表示相应省市的指标体系包含三级指标的内容。

如表 6-2 所示，各省市指标体系均涉及背景指标、输入指标、过程指标、结果指标与综合指标，其中背景指标包括综合入学率、起点公平；输入指标包括经费投入、办学条件及信息化水平、教师配置；过程指标包括开放度、国际化、过程公平、教育治理、办学机制；结果指标包括学生综合素养、社会贡献、办学水平、特色教育；综合指标包括教育均衡发展、学习化社会、教育满意度。从二级指标涉及的内容看，各省市指标体系涉及过程指标的内容比较多，但是从三级指标的集中程度与表现看，各省市的指标体系涉及的输入指标与过程指标较多。

（一）指标体系的共性

依照分析标准，课题组将大多数省市共同关注的指标概括为教育公平、经费投入与教师配置、开放度与国际化、学生综合素养与社会贡献、学习化社会、教育满意度等六个方面。具体内容详述如下。

1. 教育公平

教育公平绝对是各省市指标体系共同关注且最为重视的内容。从我们的分析框架看，教育公平涉及背景指标中的起点公平、过程指标中的过程公平以及综合指标中的教育均衡发展。在各省市的指标体系中，最多用以表征起点公平的指标是进城务工人员随迁子女入学机会，其次是残疾适龄儿童少年入学机会；过程公平中，出现频率最高的指标是困难学生受帮扶比例、教师合理流动机制；教育均衡发展方面，最普遍的指标是学校布局、义务教育城乡均衡。

2. 经费投入与教师配置

在输入指标中，各省市指标体系比较关注的是经费投入与教师配置，具有高度的一致性。在经费投入指标中，出现频率最高的指标是财政性教育经费，其次是生均教育经费；在教师配置指标中，最普遍的是中小学生师比，其次是学前教育专任教师学历达标率、职业学校中"双师型"教师的比例、教师培训。对这些指标的重视，反映了当前教育经费对政府财政拨款的依赖性，教师编制、教师结构（学历结构、类型结构）与教师专业发展在现阶段教育现代化实践中的重要性。

3. 开放度与国际化

教育开放度是衡量教育体系与其他社会系统之间沟通情况的重要指标，实际上，国际化也是教育开放度的重要表现之一，但是各省市为了突出国内教育与国外教育之间的沟通，将其作为单独的指标列出。开放度指标中，出现频率最高的指标是学校与社会教育资源的开放和利用。在国际化指标中，最普遍的是跨文化交流与合作。从中可以看出，当前我国教育的开放度还处于比较低的水平，国际化还处于人员交流的阶段。

4. 学生综合素养与社会贡献

在各省市的指标体系中，学生综合素养与社会贡献是结果指标的主要内容，可见各省市在这点上达成了高度共识。学生综合素养指标中，最普遍的是学业水平（升学率、毕业率、结业率），其次是思想品德、心理健康、身体健康；社会贡献指标中，最被看重的是主要劳动人口平均受教育年限。从中可以看出各省市对学生发展观的理解，体现了中国教育评价领域的实践探索。

5. 学习化社会

建立学习化社会是构建终身教育体系的重要举措，从各省市指标可以看出，这点得到了各省市指标体系制定者的认可。在学习化社会指标中，最普遍的是社区教育网络，其次是终身学习网络。多数省市强调社区教育在终身教育体系中的地位，对终身学习网络的重视反映了各省市对终身学习的支持力度。在各省市的指标体系中，学习化社会是作为学校教育的延伸存在的，比如北京将0—3岁幼儿早期教育纳入学习化社会指标。

6. 教育满意度

教育满意度是衡量教育外在声誉的重要指标，它用人们的主观感受来说明当前教育发展状况与人们的期望、切身感受之间的切合度。满意度指标中，比较具有普遍性的指标是社会各界对学校教育的满意度，由此可见各省市对学校教育与社会期望的切合度的重视程度。

各省市的教育现代化评价指标体系都具有相对完整的指标框架，注重指标体系的科学性，尤其是在指标框架中关注输入指标、过程指标、结果指标；在指标数据监测与分析上，兼顾了可比较性，尤其是将一些国际认同的指标引入指标体系，如财政性教育经费、劳动人口平均受教育年限、高水平大学数量等；在指标性质上，坚持定性指标与定量指标相结合的原则，如浙江、广东两省的指标以定性指标为主，上海市的 28 个二级指标中有 13 个是定性指标，江苏省的 46 个三级指标中有 14 个是定性指标；在功能上，突出"以评促建"，如上海市通过试点推进全市教育现代化发展，江苏省实施县（市、区）教育现代化建设水平评估，浙江省分层推进县（市、区）教育现代化发展，广东省通过建立县域教育现代化督导制度推进教育现代化先进县、先进市创建工作。

（二）指标体系的个性

从整个指标体系的框架看，江苏省、广东省、浙江省力求建立完整的指标体系，反映教育现代化的方方面面，这与上海市、北京市的指标体系力求简洁、直接、明确反映教育现代化发展状况有很大的不同。这种情况可能与各省市教育现代化建设的实际有很大的关系，如江苏省、广东省、浙江省地域广阔，省内市、县在经济、地域文化、人口素质、教育发展状况等方面具有很大的差别，教育现代化还处于起步阶段或者推进阶段。这些省份必须考虑整个省域教育现代化建设的方方面面，以求反映与保证教育现代化在"底线意义"上的发展。而北京市、上海市地域面积有限，以市区为主，地域内的差别不是很大，并且教育现代化建设已经有比较深厚的基础，需要在更高层面上推进教育现代化的内涵发展。下文将分别分析五省市教育现代化评价指标体系的特色。

在江苏省，苏南、苏中、苏北地区发展程度差异明显，特别是苏北地区多是农村，教育相对落后。为了保证适龄儿童的入学机会，江苏省非常重视各级各类教育入学率，涉及的指标有学前三年教育毛入园率、义务教育巩固率、高中阶段教育毛入学率、高等教育毛入学率。江苏省教育投入以政府财政拨款为主，针对这样的情况，江苏省在"投入水平"二级指标中设计了"各级教育生均预算内教育经费在全国省份排名"监测点。江苏省不同区域、同一区域内不同学校之间教育发展水平不够均衡，且优质学校数量不多，故设置"高水平大学数量""达到优秀标准的各级各类学校比例"等指标，以促进优质学校的发展。另外，在"城市和农村居民社区教育活动年参与率"中增加"老年人年参与率"子项，这符合江苏省进入老年社会的发展趋势。江苏省的指标体系中设置了目标值，达不到目标值就会被扣除相应的分数，这样以达标的形式促进省内教育现代化的推进。

浙江省的教育现代化评价指标体系，针对的是"县（市、区）"教育发展状况，因此这里称"县域"。浙江省教育现代化评价指标体系，从一级指标看，比较重视教育优先发展与教育公平，两者均占300分（总分满分1000分，附加分60分），其中教育优先发展条件保障包括"经费保障""教师保障""资源保障"三项指标，各占100分；教育公平包括"义务教育均衡""各类教育协调发展""弱势群体教育保障"，各占100分。从二级指标、监测点及其认定办法看，浙江省的指标体系更加侧重解决教育实践中的具体问题，许多二级指标和监测点的设置都体现了国情和省情。如二级指标中设有"平安校园"，监测点中设有"落实'减负'责任""确保学校按规定开课""建立校舍维修改造长效机制"等。值得一提的是，浙江省指标体系中一级指标"提升质量"下的二级指标"建立评价机制"，包含了"建立以综合素质为核心的学生评价机制""建立教师发展评价机制""完善学校发展性评价制度"，目的在于促进学生综合素质培养、教师专业发展、学校办学质量提升，具有一定的新意。

广东省的指标体系，依照"保障—实践—结果"的思路设置，逻辑清晰。从二级指标和监测点来看，有一些比较有特色的设置，比如将"教育公平"放在结果指标中考察，而且考虑了性别、地区、户籍、国别等因素对受教育权利的影响，设置了"农村适龄人口教育机会系数""女性适龄人口教育机会系数""非户籍常住人口子女教育机会系数""境外来粤工作人士子女教育机会系数"等监测点，在一定程度上照顾到了生源的复杂性。另外，二级指标"教育质量"中设置了"升学率与就业率"监测点，二级指标"教育效益"中设置了"教育对县域社会发展的贡献力"监测点，二级指标"办学条件"中设置了"社会教育机构"等监测点，同时还考虑了办学要素的效用问题，比如设置了"经费使用的监测与效益评估""教育信息化成效""特色的适切性""特色的影响力"等监测点。值得注意的是，广东省的指标体系还考虑了教育改革在教育现代化建设中的作用，设置了二级指标"教育改革"以及相应的三个监测点——"改革理念""改革研究""改革成效"。尽管这些特色指标还不够成熟，但是其参考价值是毋庸置疑的。

上海市的指标体系设置了基本指标、特色指标、核心指标三个部分，在实际操作中可以跳过前两项指标，仅仅测评核心指标。这种设计监测指向明确，而且能够达到监测的效果，具有新意。特色指标部分，关注农民工子女的入学问题、教育国际化以及中小学教师的科研能力，还设有评估对象自选的"其他自选指标"项目，既突出了重点，又体现了指标体系的灵活性。从具体内容上说，特色指标中的教育国际化指标与基本指标部分的"学习型城区建设水平"指标最具有特色。从监测点看，上海市的教育国际化追求的是高水平的国际化，其设置的监测点为"中小学境外学生占在校生的比例""国际学校和中外合作办学水平"，这也反映了上海市当前的教育国际化水平。上海市在"学习型城区建设水平"指标下，设置了"公共图书馆藏书量""学校和社会公共文化、体育设施资源的共享水平"监测点，立足于为学习者提供公共服务，具有较高的可行性。

北京市的教育现代化评价指标体系，虽然指标不多，但是涉及的内容比较全面，其中也有一些比较有特色的指标。其中，北京市对非义务教育及校外教育的关注是五个省市指标体系中比较有特点的，比如在"教育经费投入水平"指标下设置"建立适应当地居民收入水平的非义务教育阶段教育成本分担机制"监测点，在"教育普及水平"指标下设置"0—3岁幼儿早期教育指导率"监测点，在"学习型城市建设水平"下设置"城市和农村居民社区教育活动年参与率"监测点。

整体上看，江苏、浙江、广东三个省比较关注教育现代化的硬性指标，而上海、北京两个直辖市比较关注教育现代化的软性指标，更多关注教育现代化的内涵发展。另外，部分省市的教育现代化指标体系已经根据现实需要进行了多次调整与完善，体现了教育现代化发展的动态过程。

二、区域性教育现代化评价指标体系的案例分析

除了上文提及的五省市教育现代化评价指标体系，还有一些比较有特色的指标体系，本部分依照不同地域与指标体系的特征，选择副省级城市教育现代化监测指标体系、苏南教育现代化示范区建设考核评估体系、成都市教育现代化监测指标体系为案例，透析区域特色评价指标体系的特点，为我们优化指标体系提供更多的经验。副省级城市教育现代化监测指标体系以副省级城市为评价对象，关注城市教育的发展；苏南居于东部经济比较发达的地区，而且是跨区域进行教育现代化建设的国家级示范区；成都市是居于西部的副省级城市，较早进行了教育现代化建设与评价的探索工作。这些因素在一定程度上影响了各个指标体系的特点。分析这些指标体系，除了有助于明晰教育现代化评价指标体系的梯度因素（东部、中部、西部；城市、农村），还有助于梳理跨区域合作的经验，为指标体系的优化提供更多的经验。

（一）副省级城市教育现代化监测指标体系

副省级城市教育现代化监测指标体系是"教育现代化监测评价指标体系研究"课题组的研究成果，该课题由杨银付主持。以下关于该监测指标体系的内容，主要参考了杨银付发表在《教育发展研究》2015 年第 1 期上的文章《城市教育现代化监测评价的思路、指标与方法：以副省级城市为例》。

文中指出，副省级城市教育现代化监测指标体系的构建借鉴了 CIPP 模式，坚持评价指标的代表性、引领性、可获得性、可比较性、定性与定量相结合等五项原则。该指标体系包含 6 项一级指标、27 项二级指标、76 项三级指标。其中，教育公平一级指标共包括 6 项二级指标、36 项三级指标；教育条件保障一级指标包括 4 项二级指标、16 项三级指标；教育治理现代化一级指标包括 4 项二级指标、11 项三级指标；教育普及水平、教育质量、教育服务贡献等 3 项一级指标共包括 13 项二级指标、13 项三级指标（见表6-3）。

表 6-3 副省级城市教育现代化监测指标体系

一级指标	二级指标	三级指标
A1 教育普及水平指数	B1 小学一年级新生中接受过一年以上学前教育比例指数	C1 小学一年级新生中接受过一年以上学前教育比例指数
	B2 九年义务教育巩固率指数	C2 九年义务教育巩固率指数
	B3 初中毕业生升学率指数	C3 初中毕业生升学率指数
	B4 继续教育参与率指数	C4 继续教育参与率指数
A2 教育公平指数	B5 义务教育阶段随迁子女公办学校就读比例指数	C5 随迁子女公办学校就读比例指数
	B6 残疾儿童少年受教育水平指数	C6 残疾儿童少年受教育水平指数
	B7 家庭经济困难学生资助指数	C7 家庭经济困难学生资助比例指数
		C8 家庭经济困难学生资助水平指数
	B8 市域内义务教育校际均衡指数	C9 市域内校际生均教学与辅助用房面积均衡指数
		C10 市域内校际生均体育运动场馆面积均衡指数
		C11 市域内校际生均教育仪器设备值均衡指数
		C12 市域内校际生均图书册数均衡指数
		C13 市域内校际每百名学生拥有计算机台数均衡指数
		C14 市域内校际生师比均衡指数
		C15 市域内校际生均高于规定学历教师均衡指数
		C16 市域内校际生均中级及以上专业技术职务教师均衡指数

续表

一级指标	二级指标	三级指标
A2 教育公平指数	B9 市域内义务教育县际均衡指数	C17 市域内县际生均教学与辅助用房面积均衡指数
		C18 市域内县际生均体育运动场馆面积均衡指数
		C19 市域内县际生均教育仪器设备值均衡指数
		C20 市域内县际生均图书册数均衡指数
		C21 市域内县际每百名学生拥有计算机台数均衡指数
		C22 市域内县际每百名学生多媒体教室数均衡指数
		C23 市域内县际生师比均衡指数
		C24 市域内县际高于规定学历教师比例均衡指数
		C25 市域内县际中级及以上专业技术职务教师比例均衡指数
		C26 市域内县际生均公共财政预算教育事业费支出均衡指数
		C27 市域内县际生均公共财政预算教育公用经费支出均衡指数
	B10 市域内义务教育城乡一体化指数	C28 市域内生均教学及辅助用房面积城乡一体化指数
		C29 市域内生均体育场馆面积城乡一体化指数
		C30 市域内生均教学仪器设备值城乡一体化指数
		C31 市域内生均图书册数城乡一体化指数
		C32 市域内每百名学生拥有计算机台数城乡一体化指数
		C33 市域内每百名学生多媒体教室数城乡一体化指数
		C34 市域内生师比城乡一体化指数
		C35 市域内班额达标率城乡一体化指数
		C36 市域内高于规定学历教师比例城乡一体化指数
		C37 市域内生均公共财政预算教育事业费支出城乡一体化指数
		C38 市域内生均公共财政预算教育公用经费支出城乡一体化指数

续表

一级指标	二级指标	三级指标
A2 教育公平指数	B10 市域内义务教育城乡一体化指数	C39 市域内学生体质健康优良率城乡一体化指数
		C40 市域内义务教育巩固率城乡一体化指数
A3 教育质量指数	B11 德育艺术实践课程开设水平指数	C41 德育艺术实践课程开设水平指数
	B12 学生学业成就水平指数	C42 学生学业成就水平指数
	B13 学生体质健康优良率指数	C43 学生体质健康优良率指数
	B14 生师比指数	C44 生师比指数
	B15 班额达标率指数	C45 班额达标率指数
	B16 普通高中选修课比例指数	C46 普通高中选修课比例指数
A4 教育服务贡献指数	B17 劳动力受教育水平指数	C47 劳动力受教育水平指数
	B18 人均受教育年限指数	C48 人均受教育年限指数
	B19 职业教育对口就业率指数	C49 职业教育对口就业率指数
A5 教育条件保障指数	B20 师资投入指数	C50 高于规定学历教师比例指数
		C51 接受培训教师比例指数
		C52 教师境外进修比例指数
		C53 职业教育"双师型"教师比例指数
	B21 经费投入指数	C54 公共财政预算教育经费支出占公共财政支出比例指数
		C55 生均公共财政预算教育事业费支出指数
		C56 生均公共财政预算教育公用经费支出指数
	B22 装备投入指数	C57 生均教学及辅助用房面积指数
		C58 生均体育运动场馆面积指数
		C59 生均教学仪器设备值指数
		C60 生均图书册数指数
	B23 教育信息化指数	C61 百名学生拥有计算机台数指数
		C62 宽带接入互联网学校比例指数
		C63 百名学生拥有多媒体教室数指数

续表

一级指标	二级指标	三级指标
A5 教育条件保障指数	B23 教育信息化指数	C64 百名学生拥有数字资源量指数
		C65 教师教育信息化应用水平指数
A6 教育治理现代化指数	B24 教育政策内容现代化指数	C66 教育政策理念现代化指数
		C67 政府职能转变与管办评分离指数
		C68 现代学校制度建设指数
		C69 教育质量综合评价改革指数
		C70 地方教育政策创新指数
	B25 教育政策程序现代化指数	C71 地方教育政策制定中的专家参与指数
		C72 地方教育政策制定中的公众参与指数
		C73 地方教育政策法规透明度指数
		C74 依法治教指数
	B26 教育政策实施有效性指数	C75 教育政策实施有效性指数
	B27 教育舆情应对有效性指数	C76 教育舆情应对有效性指数

　　副省级城市教育现代化监测指标体系中的 6 个一级指标是通过对教育现代化的价值取向和内涵的分析得来的。课题组认为，教育普及是教育现代化的基础；教育公平既符合我国的基本教育政策，也是国际范围内被普遍认可的教育政策价值取向；教育质量考虑的是"有学上"之后"上好学"的问题；教育服务贡献是衡量教育质量的最终标准；教育的条件保障是教育现代化的支撑；教育的科学治理是教育现代化的动力。前四个方面为结果指标，后两个方面为输入指标，而背景评价和过程评价则在分析中具体体现（杨银付，2015）。

　　虽然该指标体系的制定者不愿意确定一级指标的权重，而是希望分别报告 6 个一级指标的情况，但是从指标的数量上看，该指标体系在教育公平上着墨最多，包括 6 项二级指标、36 项三级指标，与排名第二的一级指标教育条件保障相比，二级指标多出 2 项，三级指标多出 20 项，可见指标体系制定者对教育公平的重视程度。课题组认为，该指标体系在教育公平上的考虑具有一定的创新价值。该体系在教育公平上以"教育均衡"为出发点，考虑了义务教育阶段的校际均衡、县际均衡与城乡一体化；在指标设定上，与教育条件保障指数结合，既考虑总量，也考虑到差异，具有借鉴意义。该体系以指数的方式实现数据标准化，保障数据的可比性与可计算性，使得数据的处理更为灵活。[①]

课题组通过词频分析发现，指标制定者非常重视生均教学与辅助用房面积、生均体育运动场馆面积、生均教育仪器设备值、生均图书册数、每百名学生拥有计算机台数、高于规定学历教师比例、中级及以上专业技术职务教师比例、生均公共财政预算教育事业费支出、生均公共财政预算教育公用经费支出在指标体系中的作用。这些内容在教育公平指数一级指标下 3 个二级指标中都有体现，也出现在教育条件保障指数的相应指标中。这样的设计，既降低了数据收集的难度，也增加了数据之间的可比性与处理的多样性。

从整个指标体系看，该指标体系存在以下几个方面的问题：其一，指标体系以结果指标与输入指标为主，对背景指标与过程指标关注得不够；其二，一级指标、二级指标、三级指标之间的逻辑不够严密，造成部分二、三级指标内容一致的现象；其三，教育治理现代化一级指标下的三级指标比较抽象，数据很难收集，导致难以监测。

张旭在发表于《现代教育管理》2016 年第 1 期的文章《15 个副省级城市教育现代化监测数据分析与反思》中，利用上述体系分析了 15 个副省级城市的教育普及水平、教育公平、教育条件保障 3 个一级指标的监测情况。张旭在尝试将指标实际运用之后对该指标体系进行了反思，认为教育服务贡献、教育治理现代化两项指标不够成熟，表现在两者尚未形成缜密的逻

---

① 指标体系的制定者认为，指数化主要是通过去量纲实现标准化，保证指标的可比性和指标合成的可加性。各个三级指标的指数化公式为：某一城市某一三级指标的指数值 = 该城市实际值 / 副省级城市最大值。标准化后每个三级指标均为 0—1 的数值。具体内容参照：杨银付 . 城市教育现代化监测评价的思路、指标与方法：以副省级城市为例 [J]. 教育发展研究，2015（1）:57—61.

辑结构；指标监测以义务教育阶段为主，对非义务教育阶段重视程度不足；指标体系繁杂；以"保基本"的教育监测指标为主，对教育创新监测明显不足。值得一提的是，该文在依照指标体系计算的同时，对教育经费投入与人均GDP匹配度、教育投入与教育产出匹配度进行了计算与排名，别有新意。①

（二）苏南教育现代化示范区建设考核评估体系

苏南地区经济较为发达，教育改革走在全国前列，教育部把江苏列为国家教育现代化试验区。2013年5月，江苏省出台《关于推进教育现代化建设的实施意见》，根据不同地区实际和各类教育特点，为苏南、苏中、苏北地区实现教育现代化制定了不同的"时间表"。江苏省将苏南整体列为"跨市连片"教育现代化建设示范区，加大对苏南教育现代化建设示范区的统筹指导与支持力度，发挥典型引路作用，努力把苏南地区建设成为教育现代化示范区、样板区。为了协调五市的教育现代化建设工作，江苏省建立了苏南教育现代化示范区建设联席会议制度。为了监测与促进苏南教育现代化的建设，依据江苏教育现代化指标体系的具体内容、实施情况，结合苏南教育现代化的现状、特点与问题，苏南教育现代化示范区建设联席会议办公室制定了苏南教育现代化示范区建设考核评估体系。

该体系（见表6-4）共有5个一级指标、18个二级指标。其中，一级指标教育资源配置、教育经费保障、教育人才保障、教育发展水平各包含4个二级指标，一级指标教育改革创新包含2个二级指标。评估体系以分数的方式进行统计与评估，一级指标每项20分，满分为100分；二级指标依据重要程度赋予一定的分数。数据采集上，以量化数据为主，辅之以质性数据。

---

① 该文在依照指标计算的基础上，还对15个副省级城市教育现代化水平进行了排名，具体内容请参考：张旭.15个副省级城市教育现代化监测数据分析与反思 [J]. 现代教育管理，2016（1）:74-81.

表 6-4　苏南教育现代化示范区建设考核评估体系

一级指标	二级指标
（一） 教育资源配置 （20分）	1. 科学规划教育事业发展（6分）
	2. 巩固提高义务教育基本均衡发展水平（4分）
	3. 着力解决教育资源配置中的热点难点问题（6分）
	4. 不断加强学校、社会教育资源的共享融通（4分）
（二） 教育经费保障 （20分）	5. 实现教育经费法定"三增长"（10分）
	6. 多渠道筹措教育资金（3分）
	7. 优化教育经费投入结构（5分）
	8. 形成绩效管理长效机制（2分）
（三） 教育人才保障 （20分）	9. 加强师德师风建设（4分）
	10. 优化教师队伍结构（6分）
	11. 服务教师专业发展（4分）
	12. 促进队伍协调发展（6分）
（四） 教育发展水平 （20分）	13. 高标准提升教育普及程度（5分）
	14. 高质量提升学生综合素质（6分）
	15. 全方位推动教育的信息化、国际化（5分）
	16. 不断提高教育服务经济社会发展能力（4分）
（五） 教育改革创新 （20分）	17. 不断完善教育治理体系（10分）
	18. 逐步形成教育优势特色（10分）

从一级指标看，该体系非常重视教育投入指标与教育结果指标，因为一级指标教育资源配置、教育经费保障、教育人才保障都属于投入指标，教育发展水平与教育改革创新都属于结果指标。但是参考一级指标下的二级指标，我们发现，苏南的指标体系更重视内在结构的发展，而不是仅仅重视表面的数量，如关注教育规划的科学性、教育经费来源的多样性、教育投入结构的优化、教育治理体系的完善与教育特色的形成。可见，苏南的指标体系更加重视教育投入与产出领域的内涵式发展。另外，该指标体系将教育人才保障与教育改革创新放入一级指标，说明苏南地区对教师专

业发展、教师结构、教育创新、教育治理的重视程度。该体系对服务教师专业发展、学生综合素质的关注也值得我们注意，这足见苏南在人的现代化方面做出的尝试。

同时，指标体系对于教育治理、教育经费结构、教师队伍结构、教师专业发展的关注也反映了苏南对教育现代化过程的重视。这与苏南地区经济发达、教育现代化建设基础扎实相关，也体现了苏南地区从外在的物质现代化向内在的制度现代化与人的现代化转变的发展趋势，相信苏南的探索将会为我国的教育现代化建设提供一定的借鉴经验。

苏南重视教育现代化内涵式发展，是难能可贵的，但这也加大了指标体系的制作难度，使得整个指标体系看起来逻辑不够清晰，而这又影响了它的导向作用。从指标评价采用的百分制方法与评价标准看，整个指标体系还是以量化指标为主，这样的设计恐怕难以满足教育现代化内涵式发展的需求。指标体系没有相对明确的评分标准，导致评分的模糊，也导致缺乏引导教育现代化实践的尺度，使得评价的客观性难以保证，指标体系的信度与效度都面临较大的挑战。另外，采用百分制的好处是指标数值可以直接加减，但不足在于没有采用标准分的方法，在统计上存在一定的问题，也导致不同评价结果之间的比较成了问题。

（三）成都市教育现代化监测指标体系

2011年7月成都市教育现代化监测指标体系研制论证会在北京召开，2012年1月该指标体系在北京通过了专家组会议评审鉴定，专家组成员主要来自教育部、中国教育科学研究院和中国教育学会。成都市决定从2012年起，每年对各区（市）县教育现代化发展水平实施监测，判断成都市各区（市）县教育现代化水平。借鉴江苏省、广东省的经验，结合自己的教育现代化评审工作，成都市形成了教育现代化监测指标体系，并在之后的工作中不断完善。

成都市教育现代化监测指标体系包括8个一级指标和33个二级指标。一级指标是教育事业发展水平、教育公平和质量、教育经费投入、办学条件及教育信息化水平、师资队伍建设、教育国际化、学习型社会建设水平、教育管理水平和社会满意度。从33个二级指标中，成都市筛选出了3—5

岁幼儿毛入园率、义务教育巩固率、高中阶段毛入学率、义务教育校际均衡指数、学生体质健康达标合格率、依法实现教育经费"三个增长"并使财政性教育经费占政府财政支出比例达到要求、班额达标比例、教师学历提高比例等 8 个指标作为核心指标。表 6-5 是成都市 2015 年使用的教育现代化监测指标体系框架。

表 6-5　成都市区（市）县教育现代化发展水平监测指标体系

一级指标	权重（％）	二级指标	2015年基本现代化参照标准	指标口径	
				学校类别	教育级别
A1 教育事业发展水平（权重18%）	5	B1 3—5岁幼儿毛入园率	≥98%	公办、民办	幼儿园
	5	B2 义务教育巩固率	≥99%	公办、民办	小学、初中
	5	B3 高中阶段毛入学率	≥96%	公办、民办	普通高中、中职
	3	B4 新增劳动力平均受教育年限	≥14.0年	—	—
A2 教育公平和质量（权重18%）	4	B5 义务教育校际均衡指数	≤0.35	仅公办	小学、初中
	2	B6 残障儿童少年义务教育入学率	≥99%	仅公办	小学、初中
	3	B7 区（市）县内教师流动比例	年流动比例≥20%	仅公办	小学、初中
	4	B8 学生体质健康达标合格率	≥98%	公办、民办	小学、初中、普通高中
	3	B9 学生学业水平	≥60%	公办、民办	初中
	2	B10 中职毕业生对口就业率	≥85%	公办、民办	中职
A3 教育经费投入（权重12%）	5	B11 依法实现教育经费"三个增长"并使财政性教育经费占政府财政支出比例达到要求	实现"三个增长"，比例≥18%	—	—

一级指标	权重（%）	二级指标	2015年基本现代化参照标准	指标口径	
				学校类别	教育级别
A3 教育经费投入（权重12%）	3.5	B12 生均公共财政预算教育事业费	小学≥10000元，初中≥11000元，普通高中≥10000元，中职≥11000元	仅公办	小学、初中、普通高中、中职
	3.5	B13 生均公共财政预算公用经费	小学≥1800元，初中≥2600元，普通高中≥1800元，中职≥2600元	仅公办	小学、初中、普通高中、中职
A4 办学条件及教育信息化水平（权重12%）	1.5	B14 生均体育运动场（馆）面积	小学≥8.76㎡，中学≥11.95㎡	公办、民办	小学、初中、普通高中、中职
	2	B15 生均教学及辅助用房面积	小学≥7.5㎡，初中≥9.2㎡，高中≥8.2㎡	公办、民办	小学、初中、普通高中、中职
	2	B16 生均教学仪器设备值	小学≥3600元，初中≥3900元，高中≥5800元	公办、民办	小学、初中、普通高中、中职
	3	B17 班额达标比例	小学班额45人以下、初中班额50人以下班级数占总班级数的比例达到100%	公办、民办	小学、初中
	1.5	B18 生机比	6：1	仅公办	小学、初中、普通高中
	1	B19 校园网联通率	100%	仅公办	小学、初中、普通高中
	1	B20 教师信息化水平	85%的教师通过全国教师教育技术能力达标考试	仅公办	小学、初中、普通高中

一级指标	权重（%）	二级指标	2015年基本现代化参照标准	指标口径	
				学校类别	教育级别
A5 师资队伍建设（权重16%）	6	B21 各级教育师生比	小学1：19，初中1：13.5，高中1：12.5	公办、民办	小学、初中、普通高中
	6	B22 教师学历提高比例	幼儿园专任教师达到专科及以上比例≥70%	公办、民办	幼儿园
			小学专任教师达到专科及以上比例≥95%	公办、民办	小学
			初中专任教师达到本科及以上比例≥90%	公办、民办	初中
			普通高中专任教师达到研究生比例≥5%	公办、民办	普通高中
	2	B23 中等职业学校专业课教师达到"双师型"教师比例	≥60%	公办、民办	中职
	2	B24 中小学教师培训进修时间达到规范性72学时/年比例	100%	公办、民办	小学、初中、普通高中、中职
A6 教育国际化（权重8%）	3	B25 各级教育专任教师到境外学习进修比例	≥2.5%（2011—2015年累计）	公办、民办	小学、初中、普通高中、中职
	2	B26 拥有境外友好学校比例	≥11.5%（2011—2015年累计）	公办、民办	小学、初中、普通高中、中职
	3	B27 师生境外互访人次占师生总数的比例	≥2%（2011—2015年累计）	公办、民办	小学、初中、普通高中、中职

续表

一级指标	权重（%）	二级指标	2015年基本现代化参照标准	指标口径	
				学校类别	教育级别
A7 学习型社会建设水平（权重8%）	2	B28 社区教育三级网络覆盖率	100%	—	—
	3	B29 从业人员年继续教育率	≥65%	—	—
	3	B30 居民社区教育年参与率	≥50%	—	—
A8 教育管理水平和社会满意度（权重8%）	2	B31 重大公共教育政策、措施的决策社会参与度	100%	—	—
	2	B32 学校依法治校、民主管理水平	100%	—	—
	4	B33 社会及家长对教育满意度	≥80%	—	—

在监测策略上，成都市采用动态监测与阶段性评估相结合的方式，推进成都市的教育现代化建设。在战略上，成都市将城乡一体化、国际化作为教育现代化建设的突破口。在国际化上，成都市将教育国际化列为教育现代化监测指标体系一级指标，并出台了《成都教育充分国际化三年行动计划（2012—2014年）》，通过"创新合作办学机制，搭建合作交流平台""促进教育内涵发展，培养国际化人才""扩大留学规模，积极走向世界"三个方面促进教育国际化发展。

从结构上看，成都市教育现代化监测指标体系8个一级指标与33个二级指标涉及的内容都比较具体，整个指标体系完整且比较简洁。指标体系除了给出一级、二级指标外，还对每项指标的权重、评价标准（每年的标准都会有所调整）、评价对象（学校类别与级别）、数据来源（具体到单位）做了详细的说明，操作性非常强，能在一定程度上保证指标体系的有效执行。从内容上看，成都市的指标体系将教育信息化、教师队伍建设、教育国际化、学习型社会建设水平纳入一级指标，足见其对这些方面的重视程度。尤其值得注意的是，教师队伍建设的权重达到了 16%，可见成都市对教师队伍建设的重视程度。另外，在学习型社会建设水平一级指标中，涉及社区教育与继续教育，这是其他指标体系较少涉及的内容，值得肯定。不过，指标体系将教育公平与教育质量放在一个指标中衡量，在一定程度上体现了成都市对教育公平与教育质量关系的思考，遗憾的是相应的二级指标并没有对"具有公平性的教育质量"或者"高质量的教育公平"进行考量。

从二级指标的具体内容来看，成都市的指标体系更多还是关注教育结果，评价的具体内容以硬性指标为主。例如，一级指标师资队伍建设下的二级指标，关注的是生师比、教师学历提高比例、职业学校"双师型"教师比例、教育进修时长。这些静态指标恐怕难以反映教师队伍的现代化发展，忽略了教师的专业成长。也就是说，成都市的指标体系对教育现代化的内涵关注不足。另外，指标体系的评价标准采用达标式的呈现方式，可能会导致教育现代化监测评价成为一场达标运动，成为对各级各类教育成果监测的手段。监测的方式虽在一定程度上有利于督促地方的教育现代化建设，但是难以为一线的教育现代化建设指明道路、指出问题以及提供改进策略，从而影响以评促建的效果。当然，这样的指标体系也许与当地的教育现代化发展水平相关，具有比较好的适切性，但是西部地区作为教育现代化建设的后发地区（相对于东部发达地区），应汲取东部地区的相关经验和教训，"物的现代化"与"人的现代化"要双管齐下，并且可以在梳理本地文化资源的基础上，强化教育现代化评价的本土化和个性化特色。

三、区域性教育现代化评价指标体系的问题与改进

本章第一、二部分分析了各指标体系的共性与个性，主要侧重于从经验的角度进行总结。在总结经验的过程中，我们也发现了一些问题，并针对问题提出了具体的优化思路。

（一）问题反思

只有分析问题，找到不足，才能明确指标体系优化的具体策略。我们通过对上述指标体系的分析，总结出当前教育现代化评价指标体系存在的

主要问题。

1. 指标大多指向显性的和可量化的对象，难以体现教育现代化内涵

教育现代化不仅仅是器物层面的现代化，同时还是制度和人的现代化。但目前许多监测指标较多地指向容易量化的办学条件和技术装备，如各级各类学校学生入学率、标准学校建设达标率、中小学校园网联通率、高校应用研究开发成果转化率等，缺少能反映师生的现代化素养和品质的指标，而反映教育领导与管理、教学过程中的互动状态、信息化与教育要素的结合、师生关系等内涵发展的指标基本没有。这样的设置会导致地方上重硬件投入、轻内涵发展的行为，从而使资金投向发生偏差。

2. 指标过于强调统一，缺少个性和弹性

有些指标的设置过于固化、统一，缺少必要的弹性。如国际化指标，在沿海发达地区应该不难实现，但在农村或新城镇地区实现起来则难免捉襟见肘；又如江苏省的教育投入"三增长"指标，高增长地区投入达到一定程度后则不再有增长的空间，因而常被扣分，这不利于调动地方的积极性；再如"差异系数"，班额过小或过大都要扣分，一些地方的公办学校因吸纳了随迁子女扩大了班额，却面临扣分，致使地方上对这类指标无所适从。仅有上海市的指标体系设置了 6 项特色指标，其中 2 项为自设指标，这一设置体现了对教育现代化实践中特色或者创造的鼓励与尊重，这一经验值得学习与借鉴。

3. 指标重普通教育而轻其他类型教育

在现有的评价指标体系中，大量的指标是指向普通中小学教育的，侧重点是普通教育，对职业教育和特殊教育的发展关注不够。如江苏省评价指标体系中，职业教育只设 3 项指标，特殊教育、学前教育的指标则更少。

4. 指标体系结构上重投入和结果而轻过程

五省市的教育现代化评价指标体系基本按 CIPP 模式构建，大多数指标体系背景指标、投入指标和结果指标设置充分，但反映过程状态的指标明显不足。五省市的共性指标中，投入指标与结果指标比重最大。由此可见，这些省市教育现代化评价除了重视政府在教育现代化过程中的功能外，还具有比较强的达标性质。如表 6-1 所示，五省市指标体系中的二级指标看似涉及过程指标的内容较多，但是从三级指标的集中程度与具体内容看，

仍然集中在投入指标与结果指标上。比照投入与结果，我们可以知道效率高低；若想知道效率高低的原因，则需要结合过程指标来解读。由于过程指标设计不足，这一目标恐难以实现。

5. 指标体系在功能上重达标轻促进、重鉴定轻改变，评价结果的运用缺乏建设性

五省市指标体系在监测点的评价标准设置上，"达标"的倾向非常明显，此处略举几例以做说明：江苏省设置目标值，上海市设置标准值，不达标就扣分；浙江省则直接将评价标准界定为达标、不达标，比如"有98%以上的小学、初中班额分别控制在45人、50人以下的，为基本达标；否则为不达标"。这就导致将教育现代化评价活动仅仅视为一个达标活动，受评单位斤斤计较于分数得失，钻进了"指标囚笼"，忽视了教育现代化评价更有意义的价值，即通过评价过程中的参与、体验和对话，达成更多的理解与共识，总结更多的成果与经验，发现更好的路径与策略。

（二）改进思路与策略

结合中国教育现代化实践中的问题和上述反思，我们认为，当前教育现代化评价指标体系应该从以下几个方面进行优化。

1. 整体方向上，突出前瞻性、引领性，聚焦教育现代化的内涵发展

教育现代化是一个不断"化"的动态过程。从评价的角度看，教育现代"化"的过程既需要结合当地实际，又要有具有一定前瞻性的指标作为指引。目前，评价体系中的许多指标指向容易量化的办学条件和技术装备等方面，如市级财政统筹和转移支付的水平、校舍建设达标学校的比例与中小学校园网联通率等，而一些地区已经基本完成这些方面的工作，这些指标对这些地区的教育发展起不到引领的作用。教育现代化不仅仅是器物层面的现代化，同时还是制度和人的现代化，后两者是教育现代化内涵发展的核心内容，也符合教育现代化未来发展的方向。教育现代化评价指标设计应该更注重内涵的提升。没有制度的现代化与人的现代化，就没有真正意义上的教育现代化。

2. 内容结构上，增加指标弹性，充分体现地方性与自主性

鉴于以往教育现代化评价指标过于单一而缺乏个性、过于强制而缺少自主空间等问题，可以考虑在评价指标的设置上增加个性、地方性和弹性；各地指标体系中既需要设置一些体现共性的"必测项目"，也可以设置体现地方特色和个性的"自选项目"，两者的比例可以根据不同地方的实际来确定。在目前已有的教育现代化评价指标体系版本中，浙江省对安全、减负和择校问题的重视，上海市对国际化的关切，以及广东省对促进地方经济建设的看重，都已经显露出省级教育现代化评价指标体系的个性化特质。但是地区内部的个性化特征还没有引起足够的重视，未来教育现代化评价指标体系应具有一定的弹性，对市、县、乡镇甚至学校层面都能有所顾及，为不同层面的教育现代化特色发展与内涵发展提供空间。

3. 体系构架上，凝练出简略、敏感、覆盖力强的关键指标，突出重点，减员增效

上海市教育现代化评价指标体系分为市级和区县级两个版本，每个版本都设置了 10 个核心指标。核心指标可以突出重点，把教育现代化建设引导到最有价值的方向上去，这一做法值得借鉴。围绕教育现代化的核心价值追求，在常规化的教育发展质量督导评估指标的基础上，提炼出为数不多的几个敏感度高、覆盖力强的"核心指标"，可以既突出重点，又聚焦特色，还能减少地方和单位"迎评"的工作量。这些关键指标与常态督导评价的常规指标不重复，且往往不追求量化而侧重于对性质的刻画，意在充分揭示现代化内涵，从而构建起一种基于大数据常态化监测、以考察关键指标为重点的选择性评价机制。

4. 数据来源上，增加柔性指标，合理配置定量与定性指标

教育现代化是一个复杂的动态过程，中国的教育现代化已经逐渐从外显的"物的现代化"走向内涵发展的"教育制度的现代化"和"人的现代化"，这就需要更多定性的、柔性的指标来衡量和推动。比如，在教学信息技术现代化方面，既需要用量化数据来衡量教学信息技术设备有没有、教师在日常教学中用不用，又需要用定性数据来衡量教师用得好不好，甚至还需要监测教师的信息技术素养与教学素养。当然，指标体系也不能排斥量化指标，而是要坚持能量化的部分尽量量化，以便操作，不能量化的部分要用定性的柔性指标来评价，不能为了量化而量化，从技术层面使得教

育现代化评价成为"达标"运动。总之，教育现代化评价不仅要有定量的描述，而且要做到定量与定性相结合，用定量的方式衡量基础的教育指标，用定性的方式衡量一个区域的突出成果与创新之处。

5. 功能上弱化鉴定与达标，强化促进与建设

教育现代化评价的意义绝不仅仅是对工作成效进行评判或鉴定，其价值更在于通过评价过程中的参与、体验和对话，达成更多的理解与共识，总结更多的成果与经验，发现更好的路径与策略。许多地区在教育现代化的评价进程中，忽略了教育现代化是一个"化"的过程，仅仅将其视为一个达标活动，受评单位斤斤计较于分数得失，钻进"指标囚笼"，未能意识到问题而自觉地谋划改进，这就扭曲了教育评价的初衷，阻碍了教育现代化的良性发展。

第七章　教育现代化评价指标体系的优化尝试

　　国内已有不少地区建构了符合自身需求的教育现代化评价指标体系并积累了一定的实践经验，那么有无必要另起炉灶，重构评价指标体系呢？我们的回答是：可以优化，但不能推倒重来！我们的研究路径是：融合已有的指标体系，构建初步的分析框架，通过德尔菲法对初步框架进行不断的优化。

　　本研究通过量化与质性分析，完成了教育现代化评价指标体系总体结构及各教育阶段重点指标、地区特色指标框架的修订与完善，其中总体结构包含科学、民主、法治、公平、开放、可持续发展 6 项核心价值，下设 17 项二级指标、42 项三级指标。教育现代化评价指标体系落地的合适方式是通过 CIPP 模式将其转化为实践版本，而实践版本的转化应由地方评估者与被评估者协商进行。

　　近些年来，我国不少地区出台了教育现代化评价指标体系，研究资源已经十分丰富。我们认为，没有必要另起炉灶再建一个"全新"版本，而是要结合各地已经提出并施行的教育现代化评价指标体系，在分区选点开展实地调研以及相关文献分析的基础上，重点采用德尔菲法，尝试研制出一个基于原有众多教育现代化评价指标体系的优化版本。

一、教育现代化评价指标体系的优化过程及原始框架结构

　　迈克尔·马丁（Micheal Martin）和克劳德·苏瓦乔（Claude Sauvageot）提出了"指标体系开发十步法"，包含十个步骤：步骤1，确定目标与定义；步骤2，创建基于目标的政策问题；步骤3，开发一系列指标；步骤4，列出所需计算的指标数据；步骤5，寻找可用的数据资源；步骤6，计算指标；步骤7，验证指标；步骤8，分析指标；步骤9，为指标体系确定最终指标；步骤10，选择文本呈现方式（高书国，2015）[74]。尽管我们构建指标体系的方法是在借鉴国内外（尤其是国内）指标体系的基础上，对指标体系进行优化，但指标体系构建的过程也基本包含了上述相关步骤。

　　（一）教育现代化评价指标体系的优化过程

　　具体而言，我们构建与优化教育现代化评价指标体系的工作主要包括三项内容，简要陈述如下。

　　1. 借鉴国内外教育现代化评价经验，初步确定指标框架

　　我们相对系统地梳理了国外教育现代化发展的历程与经验、中国教育现代化发展的历史脉络，在历史研究的基础上，进一步反思了教育现代化中的现代性问题、教育现代化评价的价值论与方法论基础以及当前国内相关区域教育现代化评价指标体系的特色与问题，这些工作为我们构建初步的教育现代化评价指标体系提供了理论基础与历史依据。同时，我们还进行了三次调研，调研的区域涵盖上海、苏南五市、杭州、合肥、宜昌、重庆、成都等地，目的是了解当前教育现代化的实践进程与实践经验。这部分的工作除了为指标体系框架的初步确定提供实践基础之外，也为梳理教育现代化的推进路径提供了依据，相关内容在后面的章节会有所呈现。

2. 首轮以问卷形式征询专家意见

首轮专家咨询时，课题组向专家提供的问卷内容包括课题研究简介、填写提示、指标咨询表，请专家对指标是否合适或匹配做出评定，专家亦可增加指标或在"您的理由／建议"处填写自己对指标的意见或建议。

专家的选取是影响德尔菲法咨询质量的重要因素。本研究主要选取在教育领域出版过专著或公开发表过高水平论文的专家。首轮共聘请17位专家，他们来自高等院校、研究机构或政府教育部门，从事过或正在从事教育领域指标体系的相关研究工作，对德尔菲法有一定的了解。

首轮专家咨询时共发放问卷17份，回收有效问卷10份，回收率为58.8%。其中1份采用文字稿，1份专家电话回复后由课题组整理成文字稿。本评价指标体系包含核心价值、二级指标、重点指标、特色指标，问卷旨在请专家对核心价值、二级指标是否保留做出评定，对重点指标、特色指标是否匹配做出评定，并进行适当增补。此外，问卷采用半开放式问题，特别是留出足够空白以便专家阐明自己的意见。课题组在回收问卷后，对专家的评定意见进行统计，保留赞同度高的指标，剔除赞同度低的指标，并结合专家的意见对部分指标进行修订。

3. 次轮扩大专家范围并完善指标体系

首轮咨询问卷回收后，课题组根据专家意见对初构的评价指标体系进行修订，形成次轮专家意见咨询问卷。在次轮专家咨询时，课题组向专家提供了首轮专家问卷调查的结果及经过修正的次轮专家问卷，主要目的是咨询专家对指标的权重以及二、三级指标界定的意见。具体来说，就是请专家对核心价值、二级指标和三级指标的重要程度，以及重点指标和特色指标是否合适进行评定，并适当增补指标。本次问卷同样采用半开放式，便于专家提出意见及建议。意见分为两部分：一部分是关于指标重要度的衡量，共分为五个等级，依次表述为"非常重要""重要""一般""不重要""非常不重要"；另一部分是开放部分，征询专家关于指标的意见，并允许其添加指标。

次轮专家咨询时，课题组保留了首轮的8位专家，新增了华东师范大学的11位专家，共计19位专家。课题组发放问卷19份，回收有效问卷10

份，回收率为 52.6%，其中 1 份采用文字稿形式。具体分析中，课题组对重要程度不同的选项进行赋值，设定"非常重要"为 5 分，"重要"为 4 分，"一般"为 3 分，"不重要"为 2 分，"非常不重要"为 1 分，之后计算各项均值。依照均值与专家意见，对指标体系进行完善。

（二）优化方案原始框架

结合前期的文献研究与调查研究，课题组初构的评价指标体系（见表 7-1）共含 8 个核心价值（一级指标），即科学、民主、法治、公平正义、可持续发展、开放、信息化、专业化。这 8 个核心价值由 28 个二级指标来体现。"科学"包含"办学要素使用效率""决策科学性""教育有效性" 3 个二级指标。"民主"包含"决策透明度""决策公开性""决策参与度" 3 个二级指标。"法治"包含"依法治教""依法治校" 2 个二级指标。"公平正义"包含"特殊教育需求满足度""班额""师生比 / 班师比""平等对待师生""差异对待师生" 5 个二级指标。"可持续发展"包含"办学体制多样性""学生自由学习与活动""学校贡献率""资源共享度""教育满意度" 5 个二级指标。"开放"包含"师生交换""国际理解""学历教育对外开放""教育系统开放度" 4 个二级指标。"信息化"包含"信息技术配置率""信息技术利用率""信息技术使用效益" 3 个二级指标。"专业化"包含"教师学历达标率""教师专业发展""教育治理专业性" 3 个二级指标。

表 7-1　教育现代化评价指标体系初步框架

核心价值	相关评价指标
科学	办学要素使用效率；决策科学性；教育有效性
民主	决策透明度；决策公开性；决策参与度
法治	依法治教；依法治校
公平正义	特殊教育需求满足度；班额；师生比/班师比；平等对待师生；差异对待师生
可持续发展	办学体制多样性；学生自由学习与活动；学校贡献率；资源共享度；教育满意度
开放	师生交换；国际理解；学历教育对外开放；教育系统开放度

续表

核心价值	相关评价指标
信息化	信息技术配置率；信息技术利用率；信息技术使用效益
专业化	教师学历达标率；教师专业发展；教育治理专业性

考虑到不同学段的学生呈现出不同的发展特点，有不同的学习任务，学校与社会也应相应有不同的支持，因此，不同学段应该有不同的评价指标，我们称其为"不同学段的重点指标"。本评价指标体系将教育体系分为5个不同学段，设置了8个重点指标（见表7-2）。九年义务教育阶段设置"公平"指标，尤其是"过程公平"；高中阶段设置"自主选择"指标；职业教育阶段设置"职业规划与职业适应能力""与产业结构的适切性"指标；高等教育阶段设置"创新与国际化""学术自治"指标；大学后阶段设置"终身学习""个性充分发展"指标。

表7-2　教育现代化评价指标体系中重点指标初步框架

学段	拟设重点指标
九年义务教育阶段	公平（尤其是"过程公平"）
高中阶段	自主选择
职业教育阶段	职业规划与职业适应能力；与产业结构的适切性
高等教育阶段	创新与国际化；学术自治
大学后阶段	终身学习；个性充分发展

在对苏南、合肥、重庆、成都的先期调研中，课题组发现不同地域发展水平不同，面临的任务也不同，完全统一的指标体系难以适应各地的实际情况，也难以达到"以评促建"的效果，因此，有必要设置不同地区的特色指标。依照我国实际情况，课题组在东部地区和中西部地区各设置了3个特色指标（见表7-3）。东部地区设置"学前教育（4—6岁）入园率""国际化程度（如职业教育的课程设置与国际执业证书接轨）""民办教育比例"指标；中西部地区设置"城乡教育统筹或一体化""校际优质均衡

发展""学校内涵式发展"指标。

表 7-3　**教育现代化评价指标体系中特色指标初步框架**

地区	拟设特色指标
东部地区	学前教育（4—6岁）入园率；国际化程度（如职业教育的课程设置与国际执业证书接轨）；民办教育比例
中西部地区	城乡教育统筹或一体化；校际优质均衡发展；学校内涵式发展

采用这种设计的主要目的在于，在构建尽量全面的评价指标体系的基础上，为不同学段与不同地区的实际评价指标体系设计提供依据，从指标框架方面确保指标的灵活性与区域适切性。

二、两轮专家问卷调查中对方案的修正

（一）首轮调查时专家意见梳理与指标体系修订

1. 专家关于核心价值的意见

从专家咨询结果看，科学、民主、法治3个核心价值的赞同比例为100.0%，专家们均认为这3项指标是现代教育的应有之义。2个核心价值（公平正义、开放）的赞同比例达到87.5%，专家们基本认同这2项指标在教育现代化中的价值，但认为"公平正义"的表述不够准确，有位专家建议将其改为"公平"。可持续发展、信息化、专业化3项指标的赞同比例分别为50.0%、75.0%、62.5%，可见专家的认同度比较低。专家们认为"可持续发展"与其他核心价值不在一个逻辑层面，其在教育领域的内涵也不是很清晰；信息化、专业化属技术层面而不是理念层面，不能独立作为核心指标。

此外，专家们建议新增个性化、多样化、国际化、终身性、理性、民族性、生产性等指标。这些建议反映了现代化内涵的复杂性，不同专家对现代化的理解具有较大的差别。我们认为，理性作为一级指标有些抽象，而且与科学有重合的地方，可将其纳入"科学"之中考虑；国际化与民族性是一组相对的概念，二者是教育现代化过程中无法回避的问题，深层次

的民族化离不开国际化，真正的国际化也不能离开民族化而飘在空中，因此，我们可通过国际化、本土化二级指标对其进行考察。

经筛选，课题组保留了4个核心价值（科学、民主、法治、开放），修改了1个核心价值（公平正义改为公平），将3个核心价值（可持续发展、信息化、专业化）作为二级指标纳入"科学"核心价值之下。同时，重新定义了这些核心价值的内涵，具体参见后文。

2. 专家关于二级指标的意见

相对于核心价值，专家们对于指标体系中的二级指标的意见比较复杂（见表7-4）。在28项二级指标中，有14项指标赞同的专家人数达到了至少6人，说明这些指标的设定得到了专家的较多赞同；有14项指标赞同的专家人数少于6人，表明这部分指标需要进行修订。28项指标中，专家赞同与不赞同的指标各占一半，这既说明我们的研究具有一定的成效，同时也说明我们研制的指标体系需要进行比较大的修订，并需进一步征求专家们的意见。鉴于表7-4尽量体现了专家意见的原貌，这里不再对已经达成共识的14项二级指标进行论述，而将分析重心转向尚未达成共识的14项指标。

针对"公平正义"这个核心价值，有3位专家不认同"班额""师生比/班师比"这2项指标，原因是班额大小及师生比与公平无关，教育公平不一定取决于教育供给的数量。专家的意见具有合理性，公平涉及的是教育资源、学习机会以及教师关注的分配问题，只要分配合理，就不存在公平与不公平的问题。举例来说，在一个有80个学生的班级里，若教师按座位轮流提问或者整节课不提问任何学生，那么在师生互动上也是公平的。但教育中需要的不是绝对的平均。还以教师课堂互动为例，教师既要考虑让每个学生都获得与教师互动的机会，也要考虑根据不同学生的不同情况而进行不同时机、不同问题、不同方式的互动。在这种"优质公平"的理念下，班级规模过大、师生比过小，都会导致教师精力不足，难以照顾到每个学生的需求，难以与学生进行充分而又合适的互动。埃德加·莫兰（Edgar Morin）在论及班额时曾说："应该重视班级学生数量的最佳值，以便教员能够个别的认识每个学生和依据他们的特殊性帮助他们。"（莫兰，2004）[9] 课题组成员杨小微、李学良在学校内部公平指数研究中也发现，班额略小的班级内部公平状况要优于班额较大的班级（杨小微 等，2016）。基于这点考虑，课题组认为"班额""师生比／班师比"这两个指标是衡量教育公平基本条件的硬性指标，应该予以保留。

"科学"下设的 3 个二级指标中，仅有"决策科学性"得到比较高的认可，87.5% 的专家认同决策科学性在教育现代化中的作用，但是对于"办学要素使用效率""教育有效性"的赞同比例分别为 62.5%、50.0%。有专家认为，科学与办学要素使用效率、教育有效性之间并不是互为因果的关系，教育的科学性可以引起办学要素使用效率、教育有效性的提高，但由后两者并不能反推教育就是科学的，即不能用结果去反推起点与过程。这一认识是有道理的，比如采用死记硬背的方式学习可以有效提高学生成绩，但学生成绩的提高并不意味着这一方法是科学的。有位专家的意见也具有启发性，他提出教育的专业性涉及工作人员的专业性、工作领域的专业性、教育改革过程与评价的专业性，科学精神表现为从决策到实践的合理性。

考虑到专家们对核心价值"信息化""专业化""可持续发展"的意见，我们将这三个指标变为"科学"下的二级指标。对于"信息化"指标，专家提醒我们注意教育信息化软件建设以及利用信息技术整合课程与教学资源的重要性。这一建议符合当前教育信息化由硬件建设向软件建设发展的趋势，具有建设性意义。关于"专业化"指标，专家们大多站在教师专业化的角度考虑教育专业化问题，我们认为教育管理人员与管理机制的专业化也是教育专业化中不可忽视的内容。

此外，一些二级指标因表述不明确或者不准确（比如"开放"下的"师生交换"）、与一级指标的切合度不够（比如"可持续发展"下的"办学体制多样性"）等原因，专家们的认同度不高。我们采纳了专家们的意见，进行了相应的调整。

表 7-4 首轮调查中专家关于二级指标的意见 [①]

核心价值	二级指标	赞同人数	专家意见	专家建议添加指标及理由
科学	办学要素使用效率	5	按照科学的要求去办学当然会提升效率，但是反过来说，效率高低不是说明科学与否的标准（Z8）；使用效率提高的前提是有充足的经费可用，可否考虑增加经费数量和资源配置指标？（Z6）	建议添加项：科学地监督、科学地评估、布局结构的合理程度、专业性、合理性（理性化的程度） 理由：没有监督就很难有效（Z2）；教育要有专业性，表现为工作人员的专业性、工作领域的专业标准、教育改革过程与评价的专业性（Z8）；现代教育应富于科学精神，这表现为从教育决策到教育实践的合理化程度（Z8）
	决策科学性	7	不同层级教育决策的科学性是科学施教的关键，决策不科学（主观主义、官僚主义、无依据、不合理等）就谈不上科学的教育或现代的教育，现代教育决策一定是科学决策（Z8）	
	教育有效性	4	具体内涵不清楚，是指按教育教学规律办学，还是指教学方式、学习方式有所改进？（Z6）	
民主	决策透明度	7	公开、透明是民主的表象，非民主的实质，不宜用这些东西来标示民主化程度。对于决策事项来说，要求事事透明、步步公开，这是不可能、不现实也不必要的（Z8）	建议添加项：执行透明度、执行公开度、执行参与度、课程设置和教育过程自主性、教育治理专业化、对民主权利的尊重、民主协商的水平、民主制度的建设 理由：民主的前提是对相关利益群体权利的确认，民主的机制之一是建立在尊重、信任、交流、对话基础上的协商，民主是一系列的制度设计（Z8）
	决策公开性	7		
	决策参与度	8	参与是民主的主要特征之一，因而可以作为衡量民主化程度的一个指标（Z8）	
法治	依法治教	7	依法治教、依法治校是现代教育的体制保障，主要体现在立法、执法、法律救济、法治意识、法治文化建设等方面（Z4）；指标太宏大，难评价（Z5）	建议添加项：依法施教、教育权利与义务平衡
	依法治校	7		

---

① 为便于研究，课题组对不同专家进行了编码，表格括号中的序列号为相应专家的编号。具体编码的方法为"专家代码＋序列号"，其中首轮专家的代码为"Z"，次轮专家的代码为"E"；序列号来自每轮专家的随机编号。例如，第一轮第一位专家即编码为"Z1"，第二轮第八位专家则编码为"E8"。

续表

核心价值	二级指标	赞同人数	专家意见	专家建议添加指标及理由
公平正义	特殊教育需求满足度	8	现代教育应让每个生命得到舒展（Z6）；理论上，每一名学生都有特殊的学习需求，教育公平的核心要义在于满足这种特殊的学习需求（Z8）	建议添加项：教师的信任度、教育信息公开透明、人民群众的教育满意度、教师学历达标率、同城待遇、资源均衡配置 理由：教师只有受到社会、家长的信任才有积极性和幸福感，芬兰就是明证（Z1）；只有公开透明才能保证公平正义（Z1）；教育公平需考虑城乡教育一体化与进城务工人员子女的教育（Z4）
	班额	5	班额影响教育过程和教学效果（Z6）；教育效率不一定取决于数量多少（Z2）；班额大小与公平不公平无关(Z8)；班额不超过40人，教师才能照顾到每一个学生（Z1）	
	师生比/班师比	5	充足的教师是必需的（Z6）；教学点、村完小情况差异大（Z2）；班级师生比与公平不公平无关（Z8）	
	平等对待师生	6	公平是对平等与不平等的合理安排，按照亚里士多德的名言来处理，即是"以平等对待平等，以不平等对待不平等，然后才有公平"（Z8）；是否可以放到"民主"这一价值维度之下？（Z6）	
	差异对待师生	6	这一原则体现了差别化原则（Z2）、因材施教原则（Z5、Z6）	
可持续发展	办学体制多样性	2	可放在"开放"中（Z4）	建议添加项：教师进修；教师平均读书数；教育中长期规划；社会资源的利用率；社会声誉 理由：对一个地区来讲，教育中长期规划是促进教育可持续发展的重要条件（Z1）
	学生自由学习与活动	5	—	
	学校贡献率	4	用什么指标衡量？（Z1）	
	资源共享度	4	可放在"开放"中（Z4）	
	教育满意度	3	教育满意度是主观指标，随评价主体的变化而变化，无法客观反映教育发展（Z2）	

续表

核心价值	二级指标	赞同人数	专家意见	专家建议添加指标及理由
开放	师生交换	2	概念不明确，应改为人员交流（Z1）；与其他3个指标不在一个层面上（Z2）	建议添加项：办学体制上需要多元力量参与；人才培养教育需要形成普职融通的立交桥；国际优质课程资源不受地域限制
	国际理解	7	如何衡量是一个重点（Z6）	
	学历教育对外开放	5	应该是有限开放（Z2）	
	教育系统开放度	7	此条重要，但内涵不明确，应改为教育系统向社会开放（Z1）	
信息化	信息技术配置率	6	只讲到硬件，没有讲到教育信息化的本质特征（Z1）	建议添加项：软件开发、教学设计、数字化教育资源、学生满意度
	信息技术利用率	6		理由：如果光有技术而没有内容，信息化就是一种浪费（Z1）；信息技术的应用靠教学设计，包括信息技术与课程的整合（Z1）；信息技术利用需要考虑资源的开发与利用（Z4）
	信息技术使用效益	6		
专业化	教师学历达标率	5	—	建议添加项：符合身心发展规律；遵循教师专业发展规律；符合学与教的规律；学生对教师能力与水平的评价；家长委员会的评价
	教师专业发展	5	教师对教育职业的认识、教育观念等如何体现在指标中？（Z1）	
	教育治理专业性	5	需要考虑教育行政管理与学校管理的专业性（Z4）	

　　参照专家的意见，课题组经过讨论分析，发现原二级指标中有些指标过于宏大，而有些指标又比较细碎，很难在同一个逻辑下展开讨论。为了更好地澄清我们的观点，便于在第二轮征求专家意见时，获取更为直接、有效的意见，我们对核心价值做了相应的界定（参见表7-6中的"课题组的初步解释"）。在澄清核心价值的基础上，我们合理吸取首轮调查时专家的意见，调整了核心价值和二级指标，同时增加可量化操作的三级指标，形成新的指标体系（见表7-5）。新的评价指标体系共含16个二级指标、

36 个三级指标。

对照表 7−5 与表 7−1 可以发现，课题组对指标体系的修订主要表现为：在扩大"科学"内涵的基础上，将原先"科学"下设的二级指标修订后作为三级指标，并整合纳入二级指标"合理性"中；原先的核心价值"专业化""信息化""可持续发展"作为二级指标纳入"科学"的范畴之中，原先其作为一级指标时下设的二级指标经修订后作为三级指标纳入指标体系；"公平正义"修改为"公平"，并将其内涵确定为平等对待、差别对待、特别优待。

表 7−5　首轮调查后教育现代化评价指标体系修订框架

核心价值	二级指标	三级指标
科学	合理性	经费使用结构
		制订规划时是否使用SWOT分析法[①]
	专业化	教师学历达标率
		教师专业结构
	信息化	信息技术的配置率
		信息技术的利用率
	可持续发展	民办学校比例
		学生对学校的认同度
		学校对其他学校的支持度
		社区、家长对学校的满意度
		学生可自由支配时间
民主	权利享有	权利的尊重
		权利的保障
	参与度	决策参与度
		执行参与度
	公开性	决策信息公开
		资源分配公开

[①] 在 SWOT 分析法中，S（strengths）指优势，W（weaknesses）指劣势，O（opportunities）指机会，T（threats）指威胁。

续表

核心价值	二级指标	三级指标
法治	依法治教	教育法律、规则的规范性
		法制教育在课程、活动中的表现度
	依法治校	师生参与学校事务的制度保障
		学校负面事件的比例
公平	平等对待	学校的分班制度是否体现平等对待
		学生是否享有平等的权利和机会
	差别对待	学校的分班制度是否体现差别对待
		是否允许教师个性化教学
		学校活动是否考虑分层分类指导
	特别优待	特殊的教育需求的满足程度
		融合教育所占比例
开放	个性化	教师的个性化发展
		学生的个性化学习
	多样化	办学体制多元化
		课程活动的可选择性
	本土性	学校文化是否体现中国传统文化的传承性
		课程设置的地方性
	国际化	国际理解教育在课程、活动、学校文化中的表现度
		学历教育对外开放程度

（二）次轮调查时专家意见分析与指标体系再修订

第二轮专家调查，主要是就课题组修订后的版本征求专家意见，主要内容包括两个方面：其一，关于核心价值内涵的意见；其二，关于核心价值、二级指标、三级指标设置合理性的意见。专家们关于核心价值的意见参见表7-6，对二级指标的意见参见表7-7，对三级指标的意见参见表7-8。

表 7-6　次轮调查时专家对于指标体系中核心价值的主要意见及完善

核心价值	课题组的初步解释	专家意见	完善后的解释
科学	教育观念、制度、内容和方法等的合理性，以理性为基础的专业化，科学技术支撑下的信息化	教育观念表达的是一种价值取向，有关教育的本质、宗旨或目的用"科学"来衡量不合适；此处"科学"的阐释有些类似"rationality"，而非"science"；忽略了教育评价的合理性	教育观念、制度、内容和方法等的合理性，以优质教师教育为支撑的教师专业化，科学技术支撑下的信息化
民主	民主是一种制度，也是一种生活方式；教育中的民主是一种人人享有、人人参与、人人监督的社会生活	民主既表现为意识、态度或精神，也表现为决策程序或制度，还可表现为生活方式；没有体现教育领域的特点，建议具体到教育权、教育内外部关系的民主化、学生民主素养等方面；"人人"一词指向不明，应明确指出学生、教师、家长等具体群体	民主是一种制度，也是一种生活方式；在教育领域，依照主体的不同，民主具体包括保障学生的生存权、发展权、受保护权与参与权，教师的专业发展权以及校务的知情权、参与权，家长关于校务的知情权、监督权与建议权
法治	依据法律法规，对教育活动中的主体之责任、权益及其相关行为实施保障或制约	需关注法律健全度、法律合理性、执行到位情况等问题；建议改为"覆盖教育各阶段、各领域的完备的教育法律体系；教育法律是教育行政和管理的基本依据；教育权利救济体系完善"	具有完备的教育法律与校内治理规范，并能依据相关法规对教育活动中的主体之责任、权益及其相关行为实施保障或制约，建立完善的教育权利保障与援助体系
公平	公正而不偏袒，是权利、机会和资源在社会成员中合理而平等的分配，追求公平的同时应兼顾效能	建议结合教育领域讨论内涵，而非基于普遍性的角度	公正而不偏袒，具体指权利、机会和资源在学生之间、学校之间合理平等的分配，保障学生获得平等而又适合自己的发展机会，保障学校获得平等发展基础与自主进行特色建设的权利
开放	泛指对内、对外的公开与接纳，此处包含个性化、多样化、本土性及国际化等丰富的内涵	建议结合教育领域探讨内涵；开放的含义过多，而且开放很难包含个性化、多样化，建议聚焦于国际化	泛指区域与学校对内、对外的开放与共享程度，具体包括促进学生个性化发展的课程设置、教学方式与管理模式；学校办学机制的多样性、学校特色发展；立足本土的现代化发展或者更大范围内的国际合作与交流

从专家咨询结果看，5 个核心价值的重要性得分分别为："科学"4.67，"民主"4.89，"法治"4.78，"公平"4.89，"开放"4.67。可见，专家们一致认为这 5 个核心价值"非常重要"或"重要"，但是对于其具体的含义

与课题组的理解有所分歧；关于二级指标，除了"可持续发展"的均值为3.86，其他指标均大于4.00，可见专家们对二级指标的设定是比较认可的；对于三级指标，专家们的认同度差异比较大，其中23项指标得分大于或者等于4.0，13项指标的得分低于4.0。这说明，专家们对于大部分三级指标的认同度还是比较高的，对少数指标的认同度比较低。

表7-7　次轮调查时专家关于指标体系中二级指标的主要意见

核心价值	二级指标	重要程度均值	专家意见	专家建议添加指标及理由
科学	合理性	4.63	难衡量（E10）	建议添加项：资源充足性、可比较性、人本、科学精神、基于证据的决策和管理、专业支持
	专业化	4.88	无	
	信息化	4.43	信息化不是科学的表现（E7）；信息化与科学关联似乎不大（E10）	
	可持续发展	3.86	可持续发展不是"科学"能涵盖的，还包括伦理和发展观的问题（E4）；可持续发展与科学关联似乎不大（E10）	
民主	权利享有	4.88	无	建议添加项：民主教育、时代性、满意度、协商、宽容、协商与协作
	参与度	4.75	无	
	公开性	4.63	建议改为程序民主（E7）	理由：3项指标都是围绕教育的民主化来展开的，但没有涉及对学生进行民主教育（E10）
法治	依法治教	4.88	依法治校与依法治教重复，只取依法治教即可，可增加社会治理方面的内容（E7）	建议添加项：法律健全、法治监督、依法受教、依法重教、社会治理、依法救济
	依法治校	4.71	无	理由：解决该有的教育法律"有没有"和现有的教育法律"合不合理"的问题（E10）
公平	平等对待	4.88	可以修改为权利平等、机会平等（E7）；应转换成教育语言（E10）	建议添加项：弱势补偿、程序公平
	差别对待	4.88	可以修改为差异公平或者比例平等（E7）	
	特别优待	4.50	可以修改为弱势补偿（E7）	

续表

核心价值	二级指标	重要程度均值	专家意见	专家建议添加指标及理由
开放	个性化	4.88	列入"开放"不合适（E7）	建议添加项：包容性、共享共在、社会参与
	多样化	4.75	同上	
	本土性	4.14	如何在教育领域避免十余年前开始的由经济全球化/国际化带来的趋同趋势导致的本土性/民族性的弱化甚至丧失？（E3）	理由：现代教育体系不应当是封闭的，而应与其他社会组织有充分的协作与交流，故开放性应包括这种体系的开放性（E10）
	国际化	4.63	同上	

表7-8　次轮调查时专家关于指标体系中三级指标的意见

核心价值	二级指标	三级指标	重要程度均值	专家意见	专家提议添加指标及理由
科学	合理性	经费使用结构	4.29	建议考虑国家教育经费投入占国内生产总值的比例、教师工资与福利待遇（E2）	建议添加项：教育观念先进程度、教育制度合理、教育内容更新情况、教育评价的科学性、资源配置原则、是否符合教育规律
		制订规划时是否使用SWOT分析法	3.43	—	
	专业化	教师学历达标率	4.43	—	建议添加项：教师专业发展标准、教师教育职前职后一体化、教育研究的科学化水平、教师的综合能力、教育管理和学校管理人员的专业化、教师的职称结构
		教师专业结构	4.43	—	理由：需要考虑以下问题，即教师职前培养与在职培训的衔接与分工是否合理、有效，教育科学研究是否为教师的职前培养和在职培训提供了强有力的智力支持，校长专业化与教育管理者的多样化（E7）

续表

核心价值	二级指标	三级指标	重要程度均值	专家意见	专家提议添加指标及理由
科学	信息化	信息技术的配置率	3.86	不能表征信息化的全部内涵（E4）	建议添加项：信息技术使用的合理性
		信息技术的利用率	4.14	同上	理由：信息技术的利用率高不一定意味着合理（E4）
	可持续发展	民办学校比例	3.50	民办学校与教育可持续发展的逻辑关联不够清晰（E4）；需要对教育可持续发展进行准确界定，然后赋予指标（E7）	建议添加项：学生的独立自主性
		学生对学校的认同度	4.17	—	
		学校对其他学校的支持度	3.67	—	
		社区、家长对学校的满意度	3.83	可以调整至"民主"一栏（E10）	
		学生可自由支配时间	3.67	高质量的基础教育中学生的确应当有一定的可自由支配时间，但并不意味着学生可自由支配的时间越多越好（E2）	
民主	权利享有	权利的尊重	4.71	—	建议添加项：权利的实现、权利的赋予
		权利的保障	4.71	—	
	参与度	决策参与度	4.38	建议改为参与决策（E7）	建议添加项：参与监督、结果评价的参与度、公共事务的参与
		执行参与度	4.38	建议改为参与管理(E7)	
	公开性	决策信息公开	4.63	修改为信息公开(E7)	建议添加项：资源利用效果、结果问责公开、程序公开、教育行政部门政务公开、学校校务公开
		资源分配公开	4.75	修改为机会公开(E7)	
法治	依法治教	教育法律、规则的规范性	3.86	可改为教育法律、规则的完备与正当性（E2）；法律法规是国家规定的，没有必要考察法律的规范性（E7）	建议添加项：规则规范的持久性、依法受教、依法重教、教育法律法规的执行、教育行政部门依法管理学校
		法制教育在课程、活动中的表现度	4.00	可改为法治教育的实施（E7）	

续表

核心价值	二级指标	三级指标	重要程度均值	专家意见	专家提议添加指标及理由
法治	依法治校	师生参与学校事务的制度保障	4.38	—	建议添加项：负面事件公布的真实性
		学校负面事件的比例	4.14	比例恐怕不能反映依法治校的水平，因为没有负面事件并不代表依法治校水平高（E10）	
公平	平等对待	学校的分班制度是否体现平等对待	4.13	建议改为：所有学生都能享有平等的入学机会，在教学过程中所有学生都能受到教师同等的关注与尊重，所有学生都有权享用学校公共的教育资源与服务（E10）	建议添加项：学生的积极主动性；取消学校等级，同批次录取；无损害人格尊严的歧视
		学生是否享有平等的权利和机会	4.25		
	差别对待	学校的分班制度是否体现差别对待	3.88	建议改为：学校的教育教学安排是否能满足学生不同的学习需求，使所有学生在原有基础上得到充分发展（E2）	建议添加项：学校是否开设丰富的选修课，为学生提供可供选择的学习机会；在规则规范下的教师个性化教学
		是否允许教师个性化教学	4.25	建议改为：教师是否能运用多种教学方法，使擅长不同类型智能的学生均有机会展示和运用自己的优势智能（E2）	
		学校活动是否考虑分层分类指导	4.14	—	
	特别优待	特殊的教育需求的满足程度	4.29	—	建议添加项：弱势群体的教育补偿
		融合教育所占比例	4.43	融合教育是否指全纳教育？（E2）	
开放	个性化	教师的个性化发展	3.86	"个性化"一词不应用在教师身上（E7）	建议添加项：教师与学生间的融合、学校的特色化
		学生的个性化学习	4.43	与上面所讲的"差别对待"意义重叠（E2）	
	多样化	办学体制多元化	3.83	可以归入"民主"一栏（E10）	建议添加项：大学特色下的多元化；学校类型多样化；学校办学特色多样，能够满足公众不同的教育需求
		课程活动的可选择性	4.57	建议改为：教育资源的可选择性（E7）	

续表

核心价值	二级指标	三级指标	重要程度均值	专家意见	专家提议添加指标及理由
开放	本土性	学校文化是否体现中国传统文化的传承性	3.57	不能笼统谈中国传统文化（E5）	建议添加项：基础知识的跨区域性、传统文化教育的实施
		课程设置的地方性	3.29	—	
	国际化	国际理解教育在课程、活动、学校文化中的表现度	4.00	中国城乡差异、区域差异显著，似不能过分强调国际化（E5）	建议添加项：国外对我国学历教育的承认、与国外学校的交流与合作、培养学生的国际意识教育、国际交流与合作活动丰富、教师与学生的国际交流与合作能力
		学历教育对外开放程度	3.71		

接下来，我们分别论述专家们对于核心价值的内涵以及相应二级、三级指标设置的意见。

1. 科学

有专家指出，课题组阐释的"科学"有些类似"rationality"，而非"science"。这里需要指出的是，在思考"科学"概念时，我们确实更多地把科学理解为各个要素以及要素之间结合的合理性。另外，有专家认为教育的手段、工具与方法可以用是否科学来衡量，但是教育观念表达的是一种价值取向，比如教育的本质、宗旨或目的，这些方面用是否科学来衡量是不合适的。必须承认，当评价含有价值取向的事物时总是困难重重，因此本研究只考虑能够客观评价的对象，并尝试通过客观现象去透视其背后的教育价值取向。鉴于这样的考虑，课题组将"科学"的内涵界定为"合理性"，并将评价对象限定为教育制度与决策、教师与管理人员构成、信息化设置与使用。这里需要指出的是，鉴于多数专家认为"科学"难以涵盖"可持续发展"的内涵，课题组经过考虑，将"可持续发展"从二级指标升为一级指标（核心价值）。这部分内容会在下文中详细论述，这里不再赘述。

"科学"下的二级指标的重要程度均值分别为："合理性"4.63，"专业化"4.88，"信息化"4.43，可见专家对这三项指标取得了比较大的共识。

　　三级指标中，有专家建议将教育管理人员的专业化纳入"专业化"指标，并将专业化聚焦于教师的专业发展、教师的能力与职称结构。另外，专家对"信息化"下的三级指标"信息技术的配置率"的认同度比较低（重要程度均值为3.86）。学界有人认为教育信息技术配置任务在我国已基本完成，但是我们认为现在信息技术配置上的问题是只有硬件而没有软件或者软件不合理，导致教师难以将其与日常工作相结合，因此在信息技术配置方面应该向软件配置、资源库建设等方面倾斜。

　　结合专家的意见，课题组将"科学"下的二级指标重新设定为"合理性""专业化""信息化"。其中"合理性"聚焦于教育制度、教育决策规划、教育经费使用的合理性；"专业化"聚焦于教师（含管理人员）的专业结构、学历结构以及指向专业发展的学习；"信息化"则考虑了信息技术的配置率、使用率与使用合理性三个方面。

　　2.民主

　　民主可表现为精神、制度，也可表现为生活方式，在这点上课题组与专家们的意见是一致的。但是在教育现代化评价指标体系中，我们更多地是从制度、决策过程等这些比较容易衡量的方面去考虑，认为其具体表现为对民主权利的保障。针对教育领域中民主的特殊性，我们接受专家将民主具体到相关主体的意见，将民主的含义分解为：学生的生存权、发展权、受保护权与参与权；教师的专业发展权以及学校事务的知情权、参与权；家长对于学校事务的知情权、监督权与建议权。

　　如表7-7和表7-8所示，"民主"下设的二级指标、三级指标重要程度得分都不低于4.38，可见这些指标的重要性与设置的合理性得到了专家们较高程度的认可。但是在三级指标上，专家们建议厘清每个指标的内涵，比如有专家建议将"参与度"指标聚焦在教育决策、管理及评价上，具有建设性意义。

　　结合专家们的意见与课题组对"民主"含义的重新界定，我们将"民主"的二级指标设定为"权利享有""参与度""公开性"。其中"权利享有"指标主要考虑学生的学习与发展权、教师的专业发展权与专业自主权；"参与度"主要聚焦师生及家长对决策、管理、评价的参与度；"公开性"

关注管理信息与决策程序的公开。

3. 法治

对于核心价值"法治"，专家建议聚焦在教育法律法规体系构成、内容与执行上，这一建议无疑是应该被充分考虑的。但是专家提出的关注教育权利救济体系的建议是不合适的，因为教育救济很难用法律来规定。同时，教育现代化中的法治还必须关注不同主体的责任、权益以及相关行为的保障或制约。

"法治"下的二级指标"依法治教""依法治校"的重要性程度得分分别为4.88与4.71，可见专家的认同度还是比较高的。二级指标下的三级指标的重要性程度得分为："教育法律、规则的规范性"3.86，"法制教育在课程、活动中的表现度"4.00，"师生参与学校事务的制度保障"4.38，"学校负面事件的比例"4.14。可见专家对于后三项指标的认同度比较高，对于第一项指标的认同度比较低。有专家认为，政府颁布的法律肯定能够保证规范度，这不是核心问题，在教育法治上容易出现的问题往往是法律体系的完备性、法律设置与执行的合理性，这一认识值得深思。

鉴于上述考虑，我们在"法治"下设2个二级指标，即"依法治教"与"依法治校"。前者关注法律法规的健全度、教育行政部门管理学校的法律合理性，后者关注学校内部的依法治理问题。

4. 公平

如表7-7与表7-8所示，"公平"统摄的3个二级指标及相应的三级指标除一个得分为3.88之外，其余得分均大于4.0，可见这些指标的重要性与合理性得到了专家们的普遍认可。但是仔细分析三级指标的具体内容就会发现，课题组关于教育公平的思考主要聚焦在学校内部。虽然这一思路迎合了教育公平的关注点从起点公平向过程公平、由外延公平向内涵公平过渡的时代背景，但是学校之外的公平远远没达到不需要关注的程度，学校之间、地区之间、城乡之间的教育不均衡是当前教育公平中依旧需要关注的核心问题之一。因此有必要在考虑学校内部公平这一微观层面的同时，考虑中观层面的教育公平，即学校之间、区域之间、城乡之间的公平问题。如表7-6所示，我们将教育公平聚焦于权利、机会与资源在学生之间、学校之间合理而公平的分配。

基于上述考虑，课题组依旧将"公平"的二级指标设置为"平等对待""差别对待""特别优待"。其中"平等对待"聚焦于学生入学机会与学校办学条件的平等，"差别对待"聚焦于学生教育的多样性与区域、学校评价的个性化，"特别优待"聚焦于弱势学生、弱势学校的支持制度或者政策。

5. 开放

开放是现代化教育系统应该具有的基本特征，但是"开放"的内涵很难明确界定。在次轮调查中，有专家建议结合教育领域的情况对"开放"展开讨论，也有专家认为开放的含义过多而且难以包含个性化与多样化。如表7-7所示，"开放"下的4个二级指标的重要性均值分别为："个性化"4.88，"多样化"4.75，"本土性"4.14，"国际化"4.63。这说明专家对这些指标的设定具有比较高的认同度。

如表7-8所示，专家对"开放"下的三级指标的重要性与设置合理性的认识差异比较大，部分指标得到了专家们的认可，而部分指标的得分比较低。比如，"教师的个性化发展"得分为3.86，有专家认为个性化不适用于教师；"办学体制多元化"得分为3.83，有专家认为其内涵与"民主"下的指标有重复；"学校文化是否体现中国传统文化的传承性"得分为3.57，有专家认为不能笼统地使用传统文化一词；"课程设置的地方性"得分为3.29；"学历教育对外开放程度"得分为3.71，有专家认为中国教育城乡差异、区域差异比较大，不能过分强调国际化。这里需要指出的是，正是因为考虑到当前中国教育区域之间、城乡之间差异的复杂性以及现代与传统之间的张力，课题组才会同时设置"本土性"与"国际化"指标，希望能够兼顾不同方面。至于同时评估本土性与国际化造成的矛盾问题，可以在评估过程中避免，比如评估对象可以从两者之中选择1项纳入评估体系。

参考次轮调查时专家的意见，我们将"开放"界定为区域、学校对内、对外的开放性与共享性。基于这样的定位，我们将二级指标调整为"多样化""共享度""本土性"与"国际化"。其中"多样化"聚焦于学校办学机制、学校办学活动、学生学习的个性化或者多样化；"共享度"聚焦于区域之间与学校之间的协作发展；"本土化"聚焦于学校文化建设与课程设置中对地方文化的吸纳与融合；"国际化"聚焦于教育行政部门或学校与国外相关机构之间的合作关系、学校课程的国际化程度。

6. 可持续发展

"可持续发展"是所有指标中最难定位也是最难达成共识的。如表 7-8 所示，"可持续发展"下的三级指标的重要程度均值只有"学生对学校的认同度"达到了 4.17，其他指标均低于 4.0，可见专家认同度偏低。专家们认为，可持续发展不是"科学"可以包含的内容，可持续发展的含义难以界定，因为可持续发展主要是用于形容社会经济的，用来形容教育有些牵强，而且教育的可持续并不意味着教育价值取向是正确的，糟糕的教育也可能是可持续的。[①] 我们认为，当我们谈论可持续发展时，往往不是将其界定为中性词，而是作为褒义词。当前，可持续发展已经成为世界范围内考虑的议题，联合国教科文组织发布的"教育 2030 行动框架"就是在全球谋求可持续发展的背景下提出的，其以教育公平与终身教育为抓手，力求促进每个人学习与发展的可持续性。这就意味着，可持续发展是教育现代化中不得不考虑的重要议题。另外，人的可持续发展离不开教育系统的可持续发展，即教育系统活力的保持。

基于这样的考虑，我们将"可持续发展"聚焦于教育系统的良性可持续发展，具体包括以增强教育系统自身活力为基础的教育事业可持续发展、以增加公民终身学习兴趣与机会为抓手的学习可持续发展。因此，在指标体系的设置上，将"可持续发展"指标分解为"教育系统活力""终身学习与发展"2 个二级指标，前者关注教育系统的发展，后者关注人的发展。

借鉴专家们的意见并结合实际调研的情况，我们对教育现代化评价指标体系再次进行了完善，最终确定的指标体系整体框架包含 6 项核心价值、17 项二级指标、42 项三级指标，具体内容参见表 7-9。

[①] 根据专家的建议，首轮调查后，课题组不再将"可持续发展"作为教育现代化评价指标体系中的核心价值。但考虑到其在教育发展中的实际意义，在次轮专家调查时，课题组仍了解了专家对于"可持续发展"内涵的认识。

表 7-9　**教育现代化评价指标体系框架完善版**

核心价值	二级指标	三级指标
A1　科学	B1 合理性	C1 教育制度的合理性
		C2 教育决策论证的充分性
		C3 经费使用结构合理性
		C4 决策规划的科学方法
	B2 专业化	C5 教师（含管理人员）学历结构
		C6 教师（含管理人员）专业结构
		C7 教师在职学习的课时量
	B3 信息化	C8 信息技术的配置率
		C9 信息技术的利用率
		C10 信息技术使用的合理性
A2　民主	B4 权利享有	C11 学生学习与发展权
		C12 教师的专业发展权与专业自主权
	B5 参与度	C13 师生及家长的决策参与度
		C14 师生及家长的管理参与度
		C15 师生及家长的评价参与度
	B6 公开性	C16 管理信息公开
		C17 决策程序公开
A3　法治	B7 依法治教	C18 法律、法规的健全度
		C19 教育行政部门依法管理学校
	B8 依法治校	C20 学校合理执行法律法规
		C21 学校的负面事件比例

核心价值	二级指标	三级指标
A4 公平	B9 平等对待	C22 学生平等的入学机会（全纳）
		C23 学校办学条件标准化
	B10 差别对待	C24 提供多样化的教育
		C25 施行针对不同区域、学校的个性化评价
	B11 特别优待	C26 弱势学生群体的救助制度
		C27 薄弱学校的支持政策
A5 开放	B12 多样化	C28 学生的个性化学习与发展
		C29 学校办学的特色化
		C30 办学体制多元化
	B13 共享度	C31 区域之间的协作与共建
		C32 学校之间的互惠与共生
	B14 本土性	C33 学校文化与地方文化的融合度
		C34 课程设置的地方性
	B15 国际化	C35 师生国际交流比例
		C36 教育行政部门或学校与国外相关机构建立合作关系的比例
		C37 课程资源开发的国际化
		C38 学历教育对外开放程度
A6 可持续发展	B16 教育系统活力	C39 学校的办学自主权
		C40 民间资本与社会力量参与办学
	B17 终身学习与发展	C41 学生在校自由支配的时间
		C42 校外学习资源共享度

（三）重点指标与特色指标的修订

教育现代化的重点指标与特色指标是基于学段与地域而设定的，目的在于让不同学段、不同区域可以采用具有不同重点或特色的指标与评价方式。重点指标与特色指标研制和修订是我们优化指标体系的重要工作之一。

1. 重点指标的修订

在首轮专家调研中，专家们的意见相对比较集中，对 8 项重点指标（指标内容参见表 7-2）的赞同比例均达到 70% 以上。有专家指出，九年义务教育阶段应增加班额符合国家规定、立德树人等指标；职业教育阶段应加上正确的职业观、加强与普通教育的沟通等指标；高等教育阶段应将创新与国际化分开，增加教育质量、办学有特色等指标，反对趋同化。经筛选，课题组在职业教育阶段增加重点指标"正确的职业观"，在高等教育阶段将原先的重点指标"创新与国际化"改为"创新能力"与"国际化程度"。

在次轮专家调研中，专家们对修订后的重点指标的意见相对比较集中，在 10 项指标中，9 项指标（"公平""自主选择""职业规划与职业适应能力""与产业结构的适切性""正确的职业观""创新能力""学术自治""终身学习""个性充分发展"）的赞同比例均达到 70% 以上，仅有"国际化程度"指标的赞同比例为 55.6%。有专家建议，高中阶段需要增加办学体制、学校类型、课程和评价标准的多样化、个性化以及特色发展等指标；职业教育阶段还应在国家和社会层面设置一些可观测指标；国际化不宜作为所有高校的重点评价指标，因为不同高校定位不同。对于指标体系中学段的划分，有专家指出，可以参照《教育规划纲要》中的划分；也有专家建议增加学前教育阶段、研究生阶段、非正式教育阶段。

借鉴两轮调查中专家的意见，我们对不同学段的重点指标进行了完善。如表 7-10 所示，我们将以学校教育为核心的教育体系分为 6 个阶段。这 6 个阶段及其重点指标分别为：学前教育段，其重点指标包含"适龄儿童入园率""专业教师配置率"；义务教育段，其重点指标包含"教育公平""教育质量"；高中教育段，其重点指标包含"课程自主选择性""评价标准的多样化"；职业教育段，其重点指标包含"职业规划与职业适应能力""正确的职业观""普教融通"；高等教育段，其重点指标包含"学术自治""创新能力""学生社会实践能力"；大学后教育段，其重点指标是"终身学习社会支持体系"。

表 7-10　教育现代化评价指标体系中不同学段重点指标框架完善版

学段	学前教育段	义务教育段	高中教育段	职业教育段	高等教育段	大学后教育段
拟设重点指标	适龄儿童入园率；专业教师配置率	教育公平；教育质量	课程自主选择性；评价标准的多样化	职业规划与职业适应能力；正确的职业观；普教融通	学术自治；创新能力；学生社会实践能力	终身学习社会支持体系

2. 特色指标的完善

关于不同地区教育现代化评价的特色指标（指标内容参见表 7-3），参与首轮调查的专家们的意见差异较大。就东部地区的特色指标而言，对于"学前教育（4-6 岁）入园率"的赞同比例为 71.4%。对于"国际化程度（如职业教育的课程设置与国际执业证书接轨）"的赞同比例为 62.5%，有专家认为，国际化水平在一个省内的差异都很大，更何况整个东部地区？因而不宜作为一项特色指标。对于"民办教育比例"的赞同比例仅为 28.6%，有专家表示民办教育的最优比例很难确定。就中西部地区的特色指标而言，对于"城乡教育统筹或一体化"的赞同比例为 75%；对于"校际优质均衡发展"的赞同比例为 85.7%；对于"学校内涵式发展"的赞同比例仅为 57.1%，有专家表示这一点西部地区很难做到。还有专家表示，在中西部地区，教育均衡发展不只是城乡统筹的问题，由于区域内与区域间的不平衡和总体塌陷状况很严重，因而应当从国家层面增加一些具体指标，而不只是在教育体系内部提指标要求。经研究，课题组没有对特色指标进行增删，仅对其中两个特色指标的具体表述进行了修订：将"国际化程度（如职业教育的课程设置与国际执业证书接轨）"修改为"国际化程度（如职业教育的课程设置与国际职业资格证书接轨）"，将"民办教育比例"修改为"民办教育占教育总规模比例"。

参与次轮调查的专家们的意见相对比较集中，对 6 项指标的赞同比例均不低于 70%。有专家建议在东部地区增加小班化、办学多样化、教学个性化等指标，学校内涵式发展在东部地区也同样重要；在中西部地区，增加合格教师的配备率、班额的合理率等指标，强调社会发展现代化，填平中部凹陷，实现区域总体均衡。可见，在一些专家看来，东部地区应该追求更加深层次的教育现代化，中西部地区则应该尽快实现基础层面的教育现代化，这与课题组在东部地区、中西部地区调研后得出的结论是一致的。我们认为，东部地区的教育现代化应该在夯实基础的前提下，致力于解决推进教育现代化实践中遇到的新问题，促进教育现代化向深层次发展，在推进区域教育现代化的同时为我国教育现代化向深层次、内涵式推进提供经验；中西部地区则要致力于解决基础层面的问题，比如大班额、教师不足、教师专业能力欠缺等，同时应该吸取东部地区的经验与教训，在夯实基础的同时适当促进教育现代化的内涵式发展，力争实现中西部地区教育现代化的跨越式发展。

基于这样的考虑，如表 7-11 所示，我们将东部与中西部地区的特色指标完善为：东部地区的特色指标包含"国际化""办学体制多样化""治理现代化""对中西部教育发展贡献率"4 项指标；中西部地区的特色指标包含"班级规模与师生比""教师专业发展的支持度""学校内涵式发展""城乡教育统筹或一体化"4 项指标。

表 7-11　教育现代化评价指标体系中不同地区特色指标框架完善版

地区	东部地区	中西部地区
拟设特色指标	国际化；办学体制多样化；治理现代化；对中西部教育发展贡献率	班级规模与师生比；教师专业发展的支持度；学校内涵式发展；城乡教育统筹或一体化

三、优化方案的实践版：由理念框架向 CIPP 模式的转化

（一）在理念框架与 CIPP 模式之间建立关联

在评价指标体系的结构模式中，CIPP 模式具有独特性。1967 年，CIPP 模式由斯塔弗尔比姆（Daniel L. Stufflebeam）在反思泰勒评价模式的基础上提出，该模式将评价内容分为 4 个维度，即背景评价、输入评价、过程

评价、结果评价。在教育评价领域，OECD 自 1991 年以后每年都会发布教育指标，该指标体系采用的是典型的 CIPP 模式。这一指标体系得到了世界范围内的认可，实践也证明了它的可靠性与独特性。我们相信，依照 CIPP 模式，将概念框架转化为实践框架，不仅可以提高教育现代化评价指标体系执行的可行性，而且可以从不同方面说明被评估区域教育现代化的情况，掌握评估对象在推进教育现代化中的问题，做到不仅"知其然"而且"知其所以然"，从而促进"以评促建"目标的实现。表 7-12 以教育现代化评价指标体系概念框架中的"公平"为例，说明如何将概念框架中的指标转化成实践版框架的指标。

表 7-12　教育公平维度 CIPP 模式评价指标体系

领域	背景指标	输入指标	过程指标	结果指标
学校发展指标	办学条件标准化学校比例	学校生均经费；教师工资水平；薄弱学校资金资助力度	薄弱学校教师外出学习机会；针对学校的个性化评价	优质学校同比增长率；家长对学校的满意度；教师对教育行政部门的满意度
学生发展指标	残疾儿童义务教育入学率；随迁子女义务教育入学率	生师比；校本课程数量；生均图书册数；家庭困难学生资助水平	学生自选课程比例；分层作业实施情况；针对学生的个性化评价	新增劳动力人均受教育年限；学生学习的意愿与信心；学生的创新与合作精神

如表 7-12 所示，参照上文对"公平"的解释以及我们在学校公平领域研究的成果[①]，我们将"公平"维度实践版的指标划分为学校发展指标、学生发展指标两个方面。前者以学校发展为载体，关注区域层面的教育公平状况，具体表现为不同学校在发展中是否得到教育行政部门平等而又合适的对待；后者以学生发展为载体，关注学校内部的公平状况，具体表现为不同学生在学校学习生活中是否得到平等而又合适的对待。依照 CIPP 模

---

① 课题组在华东师范大学教育学部资助的"学校内部公平指数研究"课题中，研究了教育公平的相关问题，其中"公平"维度下二级指标"平等对待""差别对待""特别优待"的划分就参照了相关研究成果。当然在表 7-9 所示的评价体系中，我们的关注点不仅仅是学生，还有区域层面上的教育公平问题，这里表现为学校发展指标。具体参看：杨小微，李学良.关注学校内部公平的指数研究 [J].教育科学研究，2016（11）：5-12.

式，"公平"下的有些指标属于单维度指标，有些则需要同时在多个维度中体现，有些指标则是多维度指标共同作用的结果。下面分别举例说明。比如"平等对待"下的2个三级指标"学生平等的入学机会（全纳）"（C22）、"学校办学条件标准化"（C23）基本属于背景指标，其中C23比较具体，就直接放在学校发展指标中的背景指标中；C22则需要具体化，这里主要关注了残疾儿童与随迁子女的入学率。相反，比如"特别优待"下的"薄弱学校的支持政策"，则需要在输入指标、过程指标、结果指标中体现。该项指标在输入指标中表现为"薄弱学校资金资助力度"，在过程指标中表现为"薄弱学校教师外出学习机会"，在结果指标中表现为"优质学校同比增长率"。另外，结果指标可能是所有背景、输入、过程指标的共同结果，比如"家长对学校的满意度""教师对教育行政部门的满意度"是学校发展指标下前三项指标共同作用的结果。

经过对"公平"下三级指标的一一转化，我们设计了表7-12这样的评价指标体系。从这一指标体系看，学校发展指标中的背景指标关注学校办学条件的平等；输入指标关注经费投入（生均经费、教师工资水平）上的平等对待与薄弱学校资金倾斜上的特别优待；过程指标关注针对学校个性化评价的差别对待与薄弱学校教师专业发展支持上的特别优待；结果指标则关注优质学校的增长以及家长对学校、教师对行政部门的满意度。学生发展指标中，背景指标关注残疾儿童、随迁子女入学机会的平等，输入指标关注学校间学生可用资源的平等以及对贫困家庭学生的资助，过程指标关注不同学生在课程选择、作业布置、评价上的差别对待，结果指标关注教育对人口素质提升的贡献以及学生综合素养的养成。

这里需要指出的是，我们在设置表7-12所示的实践版指标体系时，主要考虑的是东部地区的情况，因此应该将这个版本当作指标体系由概念框架转化为实践框架的案例，而不是最终确定的版本。其中有些指标可以在不同地区使用，比如"办学条件标准化学校比例"，还有一些指标就不能在其他地区使用，如"随迁子女义务教育入学率"这项指标在中西部农村地区就难以适用，而应该由"留守儿童的入学率"替代。因此，将指标体系由概念框架转化为实践框架，需要由各地评估组织者结合当地实际情况进行，我们无法提供适用于全国的统一版本，而且这样的做法也是不可取的。

（二）优化方案实践版的结构与特征

我国幅员辽阔，不同地区之间发展水平差异较大，而且不同评价对象的工作重心不同，比如地区教育行政部门重在管理教育而学校重在实施教育，因这种性质差异，所以评价时应该考虑将东部和中西部、城市和农村、区域教育行政部门和中小学区分开来，聚焦不同重点，进行分域、分类、分层的教育现代化评价。比如，对区域教育行政部门的评价以治理现代化为主，对学校的评价以人的现代化为核心（可以将这两者作为专题性评价项目）。又如，在城市尤其是发达城市突出国际化和开放度，而对农村或新城区学校则强调本土资源开发和地方文化传承。要实现这种评价，就必须尊重评价对象的主体性，给予评价对象与评价者平等的地位，施行平等、民主的协商性评价。协商伴随评价的始终，其具体内容包括评价的对象、评价内容、评价指标及体系的构成、评价的方式、评价结果的解释与使用。

基于对教育现代化评价的方法论认识（相关内容在第五章已经做了充分的论述，这里不再展开），我们认为制订优化方案实践版，必须依托区域教育现代化评价组织者与评价对象之间的协商。协商时，应该坚持这样的原则：一方面，要根据不同层次、不同类别、不同区域教育现代化的情况，结合测评对象的意见，进而确定指标体系与评价方法；另一方面，要意识到教育现代化是一个动态的过程，即评价指标体系与评价方法应根据教育现代化实践的推进而做出相应调整。通过这两方面的工作，我们可以形成时间维度与空间维度相互交织的动态评价体系。比如，针对当前特殊教育投入还不充分的地区，设置师生比与生均经费指标，并将其作为增长指标，以衡量区域对特殊教育的投入并鼓励其加大力度；经过几年的努力后，当特殊教育的投入已经达到了比较高的程度，就可以强调体现内涵发展的指标，同时可以将师生比与生均经费两项指标剔除或者将其变为反向指标，即只有低于一定的界值时才会被扣分。

在确定的地区、确定的时段内，教育现代化评价指标体系是静态的结构。虽然实践版的具体指标体系难以确定，但我们认为任何地区、任何时段的指标体系在结构与指标性质上应该具有这样的特点：一是在体系结构上，列出重点指标与特色指标，以突出测评重点与地方特色；二是在指标性质上，做到硬性指标与柔性指标相结合，适当增加柔性指标的比重，以体现内涵式发展导向。重点指标的设置，主要依据现时段当地教育现代化实践中的突出问题、当地教育现代化的长期方向来确定；特色指标的设置，除了参考当地教育现代化实践中的突出特点之外，还可就当前尚未解决的疑难问题设置指标，以鼓励教育现代化中的创新举措；柔性指标的设置，需要关注教育现代化中的深层问题，比如教育信息化需要关注信息化与学校管理、课堂教学的深层次结合。下文以苏南地区为例进行说明。

　　通过对苏南五市教育现代化的调研与分析，我们发现苏南区域教育现代化建设已经基本完成了以器物现代化为标志的初步现代化，进入以制度现代化与人的现代化为标志的教育现代化内涵发展阶段；苏南地区当前的首要工作是以制度现代化促进人的现代化；苏南地区当前急需解决的问题有学前教育与特殊教育发展不足、普职教育发展失调、办学体制单一、学校缺乏办学自主权、教师专业发展支持系统不完善等；苏南地区当前的优势是在进城务工人员子女入学、扩大校长办学自主权、高中办学多样化、职业教育中的产教融合、教育公平、信息化、国际化等方面具有独特的经验。另外，苏南地区还要接受江苏省教育现代化的测评，因此我们将苏南地区教育现代化评价的重点指标设置为特殊教育师生比、残障儿童入学率、特殊教育生均经费、义务教育学校音体美学科师生比、政府购买第三方服务经费数、区域教育发展规划合理性、校长（园长）办学自主权、高中选修课质量；将特色指标设置为向国外输出教育模式（管理、课程、教学）项数、本土化课程开设比例、自设指标1（教育管理）、自设指标2（课程、教学、学校文化建设）。这些指标中，区域教育发展规划合理性、校长（园长）办学自主权、高中选修课质量、自设指标1（教育管理）、自设指标2（课程、教学、学校文化建设）均为柔性指标，评估时要求评估对象提供纸质材料、视频、图片等质性材料，由评估方设置专家评估组对质性材料进行打分处理。

　　本章最后重申：每个地方应结合自己的经验、问题与特点，在评估者与评估对象协商的基础之上，设置切合当前问题、指引长期方向、能够反映当代特色的教育现代化评价指标体系。

还要特别说明的是：在指标体系的优化过程中，课题组还通过救助儿童会（Save the Children）请到了咨询专家托纳利（Nitika Tonali）女士，她于 2015 年 12 月为课题组举行了为期一周的工作坊式的培训与研讨，话题主要是教育公平概念、评价指标维度、项目框架设计、指标设计原则等。这次培训与研讨对我们的课题研究帮助很大，让课题组成员对评价指标体系的制订过程有了全面的认识和理解，具体表现在：（1）以反向思维的方式（如"什么不是教育公平"）来定义一个概念，打开了我们的研究思路，使我们对概念界定有了新的思考方式；（2）介绍了 OECD 国家测量学校公平的维度——结构质量和过程质量，这与课题组的想法一致，更加坚定了我们对课题研究框架合理性的判断，也为我们课题研究框架的完善提供了很多可供参考的国际经验；（3）提供了一个研究工具，为我们理清课题研究思路和开展相关研究提供了便利；（4）详细阐述了指标设计的 SMART原则，提醒我们重新审视和完善各项指标，为后期评价指标体系的试测和运用打好了基础；（5）以 QLE（quality learning environment，优质学习环境）为例，让我们对整个评价指标体系的概念定义、指标选择、数据试测、数据回收与分析等有了完整和深入的了解。

在工作坊培训与研讨的最后一天，课题组成员及外请专家进行了一次头脑风暴式的教育现代化核心指标框架设计，4 个小组各提出了 10 个本组认为最重要的评价指标，4 组共同重视的指标有 20 多个，且与我们借助德尔菲法梳理出来的指标有较大的重合性。在这次提出的具体指标中，教育规划目标达成度、社会资金占教育投入比例（观察社会参与度）、政府购买社会组织的教育服务经费占教育支出比例、万人中从事教育服务的志愿者数量、学校办学自主权（可用权力清单列出，如录用、辞退等用人权，决策、经费支配权等事权）、校长 / 教师对教育行政部门的满意度、教育行政人员专业化等指标是以往各级教育现代化评价中少见的。

第八章　评价导引下的教育现代化路径求索

本章阐述教育现代化目标与教育现代化发展路径之间的密不可分的内在关联，归纳不同地区推进教育现代化路径的基本类型，并在专题调研基础上概述国家教育现代化发展状况和整体发展路径的选择。

课题组对苏南五市和重庆市的调研结果表明，作为东部地区代表的苏南和作为西部地区代表的重庆在推进教育现代化进程中既面临共性的问题，也遭遇地方特有的问题。

为破解上述难题，研究者基于调查研究、文献分析和理论思考，从分层分类评价、体制机制创新、实施特惠政策、示范区建设、宏观微观联动、教育信息化拉动等方面展开了对推进路径的探寻。

路径，在日常生活中指的是道路，在信息技术中指的是从起点到终点的全程路由。领导学或组织行为学中有"路径－目标理论"，该理论认为，领导者的工作是利用结构、支持和报酬，建立有助于员工实现组织目标的工作路径。这里涉及两个主要概念：建立目标方向；改善通向目标的路径以确保目标实现。这尽管是微观层面对目标与路径关系的学理性揭示，但放宽视角，将其置于宏观层面，同样可以解释建立目标与改善路径之间的密不可分的内在关联。教育现代化评价指标所界定、分解或细化了的教育现代化目标，对于个人、组织乃至地方或国家政府而言也是一种"目标效价"，用以唤起主体或大或小的期望，而清除障碍、降低风险或提供指导和支持，即改善或优化路径，则可提高实现这一期望的概率。既然如此，在教育现代化评价指标的导引下改善和优化推进路径，或者说，以评价来促进建设（"以评促建"）也就顺理成章了。

"以评促建"是我国近些年来逐渐形成的由上而下推进工作的基本思路，其优点是目标明确、跟进到位，缺陷是假若评价标准"差之毫厘"，则建设进程就难免"失之千里"。也就是说，评价标准或指标的精准与否，是建设工作能否有效推进的重要前提；反观之，如果评价标准既科学又合理，但推进不力，则建设工作同样会形同虚设。《教育规划纲要》已经为我国基本实现教育现代化确立了时间表，要想如愿达成教育现代化理想，除了要有精准的教育现代化评价指标，还需对教育现代化推进路径做出明智的选择。

本章围绕如下问题展开讨论：我们的教育现代化走到今天，正遭遇何种问题或障碍？在已有的探索中，哪些经验值得借鉴，哪些教训需要反思？怎样才能避开暗礁险滩，不断地拨正航向、修正航路，加速前行？

一、教育现代化推进面临的难题与挑战

教育改革越是向纵深推进，就越是触及教育的本质，所面临的困难和问题就越错综复杂，解决它们所面临的挑战也就越大。

2016年1月和5月，课题组先后对苏南五市和重庆市进行了调研，在发掘出经验的同时也发现了教育现代化推进上一些比较明显的问题。下面

以调研材料为基础，从教育现代化内涵式发展的视角来呈现这些问题，并分析其背后的体制和观念上的原因。

（一）普遍性问题：不均衡、无合力、政校关系不顺

当前教育现代化推进过程中存在的普遍性问题是：区域之间、城乡之间、学校之间的发展依然不均衡；校外教育机构与学校未形成合力；各行政部门之间、政府与学校之间关系尚未理顺。

1. 不均衡发展问题依然存在

经过十多年的努力，尽管我国东中西部地区教育发展规模和速度上的梯度均衡、城市教育与市郊和农村教育之间的城乡均衡、不同学校之间条件装备等资源配置的校际均衡，已经有了很大的改观，但是不同地区和学校在人员素质、文化品质和质量水平等内涵式发展方面，仍然存在较大差距。

2. 学校内外尚未形成合力

当前社会上的各种补习和培训机构越来越多，从全社会支持学习的角度上看固然不错，但是，学校之外的各种教育机构，其培训目的和方式常常是在迎合"升学主义"的需要，缺少自己独特的教育理想和办学理念，尚未自觉肩负起提升国民素质的责任，也没能对学校系统及学生在校学习提供积极主动的支持。为此，亟须从体制机制上加以规范，加强组织机构的沟通与协作，以共创共享学习化社会。

3. 行政部门之间、政校之间、政社之间关系有待理顺

在教育领域中，教育行政部门的运作需要财政、人事等部门的协调与配合。某省教育现代化系统监测结果显示：2013 年、2014 年、2015 年该省的教育统筹度几乎没有变化，这从一个侧面反映了部门之间协同的不易。在各行政部门之间、政府与学校之间、政府与社会组织之间，类似的沟通不畅、协同不够等问题也比较常见。为此，应从制度层面推进现代化，做到合理放权、有效监权，将学校自主办学的权利和责任落到实处。

（二）东部地区问题：重"普"轻"职"、"公"多"民"少、政强校弱

东部地区在教育现代化推进上可以说是一马当先，积累了丰富的成果与经验，此处不拟赘述，但就问题而言，其主要表现如下。

1. 重"普"轻"职"：出路单一，结构失衡

首先，职业教育投入不足且不均衡。普教与职教分流之后，学生是五五开了，但经费并没有五五开，职业教育经费少且市、区、县之间分配不均衡。职业学校数量少、条件差，这与职业教育成本远高于普通教育的实际极不相符。其次，职业学校享受的资源远远不够，比如职业学校实训基地不能满足学生的要求。最后，职业学校师资力量不足，难以满足职业教育的特点和需求，招聘的教师不能胜任教学任务。另外，大部分家长和学生对职业教育存在误解，即使在常州市、南京市这些职业教育发展较好的地区，家长和学生就读职业学校的意愿仍不够强烈。

2. "公"多"民"少：体制单一，系统活力不足

在浙江和上海，义务教育阶段的民办学校比例达到20%左右，但在苏南五市这一比例不到10%，公办学校可谓一枝独秀。体制单一导致两个突出的问题：一是区域内教师合理流动量小、高级职称满额、中青年教师职称升迁空间紧缩、专业声望的社会确认和自我确认度低；二是进城务工人员随迁子女就读全靠公办学校吸纳，进而带来义务教育阶段教育资源供给压力，原已缩小的班额重新变大，不利于因材施教（即有差异的平等对待）和教育质量提升。显而易见，体制单一使教育系统活力不足，错位竞争、合理流动的局面难以打开。

3. 政强校弱：学校缺少必要的办学自主权

由于长期以来"全能型政府"管控一切的惯性使然，政府对学校的各种事务包揽过多，学校在经费使用、硬件建设、教师任用等方面受到掣肘。随着教育改革的深化，教育治理包括学校治理的现代化越来越成为推进教育现代化的重要和关键领域。过去，我们把教育现代化简单地理解为信息技术和装备等硬件条件的现代化，而今天，人们开始认识到教育现代化的核心在于人的现代化。然而，居间起着联通与转化作用的制度现代化，至今尚未引起足够关注。在调研访谈中，我们与受访者反复讨论了如何在现代治理理念下合理地分权、放权和监权，重建政府与学校的关系，将学校自主办学的责任和权利落到实处，最后达成的共识是要从根本上改变政府单一主体自上而下管控学校的局面，吸引多方主体介入，共同治理学校。

（三）中西部地区问题：有"形"少"实"、班级规模大、教师问题突出、学校缺乏自主权

1. 有"形"少"实"：信息技术现代化存在缺憾

尽管各区县都搭建了学籍、财务、教师管理等信息化平台，但是这些资源在促进教育现代化、提升教育质量方面发挥的作用仍然很微弱，主要的问题有以下两点。一是有的区县缺少整体规划和顶层设计，职责分工的条块化导致部门之间缺少沟通，进而造成信息化开发、建设和应用各环节之间的割裂。有的区县推动机制不健全，只成立了信息中心，没有设置负责管理的部门，责任不明确，致使教育督导中关于教育信息化的考核难以落实。二是课堂中信息化设备使用率低。许多校长表示，年长的教师习惯于传统的教授方式，而课堂上使用信息化设备较多的年轻教师也还处于使用 PPT 阶段，难以做到信息技术与课程、教学、学习及评价的深度融合。与教师使用率低紧密相关的是免费的优质教育资源匮乏，即缺乏可供学校、教师有效使用的优质信息化资料库。有的区县虽注重信息资料库起始的建设和开发投入，但忽视了后续的更新、维护和升级等环节。很多学校最初都配备了较为先进的信息技术设备，但是由于没有后续跟进环节，资源浪费现象大量存在。

2. 班级规模大，严重影响教育质量与公平

大班额现象在西部地区义务教育阶段非常普遍。重庆 T 区中小学平均班额为 60—65 人，最大班额达到 76 人。高中阶段情况更为严重。有的高中规模达到 6000 人，存在一些超大班额的现象。这一方面是因为优质教育资源总量不足，有限的优质教育资源积聚在某些学校，优质学校规模得以扩大；另一方面因为随着城镇化进程加快，流动人口向城区流动，这种人口增长不断给教育施加压力，使大班额现象一时难以消除。大班额会造成教师精力分散，难以全面地了解学生的心理、家庭和学习状况。大班额还造成课堂上互动形式单一，仅限于师生间的少量互动，没有生生之间的互动。在师生互动中也只有教师提问以及让学生演练这两种类型。教师与学生一问一答，学生在互动过程中扮演被动的角色，缺乏进一步的深入交流。

3.教师队伍问题突出：缺编、超编并存，负向流动

教师缺编是重庆 W 区反映最为突出的问题，该区目前缺编教师达 800 人，缺编的原因是"财力不足，没有办法养这么多教师"。教师缺编造成专业教师少（音体美教师缺编最为严重），教师工作量大，班额降不下来，且校聘教师比例大（有的高达 50%），教师队伍质量难以保证，最终影响了教学质量。教师流动是该区促进教师队伍均衡发展的重要举措，但带来的问题也非常突出，例如：人事部门与教育部门之间难以协调，导致流动教师的权利难以得到保障，城区教师流向农村的积极性不高；由于城市学校和学生家长对教师的要求高导致教师工作压力大，且由于缺乏专门的补贴，农村教师不愿意进城（也没有相关强制性要求），造成教师流动以单向为主；教师流动导致教师队伍不稳定，影响了日常教学、教研与学校文化建设工作；流动的教师往往是处于专业化发展关键期的教师，为了职称而选择流动，影响了教师的专业发展。

4.学校缺乏办学自主权

目前学校校长在人、财、物方面均没有足够的决定权，尤其是在教师招聘、招生、教辅资料订阅等方面，校长的权力极为有限。这种情况在西部可能比东部表现得更为突出。教师招聘主要由政府人事部门而不是教研部门负责，学校更没有教师的选择权。招聘教师的准入门槛不高，新任教师中有 70% 不是师范大学毕业生。招人与用人的分离，导致很多进入学校的教师并不符合学校教育教学的要求，只进不出的制度使得学校也没有权力辞退教师。教辅资料都是上级准备好的，但是很多资料对本校学生来说用处并不大。有校长还提到，政府对学校的干预较多，有些不该学校做的事情也让学校承担。当然，赋予学校办学自主权不是一种简单的"放归"，如果不是基于校长的能力建设和责任担当的"放"，很可能是一种灾难。

上述问题都直接或间接地影响了教育的均衡发展，影响了教育现代化的内涵式发展。

（四）评价指标问题：重量轻质、重显轻隐、重共性轻个性

在教育现代化评价指标方面，存在着重量轻质、缺少个性和弹性、重显轻隐的问题，难以体现教育现代化的价值内涵，难以实现"以评促建"

的良好初衷。

1. 重量轻质

尽管人们都明白教育现代化不仅仅是器物层面的现代化，同时还是制度和人的现代化，但许多监测指标都指向容易量化的办学条件和技术装备，如市级财政统筹和转移支付水平、校舍建设达标学校比例与中小学校园网联通率等，却很少有能反映师生现代化素养和品质的指标，如反映教育领导与管理、教学过程中互动状态、师生关系等方面的指标基本没有。这样的指标设置会导致地方上重硬件投入、轻内涵发展，从而使资金投向发生偏差。

2. 重显轻隐

由于量化指标显而易见，所以连带出评价指标重显轻隐的问题。评价指标大多指向办学条件、技术装备等显性对象，既难反映学校对这些条件装备的利用率及使用效益，更难体现教育现代化的实质性内涵。

3. 重共性轻个性

调查还发现，教育现代化评价指标存在着过分强调统一、未考虑地方特色和差异性等问题，这使得指标体系缺少个性和弹性。如在苏州工业园区，由于大量外企入驻，国际社区发展成熟，因而能在教育国际化指标上轻而易举拿到满分，而别的地区由于没有这种条件，开展国际交流与合作比较困难。但这些地区可能有别的优势，如吸纳进城务工人员随迁子女免费入学等，只不过，这些特长和优势得不到承认。

此外，指标体系在类型上重普通教育轻职业教育和特殊教育，在体系结构上重投入和产出、轻过程等问题，也值得关注和反思。

二、教育现代化内涵式发展的路径探寻

教育现代化的推进路径，既不是仅凭理论模型就可以主观预设的，也不是毫无方向的即兴摸索或盲目试误就可以把握的。正确的思路是：有弹性的预设，加上有根据的期待，在持续地破解问题、清除障碍和补齐短板的探寻中，不断反思、不断重建、不断积累，逐渐发现实践推进的行动逻辑，逐步开拓合理而有效的路径。

（一）教育现代化推进路径的层面与类型

鉴于教育现代化多层多维多类型推进的错综复杂特性，我们试从不同视角来理解推进路径。

1. 推进路径的层面视角

概括地说，教育现代化推进主要有区域和学校两个层面。在中国知网以"篇名"为检索条件，输入"教育现代化＋区域"得到文献187篇，输入"教育现代化＋学校"得到文献182篇，颇有些"等量齐观"的意味。

区域层面的教育现代化以行政部门的推动为主导，大抵有省、市、区（县）三个级别。省级层面主要是通过教育现代化评价指标体系及其实施方案来推进地方工作，如京、沪、苏、浙、粤等地都启动了教育现代化监测系统，上海市推进"委托管理"策略来扶持薄弱学校；市级层面出现杭州市政府强力推进"名校集团化"战略以带动优质资源共享、成都市推进教育现代化示范区县建设等；区级层面如合肥市包河区推行了以学校发展规划为载体的协商式发展性督导评估新机制。由政府层面推进教育现代化，确能产生雷厉风行的效应，但能否产生实效则要看一系列保障措施是否落实到位。

学校和学科层面推进教育现代化，情况要稍微复杂一些。推行者或许打的就不是教育现代化的旗号，或者实践者并不一定能意识到自己是在做现代化工作，然而，只要他们的所作所为都关乎教育现代化的核心理念，都暗合教育现代化的旨趣，那么要否认这是学校层面的现代化也难。那些蓬勃兴起的优化管理、提升领导、创新课程、改进教学等路径探索，都有意无意地埋下了现代化的种子，在延伸现代化的行程，在收获现代化的果实……

总之，每一层面的教育现代化推进路径都有自己的方向、目标、侧重点、优势和短处。

2. 推进路径的类型视角

从教育现代化推进路径的类型看，大体有以下六种。（1）"以评促建"路径，即以教育现代化的评价为指引，促进各级各类教育的现代化建设。如多地建立了省市级监测/督导评估指标体系、保障系统和运行机制，或以学校发展规划为载体，在政府和学校之间建立起协商式发展性的督导评估机制等。（2）体制牵引路径。多主体参与、多中心治理有助于打破体制单一、活力不足的困局，通过倡导和鼓励办学体制多元化、办学形式多样化来增进系统活力，以实现多元共治的局面。（3）制度更新路径。制度层面通过引入治理现代化的思路，内外兼治，创新、完善行政部门或学校的制度体系，如深入开展现代学校制度的研究与实践。（4）示范区引领路径。一般是在总体布局下分地区、分阶段进行，且因经济结构、体制形式、文化类型的不同而有不同的推进模式，如苏南五市教育现代化示范区建设。（5）课改导向路径。新一轮课程改革历时十多年，已经在核心素养、课程整合、课程选择等新思路下开启了"再出发"旅程，这一次出发将更加关注制度、文化和人的现代化，是一种落实到人的观念和素养的内涵式的现代化。（6）资源介入路径。多元参与教育治理的另一侧面是社会第三方教育资源的介入，如大学、科研机构、非政府组织介入中小学校，并与其协作共建现代化学校。

（二）教育现代化推进路径的综合视角

从教育系统的构成及其运行的视角，我们可以梳理出如下几类教育现代化推进路径。

1. 要素优化路径

任何系统或组织总是由最基本的元素或要素构成，要素的品质优良与否前提性地决定了整体或系统的品质，因而要素优化是提升系统整体质量的基本路径。在教育现代化的推进中，着眼于物质、技术和工具等要素现代化的主要有信息化、资源配置优化或标准化等。在中国知网以"篇名"为检索条件，输入"教育现代化"查询可知，2000—2016年，讨论教育现代化推进的文献有797篇，其中与信息化关联的有296篇，占比相当大，这与我国教育界从一开始认识教育现代化就将其等同于教育信息技术现代化相关；着眼于教育活动要素优化的文献主要涉及课程改革（15篇）、教学变革（81篇）、校本教研（4篇）、校本培训（6篇）、国际化（23篇）等；着眼于教育中人的要素的文献则涉及教师专业发展（100篇）、校长领导力提升（32篇）、学生发展（21篇）、教师及学生素质（79篇）、学校管理

（39 篇）；着眼于观念要素的文献中，关注质量（50 篇）、公平（33 篇）的多于关注可持续发展（5 篇）的。不难看出，要素优化路径是广受关注的，但就目前所呈现的教育现代化要素研究的状况看，还存在一些盲点和薄弱点。如在篇名中包含"教育现代化"的文献中，涉及"治理"的有 9 篇，涉及"教研"的有 4 篇，涉及"民办"的有 6 篇，涉及"社区"的有 6 篇，涉及"家长"的有 3 篇，涉及"示范学校"和"示范校"的各 3 篇，涉及"终身教育"的有 9 篇，涉及"学习型社会"的有 5 篇（大多数是报道），没有涉及"学习化社会"的文献。也许，将某个要素扩充为某一主题，或者将其置于更高的层次或更大的类别中探讨时，才能更加凸显其研究与实践的意义。

2. 结构调整路径

有了优良的要素，还需置于良好的结构之中，这样才能各归其位、各展其长。正如一名优秀的教师必须处于一所生态良好的学校或一个优良的教师团队之中，才能充分发挥其引领作用；同理，一所优质的百年老校，也必须在一个生态良好的学区中才能发挥出示范辐射作用。而且，根据系统理论关于"整体大于各部分之和"的原理，关系或结构可能使要素之间的互动产生出"增值"效应。近些年来，着意于结构调整的教育现代化推进路径有多种，如提升职业教育发展质量的"产教融合"，协调普教、职教两种基本类型之间结构比例关系的"普职融通"，还有以"体制改革""办学模式多样化"等来调整公办学校与民办学校的比例，使之达到一个合理的状态，从而激发出教育系统内在的活力。制度和政策，在宏观治理层面可以被视作"要素"，然而对基层行政部门或基层学校而言，则起着一种对教育内外部结构关系的规范、调控、组织和推进作用。如校长、教师流动政策，可在城乡教育之间进行人员要素的柔性调配；再如现代学校制度，既适应外部社会发展要求，又保障以学生、学习为核心，还能协调校内校外多种关系；又如监测制度，可以使现代化目标与内容设计、路径选择与实施、适时监控与反馈联结成浑然一体的动态系统。

3. 机制牵引路径

如果考虑到时间要素的介入，还应有一类机制牵引的路径，如利用评价导向和促进作用的"以评促建"机制，用于解决政校关系的督导机制，通过建设"示范区""示范校"以拉动大片区域整体跟进的示范辐射机制，等等。如合肥市包河区在引入华东师范大学和北京师范大学两所大学的专家团队分别进行"规划试点校"和"文化试点校"建设之后，面临一个突出问题：专家撤出后用什么机制来保障规划的落实？以往基础教育行政部门对学校的督导评价都是采用同一套标准、同一个方案，极易导致"千校一面"的同质化发展，体现各校特色的学校发展规划或文化建设规划缺少保障机制。于是包河区决定，区级教育督导部门全程介入每所学校 3—5 年发展规划的制订、论证、实施和评估，形成一种"专家支持、学校主导、督导介入、中期论证、终期评估"的机制，每所学校自主制订的发展目标，也就是区级行政部门的督导目标。这一实践运作逻辑上的创新，不仅使学校与政府的关系得到重建，而且形成以学校发展规划为载体的协商式、发展性督导评估新机制（陈雪梅，2016）。

4. 整体综合路径

我国的教育现代化是处于城镇化快速发展背景下的教育现代化，当某一要素、某一层面、某一局部的教育现代化举措难以奏效时，整体综合式的教育现代化推进也就自然而然地受到特别的关注，城乡统筹或城乡一体化的推进思路也就脱颖而出。西部的重庆市和成都市在这方面的探索成效和经验尤为突出。成都市以统筹方式推进城乡教育一体化发展，以"后进跨越式"区域现代化作为理论框架，提炼归纳出成都市统筹城乡教育现代化的基本模式，即以"信息化、标准化、均衡化"三化联动为基本途径，以"权利保障机制、资源调配机制、质量监控机制"三制并重为运行机制，注重城乡教育现代化与整个区域的城乡经济社会发展的协调关系，从而为建立相关的机制与政策奠定了坚实基础；跳出单一"地域均衡公平"的价值追求，富有前瞻性地从"实质性受教育权利"的角度构建了城乡教育均衡发展制度体系（黄旭 等，2011）。具有"大城市带大农村"鲜明特征的重庆，也在城乡统筹、城乡一体化上做足了文章。课题组对重庆市江北区、铜梁区和万州区的调研发现，这些地区普遍重视以现代技术手段带动农村教育发展，实现城乡资源配置的一体化，鼓励城乡优质教育资源共建共享。

如有的区实施互动学校建设，有的区推行区域内学校捆绑发展机制，还有的区深入实施农村中小学"领雁工程"。在快速城镇化的背景下，城乡一体化发展既是重点也是难点，对全国总体上的教育现代化来说举足轻重。

后面的章节将针对几种主要的教育现代化推进路径展开讨论，此处只略做概述。

三、推进教育现代化的战略思路

在选择和确定不同地区的教育现代化推进路径时，需要综合考虑如下问题。

（一）分层分类评价：以评促建，带动多层多类教育现代化发展

教育现代化评价对教育现代化建设具有很强的导向和促进作用，"以评促建"是一种十分有效的思路。鉴于以往教育现代化评价指标过于统一而缺乏个性、过于强制而缺少自主空间等问题，可以考虑在评价指标的设置上增强个性、地方适切性和弹性；鉴于梯度之间发展水平差异以及地区行政部门重在管理教育而学校重在实施教育的性质差异，可以考虑将东部和中西部、城市和农村、区域行政部门和中小学区分开来，聚焦不同重点，进行分域、分类、分层的教育现代化评价。比如，对区域教育行政部门的评价以治理现代化为主，对学校的评价以人的现代化为核心，这两种评价作为专题性评价项目，聚焦三四个敏感度高、覆盖力强的"核心指标"，并且不追求量化而侧重于对性质的刻画。再如，在城市尤其是东部沿海发达城市突出国际化和开放度，而对农村或新城区学校则强调本土资源开发和地方文化传承。当然，这些专项评估需要以常规督导和系统监测为基础，并架构于教育现代化评价数据库平台之上。

（二）体制机制创新：鼓励社会力量参与办学，增进系统活力

无论苏南五市还是重庆市，都是公办学校一枝独秀，体制单一，活力不足，且少有"管办评"分离、政府购买服务之类的机制创新。因而，迫切需要打破制度壁垒，坚持开放与监督并重，促进社会力量合理参与办学，形成公办、民办教育互补体制和全社会多主体参与教育治理的互生机制。打破制度壁垒、保持开放的态度是民间资本参与办学的基本保障。除了形

成民间资本参与办学的合理机制之外，还可以通过"管办评"分离、政府购买服务等方式，为民间力量参与办学提供渠道。在协调、监督到位的前提下，充分吸纳社会和民间力量参与办学，这无疑有助于促成社会多主体参与教育，形成多中心协同治理的活跃局面。无锡市深化"管办评"分离制度、促进全社会多主体参与的改革实践具有借鉴意义，其主要措施如下：构建政府、专业机构以及社会多元主体参与的科学、规范、公正的教育评价制度；对各级政府履行教育的职责以及学校依法办学的情况遵法加强督导工作；委托第三方专业机构，对学校依法办学的情况进行诊断式评估、发展性评估以及教育质量评价等；就学校办学情况进行群众满意度调查，使社会依法参与和监督教育。

（三）实施特惠政策：为不同类型教育发展补短扬长

对学前教育、特殊教育、职业教育以及中西部欠发达地区教育，尤其是农村、民族地区、贫困地区教育这些教育发展的"短板"，需要有特殊的制度和特惠的政策来加以扶持和促进。南京市政府将学前教育现代化建设水平纳入政府考核体系，专门与各区政府就实施学前教育"三项工程"①和创建"学前教育改革发展示范区"等重点任务签订目标责任状，将农村幼儿园发展纳入各街镇年度目标考核范围。作为国家特殊教育改革实验区，南京市于2015年下发《关于建立南京市特殊教育工作联席会议制度的通知》。特殊教育工作联席会议由分管市长担任召集人，分管副秘书长及市教育局局长担任副召集人，成员由市编办、市发展改革委、市教育局、市民政局、市财政局、市人社局、市卫生局、市残联共8个单位的各相关部门分管领导组成。

南京、常州等城市在"产教融合""普职融通"方面进行了成功的探索与示范（杨小微，2016）。这些成果和经验不仅对东部地区有直接的借鉴价值，而且对中西部探索教育现代化新路也颇有启发意义，有助于促进职业教育现代化的内涵式发展，并形成普教与职教灵活转换、四通八达的"立

---

① "三项工程"是指：实施"幼儿园增量工程"，保障学前教育高水平普及；实施"幼儿园创优工程"，全面提高学前教育优质水平；实施"民办惠民幼儿园促进工程"，提高学前教育公益性普惠水平。

交桥"体制。中西部社会和教育发展相对滞后的地区，尤其是西部贫困地区、民族地区及边疆地区，特别需要国家和省级政府出台特殊优惠政策。同时要组织专题调研，发现、总结这些地区推进教育现代化的典型案例和具有示范意义的经验，通过辐射相关经验和成果，引领这些地区的教育现代化加速发展。

（四）示范区建设：引领更大范围区域教育现代化推进

我国经济社会发展的历史与现实决定了我国教育现代化推进需要分地区、分阶段进行，且根据经济结构、体制形式、文化类型的不同采取不同的推进模式。江苏省在苏南五市现代化建设示范区的基本框架下，发布了相关实施意见和教育现代化评价指标体系，确定教育现代化建设示范区（点），为全国基本实现教育现代化探索路径、积累经验，起到了很好的引领和示范作用。

教育现代化示范区的建设，一方面可以探索道路、反思失误、吸取教训、减少发展的代价，另一方面通过积累相关经验，并加以概括和提炼，可以为教育现代化的战略抉择、路径选择、政策与制度创新提供充分的依据。

（五）宏观微观联动：为教师发展营造良好氛围

能否实现有内涵的教育现代化，教师的素养、精神和态度是关键。我国近些年来陆续出台的一系列关乎教师的政策，如特岗计划、顶岗实习、教师流动、教师培训等政策以及有关教师待遇的绩效工资政策，其初衷是好的，但由于政策条规自身的固化或执行中的偏颇，始终难以起到应有的作用，有时甚至带来负面的影响。这向我们提出了一个新的课题：如何制定合理有效的制度和政策，从宏观上为教师的生存与发展营造出既自由宽松又催人奋进的大环境？如何梳理和提炼以往基层行政部门和一线学校在长期的课程教学改革过程中探索出来的成果与经验，在学校内部建立校本管理、校本教研、校本研修的合理机制，形成良好氛围，以促进教师专业发展？

（六）教育信息化拉动：在现代化进程中实现多要素深度融合

近些年来，教育信息化成为教育现代化实践推进中的实际抓手，但是教育信息化在教育现代化实践中的局限性日益凸显。许多研究者认为，教育信息化的发展应该从硬件建设转向软件建设，使软件资源建设逐步成为教育信息化建设的重点内容，并从数字化教育内容、数字化工具性软件、数字化教育平台三个方面着力推进（王瑛 等，2014）。教育信息化的研究还关注教育信息化在学校管理、教育教学资源整合与共享、课堂教学效率、教育公平等方面发挥作用的策略。有学者指出，推动信息技术与教育的双向融合创新，利用教育信息化破解制约我国教育发展的难题（余胜泉，2012）。

教育信息化研究的另一个聚焦点是关注信息技术在教育管理、学校校园文化建设、课程开发与整合、教学模式等关乎教育质量提高方面进行深度融合的价值与策略，其中翻转课堂、微课、慕课、智慧校园等成为当前关注的热点。在中国知网上，2001—2016 年，"翻转课堂"主题的文章有8044 篇，"微课"主题的文章有6707 篇，"慕课"主题的文章有3829 篇，"智慧校园"主题的文章有1061 篇，可见其热度之高。

值得一提的是，许多研究者也开始意识到过度关注教育信息化会给教育现代化带来的风险。有研究者认为，教育信息化不是实现教育现代化的充分条件，更不是必要条件，过于强调信息技术在教育中的"拓殖"，正是教育现代化的风险所在，这包括信息技术的安全性、破坏性、适用性、效益性等（李芒 等，2012）。

第九章　教育现代化推进路径研究

事实上，在本课题立项之前，国内并无明确的统一的教育现代化"推进路径"（方式、策略等）之说。然而，实践中有关教育现代化推进的各种探索却早已开始。这也符合"实践往往走在理论的前面"的常理，也很好地解释了为什么教育现代化评价指标研制及推进路径在实践中会表现出多元与创生的特点。

本章通过对苏南五市、上海、成都、杭州等地教育现代化"解剖麻雀式"的分析，试图为不同地区、不同学校推进教育现代化提出有建设性和启发性的对策与方法，分别为："以评促建"，实现内涵发展；示范引领，体现协同发展；第三方介入，着力共同发展；城乡统筹，推进区域发展。

同时我们也必须意识到：对于任何一种经验或成果都不能脱离特定的背景脉络及隐含的价值取向来做片面的理解或简单的套用。每一位读者（同时也是研究者）都可以带着自己的经验和认识，以积极参与的姿态加入对本章的阅读与探究。

　　第八章讨论了教育现代化推进的一般路径，本章我们从多个维度探索促进教育现代化发展的可选择的路径。

一、"以评促建"，实现内涵发展

　　我们在第八章指出，"以评促建"是我国行政部门推进教育现代化的核心路径。各级政府或教育管理部门、教育督导机构发布的各种评价指标体系，建立的各种监测系统，都代表行政力量，显示出强大的权威性和影响力。这里选取江苏省和成都市作为例证，探讨"以评促建"这一路径的利弊得失。

　　（一）江苏省教育现代化监测的成效与问题

　　1. 江苏省教育现代化监测的成效

　　早在 1993 年，江苏省教委就正式下发了关于在苏南地区开展教育现代化工程试点的指导文件，标志着全省教育现代化推进工作由单项到综合、由分散到组织化、由感性到理性的阶段性转变，也为 1996 年江苏省委、省政府正式提出并全面推进教育现代化提供了先导性的依据。尽管该试点工作仅推进了 4 年多（1997 年以后因国际国内经济形势变化，暂停试验），但积累了富有意义的经验。这主要体现在以下两点：（1）体现了教育现代化发展目标的全面性和综合性，有利于增强发展方式的科学性与和谐性。试点工作涉及教育理念、教育结构体系、条件装备、师资队伍建设、教学体系和教育管理等六个方面的现代化，集中了教育要素的现代化要求，在本质上反映了在物质、制度和文化观念等多层面同步推进教育现代化的战略意图。（2）注重教育现代化的过程性设计、可操作性和可持续性。试点工作中提出了"重心向下、面向基层，区域推进、分类指导"的工作机制，集中于苏南突破，带动苏中启动，促进苏北少数示范点探索，采取了以教育条件装备现代化为突破口的策略机制，设计了"三主一参与"的推进机制，即"政府负主责，学校为主体，乡镇主阵地，社会共参与"，建立了督导评估的政策引导机制。江苏省教委出台了系列指导文件，直接组织了苏南地区五个试点乡镇的试验和验收工作，建立了各县（市）、各乡镇推进教育现代化的竞争和合作机制，形成了共同发展的良好局面（周稽裘，2008）。

2014年1月，江苏省教育厅举行新闻发布会，宣告启动实施江苏省教育现代化建设监测评估工作。这是加快推进江苏省教育现代化进程的一项重大举措。从全国范围看，江苏省是第一个在全省范围内开展教育现代化建设监测评估的省份。

江苏省政府《关于推进教育现代化建设的实施意见》确定：从2014年开始，对省、市、县三级教育现代化建设工作进行监测评估，并在每年的第二季度发布监测公告。监测评估按照江苏省教育现代化指标体系实施。该指标体系包括8个一级指标，分别为教育普及度、教育公平度、教育质量度、教育开放度、教育保障度、教育统筹度、教育贡献度、教育满意度，并细化为46个监测点。2015年8月、2016年8月，江苏省教育厅、统计局发布了江苏省教育现代化监测评估的年度报告。这里主要以2016年发布的报告为分析对象，其中包含了2014年和2015年的监测数据。

从表9-1a和表9-1b中可以得出如下基本结论：

（1）相比2014年，2015年所有区域得分都有所增长，且起点越高，增幅越小；苏南对苏中、苏北的优势在减小，苏北与苏南的差距由近16分缩小到近10分。

（2）苏南五市（苏州、无锡、常州、南京、镇江）之间的差距越来越小，第一名与第五名之间的差距由2.14分降到1.34分。2015年南通、泰州两市的得分非常接近镇江。

（3）位居末位的宿迁，与第一名的距离由20.67分降到15.54分，差距仍然不小。

2016年发布的监测报告得出五点结论：（1）全省综合得分为78.73分，表明省域总体教育现代化迈入重要阶段；（2）省辖市综合得分均有提高，苏北和苏中各市增幅更为显著；（3）县区综合得分均达70分以上，呈现出"底部抬高、高分增多"的发展态势；（4）苏南、苏中、苏北区域差距进一步缩小，全省教育现代化建设更具均衡性和协调性；（5）高等教育内涵建设与质量指标分值明显提升，表明综合实力和核心竞争力进一步增强。

表 9-1a　2014 年、2015 年江苏省教育现代化监测数据[①]比较

地域	2014年	2015年
全省	71.62	78.73
苏南	87.05	88.58
苏中	81.14	86.14
苏北	71.34	78.81

表 9-1b　2014 年、2015 年江苏省分市教育现代化监测数据比较

城市	2014年	2015年	城市	2014年	2015年	城市	2014年	2015年
南京	87.82	89.32	无锡	86.30	88.59	南通	81.76	87.03
常州	87.40	88.06	苏州	87.93	88.97	盐城	73.37	81.54
连云港	73.92	80.02	淮安	72.07	79.56	泰州	81.28	86.83
扬州	80.38	84.56	镇江	85.79	87.98			
宿迁	67.26	73.78	徐州	70.08	79.46			

从各级指标实现程度看，可以得出如下结论：

（1）一级指标实现程度均超 60%。如图 9-1 所示，8 个一级指标的实现程度分别为：教育普及度 96.3%，教育贡献度 95.3%，教育公平度 89.1%，教育满意度 83.6%，教育质量度 73.1%，教育保障度 72.7%，教育统筹度 70.5%，教育开放度 61.9%。与 2014 年相比，增幅最大的为教育公平度，净增 37.1 个百分点。另有 2 个一级指标数值较 2014 年略有下降：教育统筹度主要由于适度班额指标数值下滑所致，教育开放度主要由于产学研合作指标达成度有所回落导致。

---

① 表中数据为教育现代化建设综合得分。

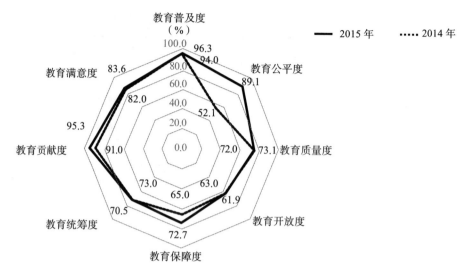

图 9-1　教育现代化一级指标实现程度年度比较

（2）二级指标实现程度快速提升，半数以上指标达成度在 80% 以上
（见图 9-2）。

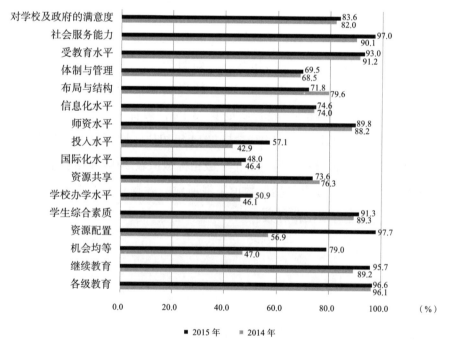

图 9-2　教育现代化二级指标实现程度年度比较

（3）监测点的实现程度持续增长，2015年38个监测点的实现程度超过60%（见表9-2）。

表9-2　教育现代化监测点实现程度年度比较

监测点	2015年实现程度（%）	比2014年增减情况（百分点）
1. 学前三年教育毛入园率	99.5	0
2. 义务教育巩固率	100.0	0
3. 高中阶段教育毛入学率	100.0	0
4. 高等教育毛入学率	87.0	↑2.0
5. 终身学习网络覆盖率	96.0	↑2.0
6. 从业人员继续教育年参与率	93.4	↑12.9
7. 城市和农村居民社区教育活动年参与率 　　其中：老年人年参与率	98.0	↑3.0
8. 入学残疾儿童少年享受15年免费教育的比例	93.5	↑1.3
9. 外来务工人员随迁子女与户籍学生享受同等待遇的比例	93.5	↑2.6
10. 提供多样化教育	50.0	0
11. 义务教育城乡、学校间条件均衡化比例 　　其中：教师合理流动比例	100.0	↑0.7
12. 非义务教育阶段学校公共资源供给	100.0	↑50.0
13. 困难学生受帮扶比例	92.0	↑2.6
14. 思想品德与心理健康	78.7	↑4.0
15. 学业合格率 　　其中：中高等职业院校毕业生双证书获取率	96.3	↑0.3
16. 体质健康测试合格率	99.0	↑1.7
17. 人才培养模式	50.0	0
18. 达到省定优秀标准的各级各类学校比例	36.0	↑1.0
19. 高水平大学数量	66.7	↑13.4
20. 产学研结合水平	62.2	↓17.8
21. 高校学分互认比例	67.0	↑11.5

监测点	2015年实现程度（%）	比2014年增减情况（百分点）
22. 学校、社会教育资源的开放和利用	91.5	↑1.0
23. 本科院校具有海外学习经历的教师和学生比例	60.1	↓1.4
24. 留学生占普通本科高校在校生比例	29.8	↑2.3
25. 职业院校专业课与国际通用职业资格证书对接比例	60.0	↑5.6
26. 财政教育支出预算和决算增长比例	33.3	0
27. 全社会教育投入增长比例	100.0	0
28. 各级教育生均预算内教育经费在全国省份排名	50.0	↑50.0
29. 师德与专业能力建设	79.8	↑2.8
30. 教师学历比例	79.2	↑3.2
31. 教师领军人才数在全国的占比	100.0	0
32. 国家信息化标准达标率	74.6	↑0.6
33. 各类教育协调发展与互通衔接	80.0	0
34. 学校布局与规模合理	95.5	↑5.0
35. 中等以下学校达到适度班额的比例	54.0	↓14.5
36. 公办学校多形式办学	80.0	0
37. 民办教育健康发展	80.0	0
38. 现代学校制度建设水平	79.0	↑15.3
39. 新增劳动力人均受教育年限	96.7	↑1.4
40. 主要劳动年龄人口平均受教育年限 其中：受过高等教育的比例	87.5	↑3.0
41. 技能人才满足经济社会发展需求	100.0	↑7.5
42. 高校科研创新能力	100.0	0
43. 高校应用研究开发成果转化率	89.5	↑16.5
44. 高校毕业生就业率	100.0	0
45. 学生、社会对学校的满意度	80.4	↓0.2
46. 学校对政府管理和服务的满意度	86.8	↑1.6

在 46 个监测点中，实现程度在 60% 及以下的监测点有 8 个，这表明教育现代化推进中仍存在需要补齐的短板（见表9-3）。

表 9-3　实现程度在 60% 及以下的监测点

（单位：%）

监测点	实现程度
24. 留学生占普通本科高校在校生比例	29.8
26. 财政教育支出预算和决算增长比例	33.3
18. 达到省定优秀标准的各级各类学校比例	36.0
10. 提供多样化教育	50.0
17. 人才培养模式	50.0
28. 各级教育生均预算内教育经费在全国省份排名	50.0
35. 中等以下学校达到适度班额的比例	54.0
25. 职业院校专业课与国际通用职业资格证书对接比例	60.0

2016 年发布的监测报告显示，2015 年，在江苏省教育现代化评价指标体系的 8 个一级指标中，"教育开放度"和"教育统筹度"数值较 2014 年略有下降，且实现程度较低，应进一步引起重视并加大建设力度。16 个二级指标中，有 4 个实现程度还没有达到 70%："国际化水平"指标实现程度只有 48.0%，"学校办学水平"指标实现程度为 50.9%，"投入水平"指标实现程度为 57.1%，"体制与管理"指标实现程度为 69.5%。这些指标是体现教育质量、开放水平、教育保障、治理能力的关键指标，须在建设过程中予以高度关注。46 个监测点中，还有 8 个监测点实现程度在 60% 及以下，占比为17.4%。这些监测点集中在教育国际交流与合作（2 个）、财政性教育投入（2个）、布局规模与学校班额（1 个）、优质学校建设（1 个）、多样化教育与人才培养模式（2 个）等方面，它们成为江苏省教育现代化建设的重点和难点。

2. 对江苏省教育现代化监测的思考

动用行政力量进行系统监测是一项十分浩大的工程，不仅工作量大，难度也不小，但是，一旦建立起来并成为常态，也是一件功德无量的好事。

下面结合江苏省2015—2016年发布的报告以及我们2016年1月对苏南五市的调研，谈谈我们对省级层面推进路径的几点思考。

第一，行政的力量是巨大的，但不是万能的。"教育公平度"三年来的数据充分证明了这一点。"教育公平度"实现程度从2013年的46%突飞猛进至2015年的89%，是一个令人惊讶的进步，也显示了"以评促建"路径推进的高效率。但是，在2013年处于"不及格"水平的"教育开放度"和"教育保障度"，到2015年分别达到62%和73%，尽管在两年时间里提升了20个左右的百分点，增幅可观，但终究未能达到像"教育公平度"那样的高度，这证明行政力量有它的限度。另一个一级指标"教育统筹度"，从2013年的61%提升到2015年的71%，也是一个旁证。

同时，还应看到，"以评促建"路径在促进教育内涵发展方面的作用也是有限的。这从"教育公平度"6个监测点2015年的具体数据可窥见一斑（见图9-3）。如"提供多样化教育"是体现内涵发展最典型的指标，然而该指标的监测数据三年间始终停留在50.0%这一尴尬的水平。"义务教育城乡、学校间条件均衡化比例"看起来是指向内涵发展的，因为教师流动的初衷就是以优质师资提升中等地区和较落后地区学校的教学质量，然而，这一举措是否在真实意义上达到了人们预期的效果尚待取证。这一流动政策本身是否合理、是否有效也还存在争议。因此我们不能仅凭100%这一数值就断定条件均衡化的实现意味着现代化内涵的提升。

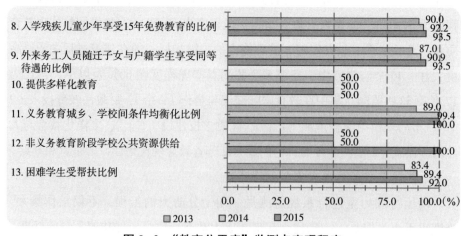

图9-3 "教育公平度"监测点实现程度

第二，"以评促建"路径更适合外延式发展，而要实现内涵式发展，应辅以其他路径。由江苏省教育现代化监测报告可知，"教育公平度"实现程度突飞猛进，三年间猛涨43个百分点，涨幅大的指标基本与经费投入、条件改善和机会公平有关；"教育普及度"次之，提升幅度也相当可观，有17个百分点。然而，三年间"教育质量度"和"教育满意度"的提升幅度却微乎其微，分别为2个百分点和3个百分点，未能显示出"以评促建"路径对内涵式提升的优势。每一种路径或举措总有其长处和优势，也难免有短处或力有不逮的地方，要加以评说比较复杂。但显而易见的是，要实现教育现代化内涵发展，我们可以增加一些辅助性手段措施，也可以到某一个关键点或转折期时另辟蹊径。何种路径更有助于教育的内涵式提升值得深入研究。

第三，评价指标体系的更新与改造应更加关注学校内部公平和内涵式发展。毫无疑问，江苏省作为长三角地区的发达省份，其教育现代化推进已经从关注外延式发展转向内涵式提升，那么其评价的重心也应及时转向关注教育的内涵式发展。比如教育公平就应从关注学生受教育权利的同等尊重、受教育机会的均等获得和优质教育资源的平等享用转向教育过程中的平等对待、差别对待以及特殊教育需求的优先满足上来。我们透过对苏南的调研了解到，江苏省教育现代化指标体系现有8个一级指标、16个二级指标和46个监测点中，其中绝大多数是定量的、直接可测的、突出了条件装备之类具有显示度的指标，却很少有能反映师生现代化素养和品质的指标，如反映教育领导与管理、教学过程中互动状态、师生关系等指标。这样设置指标会导致地方上重硬件投入而轻内涵发展，从而使资金投向发生偏差。诚然，体现教育发展内涵的柔性指标，如学校内部公平、教师专业素养、学生现代素质、现代学校特质等，的确存在难以量化、难以开发、难以准确描述等问题，但指标设计者头脑中缺少对这些问题的关注或回避监测难点也是重要原因。看来，随着教育现代化向纵深推进，解决柔性指标开发的技术难题已经迫在眉睫！

（二）成都市教育现代化监测评估的设计与实施

1. 成都市教育现代化评估指标体系设计的背景

成都市在教育现代化的道路上起步早、步伐大，大胆探索、艰苦实践，其教育现代化水平在中西部一直处于领先位置。早在 21 世纪初，面对国际国内发展新形势，成都市委和市政府便明确提出了"构建西部教育高地，实现成都教育现代化"的重要战略。2007 年 6 月，国务院批准成都市设立为"全国统筹城乡综合配套改革试验区"后，成都市教育部门乘势而为，开启了教育体制改革创新之路。2009 年 4 月，教育部与四川省政府和成都市政府共同签署了共建统筹城乡教育综合改革试验区合作协议。试验区的建立为成都市教育发展带来了新的机遇，也助推了成都市教育现代化的进一步发展。随着《教育规划纲要》的颁布，成都市的教育现代化也迎来了跨越式的发展。2011 年初，成都市委、市政府印发了《成都市中长期教育改革和发展规划纲要（2010—2020 年）》，其中明确提出：到 2015 年，率先在中西部基本实现教育现代化；到 2020 年，率先在中西部全面实现教育现代化，建成高水平学习型城市和教育强市，使成都教育发展水平和人力资源开发水平达到中西部第一、全国一流。教育现代化是成都市"十二五"以来教育发展的主要目标与核心任务，其为成都市教育现代化评估指标体系的产生奠定了坚实的政策基础。

以事实和数据为基础的循证决策是成都市教育现代化实施的关键路径之一。2011 年，成都市教育局提出教育工作要实现"三个转变"，即由模糊向数据转变、由定性向定量转变、由经验向实证转变，由此推动了成都市教育督导监测评价方式的深刻变革（赖配根，2015）。为了使教育现代化政策落地，实现现代化目标，克服标准缺失的困难，成都市着手研制教育现代化监测指标体系。同年 7 月，成都市教育现代化监测指标体系研制论证会议在北京召开。次年 1 月，成都市教育现代化监测指标体系在北京通过了专家组会议评审鉴定。经两次会议讨论，成都市决定采取年度动态监测与阶段性评估相结合、定性与定量监测相结合的方式来推进教育现代化，并逐步形成了"成都市区（市）县教育现代化发展水平监测指标体系及标准"和"成都市教育现代化阶段性督导评估指标"。

2. 成都市教育现代化评估指标体系设计的总体思路和依据

成都市认为，教育现代化首先是教育思想观念的现代化，这是教育现代化的前提；教育制度现代化是教育现代化的关键；学校课程、教学方法和学习方式的现代化是教育现代化的核心内容；教师队伍的现代化是教育现代化的根本；教学手段和教育技术的现代化是教育现代化的基础；教育管理的现代化是教育现代化的保证；教育发展水平的现代化是教育现代化的根本目的和显著标志；人的现代化则是教育现代化的归宿。

教育现代化监测重在关注能够观测、定量评价的内容，如教育发展水平的现代化等。对于观念性的、难以定量评价而只能定性评估的内容，如教育制度、教育管理、教学方法等，则应引入"四点量表法"进行等级评估，再将等级转化成分数，从而达成评价目的，发挥评价功能。

教育现代化监测体系应体现后发追赶型教育现代化的基本特性。世界教育现代化源自欧美的现代化，发展中国家（地区）教育现代化的过程是"全球化"历史进程的一个组成部分，发展中国家（地区）的教育现代化属于后发追赶型教育现代化。在欧美发达国家之后实现教育现代化或者正在推动教育现代化的国家（地区），均存在学习、借鉴和参考教育现代化经验，并追赶或者力争超越的过程。学习、借鉴的经验便成了评价的参考标准。

教育现代化监测的实施应体现通过评价引领发展的价值导向。简言之，即通过评价指标、标准，总结成都市推动教育现代化发展的先进经验，针对监测到的薄弱环节进行改进，发挥评价对区（市）县教育治理、学校治理的现代化和学校教育教学理念与方式现代化的引领作用。

3. 成都市教育现代化评估指标体系及其应用

成都市教育现代化评估采用定性评价和定量评价相结合的方式，主要包括两大指标体系，分别是"成都市区（市）县教育现代化发展水平监测指标体系"（见表6-5）和"成都市教育现代化阶段性督导评估指标"（见表9-4）。

表 9-4　成都市教育现代化阶段性督导评估指标

一级指标	二级指标	评价对象	信息采集方式	评分标准（四点量表）
A1 教育现代化保障制度或者机制（16分）	B1 教育现代化推进文件（方案）、机构（4分）	区（市）县	现场采集资料	优4分；良3.2分；中2.4分；差1分
	B2 教育现代化推进行为（12分）	区（市）县	现场采集资料	优12分；良9.6分；中7.2分；差3分
A2 教育政策和治理的现代化（24分）	B3 教育决策过程的科学性、民主性（4分）	区（市）县	现场采集资料	结合教育现代化发展水平监测指标体系二级指标B31的结果计算：优4分；良3.2分；中2.4分；差1分
	B4 教育政策文本的规范性、操作性、透明性、健全程度（8分）	区（市）县	现场采集资料	优8分；良6.4分；中4.8分；差2分
	B5 年度工作计划的规范性、落实程度（4分）	区（市）县	现场采集资料	优4分；良3.2分；中2.4分；差1分
	B6 教育行动或者解决现实问题依据制度的程度（8分）	区（市）县	现场采集资料	优8分；良6.4分；中4.8分；差2分
A3 现代学校制度建设（22分）	B7 学校章程和制度的规范性、健全程度（6分）	辖区中小学、幼儿园	随机抽选3所学校现场采集资料	优6分；良4.8分；中3.6分；差1.5分
	B8 学校日常管理和问题解决依据制度的程度（8分）	辖区中小学、幼儿园	随机抽选3所学校现场采集资料	优8分；良6.4分；中4.8分；差2分
	B9 学生、教师在学校管理中的参与程度（4分）	辖区中小学	随机抽选3所学校现场采集资料	优4分；良3.2分；中2.4分；差1分
	B10 家长、社区在学校管理中的参与程度（4分）	辖区中小学、幼儿园	随机抽选3所学校现场采集资料	优4分；良3.2分；中2.4分；差1分

续表

一级指标	二级指标	评价对象	信息采集方式	评分标准（四点量表）
A4 现代课堂教学（22分）	B11 学生课堂学习的自主性（16分）	辖区中小学	随机抽选3所学校现场采集资料	由学生课堂自主学习评价量表评出。优16分；良12.8分；中9.6分；差4分
	B12 教学中运用信息技术程度（6分）	辖区中小学	随机抽选3所学校现场采集资料	优6分；良4.8分；中3.6分；差1.5分
A5 现代公民基础文明素养（16分）	B13 班级规章、学校学生管理、学校社团等的参与程度（4分）	辖区中小学	随机抽选3所学校现场采集资料	优4分；良3.2分；中2.4分；差1分
	B14 遵守规则的行为情况（6分）	辖区中小学	随机抽选3所学校现场采集资料	优6分；良4.8分；中3.6分；差1.5分
	B15 环境卫生爱护行为情况（6分）	辖区中小学、幼儿园	随机抽选3所学校现场采集资料	优6分；良4.8分；中3.6分；差1.5分

资料来源：赖配根.循证决策和精准督导：成都教育现代化的关键路径[J].人民教育，2015（16）：38–41.

"成都市区（市）县教育现代化发展水平监测指标体系"涵盖了教育事业发展水平、教育公平和质量、教育经费投入、办学条件及教育信息化水平、师资队伍建设、教育国际化、学习型社会建设水平、教育管理水平和社会满意度8项内容（即8个一级指标）。在33个二级指标中，筛选出3—5岁幼儿毛入园率、义务教育巩固率、高中阶段毛入学率、义务教育校际均衡指数、学生体质健康达标合格率、依法实现教育经费"三个增长"并使财政性教育经费占政府财政支出比例达到要求、班额达标比例、教师学历提高比例等8个指标作为核心指标。

2012年，成都市政府办公厅发出《关于开展教育现代化发展水平监测工作的通知》，决定从2012年起，每年对各区（市）县教育现代化发展水平实施监测。教育现代化阶段性督导评估对象为教育现代化发展水平监测总体达成度达到90%或连续两年达到85%的区（市）县。例如，2014年成都市教育现代化发展水平监测结果显示：全市所有区（市）县教育现代化达成度超过 80%。其中，达成度在 85% 以上的区（市）县有 17 个，达成度在 90% 以上的区（市）县有 11 个。2014 年，成都市青羊区、锦江区、武侯区和新津县通过教育现代化阶段性督导评估。2015 年，成都市教育局按照"监测＋评估"的方式，继续对符合督导评估条件的金牛区、成华区、温江区、青白江区、双流县、蒲江县、都江堰市和彭州市等 8 个区（市）县进行教育现代化阶段性督导评估。

同时，成都市借鉴江苏省、广东省的经验，通过评估评定教育现代化发展水平先进县，推动教育现代化水平提高，确保成都在中西部率先全面实现教育现代化目标。

4. 监测数据分析与应用

成都市在每年进行教育现代化发展水平监测之后会对全市数据进行细致分析，形成年度报告，并反馈到社会和各区（市）县。其中具体内容包括：年度成都市各区（市）县教育现代化发展水平总体情况分析、年度成都市各区（市）县教育现代化发展水平 B 级指标具体情况分析、年度成都市各区（市）县教育现代化发展水平情况分析三大部分，并在每个部分分析结束后提出相应的改进建议。

教育现代化阶段性督导评估主要通过科学的手段和方法，采取随机抽取学校、随机访谈、随机听课、问卷调查等方式，对区（市）县教育现代化保障制度或者机制、教育政策和治理的现代化、现代学校制度建设、现代课堂教学、现代公民基础文明素养等五个方面进行客观评估。评估坚持"以评促建、以评促发展"原则，发现各区（市）县在推进教育现代化工作中存在的问题和薄弱环节，指明改进对策，引导教育行政部门和学校转变观念，完善制度机制，提高教育现代化发展水平。

成都市每年发布的含有大量数据、事实的监测报告是成都市及各区（市）县进行教育现代化决策的主要依据，推动了成都市教育决策的科学化和现代化。同时，各区（市）县在每年监测过程中不断完善和改进教育现代化举措，在数据与事实中寻找不足和短板并加以改进，真正做到"以评促建"，促进了成都市教育现代化总体水平的提高，使成都市教育现代化呈现水平年年稳步提升的良性发展格局。2014 年全国 15 个副省级城市教育现代化水平评价报告显示，成都市教育发展指数在 15 个副省级城市中排名第一，教育公平指数排名第三，其成绩可见一斑。

二、示范引领，体现协同发展

苏南地区包括南京、无锡、常州、苏州和镇江五市，地处长江三角洲核心区，面积 2.8 万平方千米，2015 年末常住人口超过 3300 万。苏南是近代中国民族工业发祥地，是我国科教资源最丰富、经济社会最发达、现代化程度最高的地区之一，肩负着率先基本实现现代化的重任，其教育现代化建设在全国具有重要地位。

回顾苏南教育现代化的发展历程可以发现，以开发区为引领、区域协同发展的线索始终贯穿其中。开发区是苏南经济的重要增长极，开发区的转型是苏南经济社会转型的前提。只有开发区发展，才有苏南的强劲发展；只有开发区转型，才有苏南的成功转型。开发区建设为苏南教育现代化的发展提供了动力支持和方向指引。

（一）一体化基础：苏南教育现代化发展的背景

开发区是苏南对外开放的"主阵地"，是促进开放型经济发展的先导力量。从 20 世纪 80 年代的创业探索，到 90 年代成为外向型经济的"集中高地"，再到 21 世纪成为技术升级、产业结构调整的"助推器"，开发区已成为苏南经济的增长极、外商投资的密集区、重点产业的集聚区和改革创新的先行区。

开发区事实上也切实发挥了"先行区、先导区"的作用，将保增长与促转型紧密结合起来，以国际化的视野构筑现代化新型开发区，主动成为引领苏南经济、社会和教育发展的主导地区和核心地区。2014 年，同济大学发展研究院公布《2014 中国产业园区持续发展蓝皮书》并发布中国产业园区百强榜单，中关村国家自主创新示范区、上海张江国家自主创新示范区和苏州工业园区名列前三名。同年，在中国产业园区百强榜单上，江苏省共有 15 家国家级产业园区名列其中，苏南拥有 11 家，其中苏州 4 家、南京 3 家、无锡 2 家、常州和镇江各 1 家，分别是苏州工业园区（第 3 位）、昆山经济技术开发区（第 9 位）、南京经济技术开发区（第 21 位）、南京高新技术产业开发区（第 22 位）、苏州国家高新技术产业开发区（第 25 位）、常州国家高新技术产业开发区（第 39 位）、无锡国家高新技术产业开发区（第 40 位）、江阴国家高新技术产业开发区（第 63 位）、昆山国家高新技术产业开发区（第 67 位）、镇江经济技术开发区（第 69 位）、江宁经济技术开发区（第 92 位）。

苏南的经济优势为教育现代化的发展提供了坚实保障。苏南也较早发现和充分利用了这种经济优势带来的发展先机，争取到了一些政策，设立了更多的开发区和示范区。以苏州市为例，自 1992 年国务院批准建立苏州国家高新技术产业开发区，1994 年中国、新加坡合作建立苏州工业园区以来，苏州开发区经历了从无到有、从少到多、从弱到强的发展历程。截至 2018 年，苏州市拥有 20 个省级以上开发区，其中国家级开发区有 14 家，数量居全省第一。这些开发区创造了全市 60% 以上的地方公共财政预算收入、70% 以上的地区生产总值、80% 以上的进出口总额。

（二）从点状到协同：苏南教育现代化发展历程

回顾苏南教育现代化发展历程，开发区的引领和支持是一个突出的特征。从时间上看，大致可以划分为四个阶段：乡镇企业支撑的苏南教育自主探索阶段、开发区外贸经济催生的苏南教育现代化的启动与发展阶段、义务教育均衡发展示范区引领的苏南教育现代化快速发展阶段和新型城镇化进程中苏南教育现代化示范区建设和优质均衡发展阶段。

1. 乡镇企业支撑的苏南教育自主探索阶段

改革开放以后，苏南地区的乡镇企业异军突起。1985 年苏南地区乡镇工业产值已是工业总产值的"半壁江山"，1990 年更是形成了"三分天下有其二"的局面。以集体所有制为主的乡镇工业的发展，为小城镇建设提供了有力的资金支持，而国家允许农民自带口粮进城经商务工以及降低建制镇、县级市设立标准的政策，也促进了小城镇的发展。这一时期，苏南地区经济快速发展，乡镇数量不断增加，城市化率也随之上升。1990 年苏州市就已有 71 个镇、95 个乡，城市化率上升到 24.9%，而 1978 年只有16.6%。这一阶段，苏南地区城市化的特点是农村工业化、就地城镇化，俗称"离土不离乡、进厂不进城"。苏州籍著名学者费孝通曾通过对苏州的研究，写出了《小城镇 大问题》等系列著作，引起国内外的强烈反响。

在强劲的乡镇经济支撑下，苏南地区 20 世纪 90 年代初就在全国率先完成了"普九"任务，而且结合经济发展的合理预期，扛起了教育现代化发展的大旗。

2. 开发区外贸经济催生的苏南教育现代化的启动与发展阶段

20 世纪 90 年代初，苏南地区涌现了许多开发区，客观上加快了苏南教育现代化的发展进程。苏州市第一个开发区是 1984 年设立的昆山经济技术开发区，进入 20 世纪 90 年代以后，苏州市紧紧抓住上海浦东开发开放的机遇，先后设立了 5 个国家级开发区、12 个省级开发区以及一大批乡镇开发小区。这些开发区大多依托老城（镇）区设立，在开发之初就作为现代化新城区（新镇区）规划的一部分，开发区的建设有力地推进了苏州的城市化进程。苏州市中心城区在此阶段初步形成了"古城居中、一体两翼"的格局，市区城市建设用地由 1990 年的 37.1 平方千米扩展到 2000 年的 86.5 平方千米，增长 133%。在发展"一镇一品、一镇多品"、形成特色产业集群的同时，苏州市逐步将乡镇整合到 129 个。2000 年，苏州市的城市化率提高到 42.9%。无锡市于 1992 年获批首个开发区——无锡国家高新技术产业开发区，经过 18 年从无到有的发展，形成了以特色产业、现代化新城为主的各类省级以上开发区 15 个，开发区经济总量占全市经济总量的50% 左右，外资占全市的 88%，外贸出口占全市总量的 3/4 左右。近十年来，无锡市 75% 的利用外资落户开发区，60% 的外贸出口来自开发区，1/3的地区生产总值和财政收入来自开发区。开发区的总体实力不断增强、区域功能逐步完善，对于无锡市的综合实力提升、对外开放、体制创新、产业集聚和城市发展发挥了巨大的带动作用。

在诸多开发区的带动下，苏南也率先创建了一批教育现代化示范乡镇，建立了开发区教育实验区，初步形成了基础教育、职业技术教育、成人教育和地方高等教育协调发展的社会主义教育体系，为乡镇企业的崛起和外向型经济的扩展创造了良好的软环境。1993 年，为贯彻落实邓小平同志提出的"江苏要比全国发展快一些"的精神，江苏省教委印发了《关于在苏南地区组织实施教育现代化工程试点的意见》，苏南各市按照文件要求，提出了各自的教育现代化发展规划。例如，苏州市委、市政府提出了"不失时机推进教育现代化，赶超亚洲四小龙"的战略构想。1994 年，苏州市教委发布《关于加强现代化示范学校和教育示范乡（镇）建设的意见》，239 所各级各类学校被纳入创建计划，14 个乡镇被列为首批试点单位。1996 年又制定了《苏州市教育基本现代化实施纲要》，明确到 20 世纪末教育总体水平达到中等发达国家 20 世纪 90 年代初的水平。

到 20 世纪末，苏南地区基本普及了高中段教育，新增劳动力平均受教育年限达 11 年，高等教育毛入学率达 30%。在江苏省乡镇实施教育现代化工程观摩交流会上，苏南城市的典型代表——苏州市的教育现代化发展经验得到了充分肯定。2000 年，苏州市 129 个乡镇中有 122 个达到省、市教育现代化基本标准，比例达 94.6%；一大批省实验小学、省示范性初中、省重点中学、国家示范性高中、省重点职业中学迅速成为苏州教育的主体。总体上看，苏南教育现代化的快速发展客观上得益于这种以对外贸易为主导的开放型经济样态。

3. 义务教育均衡发展示范区引领的苏南教育现代化的快速发展阶段

进入 21 世纪以后，苏南教育现代化发展主要以贯彻落实中共中央、国务院《关于深化教育改革全面推进素质教育的决定》为契机，以创建江苏省教育现代化先进县（市、区）为抓手，创造性地实施各级各类现代化学校评估标准，统筹各级各类教育协调发展，完善现代国民教育体系和继续教育体系。2003 年，苏南的绝大部分县（市、区）先后接受省级评估，达到了江苏省县（市、区）教育基本实现现代化建设标准。其中，苏州市各县（市、区）全部达标，且 2004 年率先普及了高等教育，当时下辖的 5 个县级市实现"市市有高校"。2005 年，江苏省委、省政府出台了《关于加快建设教育强省　率先基本实现教育现代化的决定》，要求探索建立义务教育免费制度，率先基本实现教育现代化。之后，苏南各市先后出台农村村小现代化建设评估标准、教育现代化小学评估标准、教育现代化初中评估标准以及外来民工子弟学校评估标准，督促各县（市、区）以评估促建设，补齐教育发展短板。2007 年，苏南的大部分县（市、区）通过了省县（市、区）教育现代化建设水平评估，多个县（市、区）被评为省幼儿教育和义务教育均衡发展、全面实施素质教育先进县（市、区）。

苏南各市高度重视教育发展，均把义务教育作为教育工作的重中之重，把实现优质均衡发展作为义务教育的重中之重，坚持义务教育与经济社会发展相适应、与城乡一体化进程相协调，加强统筹领导，加大教育投入，努力使每一所义务教育阶段学校条件大致相当、办学各有特色。2009 年，苏州市下辖的张家港市、常熟市、昆山市、太仓市、吴江市、高新区、沧浪区等被评为省义务教育均衡发展先进市（区），苏州市被教育部评为"全国推进义务教育均衡发展工作先进地区"。同时，苏南义务教育均衡发展水平位居全国同类区域前列。

2010 年 5 月，江苏省政府在苏州市召开全省义务教育优质均衡改革发展工作会议，全面部署整体推进义务教育优质均衡改革发展工作，启动省级义务教育优质均衡改革发展示范区建设。这标志着教育现代化发展新阶段的开启。

4. 新型城镇化进程中苏南教育现代化示范区建设和优质均衡发展阶段

党的十八大以来，国家提出了新型城镇化发展战略，这是中央基于对原有粗放型城镇化建设的反思提出的新型经济社会发展战略。它强调坚持以人为本的理念，以新型工业化为动力，以统筹兼顾为原则，推动城市现代化、城市集群化、城市生态化、农村城镇化，全面提升城镇化质量和水平，走科学发展、集约高效、功能完善、环境友好、社会和谐、个性鲜明、城乡一体、大中小城市和小城镇协调发展的城镇化建设路子。在新型城镇化建设背景下，苏南教育现代化发展也进入了构建教育现代化示范区的新阶段。例如，苏州市 2010 年出台了《苏州市中长期教育改革和发展规划纲要（2010—2020 年）》，提出到 2020 年率先实现教育现代化的奋斗目标；还出台了《关于加快实现城乡教育一体化现代化的意见》，提出城乡学校的"六个统一"：统一管理体制、统一规划布局、统一办学标准、统一办学经费、统一教师配置、统一办学水平。2011 年，苏州市先后启动国家学前教育改革发展示范区、国家苏锡常义务教育优质均衡改革发展示范区、省职业教育创新发展实验区、"开展地方政府促进高等职业教育发展综合改革试点"等试点项目。2012 年，苏州市强化教育就是服务的理念，通过成立教师发展中心、教育惠民服务中心、学生资助管理中心等举措，积极构建服务型教育体系。2013 年，苏州市紧扣"学有优教"这一中心，明确提出"让人人享有公平、优质、适切的教育"的苏州教育梦。

在这股示范区建设的历史大潮中，苏南充分发挥教育服务经济社会发展的功能，牢牢把握住推动优质教育资源提升这个着力点，充分发挥教育现代化示范区的引领和带动作用，为促进江苏省率先实现教育现代化做出了重要贡献。

（三）示范区引领：勾画苏南教育现代化未来图景

苏南教育现代化建设示范区和国家自主创新示范区，是江苏省率先实现教育现代化的有力支撑，它们也在为全国教育现代化建设先行探路。

1. 苏南教育现代化建设示范区的建设规划

2013 年 4 月，经国务院同意，国家发展改革委正式印发《苏南现代化建设示范区规划》，标志着我国第一个以现代化建设为主题的区域规划正式颁布实施。同年 5 月，江苏省出台了《关于推进教育现代化建设的实施意见》，确定苏南五市整体作为"苏南教育现代化建设示范区"。2014 年 10 月，国务院批准支持南京、苏州、无锡、常州、昆山、江阴、武进、镇江等 8 个国家高新区和苏州工业园区建设苏南国家自主创新示范区。作为全国首个以城市群为基本单元的自主创新示范区，苏南在探索中国特色自主创新道路征程中肩负着重大使命。当前，教育现代化建设面临新的形势，特别是经济社会发展进入以中高速、优结构、新动力、多挑战为主要特征的"新常态"，深化教育领域综合改革，加快苏南教育现代化建设显得尤为必要和重要。

规划建设苏南现代化建设示范区，是国家着眼于社会主义现代化建设全局做出的重大战略决策，是我国现代化进程中的重要里程碑，是落实习近平总书记对江苏省提出的"深化产业结构调整、积极稳妥推进城镇化、扎实推进生态文明建设"三大重点任务的重要举措。教育现代化是苏南现代化建设示范区建设的重要内容。建设苏南教育现代化示范区，有利于苏南创新教育发展模式，进一步提升区域教育发展质量，在更高层次上加快区域教育现代化建设；有利于促进长江三角洲地区乃至东部地区提升教育整体质量和区域软实力，为中西部地区提供教育现代化发展现实经验和有效路径，推动全国教育现代化区域协调发展；有利于探索中国特色社会主义教育现代化建设的一般规律，推动我国现代化建设"三步走"战略顺利实施，为坚持和发展中国特色社会主义、实现中华民族伟大复兴的"中国梦"做出积极贡献。

2. 苏南国家自主创新示范区的教育引领与突破

苏南是我国科教资源最丰富、经济社会最发达、现代化程度最高的地区之一。面对深化改革开放和创新驱动转型的迫切需求，江苏省委、省政府审时度势，将创新驱动发展作为核心战略，把建设苏南国家自主创新示范区作为落实《苏南现代化建设示范区规划》的核心内容和重大任务，通过体制机制创新和先行先试，统筹规划苏南产业创新布局，以国家高新区为依托，加快形成发展有序、功能互补、效能提升的发展格局，为建设国家自主创新示范区打下良好基础。

苏南国家自主创新示范区瞄准"创新驱动发展引领区、深化科技体制改革试验区、区域创新一体化先行区"的战略定位，服务于现代化建设总要求，力争建成具有国际竞争力的创新型经济发展高地。依据《苏南国家自主创新示范区发展规划纲要（2015—2020年）》，到2020年，苏南国家自主创新示范区创新体系整体效能显著提升，科技体制改革取得重要突破，创新一体化发展的体制机制基本形成，自主创新能力大幅提高，建成一批一流创新型园区，成为具有国际竞争力的产业科技创新中心和创新型经济发展高地；辐射带动能力显著提升，苏南人均地区生产总值达到18万元，全社会研发投入占地区生产总值的比重提高到3%，高新技术企业超过10000家，科技进步贡献率超过65%，集聚一批具备全球视野与战略思维的创新创业领军人才，涌现一批拥有国际知名品牌和较强市场竞争力的创新型企业，培育一批具有自主知识产权和高附加值的战略性新兴产业。

对照苏南国家自主创新示范区建设的目标，苏南将着力破解教育现实难题，向着更加优质、更加均衡、更加适切的方向发展；瞄准世界教育发展前沿和实现"两个率先"的目标，提高基础教育普及质量和教育质量，增强职业教育技能技术人才培养能力，显著增强高等教育社会服务能力，使教育发展水平主要指标达到发达国家平均水平，教育现代化和建设学习型城市工作走在全国前列。

3. 苏南教育现代化发展面临的问题与挑战

改革开放以来，苏南始终重视教育对经济社会发展的基础性作用，在教育现代化的每一个发展阶段，都适时地根据经济社会发展的不同特点，确定教育现代化的阶段重点和推进策略。"发展教育也是发展经济，而且可以更好地发展经济"是苏南各市共同的发展理念。各市积极统筹教育与经济、社会的互动发展，统筹区域教育的均衡发展，统筹基础教育、职业教育、高等教育、成人教育、农村教育等的协调发展，形成现代化大教育格局，为苏南经济社会发展提供了强大的智力支持和有力的人才支撑。

但是，在实现新一轮转型提升的过程中，苏南教育还面临着一些现实问题亟待解决：（1）要实现教育现代化的内涵发展须突破一些传统思想和固有模式的阻碍。素质教育任重道远，教育的目的、内容、方法还不能很好地适应培养面向未来的现代人的需要。（2）"大教育"的系统思维和顶层设计还不够，学习化社会、人才成长和学习"立交桥"建设的统筹力度不够，教育主动服务经济社会发展的认识和能力需要进一步提高。（3）对制度层面和精神层面的现代化重视不够，教育人才队伍成长的内生动力不强，具有区域特色、标识意义的教育品牌不多，教育评价体系和评价制度相对滞后，区域教育发展水平的监控力度不够。（4）教育体制机制创新力度不够，办学模式、办学体制多元化还存在理论和实践"两张皮"现象，学校自主发展的内在动力还不足，教育政策、教育服务的社会化程度有待提高。

在创建苏南教育现代化建设示范区和国家自主创新示范区的大背景下，尽快破解这些难题，是促进苏南教育在新时期优质均衡发展的重要途径，同时也是为国家、江苏省实现教育现代化积累必要的现实经验。

（四）先行先试：苏南教育现代化发展的基本经验

苏南教育现代化30多年的发展，从整体上来看，遵循的是开发区引领下的后发赶超型发展路径，具体表现为先行先试、城乡一体、协调均衡、示范引领。关键因素为政府主导下的统筹规划，教育与经济的互相支持，体制机制的区域搞活，重教传统的文化涵蕴。

第一，苏南教育现代化是区域整体现代化进程的重要组成部分，发挥着人才培养和智力支撑的重要作用；同时，经济社会的发展又为教育现代化提供了坚实充分的保障条件。教育与经济的互动促成了开发区的建设和发展。

苏南在区域发展顶层设计中确立了教育优先发展的战略地位。改革开放初期，苏南各市就把"科教兴市"确立为经济社会发展的主体战略之一，并把教育现代化作为一项极其重要的奠基工程，始终坚持教育优先并适度超前发展。

（1）通过规章制度强化教育现代化的规划与落实。苏南的教育现代化从根本上讲是政府强力推进的结果，从规划到实施、从投入到评价、从区域到学校，都是在"大政府"的统筹规划、协调推进下发展的。在这一过程中，苏南各市建立了一些有代表性的制度，如苏州市的教育发展目标责任制，即每年初召开全市教育工作会议，由市长和各区、县（市）政府一把手签订教育发展年度目标责任书；每年终邀请市四套班子分管领导组成联合检查组，对各区、县（市）教育发展年度目标进行验收、评估、考核，并公布评估结果。

（2）独特的经济转型方式奠定了教育发展的社会基础。改革开放后，为促进区域经济整体协调发展，尽快缩小城乡差距，苏南出台了一系列城乡一体化发展策略。如苏州市出台的"三大合作"（社区股份合作制改革、土地股份合作制改革、农民专业合作经济组织建设）、"三个置换"（集体资产所有权、土地承包经营权、宅基地及住房置换成股份合作社股权、社会保障和城镇住房）、"三个集中"（农户向社区集中、承包耕地向规模经营集中、工业企业向园区集中）、"三大并轨"（城乡低保、养老保险和医疗保险乡市同一标准）。实施这些策略的直接结果即是城乡差距明显缩小，县域经济特别是乡镇经济得到快速发展。

第二，城乡教育一体化是苏南教育的突出特征，这一特征的出现是苏南城乡统筹发展、一体推进的自然结果，也是经济、社会、文化等多种因素共同作用的结果。

乡镇经济的异军突起带来了苏南县域经济的快速发展和整体均衡。借助毗邻上海、地处长三角腹地的区位优势，苏南的张家港、常熟、昆山、太仓、吴江、江阴等县级市经济总量迅速提升。这一方面大大提升了苏南地区的经济基础，另一方面也种下了县域经济优于市域经济的种子，为后来的城乡协调、一体化发展奠定了重要的经济和社会基础。

崇文重教的文化传统滋养着苏南教育现代化快速发展。"崇文"和"治生"是吴文化的关键特征，前者意味着知书达理、温文尔雅，后者代表着泰然处世、和睦久长。重视教育的观念深植吴文化之中，所以教育现代化的战略发展拥有内在的文化支持和广泛的社会基础，其得以快速发展自在情理之中。

活跃的经济和包容的文化使众多外来务工人员涌入、定居苏南并成为这里的新市民。当本地劳动力无法满足经济发展需要时，劳动力输入是自然趋势。以赚钱谋生为初衷的外来务工人员，面对适宜的气候条件、包容的苏南文化、良好的城市建设、优越的教育条件、乐观的经济前景时，自然会定居下来成为新市民，成为苏南经济社会发展潜在的人力资本。

教育政策及发展规划的城乡统筹兼顾，是苏南城乡教育一体化发展的主要动因。例如，苏州市先后出台了《苏州市教育基本现代化实施纲要》《关于加快建设教育强市率先实现教育现代化的决定》《关于加快实现城乡教育一体化现代化的意见》等文件，把科学规划学校布局、合理配置教育资源，作为促进教育均衡发展的重要内容常抓不懈，基本形成了覆盖城乡、布局合理、发展均衡的教育体系。总体上看，政府主导、统筹推进、大力投入、均衡发展是苏州市教育现代化发展路径的核心要素和内在逻辑。

"大政府"主导的教育发展格局是苏南教育现代化取得如此成就的根本原因，但同时也带来了教育自身活力不足、学校自主权有限、管理体制机制的应变性有待加强等几个制约教育现代化继续发展的问题。当外延式教育现代化走到尽头，依靠经费投入可以立即实现的事情都做完后，关注人的现代化、坚持内涵式发展就成为苏南教育现代化未来发展的必然选择。

三、第三方介入，着力共同发展

（一）上海市基础教育委托管理

1.上海市基础教育委托管理的背景

2007 年 3 月，上海市教育委员会发布了《以教育内涵建设项目推动郊区义务教育均衡发展的实施方案》，要求实施农村义务教育学校委托管理工作（以下简称"委托管理"或"托管"），通过委托管理，积极推进优质教育资源向郊区农村辐射，提升郊区农村学校的教育教学质量和管理水平，弥补上海教育发展的短板，从而整体提升上海教育现代化水平。

上海作为一座国际化大都市，不仅经济发展处于全国领先地位，教育同样走在全国前列：1958 年已经基本普及了小学教育，1985 年率先通过了普及义务教育条例，1993 年在全国率先普及了九年义务教育。但是，教育的先进并不意味着不存在发展的短板。由于历史的原因和客观条件的制约，上海优质教育资源集中在中心城区，城乡教育差距明显，甚至同一区域内各乡镇之间教育水平也存在较大差距，导致择校现象屡禁不止，大量学生流向中心城区，农村学校则"积弱积贫"。要遏制择校热，必须缩小城乡、区域之间教育差距。为此，上海市陆续采取了一系列措施，如实施中小学标准化建设工程等，大大改善了初中、小学的办学条件。同时，加大市级财政对义务教育的转移支付力度，确保新增教育经费重点向郊区转移，加大对远郊地区教育经费的投入力度，如 2006 年用于资助郊区、农村发展义务教育的经费达 3.9 亿元，重点向远郊崇明、奉贤、金山、南汇倾斜（王湖滨 等，2011）。在种种措施的保障下，郊区中小学在硬件设施配备方面与市区学校几乎不存在差距，甚至好过市区学校。然而，在硬件条件不断改善的情况下，择校现象依然存在，这主要是因为在基本教育需求即"有学上"需求得到满足后，人民群众对优质教育需求不断增加，要求子女能够"上好学"。上海城乡教育的差距主要不在硬件而在软件，即学校的内涵发展方面，如教师队伍、学校办学理念等。促进郊区农村学校内涵发展既是上海市推进区域教育均衡发展的重要内容之一，也是教育公平的重要保障，还是上海率先实现教育现代化必须首先解决的重要问题。

扩大郊区、农村地区优质教育资源，提升教育整体水平有两条途径：一是引入优质教育资源，扩大其总量；二是加强自身建设，扩大其存量。实践证明，引入优质教育资源、扩大总量是一条便捷之路，能够在短期内提升薄弱地区薄弱学校的教育水平。上海市义务教育委托管理模式中的支援方主要是中心城区的优质学校和教育中介机构。将中心城区的优质教育资源引入薄弱地区，能够激活其发展动力，从而扩大薄弱地区优质教育总量。然而，在现行属地化管理体制下，学校人、财、物的流动有限。通过委托管理，支援学校（机构）派托管团队进驻受援学校，政府拨付专项经费，有些区县也提供了数额不等的经费，这在很大程度上促进了人与物的有效流动。

探索"管办评"分离与联动机制，推进教育治理体系和治理能力的现代化，是委托管理的重要任务。义务教育作为一种强制性教育属于基本公共服务体系内容，理应由政府提供，但政府在其中的角色该如何定位却值得思考。在我国传统教育行政管理体制下，政府集教育的"管办评"于一体，缺乏公众的参与，形成"大政府小社会"的局面，政府成为"全能型"政府，包揽了教育宏观、中观和微观层面的一切事务。

随着社会的发展，这种教育管理体制面临着诸多挑战。一是教育需求的多样化。当代社会，公民的民主、权利意识日益增强，对切身利益关注度不断提高，教育需求日益多样化，仅依赖政府难以满足人民的多元需求。二是教育服务提供主体多元化。市场经济体制下，市场主体更贴近消费者，对消费者的需求更为敏感，因而在教育资源与教育服务的提供方面存在一种比较优势，这必然会对传统教育管理体制形成冲击。三是教育中介组织的专业优势日益凸显。在西方，政府之外的教育服务提供者还包括营利性和非营利性的中介组织，这些组织具有较强的专业性，比政府更熟悉学校办学的微观层面。近年来，我国教育中介组织经历了从无到有的过程，虽然仍不完善，但其优势正日益凸显，政府应为其发挥优势搭建平台。四是学校办学自主权的落实与扩大。《教育规划纲要》第十三章明确提出要建设现代学校制度，而建设现代学校制度的题中之义就是要落实和扩大学校办学自主权。要落实学校办学自主权，必然要理顺政府与学校之间的关系，

"重新界定政府在学校实现法人治理过程中应该履行哪些义务，享有哪些权利，并且据此重塑政府角色，以保障学校真正能够做到自主办学"（杨琼，2011）[204]。

在此背景下，面对来自民众、市场、社会及学校各方的挑战，政府必须转变其职能，重新厘定与理顺政府、社会和学校之间的关系，实现从管理到治理的转变，提升公共服务的水平与质量，加快推进教育治理能力的现代化。

2. 上海市基础教育委托管理的概况

第一，委托管理的发轫与发展。上海市基础教育委托管理发端于浦东新区实践。2005 年 6 月，国务院批准浦东新区为全国首个综合配套改革试验区，将浦东战略发展重点确定为转变政府职能，打造一个公共服务型政府。浦东新区针对区域教育基础相对薄弱、优质教育资源短缺且城郊发展不均衡的现状，在教育体制机制方面开始先行先试，积极探索"小政府、大社会"框架下"政府主导、社会参与"的教育行政管理模式创新。在此背景下，浦东新区自 2005 年开始实施公办学校"委托管理"，由政府出资将所属公办学校东沟中学委托给上海成功教育管理咨询中心管理。这种新的实践模式和机制创新引起包括上海市政府在内的各方关注。四年的实践证明，东沟中学经过托管后发生了"蜕变"，从一所"困难校"跃升为同类学校中教育质量名列前茅、社会认可的合格学校。鉴于此，从 2007 年起，上海市教委将该模式推向全市，作为上海市推进区域教育均衡发展的一项重要举措。全市推广的委托管理模式基本延续了浦东新区委托管理模式的基本思路，通过政府购买服务的方式，将农村薄弱学校委托给专业教育机构或中心城区优质学校管理。委托期间，受援学校的原有隶属关系不变，支援学校和机构依协议享有相应的办学自主权。其目标是通过引入城区教育的智力资源和知识产品，改变农村旧有的教育传统与习惯，提高学校管理水平和教育教学水平，培育和催生一批新的优质教育资源，形成多元的教育格局与教育文化（朱怡华，2011）。

上海市基础教育委托管理项目两年为一轮，从 2007 年启动到 2017 年已经完整实施五轮。参与委托管理的支援主体一般为中心城区的品牌中小学及长期从事教育研究与实践的教育专业机构，受援学校则为郊区农村义务教育阶段办学相对薄弱的学校。图9-4反映了五轮委托管理支援机构和受援学校的数量，第一轮支援机构为19个，受援学校为20所。鉴于第一轮委托管理取得的成效，第二轮双方数量几乎都扩大了一倍，后面三轮双方数量则与第二轮基本持平。五轮托管农村学校累计208所，惠及4400余个班级、15万余名学生。

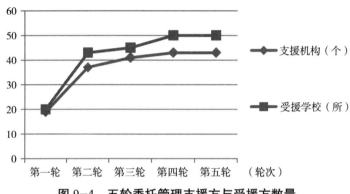

图9-4　五轮委托管理支援方与受援方数量

第二，委托管理的特点。上海市在学校委托管理过程中强调团队契约式托管，在学校的国有产权属性不变、行政区划和隶属关系不变的前提下，将学校的办学管理责任转移委托外包给专业机构或优质学校，要求参与委托管理工作的品牌学校或中介机构应有3名以上管理人员或教师常驻受援学校，且管理人员不少于1人。为了加强监管，支援机构必须与被托管学校所在的区县政府或教育主管部门签订托管协议，明确双方的权利义务和托管内容与目标，以更好地规范托管工作，推动托管学校健康发展。在托管期间，支援学校（机构）具有一定的办学自主权，以推动学校变革，从而加速薄弱学校和新建学校的软件建设，推动基础教育学校的均衡发展。各受援区县教育局的职责在于加强过程管理，做好托管方案的评估认定、托管过程的跟踪指导、托管中期评估、托管学校的年度督导及考核等各项工作。

从上海市教育委托管理的实践来看，具体的责任主体转移方式并不相同，可分为三种类型：一是支援方派人员入驻受援方担任校长；二是支援方和受援方共同建立管理委员会，或称"组委会"；三是以受援方为主体、支援方派校长助理和教师予以多方支持（刘荣飞 等，2007）。

（1）以提升学校内涵为目标的全面管理。委托管理是上海市基础教育从外延式发展向内涵式发展转向阶段采取的重要措施。委托管理与传统的支教、帮扶结对（更关注教学及教师的成长）不一样，采取缔结契约转移办学责任、团队进驻提升办学水平的方式，对郊区农村义务教育阶段相对薄弱学校开展包括办学理念、文化建设、队伍培养等在内的全方位管理，目的在于促进受援学校的内涵发展，提升其整体办学水平。

在实践中，支援学校（机构）会对受援学校进行深入的前期调研，在此基础上，与受援学校共同制定学校三年或五年发展规划，建立健全各项规章制度，实施精细化、规范化管理，培养其"造血"功能，为受援学校的可持续发展奠定基础，避免因委托管理结束导致受援学校退回到原先的状态。

（2）由第三方教育评估机构提供质量保障。基础教育学校委托管理的动因之一是政府探索"管办评"分离与联动的机制，以提高政府公共管理水平。那么，委托管理的质量该如何保障？该由谁来保障？委托管理作为一项具有开创性的教育改革探索，在实施过程中必然会遇到种种困难或障碍。减少各种障碍及其带来的一系列消极影响，确保政府投入资金安全，扩大其产出效益，真正起到促进教育均衡发展的作用就显得非常重要。为此，上海市教委从委托管理政策出台之时起，就将基础教育学校委托管理的质量保障放在非常重要的位置。

在现代教育治理体系下，向教育中介机构购买服务是政府转变职能的重要体现。在进行委托管理工作顶层设计时，上海市教委便安排了第三方进行绩效评估的监督机制，对托管工作的产出进行评价，形成绩效问责机制。为了增强评估的客观性、科学性和公正性及实现"管办评"分离目标，上海市教委委托上海市教育评估院负责对托管工作进行整体设计和全程实施。经过周密设计，整个评估过程分为四个阶段：一是初态评估，在项目启动时进行；二是托管方案论证评估；三是中期评估；四是绩效评估。通过全程分段评估，加强过程管理和调控，保障了托管项目的绩效，也提升了评估的可靠性。

3. 上海市基础教育委托管理的成效

事实证明，上海市基础教育委托管理工作成效显著。五轮绩效评估报告显示，委托管理在加强郊区农村学校内涵建设、缩小城乡教育差距方面发挥了积极作用。经过托管，农村薄弱学校在学校管理、课堂教学、教师专业发展和学校文化培育等方面有了较大变化，不少学校整体办学水平在原有基础上有了较大提升，社会声誉有所提高，人民群众的满意度也有不同程度的提高。此外，不少区县模仿市级委托管理开展区域内委托管理，由此产生了"连锁效应"。具体而言，委托管理的成效主要体现在以下几方面。

（1）推进城乡教育均衡发展，提升了上海教育现代化水平。委托管理打破了传统教育资源的区域限制，实现了优质教育资源城乡共享，为促进城乡教育均衡发展和教育公平、整体提升上海市教育现代化水平发挥了积极作用。2009 年，上海首次参加 OECD 组织的 PISA 测试。测试结果显示，上海学生在阅读、数学及科学三个领域的成绩在参与本次测试的 65 个国家和地区中均获得第一。不仅如此，通过 PISA 2009 的阅读成绩来测算校间均衡水平显示，与 OECD 平均值相比，上海全体样本（即包括初中和高中）所代表的学校体制间均衡度相差不多，但上海初中学校间的均衡性更好；在 PISA 2009 测试中，中国上海与中国香港、韩国、芬兰、加拿大等国家和地区一起，属于"高质量、高均衡"类别（国际学生评估项目中国上海项目组，2010）[43-46]。2012 年，上海第二次参加 PISA 测试，上海学生在数学、阅读和科学三个领域中的平均成绩再次均列首位，同时，上海初中阶段学校间均衡度仍然高于 OECD 平均值。委托管理作为推进城乡教育均衡发展的一项重要举措受到了国内外媒体的关注。OECD 来沪探寻"奥秘"，拍摄的委托管理专题片在 65 个国家和地区播放。

（2）受援学校内涵建设取得一定成效。委托管理旨在提升受援学校内涵建设水平。托管期间，各校积极参与托管工作，立足校情，主动作为，在师生发展、学校管理与教学改革、学校文化培育等方面取得了不同程度的成效。据上海市教育评估院的委托管理绩效报告显示，就学校内涵发展而言，每一轮受援学校内涵发展各项指标的评价结果均为合格以上。就满意度而言，教师、学生、家长问卷表明，各方对托管工作的满意度均较高。

在教师队伍建设方面，注重教师专业发展。在托管期间，支援机构采取多种形式为受援学校教师提供专业发展机会，如引导教师制订个人发展规划，推进教研组建设，开展师徒结对、专家引领、同行交流、顶岗培训等多种形式活动促进教师专业成长[①]。此外，有些学校以科研为引领，组织教师开展课题研究，加强教学反思，教师专业发展成效较为明显。

在学生发展方面，注重提升学生综合素质。学生发展是学校内涵建设的重要内容，各受援学校普遍重视学生发展，通过开设拓展课和探究课、组织兴趣小组、开展各类校园文化活动等形式，培养学生良好的行为规范、学习习惯等，促进学生全面发展。从绩效评估结果来看，经过托管，学生综合素质得到了加强，学业成绩也有了一定程度的提升。

在学校发展方面，注重受援学校可持续发展机制的形成。支援机构或学校注重从受援学校的制度建设、队伍建设、文化建设等各个层面推进托管工作，在"输血"的同时更加注重培养受援学校自身的"造血"能力，逐步形成了良性发展的长效机制，为受援学校的可持续发展奠定了坚实的基础。

（3）初步形成"管办评"联动机制，扶持与培育了教育中介组织。委托管理是政府在明确其公共服务职能的基础上，以购买服务的方式将具体事务委托给专业性强、公信力高的教育机构，并通过第三方评估机构来保障委托管理绩效，初步建成"管办评"联动机制，这为创新教育服务方式、探索教育管理体制改革做出了大胆尝试。参加委托管理的不仅有公立学校，还有私立学校以及专门的教育机构。在委托管理实施之初，参与委托管理的学校和机构的资质都需进行评估，符合委托管理条件的学校和机构才有可能参与。从总体来说，委托管理对于发展上海市的教育中介组织起到了推进作用。这对于促进社会范围内教育治理体系和治理能力现代化也是富

---

① 该资料来源于上海市教育评估院的委托管理第三轮绩效报告。

有成效的。

4.上海市基础教育委托管理问题的反思

毋庸讳言，委托管理作为一项探索性的实践，在其实施过程中仍有诸多问题值得反思。

（1）如何处理托管年限与教育长期性之间的矛盾？托管可以看作是手段，最终目的是不托管，那么完成从"输血"到"造血"这一过程需要多长时间呢，即托管时间到底多长合适？这是争论较多的一个问题。上海市规定，一轮托管时间为两年。另外，根据需要，有些学校可以申请进入下一轮托管，但最多只能参加两轮，也即托管的时间一般为2—4年。

教育变革是一个非常复杂的过程，不是一个简单的输入－输出过程。一般认为，受援学校存在的主要问题是领导班子办学理念落后、管理粗放、教育教学理念陈旧、方法不当、效能不高，部分学校干群关系较紧张，骨干教师流失严重与教师超编情况并存，等等。如此多的问题在两年时间内能解决吗？单以学校文化建设为例，其不仅包括制度文化，还包括精神文化，如校园风气、师生面貌等。相对于显性的制度文化，精神文化是隐性的，是更为内在的，其形成是多方面因素综合作用的结果。正如有学者所认为的，一所学校的内在文化精神不是一开始就具有的，也非孤立地形成的，而是在特定社区和社会文化环境中，受自身发展历史积淀与现实状况的深刻影响而逐渐形成的（杨小微，2012）。在托管实践中，的确存在有些支援机构为了能在短短的两年内见到成效，仅仅关注教学，甚至仅抓毕业班升学率的现象，如此急功近利的做法显然违背了托管的初衷。这与托管的时限也有着一定的关系。因此，托管年限与教育长期性的矛盾是托管中需要解决的问题之一。

（2）如何处理复制与特色培育之间的矛盾？如何在短短两年（最多四年）中获得有目共睹且令各方满意的成效是托管双方都最为关心的一个问题，也是一个很难解决的问题。一所薄弱学校要想在短期内得到快速提升，复制、移植优质学校的某些特色项目似乎是一条捷径。在实际托管工作中，这种现象也的确不少见。"从现实情况来看，更多的是委托管理方对被托管学校的文化移植，并没有充分考虑被托管学校本身的特点。"（王湖滨 等，

2011）这种观点似乎有些极端，也许言过其实，但托管中的复制现象还是值得反思的，毕竟托管的目的不是简单复制优质资源。

客观地说，我们并不能完全将薄弱学校等同于"差校"，有些薄弱学校在其发展历程中也有过辉煌的时期，只是由于某些原因沦为薄弱学校。不管是如何成为薄弱学校的，有一点不能否认，即薄弱学校并非一张白纸，而是有其底色的，在长期的办学过程中也积淀了一些办学传统，形成了独具特色的学校文化，从这点上看，要将薄弱学校办成优质学校的"翻版"也是不太现实的。因此，支援学校（机构）应该充分了解受援学校原有办学基础与特色，因地制宜地培养和发展受援学校的独特文化，而不是让它们复制自己的文化。当然，这也需要受援学校克服"文化自卑"心理，在支援学校面前不轻易放弃自己的"领地"而一味地"拿来"。

此外，需要补充说明的是，将薄弱学校区别于"差校"，在情感方面更易被受援学校接受，这也是解决托管双方情感冲突、形成和谐托管关系的一个前提。

（3）如何处理实践与制度偏离的矛盾？在委托管理实践中，不乏偏离了制度设计的实践。如按规定，原则上受援学校为相对薄弱学校，即上年度督导排名处于全区后三分之一的学校，或办学矛盾突出、问题明显、发展遇到瓶颈的学校，或者为新办学校。但实际上，各区县对委托管理受援学校的选择定位不一致：有的区县欲借委托管理将区内已有一定发展基础的学校培育成特色学校；有的受援学校已与支援学校有一定的合作基础，委托管理是熟人间的"再次握手"。这样的做法明显有违制度规定。因为委托管理具有一定的"排他性"，一些真正有需要的薄弱学校有可能因此被拒之门外，这难免有"锦上添花"之嫌。再如，上海市教育评估院委托管理第四轮绩效评估报告显示，在托管专项经费使用和审计方面也存在一定问题：一是个别区县托管经费拨付滞后，影响经费的调度使用；二是在部分区县将经费拨付至支援机构之后，受绩效工资制度影响，经费无法顺畅使用；三是部分支援机构托管经费管理与使用欠规范，如预算执行率偏低、经费使用内容和结构不合理、财务管理流程不规范等。

为什么会存在诸如此类的问题？是因为制度本身的设计过于完美而无

法落到实处，还是因为制度表述存在歧义导致托管双方没有理解制度本意，抑或因为托管双方误解、曲解了制度甚至故意为之？制度的作用在于规范，因而在实施的过程中，托管双方应在尊重制度的基础上进行创新性实践，否则制度将成为"一纸空文"，进而影响政府的公信力。

正如富兰所言，变革是一个旅程，而不是一个蓝图，充满了不确定性、焦虑和困难。委托管理作为一项创新性探索实践，必然会存在许多问题，值得关注的地方还有很多。但从总体上说，委托管理在推进上海教育均衡发展、整体提升上海教育现代化水平方面"功不可没"。

（二）多方介入下的江苏太仓委托管理经验

1. 太仓两校实施委托管理的背景

委托管理作为推进区域教育均衡发展的一项重要举措，最初在上海浦东启动。它是指政府通过购买服务的方式，将农村薄弱学校委托给专业教育机构或中心城区优质学校代为管理。委托期间，受援学校的原有隶属关系不变，支援学校和机构依协议享有相应的办学自主权。其目标是"通过引入城区教育的智力资源和知识产品，改变农村旧有的教育传统与习惯，提高学校管理水平和教育教学水平，培育和催生一批新的优质教育资源，形成多元的教育格局与教育文化"（朱怡华，2011）。

苏州市太仓市实验小学（以下简称"太仓实小"）创办于1922年，在草根文化的引领下，学校在课堂教学、教师发展、学生发展等方面取得了卓越的成绩，整体呈现良性发展态势，为后期学校进一步推进教育改革奠定了扎实的基础。太仓实小作为苏州市教育局直属学校，着力发挥名校品牌效应，实现优质资源放大创生。太仓市科教新城实验小学（以下简称"太仓科实小"）作为新校，于2013年开始正式对外招生，受太仓实小委托管理后，依托草根文化资源，探索建设与科技教育相关的特色文化。太仓实小与太仓科实小联合办学，两校独立建制，共同拥有一个校长，实施管理决策一体化、教师发展一体化、课程领导一体化、质量评估一体化。"一体化"管理的本质是在教育均衡化政策驱动下，对学校文化融合与重构的一种实践探索，是借助优质文化力量，唤醒文化自觉、增强文化融合、走向文化自强的追寻过程，是对优质文化内涵的不断充实与创新（钱澜，2015）。

2. 着手学校顶层设计，以组织创新、课程教学、教师专业发展为抓手

应太仓实小之邀，华东师范大学基础教育改革与发展研究所参与了委托管理的规划与指导，对太仓实小和太仓科实小展开了调研。调研活动主要分为几个方面：课堂教学情况调研，学科教师、班主任座谈以及中层干部座谈，班队活动和学生发展调研。基于调研情况，华东师范大学的研究者与学校领导和教师反复沟通与交流，逐渐明晰发展目标与路径，从学校整体规划、一体化管理、学校文化建设等宏观层面，以及教师培训、教研组工作、学科建设、课堂教学与评价等微观层面进行深度、持久的指导。

第一，从顶层设计开始关注学校文化的融合与重构，引领学校整体发展。华东师范大学的研究者在了解学校背景、学校文化、校长的工作风格与教育信条、教师与学生的发展情况等基础上，与学校领导与教师共同谋划未来发展方向。针对两校不同的文化特征，对于两校的发展规划提出建议，包括办学目标与具体目标、教育理念与宗旨、学校文化建设、实施策略等。"草根文化"是太仓实小 90 多年办学中逐步形成的学校文化，现已深入校园设计、课程教学，以及对师生"坚韧、质朴、灵动、舒展"的草根精神的培育之中。太仓科实小处于起步阶段，学校学生还比较少，随着学区内新小区入住率的提高，每年会增加 200 名左右的学生入学。学校的办学目标是依托"草根文化"资源，探索素质教育的新模式，建设特色鲜明的现代化小学，培养具有故土情怀、国际视野、完善人格、全面智能的现代人。学校在文化建设方面的首要任务是，在与太仓实小一体化管理的前提下，建设凸显自己特色的文化。

第二，创新组织机构，加强文化融合。要通过一体化管理加强文化融合，就必须从组织机构上充分利用两校的优势资源实现创新。太仓实小的优势在于拥有成熟的"草根文化"、制度化的教研方式、优秀的教师队伍、完善的师生管理制度、先进的教育信息化运用水平等；太仓科实小的优势在于学校场地充足、后勤社会化程度高等。为了提高行政管理的效能，太仓实小与太仓科实小尝试了"双平台"工作制度，在原有的德育处、大队部、教导处、教科室、后勤组等组织架构的基础上，建立了共享的网络管理平台和跨校一体化管理中心。网络管理平台旨在方便学校行政人员及时

分享与交流两校的工作计划、活动安排等，有利于实现资源共享。一体化管理中心人员主要由学校的名师组成，实行一周一议事、一月一反思，每学期主动与教育行政部门、学校部门、教师和学生、社区和家长等沟通，了解其意见与建议，整理、反馈并提出解决策略，为两校的改革与发展提供更多的可能性。

第三，聚焦课堂教学，形成课程开发机制。深入学科、聚焦课堂是学校改革与发展的必由之路。课程的多样性才能保证文化的丰富性。太仓实小与太仓科实小试图打破校际界限，把各学科的课程领导者聚集起来，建立课程研发中心。两校的教师可以随时提取组合课程，形成课堂教育资源。譬如太仓实小积淀多，已开发了比较成熟的草根情怀主题课程：草根阅读课程、阳光体育课程、娄东文化综合实践课程、跨文化游学课程等。太仓科实小地处省级文化科教新城，拥有丰富的地理资源，建立了科技教学资源库，研发了科幻特色系列课程，包括科幻电影、科幻儿童画、科幻故事等。两校通过"跨校一日体验活动"，让每个学生都有机会在另外一所学校学习一日，体验不一样的特色课程、不一样的学校生活（钱澜，2015）。

第四，开展跨校主题研修，促进教师专业发展。太仓科实小由于建校不久，教师队伍不稳定，梯度差异较大，其中有部分教师是从太仓实小调过去的，流动教师占教师总数的三分之一。年轻教师居多且缺乏经验，骨干教师的引领能力、大龄教师的工作热情与积极性都有待提升，这些突出问题给学校发展带来了巨大的挑战。太仓实小与太仓科实小的教师协商设计了"五环"主题式跨校研修制度和交互式浸润体验制度。这两种制度的优势在于可以影响每个教师教学的核心环节——备课、上课。"五环"主题式跨校研修重视的是团队研修的力量，力求解决个体不能解决的问题。因此，教研主题的确立与系统建构是关键。"五环"指的是教师一次完整专业的教学过程，即独立备课、集体磨课、抽签上课、评课反思与行动改进。交互式浸润体验制度，是指让每一位教师深入到另一所学校听课、讲课，从而体验不同的学校环境、不同的学生。

第五，明确多方主体在委托管理中的职责分配与角色定位。在太仓实小与太仓科实小实施委托管理的过程中，政府与高校也积极参与，平衡多方的关系，达到"沟通理性"，以顺利有效地完成委托管理任务。

"沟通理性"是哈贝马斯针对历史上传统的目的理性提出的。在哈贝马斯看来，目的理性着眼于社会行为中以手段满足目的之部分，因此，对人的理解集中在个人如何利用外界的资源满足自身的目的层面；人与人之间的沟通也主要被视为满足目的的手段。究其原因在于忽视了人的交往存在。因此，哈贝马斯着眼于社会行为中人的"真诚沟通"，提出所谓人的"沟通理性"。沟通理性有两个显著特征：第一，沟通理性是一种对话式的理性；第二，沟通理性是一种反复辩证的理性。例如，在最初的大学与中小学合作，即 U–S 合作中，双方可能会更多地关注各自在合作中的利益所得，着眼于合作中于己发展有利的部分。大学研究者更多地是不自觉地保持着高姿态走进中小学，开展做讲座等形式的理论指导，关注着与自己的研究相关的内容；中小学教师对于高位的理论指导多持有敬畏心态，但又觉得不够接地气，不能很好地应用到课堂教学层面。但是，随着平等、开放、共赢等合作理念的发展，双方的对话、沟通越来越受到重视。欧内斯特·博耶（Ernest Boyer）总结了成功的合作研究具有的五个显著特征：（1）在相同问题上达成一致意见；（2）打破传统的学术优先秩序；（3）关注问题；（4）认可参与者，并提供激励措施；（5）聚焦行动，但避免机械化。因此，良好的沟通必须基于对话式的理性，合作中的每个成员必须各自负有应尽的责任与义务，结合个体或群体的特点进行自愿的分工。基于差异、弥补差异，实现共赢，这种分工不会出现壁垒分明的现象。在委托管理模式中，多方主体需站在平等的位置，平等地看待各方，针对问题反复磨合，在沟通中接纳他方、认可他方，最终达成一致意见。多方在合作中基于不同的角色，拥有不同的职责：支援学校拥有成熟、优质的资源，积极实现资源共享；受援学校在复制、移植的过程中注重吸收与创生；政府部门在信任支援学校的基础上适当放权，给予必要的支持；高校研究者基于教育变革的现状，从宏观与微观层面为两校的改革与发展提供专业引领。

（三）大学介入下的杭州市集团化办学

1. "择校热"引发杭州市名校集团化发展热潮

20 世纪 90 年代末，随着杭州市城市化进程的不断推进，老城区人口向新区大规模迁移。新区学校由于办学历史短暂、教师资历尚浅等原因难以满足家长的教育需求，家长选择学校时更偏向于老城区的"名校"。教育资源配置的不均衡导致了杭州城区的"择校热"，同时进一步加剧了区域基础教育发展的不均衡，阻碍了教育公平的实现。为了提升薄弱学校和新建学校的办学质量，缩小优质学校和薄弱学校之间的差距，在一定程度上解决"择校热"问题，杭州市开始了名校集团化的探索。1998年，杭州求是教育集团的成功实践引起了杭州市政府的高度重视。2004年杭州市委、市政府出台的《关于进一步推进基础教育改革和发展的若干意见》，首次提出在全市实施名校集团化办学战略，随后杭州市又颁布了多项政策条例，保障名校集团化办学战略的实施。由此，杭州名校集团化办学步入官方推动、社会响应的快速发展阶段，出现了各具特色的名校集团化办学模式，最具代表性的有"名校＋新校"模式、"名校＋弱校"模式、"名校＋民校"模式、"城乡结对互助共同体"模式（王凯，2013）。

杭州市江干区原处于城郊接合部，具有十分典型的城乡二元结构特点，很多学校存在生源流失和优质师资短缺的现象，区域教育发展不够均衡。随着城市化进程带来的人口大量流入，新入住民众对优质教育的需求十分迫切。杭州市江干区凯旋区域的5所小学由于学校规模小、资源不足、综合实力不强等原因制约了学校品牌建设，不能充分满足老百姓的教育需求。如何对凯旋区域的教育资源进行专业整合，提升学校办学质量以满足家长对优质教育的需求，已成为政府迫切需要解决的问题。由此，2012年，华东师范大学基础教育改革与发展研究所受邀对该区域的学校教育进行了两次调研，主要聚焦学校的办学理念、办学特色、学校文化、教学质量和师资水平等方面。通过SWOT分析法，华东师范大学的学者对成立教育集团的必要性与可行性做出了肯定的回答。在与校长和教师的访谈、课堂观察中，华东师范大学的学者逐步确立了"在保持原有5所学校独立法人的基础上，建立凯旋教育集团这个松散型的联盟"的发展定位，并形成了促进区域学校优质均衡发展的改革思路，即以制订集团规划为引领，以集团共享课程建设为抓手，加强校际合作，尝试互聘教师、互选课程、共享实验设备、共享图书资源、共建信息平台等，同时鼓励各学校办出特色，让集团内学校错位发展，在合作中竞争，在竞争中合作，把集团的整体发展与各校的特色发展结合起来，达到既同且异、和而不同的集团文化生态（黄忠敬，2016）。

2. 凯旋教育集团建立了"六联"运行机制，推动了集团化办学

凯旋教育集团建立了"六联"运行机制，即"特色联建、资源联享，教师联聘、学生联招，活动联合、中小联动"。特色联建、资源联享，指的是一个共同体内不同特色学校在彰显学校特色的同时，将特色作为一种资源，与共同体内各校分享，如凯旋教育集团开发的共享课程，以及学生走校、教师走教的形式。教师联聘、学生联招，指的是一个共同体内教师可以到他校任教，学生可跨学区就读，如凯旋教育集团内的 4 所小学建立起大学区，实行一体化招生。活动联合、中小联动，指的是积聚一个共同体内各校的力量，开展横向和纵向交流，从而形成 1+1 > 2 的实效。例如，为了整合集团的优质教育资源实现共享，凯旋教育集团成立了凯旋学科教研大组，以"一汇一课一论坛"为实施平台，重点进行集团共享课程开发和订单式合作项目研究，推动共同体内学校的发展。"六联"运行机制关注的是交互与合作，它体现了现代教育治理中权利运行方式的变化，即从政府自上而下的单一向度运行，转变为上下互动、彼此合作、相互协商、共同发展（费蔚，2014）。

凯旋学科教研大组旨在开展跨校教研，整合、共享集团的教师力量。学科教研大组在开展好同一学科教师联合研训活动的基础上，逐步打破学科、年级之间的壁垒，探索异质学科、不同年级教师的多形式、多指向、多功能的联合研训活动。

集团还尝试探索教师联聘机制和流动机制，在集团层面招聘教师，实行集团内教师轮岗。在集团范围内实施教师走校，实现资源利用的最大化，在很大程度上缓解了师资结构不合理、学科质量不均衡、学生特长不长久等问题。为了提升集团内每所学校教师的科研能力，集团还聘请了华东师范大学的学者作为每所学校的挂职副校长，每月到校指导学校的教学科研活动，提升教师的课程与教学领导力（黄忠敬，2016）。

凯旋教育发展论坛由凯旋论教、凯旋教育圆桌会议、凯旋教师工作坊

和凯旋教育主旨演讲等部分组成。集团教师通过课堂教学展示、名师观摩评课、主题式小组讨论、聆听国内外知名教育家的主旨演讲等方式，提高自身的教科研水平。凯旋少年才艺汇由体育联赛、艺术汇演、特色汇展、学科擂台、读书交流等形式多样、内容丰富的学生活动组成，满足学生多样化的活动需求，提高学生的综合素养。凯旋教育共享课程作为落实凯旋教育集团规划的抓手，不仅有利于区域的合作创优与资源共享，还满足了教师专业素养发展和学生多样化发展的需求。华东师范大学的专家围绕学校已有的基础、区域课程共享的思路以及需要的支持与保障等三个方面对凯旋教育集团的学校课程进行了调研，规划建设了一批共享课程：根据学生的年段特征和课程的知识逻辑结构，建构了纵横交错的课程板块以及普及类与提高类两个层次区域共享课程。课程建设分为三个阶段，开发了三批课程。第一批课程主要针对行动力，即培养学生的动手实践能力；第二批课程主要针对学习力，让学生学会学习、终身学习；第三批课程主要针对沟通力，让学生学会沟通合作，培养跨文化理解和多元文化理解力（黄忠敬，2016）。

3. 集团化办学需要大学介入，提供专业的咨询指导

集团化办学带来了明显的积极效应：一是扩充了优质教育资源，使得"择校热"显著降温；二是使社会弱势群体能够公平享受优质的教育；三是便于以校际互动方式开展教学科研，大批教师素质得到了显著提升。然而，集团化办学也引起了社会和学界的一些质疑和非议，如"赢者通吃""牛奶稀释""同质化"等。回应上述质疑和非议的关键在于两个方面：一是科学确定共同体中各方的职责与角色，其中大学介入的深度、广度、力度，及与政府、学校之间的关系都需要权衡，避免政府主导过度现象发生；二是资源的整合共生需要多元、专业的支持，新校在吸收、移植名校的优质资源时容易出现单一和趋同的问题，不利于新校的创生与自我发展。由此可以看出，高校在提供高品质的教育咨询指导、专业化的产品输出与评估体系，参与管理并促进政府公共服务方式变革方面发挥着重要的作用。

（四）NGO 介入下的上海闵行区"春雨计划"

1. NGO 介入"U–S"合作

快速推进的城镇化进程，导致上海作为长三角城市群的中心城市，每年吸引着大量外来务工人员迁入。而跟随父母告别家乡、踏入城市读书的外来务工人员子女，他们在新学校的学习、人际交往、精神成长以及家庭教育等方面都应得到全社会的帮助和支持（杨小微，2015b）。提升民办外来务工人员子女小学教育质量，为儿童提供优质教育是政府的责任，同时也需要社会各界给予支持。2012 年，英国救助儿童会与上海市闵行区教育局、华东师范大学基础教育改革与发展研究所三方合作开展了闵行区民办外来务工人员子女小学教育国际合作项目，即"春雨计划"。项目以促进学校内涵发展、提高学校办学质量为主旨，力求改善外来务工人员随迁子女学校师生学习工作生活质量。"春雨计划"是多方合作下的公益事业，丰富了学校变革进程中的大学与中小学（U–S）伙伴协作的类型：除了政府的推进之外，还增加了 NGO 组织的介入，形成了"U（大学）–G（政府）–N（非政府组织）–S（中小学）"协作模式。"春雨计划"由救助儿童会提供经费资助，负责整体协调和资源整合；华东师范大学基础教育改革与发展研究所提供专业服务；闵行区教育行政部门提供管理服务。三方优势互补、协同推进项目。

2."春雨计划"的实施与成效

第一，以工作坊形式提升校长及中层干部的专业素养。校长的格调与状态，决定了他所在学校的格调和状态（杨小微，2015b）。学校管理首先体现为校长管理，其次还体现为中层干部聚焦于管理方面的角色定位。"春雨计划"采用工作坊的方式开展培训。校长工作坊引入 SWOT 分析法，引导校长基于学校发展的历史与现状，辨析学校发展面临的机遇与挑战，明晰自身的优势与短板，以此为据，确立学校发展的方向目标、战略重点与发展路径，同时倡导全员参与办学理念和规划方案的研讨与设计，从而将学校发展决策的科学化和民主化体现于规划制定全程。参与"春雨计划"学校的中层管理者，重在进行角色定位与转型方面的研修。项目组同样以工作坊形式，帮助他们熟悉民办学校现有的组织架构和制度设计，使他们知晓自己的责任和权利，在"儿童友好学校"的理念下，扮演好学校发展进程中的特定角色（杨小微，2015b）。

第二，在参与式教学培训中更新教学观念、提升教学技能。参与式教学以激发学生主动参与、主动思考、主动探究、主动实践、主动创造为基本特征，变单调乏味的注入式教学为生动活泼的主动学习，让学生由"学会"变为"会学"，真正实现了"以学生为本"，实践了"为每个学生的发展"的新课改理念，为学生创造了更多自我表现的机会。参与式教学采用小组讨论、小组合作探究、头脑风暴等丰富、多元的教学形式，注重培养学生的参与意识、尊重意识、学习意识、表现意识、贡献意识，鼓励学生在小组合作学习中碰撞出智慧的火花。参与式教学还通过教育戏剧方法，将戏剧元素引入课堂教学，使学生接受艺术的熏陶，发展审美标准，从而影响学生的精神世界。戏剧教学通过情景模拟、动作定格、故事接龙、"坐针毡"、编故事、"新闻发布会"等方法，促进了学生全面参与。参与式教学不仅给学生的课堂学习带来了质的飞跃，也引领着教师教学方法的全面提升。在参与式教学培训中，项目组倡导教师进行问题式教学，采用灵活的培训样式，如讲解、游戏、头脑风暴、分享讨论与集中指导等强化教师的问题意识，提高教师的课堂提问能力；引导教师进行课堂观察，主要观察点有提问、小组合作、师生互动、生生互动。为此，项目组精心设计了一整套（包含五个量表）内容丰富而完整的课堂教学观察表供教师参考使用。在参与式教学培训中，项目组还引领教师进行反馈分析，主要包括教案、课堂录像、教师教学反思与成长记录、学生学习成绩单、学生成长小故事等，从而总结问题，不断改善教学。

第三，将语文教学与班队活动相整合，通过主题活动提升学生综合素养。"班队－语文"学科群整合是一种促进课堂教学与班队活动相互渗透、产生综合效应的创新，一般以看图说话、游戏作文、阅读表演为主要方式，通过主题活动实现学生"书本世界"与"生活世界"的沟通，从而提升学生语文素养及其他相关能力。这种整合既让学生在参与班队活动中训练和提升语文能力，又让学生在语文学习和表达中开阔眼界、活泼个性、锻炼思维、体会学习的快乐，形成真实生动的生命感悟。例如，育苗小学将语文阅读教材和班队活动内容进行系统性、渗透性整合，根据阅读教材的内容设计配套的班队主题活动。教师除了完成语文课教学任务以外，还通过"课文我来读""我和爸爸妈妈读故事""小小故事我来演"等班队活动，对学生进行基本素养的培育。语文教师不再为如何调动学生参与热情、怎样使课堂活起来而伤脑筋了，小组合作展示、游戏作文、阅读表演等都成了老师们常用的教学手段。班主任也不再为班队课的内容和形式而发愁，教材中的一个内容片段、学校德育推进中的一个主题，甚至学生在各门学科中学到的本领都成了班队课展示和表演的内容（杨小微，2015b）。

第四，通过家校合作吸引家长参与学校教研与管理，双方达成教育理解的一致。家校教研是将教师发展、家校合作、学生成长完美融合的教育实验项目，实现了家长与学校友好牵手，共同为儿童筑起一面坚固、温馨的保护墙。以美国田纳西州家校合作模式为参考，"春雨计划"开展了深度的家校合作。一是请家长参与课堂教学教研。听课前让家长参与备课，在家里完成亲子作业。亲子作业的目的是提高学生家庭生活质量，实现学校教育对家庭生活的影响。二是请家长进课堂。家长参与教师课堂教学，学习科学的教育思想与方法，从而反思自己的家庭教育行为。三是请家长参与校园活动。请家长参与上学、放学时的秩序维持与安全管理，校内外大型学生活动中的秩序维持与安全管理（如春秋游、大型集会、大型比赛现场管理），学校、班级内的环境布置，学校体育节、艺术节、科技节，走进敬老院参加慈善活动，等等。新型家校合作目标明确、细节完美，是家长与学校真正的心连心、手牵手。以家长会为例，新型家校合作倡导教师分时段与家长个别交谈，避免了以往学校家长会流于形式、缺乏针对性的弊端。新型的家校合作通过家长学校、家长开放日、家长会、家委会、家长信箱、书香家庭、亲子阅读、家访、网络平台等途径，提升了家长参与学校生活的深度与广度，促使家长、学校形成合力，大家共同用炽热的心为孩子们创造了一个有归属感的、温馨的学习与生活氛围（杨小微，2015b）。

3. 基于第三方评估的反思与建议

2014年，受救助儿童会的委托，上海市教育评估协会开展了"春雨计划"的终期评估。"春雨计划"的总目标是通过在闵行区7所民办外来务工人员子女小学开展以学习者为中心的教学、参与式培训工作坊、教育戏剧、家校合作等各项培训活动，形成可复制、可推广的创新模式，为全市该类学校的内涵发展积累经验、做出示范，为上海地区外来务工人员子女接受平等和更高质量的基础教育做出贡献。"春雨计划"共有三个子目标：第一个子目标是通过教师教学技能及学校管理人员管理能力的提升，改善民办外来务工人员子女学校基础教育质量；第二个子目标是通过建立儿童友好学校，帮助民办外来务工人员子女学校的学生提升自信，获取生活技能及自我保护方面的知识和技能；第三个子目标是提升家庭、学校、社区、相关管理单位以及广大公众对外来务工人员子女获取更高质量的以儿童为中心的教育的关注和支持。上海市教育评估协会通过查阅文件资料、问卷调查、座谈与访谈等方式对三个方面的达成度进行了考察，结果发现三个方面均成效显著。

同时，"春雨计划"也还存在可完善的地方。一是此项目主要针对语、数、英三门学科开展，对其他学科的辐射、推广还需加强研究。另外，有些活动对某些学科成效明显，而对有些学科成效则较低，各学科之间的整合还有待加强。二是教师队伍的流动对项目的可持续性产生了一定的影响。例如，在项目实施期间，有三所学校更换了校长，还有不少骨干教师因种种原因离开。三是学校教师工作量较大，教师培训时间难以保证，工学矛盾较为突出。四是项目经验的复制与推广受到经费、人员的限制。"春雨计划"以促进学校内涵发展为主旨，与短期性的硬件投入相比，软件的提升、成效的显现都需要更长久的时间与更多的精力付出。

就上述不足之处，上海市教育评估协会也给予了一些对策与建议。一是进一步加强项目的针对性和适切性，如要思考专家培训如何与学校自主培训相结合、如何与区域内其他培训相协调。二是进一步提高各项目方的合作效益，建立项目实施的联席会议制度。三是形成学校可持续发展的机制，增强种子教师的引领示范能力，同时将相关课程发展成校本课程。四是争取更多社会力量的支持。五是将第三方评估纳入项目实施的全过程，在初期即启动他评，实施过程中也邀请评估方参与各种活动并进行考察。

四、城乡统筹，推进区域发展

（一）教育现代化模式：从"六个一体化"到"四大体制机制"建设

2007 年 6 月，成都市被国务院批准设立为全国统筹城乡综合配套改革试验区，自此开启了自主探索统筹城乡教育一体化发展的道路。2009 年，成都市提出了以发展规划、办学条件、教育经费、教师队伍、教育质量、评估标准一体化为核心内容的"成都模式"。其具体内容是：将发展规划一体化作为城乡教育统筹发展的先导；将办学条件一体化作为城乡教育统筹发展的基础；将教育经费一体化作为城乡教育统筹发展的保障；将教师队伍一体化作为城乡教育统筹发展的关键；将教育质量一体化作为统筹城乡教育发展的核心；将评估标准一体化作为城乡教育统筹发展的手段。"成都模式"在全国树立了统筹城乡教育发展的标杆，得到了全国范围的关注，为全国其他地区教育综合改革提供了可以借鉴和学习的样本和经验。

2013 年，成都市启动了统筹城乡教育综合改革试验区第二阶段建设任务，在第一阶段发展规划、办学条件、教育经费、教师队伍、教育质量、评估标准"六个一体化"的基础上，深化了公共服务、资源配置、质量水平、管理方式等四个方面的城乡一体化体制机制建设。在新的阶段，成都市在教师发展、管理方式和评价机制建设等方面明显发力，以深入推进教育现代化的实施。

（二）教师发展：优化管理，辅之以专项支持

1. 优化教师管理制度

成都市是实施教师"县管校聘"管理制度的地区之一。依据国标中城市上限标准，小学师生比为 1∶19，初中为 1∶13.5，高中为 1∶12.5。成都市在此基础上将教职工编制标准上浮 7%，并实行动态调整制度，每三年集中调整一次。特殊教育学校教职工编制则按师生比 1∶3.5 确定。成都市 20 个区（市）县均成立教师管理服务中心。教师管理服务中心与教职工签订人事聘用合同，学校与教职工签订岗位管理合同。全市共有 25766 名教师纳入"县管校聘"范畴，其中以青羊区、温江区、新津县为试点。

成都市率先尝试打破教师职业"铁饭碗"，完善教师奖惩机制。成都

市内实行教师资格准入和定期注册制度。教师职称晋升向农村中小学专任教师倾斜，城镇中小学教师在评聘高级职称时需要在农村学校或薄弱学校任教 1 年以上。鼓励教师专业发展，对完成学历提升的教师给予一次性奖励。2014 年，成都市教育局出台并实施了《关于教师退出教学岗位的实施办法》，从完善教师队伍出口、提高教师素质的角度出发，实行"合同退出机制"。对考核不合格或其他原因导致不能胜任教学岗位的教师实施待岗培训；培训后仍不能胜任教学岗位的教师，责令其退出教学岗位。不合格的教师采取转岗、待岗培训、解聘和辞聘等退出渠道。

在教师流动方面，成都市探索"多校任教"制度，鼓励工作量不饱和教师、紧缺学科教师在同一区域内多校任教。小学教学点所需教师，由就近学校派人员担任，负责轮流执教、兼职任教，相关教师在学校绩效考核中予以倾斜。

2. 实施专项计划，支持教师专业发展

"成都市特岗教师计划""成都市师范生免费教育计划""常青树——名优退休教师下乡兴教计划"是成都市针对教师配置和教师专业发展所制定的长期专项计划，目的是优化农村学校教师年龄、学历结构，提升教师业务能力，改善学校办学水平。至 2015 年，"成都市特岗教师计划"共招募2949 名教师。"成都市师范生免费教育计划"规定，从 2011 年开始，除接收部属院校免费师范生之外，每年培养成都市免费师范生。从 2010 年开始，成都市启动"常青树——名优退休教师下乡兴教计划"，至 2015 年共招募省内外 118 名退休名优教师赴 69 所郊区县（市）学校担任学监、导师。这些专项计划在使优秀教师得到补充的同时，也协调了城乡教师资源的分配，从而整体上促进了全域教师的专业发展。

（三）管理方式：从标准化建设到优质教育资源共享

1. 城乡一体的标准化建设

按照经济水平和教育情况，成都市被分为中心城区、近郊和远郊"三个圈层"。在学校标准化建设过程中，成都市实行"一圈层（中心城区）给政策、二圈层（近郊）给补贴、三圈层（远郊）给倾斜"的项目经费支持机制，市级财政向农村倾斜，新增教育经费主要用于农村。2012 年，成都市计划投入 40 亿元用于城乡中小学标准化建设提升工程，并于 2014 年完成。建设内容包括教师编制标准调整、教师素质提升、技术装备标准提升、教室光环境改造、学校运动场标准化改造、统一城乡生均公用经费拨款标准等 6 个方面，从教育基本条件方面缩小不同圈层学校的差距。同时，在公办幼儿园实施一体化建设。成都市计划在 2016 年底前新建、扩建公办幼儿园 473 所。市级财政对中心城区公办幼儿园建设酌情采用"以奖代补"方式给予支持，近郊区（市）县建设资金由市、县两级财政按 6:4 比例分担，远郊区（市）县建设资金由市、县两级财政按 8:2 比例分担。

2. 优质教育资源辐射

成都市力求将名校资源的辐射效应发挥到最大，尤其是要让偏远地区和农村受惠，力求使山区、灾区、新区、城郊接合部、卫星城等地学校都能分享到名校的优质资源。全市基础教育阶段名校集团有 95 个，成员学校共计 170 所；其中义务教育阶段名校集团有 52 个，这些集团与 125 所农村学校、薄弱学校和新建学校建立了合作管理制度。成都市石室中学、成都市第七中学、成都树德中学这三所名校带动了"三个圈层"的 45 所薄弱学校。在职业教育方面，成都市开展"3+N"职业教育集团化办学，以委托管理的方式，由 3 所高职学院托管 2 所中职学校、领办 12 所中职学校的 14 个专业。成都市还组建了 11 个专业职教集团，与近 560 家企业合作，将三分之二以上的公办、民办职业中学纳入其中。

成都市重视名校集团的管理。宏观上，成都市打破优质名校地域界限，实行市级统筹规划优质名校集团布点、以区（市）县为主的管理体制，建立和完善集团备案制和退出机制。微观上，在名校集团内部实行名校、集团内各校教师统筹交流、校级领导定期交流制度。对输出管理干部和骨干教师的名校采用弹性或动态编制管理制度。市级财政每年单列 1000 万元专项经费，采取"以奖代补"方式对成绩突出的名校集团给予补助。推动集团内部建立以共同愿景为核心、以制度体系为框架、以规则程序为纽带的集团运行机制。

相比东部地区名校集团，如杭州市的教育集团以民办力量为主导，成都市充分发挥政府的领导作用，从全市的角度统筹名校集团的发展，以促进优质的教育均衡。

3. 推进圈层融合发展

成都市"三个圈层"存在较为显著的差距，成都市将打破圈层之间的障碍、实现"三个圈层"的融合与共同发展作为统筹城乡教育发展的使命。名校集团化也正是实现这一目标的关键举措。此外，成都市从宏观层面以区（市）县教育联盟为框架，促进整体联动、共谋共进。成都市 20 个区（市）县结成 10 对"一对一"教育联盟。具体方法是通过签订协议，共同制订规划和实施方案、年度计划等，在教育理念、管理、制度等方面整体对接和谋划，促进资源共享、优势互补、共同发展。

在中观层面，10 个区（市）县联盟内共结成 266 个学校对子，其中公办幼儿园占 16.9%，义务教育阶段学校占 39.8%，普通高中占 43.3%。

4. 促进优质远程发展

成都市坚持教育"四化"（工业化、信息化、农业现代化、城镇化）融合发展，将信息化作为实现教育现代化的手段，同时也将信息化作为教育现代化的内涵，提出了创新联动、项目推动、应用驱动、榜样带动、圈层互动、督评促动的"六动"教育信息化工作机制。实施教育信息化基础能力提升、城乡师生信息素养同步提升、优质教育资源共建共享、信息化与教育教学融合发展、教育信息化国际合作、教育治理能力信息化等六大工程，以提升教师信息技术应用能力、学生信息素养、信息技术与教育教学融合水平、信息化管理和领导水平，推动互联网＋教育均衡化、现代化、国际化融合发展。

在远程教育方面，成都市充分利用信息技术实现中心城区优质教育资源与近郊、远郊学校共享。成都市实验小学、成都市第七中学育才学校、成都市第七中学 3 所名校的网校（网班）分别与 24 所小学的 33 个年级、56 所初中的 107 个年级、36 所普通高中的 165 个班级建立共享机制。此外，成都市还建立了中小学数字化图书管理平台，系统采集分析全市中小学校 3335 万册图书流通数据，对 150 余万名城乡学生阅读行为进行科学干预，推进图书资源共享。

5. 坚持协同创新发展

成都市重视教育领域的交流，积极为学校、教师以及学生创造交流机会，建立了中外合作办学互动机制。各个学段和类型的学校都有充足的交流机会。如全市 500 所学校 2500 名学科教师参加由中国联合国教科文组织全国委员会发起和资助的应用信息技术提高教学质量"优创"项目培训；鼓励中小学生参加成都市和澳大利亚珀斯市合作举办的"拥抱大熊猫——我和成都有约"、"我和珀斯合个影"游学奖学金竞赛、"中国成都－美国菲尼克斯国际青年使者项目"等国际交流互访品牌活动，进一步拓宽学生的国际视野；引进德国工商大会（AHK）职业资格证书，建设德国 AHK 职业教育培训中心；邀请德阳、绵阳、遂宁、广安等合作区域的教育同行到成都参加国际教育与教育创新研讨会，交流和分享先进的教育经验和创新成果。

此外，成都市与国家教育发展研究中心共建成都教育改革研究基地，依托成都高校和研究机构，成立 5 个基地工作部，就试验区建设、教育综合改革等多个重大项目开展协同研究。2013 年，教育部学校规划建设发展中心在成都设立实践基地。成都市政府与四川师范大学签署教育战略合作协议，共同开展合作。

成都市还建立多个区域共建试点。蒲江县与国家教育发展研究中心共建"农村基础教育改革试验区"，为促进西部农村教育又好又快发展提供典型经验与可借鉴模式。锦江区与教育部基础教育课程教材发展中心合作建立"教育现代化改革示范实验区"，力求促进区域教育的均衡化、国际化和现代化。成华区与中国教育学会共建优质均衡教育实验区，促进办学条件、师资队伍、教育质量、管理水平达到优质均衡。金牛区与中国教育学会合作建设教育评价与质量管理改革实验区，研制符合金牛教育实际、具有金牛特色的评价指标体系，促进全区"卓越学校"建设。武侯区、青羊区与中国教育科学研究院共建教育综合改革实验区，探索区域性推进教育改革发展的成功模式。新津县、邛崃市与国家教育发展研究中心合作，推动区域现代学校制度建设。温江区与 10 所驻地高校结成校地合作联盟，有序推进三大类共 80 个校地合作项目建设。

（四）评价机制：建立教育多元评价机制

2013 年，《成都市中小学教育质量综合评价改革实验方案》获教育部通过，成都市获批国家中小学教育质量综合评价改革实验区。之后成都市推出中小学教育质量综合评价指标。评价指标包含 5 个一级评价指标、20 个二级评价指标和 31 个三级评价指标，力求形成教育水平"综合导向"机制，对教育水平实行"多维监测"。成都市强调教育均衡化、现代化、国际化联动发展，制定和完善了成都市义务教育校际均衡监测指标体系、成都市区（市）县教育现代化监测指标体系、成都市区（市）县推进教育国际化工作评价指标体系等不同层面的教育评价指标体系，重点对义务教育校际和县域资源均衡配置水平、区域教育现代化水平、区域教育国际化水平开展年度监测，分析并发布公告。2014 年，成都市义务教育均衡指数为 0.3，教育现代化总达成度为 90.3%，教育国际化总实现度接近 60%。《全国 15 个副省级城市教育现代化监测评价与比较研究报告（2014）》显示，成都市教育发展指数在 15 个副省级城市中居第 1 位，教育公平指数排在第 3 位。

成都市既是部、省、市三级共建的统筹城乡教育综合改革试验区，也是探索城乡教育一体化发展有效途径的国家教育体制改革试点项目城市，还是全国 30 个中小学教育质量综合评价改革实验区之一。成都市探索的教师"县管校聘"制度、教师交流制度、大力发展校园足球等上升为国家教育政策或制度。2013 年，成都市荣获中国教育报等组织的第三届"教育改革创新奖"；2014 年，荣获 21 世纪教育研究院等机构组织的第四届"地方政府教育制度创新奖"。

成都市重视社会对教育的满意度。在成都市公共服务满意度行业测评中，2013 年、2014 年城乡居民对基础教育的满意度分别为 79.95、80.06；在 11 个测评行业中，教育满意度排名从 2012 年的第 10 名跃升到 2013 年的第 3 名；2014 年，基础教育满意度在城市、农村以及全市平均三个维度上均排名第一。

成都市为以政府为主统筹城乡教育发展、整体推进教育现代化发展提供了典型经验：其对教育现代化的理解较为全面，将教育公平、教育信息化等理念融入推进措施之中；推进的路径不是点状的，而是全面、系统的；在体制建设的基础上，重点思考了如何进一步进行机制建设，在政府干预减少之后如何持久有效地将教育现代化建设进行下去。

第十章　教育现代化推进机制探索

对于一个系统的运作模式来说，机制可被视为其中的一个子系统。在全面推进教育现代化的过程中，相关主体都需要通过一定的机制来促成教育系统的整体变革，使之达到更为理想的现代化目标。推行机制的过程，就是不断打破"旧平衡"、建立"新平衡"，并在此变化中"立序"的过程。据此，我们可以通过科学调研、协商决策、合作实施、评价反馈，辨析其中每个阶段需要把握的动态平衡状态，由此来调动多元主体协商共治、开发更多发展资源，从而全方位推进教育现代化。

本章在讨论教育现代化推进机制的内涵、框架等基础上，结合一些实例探讨了教育现代化推进机制的运行过程、关键环节及若干要领。

机制可以被理解为一种实践逻辑，它体现为一种动态存在的"事理"，它甚至不是被"创造"出来的，而是被"发现"的。这种发现也许正是不断试误、不断重建的结果。教育现代化的推进机制莫不如此。

随着"基本实现教育现代化"这一战略目标预定的实现时间临近，已经持续多年并在各地逐步落实的教育现代化建设进入了更为关键的阶段。其中，以省、市、区（县）等为单位推进的教育现代化需要多元主体在各级各类子系统中彰显自主活力，区域层面也就相应地面临信息不完全、决策分散化的情形。因此，有必要从教育治理的角度辨析并优化区域教育系统的运行机制，推动整个系统生成符合现代化标准的高品质秩序。

一、教育现代化推进机制概述

机制，原指"机器的构造和工作原理"或"机体的构造、功能和相互关系"，而后泛指"一个工作系统的组织或部分之间相互作用的过程与方式"。作为组织的"机器"或"机体"在基本运作上都是通过回环/递归和经常性重组，不断地进行自我生产、自我组织和自我重组。机制的运作是一个递归过程：回环不仅使各种成分和事件衔接成一个整体，通过反馈不断加强自身，而且不断地使一个回路的终结状态变成一个新回路的起始状态。递归对组织而言意味着自生产和再生，这是生成的逻辑基础。

教育现代化的推进是多个组织通过复杂的展开逻辑和互动方式构成的重大活动，活动的展开机制或事件的发生机制，要比单个组织的运行机制更为复杂。一般来说，机制包括运行路线、展开程序、沟通方式和交流平台等最基本的要素或组成部分。然而，对教育现代化推进这样一个动态的复杂系统来说，其机制的构成及其运行更加复杂和难以刻画。下面尝试概述教育现代化推进机制的内涵、意义，以及运行的基本框架。

（一）教育现代化推进机制的内涵和意义

1.利用推进机制促进系统变革

教育现代化是当代教育改革与发展的主旋律之一，同时也是社会整体发展的重要组成部分，甚至是社会向更高水平发展的基础。从历史的角度来看，教育系统不仅服务于社会各领域的现代化，而且开始关注自身的现代化；教育现代化的推进逐步从东部发达地区拓展到中西部地区，从城市拓展到农村，从学校层面拓展到区域层面。《教育规划纲要》十分清晰地在战略目标中列出"到2020年，基本实现教育现代化，基本形成学习型社会，进入人力资源强国行列"。在此过程中，有一个特别值得关注的现象：从 2007 年开始，教育现代化指标的研究受到广泛重视，江苏、广东、上海、浙江等省市颁布了以省域、市域或区县为监测对象的教育现代化评价指标或评估方案（杨小微 等，2013）。在此过程中，推进教育现代化主要是通过区域性的教育改革与发展来落实的；同时，"以评促建"逐步成为区域推进教育现代化的一个重要策略，由此推动整个区域教育开展以现代化为主题的系统变革。

在现实中，区域推进教育现代化至少有三个层次的着力点，如图 10-1 所示。

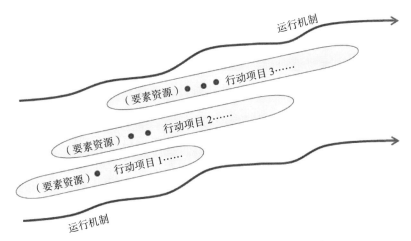

图 10-1　推进区域教育现代化的三层着力点

（1）配置要素资源：参照教育现代化的要求，配置可直接用于各项教育活动的要素资源，包括经费、专业人员（如教师和校长）、课程、信息技术、硬件设备、校园校舍等可以直接用于具体的教育组织或项目的发展资源。

（2）实施行动项目：结合本地教育发展规划中的主要任务和措施，系统设计并逐步实施用以推进区域教育现代化的社会行动①——不同层次和类

---

① 曾荣光辨析了理解教育政策的三种取向（价值选择、意义赋予、处理教育事务的社会行动）。其中第三种取向把教育政策理解为国家及其政府在教育事务上所采取的行动（actions）、计划（agencies，指连串互相协调的行动）以及工程（projects，指综合而连贯的行动与计划）。参阅曾荣光.教育政策行动：解释与分析框架[J].北京大学教育评论，2014(1)：68–89.

型的系列化的政策行动项目或工程，由此整合要素资源，提高资源利用效率。其中，从政策执行的角度来看，诸如教育信息化、教育国际化、深化考试招生制度改革、以集团化学区化等方式推动办学体制改革、深化课程改革等行动项目都有相应的执行机构（特别是学校这样的教育组织），用以将各类行动主体组织起来，开展协调一致的社会行动。

（3）优化运行机制：站在区域教育系统的全局，从现代化所需的教育治理的视角，优化各部分之间相互作用的过程与方式。这需要从健全制度体系的角度协调各领域、各项目、各个机构之间的关系，如承认地区差异，尊重地区实情，坚持分类指导、分片规划、区域推进教育现代化工程（尤敬党，2006）；又如在实施"委托管理"的同时设计并用好"管办评"分离并联动的机制（尤敬党，2006）。这也需要从选择行动路径的角度来聚焦本阶段的发展战略或重点目标，贯通前后相继的系列项目、整合相关的发展资源，如北京等地采用的中小学办学条件标准等政策工具、广东等地采用的信息化建设，以及成都等地采用的城乡互动和城乡一体化等推进方式。

进一步来看，推进机制实际上是区域层面可以辨析并优化的一个影响整个教育系统的宏观变量。对于这一宏观变量，有关机制设计理论的研究已表明：在采用分散化决策时，一个好的机制能够激励每个参与者同时实现自身的局部目标和系统的整体目标，从而满足三个要求——有效配置资源、有效利用信息、激励兼容（个人理性和集体理性相一致）。这就意味着：站在系统层次设计的机制需要超越并包容每个参与主体所在的子系统的具体表现；如此定位的"机制"，可被视为复杂系统中的一个子系统——信息交流系统（方燕 等，2012）[①]。

显然，对教育系统的运行机制应当做此理解，即区域教育系统中的各类主体都可通过一定的机制（信息交流系统）来促成系统变革以达到更为理想的现代化目标。具体来说，就是通过区域教育系统宏观层面的"优化

---

① 这是2007年因研究机制设计理论而获得诺贝尔经济学奖的赫维奇（Leonid Hurwicz）提出的观点。据此，可对经济领域的市场机制与其他机制（如非市场机制）、私人物品和公共物品所处的经济环境以及经济机制进行更精致的分析。参阅方燕，张昕竹．机制设计理论综述［J］. 当代财经，2012(7)：119—129.

运行机制"，进而建立教育现代化的推进机制，全面持续地推进中观层面和微观层面的改革，即实施行动项目、配置要素资源（包括各项具体要素的改变或发展），整体推进区域教育现代化。

2.善用推进机制创生系统活力

从教育治理的角度来看，随着教育现代化向纵深推进，中国社会这一系统呈现出更加丰富和多元的状态，各类与社会治理相关的主体价值取向更为多元，因而社会成为更加开放、更需包容、更具生成性的复杂系统。要用先进的现代观念来治理这样的复杂系统、引领其生成更高的品质、实现教育现代化，显然需要在系统的两种宏观性质之间保持一种动态平衡：一是系统整体格局的稳定性，二是系统内部生成的创造性或流动性（见图10-2）。

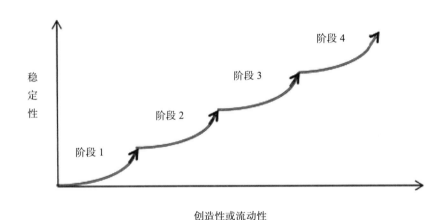

图 10-2　区域教育系统两种宏观性质之间的动态平衡

为此，我们有必要了解复杂系统在演化过程中的存在状态。在这方面，许多权威的研究［特别是普利高津（Ilya Prigogine）关于耗散系统的研究］已经阐明：开放的复杂系统在宏观层面保持着动态稳定的"活"的结构。在这种"活"的整体结构中，根据系统的宏观性质是否会随着时间发生变化可区分出系统的三种存在状态：平衡态、近平衡态、远离平衡态。平衡态即系统的宏观性质不随时间发生变化。这是因为，如果将系统内的每个部分（或每个子系统）作为思考单位，那么系统内每个部分（子系统）都存在变化运动。不过，站在更高层次上看，每个部分（子系统）的变化运动带来的是系统层面的平均效果不变；换言之，从系统层面来看，各部分（子系统）之间是相同的。这让整个系统保持一种动态的平衡，系统的整体结构和功能没有发生变化。不过，对于开放系统来说，系统与外界之间、系统内部各要素之间的相互作用一直在发生，系统内部有些部分开始出现新的变化，从而导致与其他部分之间出现差异，各部分的变化运动的平均效果产生了变化，即系统的宏观性质开始发生变化，但系统的整体结构和功能依然得以维持——这就是近平衡态的情形。随着系统内外的交流和系统内各部分之间的互动继续进行，系统内各部分之间的差异有可能扩大到一定程度，各部分变化运动的平均效果和系统的宏观性质出现明显变化，系统的整体结构面临瓦解，系统的功能面临转型，此时，系统就进入了远离平衡态。这些差异和变化如果进一步加大，就会出现混沌状态，系统整体上更为活跃、复杂乃至可以跃迁到新结构（或者孕育新系统），随后系统进入新的平衡态。

对系统形态演变的研究，让我们在理解教育系统这一"人为系统"（而非"自然系统"）时有了新的认识。以往，我们将平衡态视为系统的理想状态，因为在这种状态中系统内各部分之间的相互作用可以保持线性状态（如通过确定的时间、经费、师资等资源投入可以预期和掌控确定的教育成效与结果），我们可以用一些刚性的举措来维持系统的常态运作；与此相对，如果系统的整体结构出现变化（近平衡态）乃至产生新的系统（远离平衡态、混沌状态），我们就将其视为暂时的、消极的、中断进程的混乱状态，进而在情感和理智上都持否定态度，力图使之恢复到平衡态，让一切重回拥有稳定性、确定性的理想格局中，让整个教育系统恢复到管理者可以单方面掌控的局面，以便继续通过确定的举措来获取预期的确定结果。现在，我们看到了不同的景象。

（1）对于开放的复杂系统来说，平衡态只是暂时的状态（长期保持稳定的平衡态恰好是系统过于封闭并缺乏变化乃至走向衰败的标志），因为处于平衡态中的系统不仅面对开放的外部环境，而且系统内部还内含或潜存着自由的、随机的、不稳定的因素，如各类主体（特别是直接参与教育活动的学生、家长、教师、校长和行政管理人员）的自主思想和行动、各个行动项目或组织结构的自主空间和变化（包括每个教育问题的不同解决方案和可选政策工具、每所学校的自主运作空间）。此时，这些因素有哪些发展的可能性、会产生什么样的发展成效（积极的或消极的）、需要什么样的条件才能产生更好的新变化，这些都需要教育系统内的各类主体用心观察、辨析并据此主动选择和行动。

（2）与暂时存在的平衡态相比，近平衡态才是常态，它表明系统处于开放的、有内生活力的状态。实际上，社会环境越是开放、多元，教育系统的结构越是复杂，系统内部包含的因素和子系统层次越多，不平衡的可能性也就越大；与之相应，其中蕴含的发展可能性、发展机遇和内生的发展资源（如各类主体的创造性思想和改革行动）也越多。此时，如何协调各个子系统、各类要素之间的关系，如何开发更多更有价值的资源并凝聚成子系统（行动项目、组织机构），就考验着教育系统治理者（包括所有参与系统运作的主体及其组织机构）的价值观念、专业水平，因为他们需要用更高的智慧来分析更为复杂的情形。

（3）远离平衡态、混沌状态是系统新的发展源泉，是产生新结构或诞生新系统，实现转型性系统变革的前提条件，因而这种状态是值得我们在推进教育现代化的过程中自觉辨析和利用的状态。在特定的时期我们甚至要主动促成系统走出平衡态或近平衡态，走进远离平衡态和混沌状态，由此创造并抓住新的变革机遇，让区域教育系统进入新的境界，以更高品质实现教育现代化。（叶澜，1999）[202-209]

总之，开放的复杂系统是一个"活"的系统，它所保持的是动态稳定的"活"结构，而非绝对稳定的"死"结构；同时，它所保持的动态稳定状态不仅体现在系统与环境的相互作用中，更体现在系统内部各个子系统、各个要素间的相互作用中，简而言之，即体现在系统的运行过程之中。据此，尽管区域教育系统的运行需要用到各种具体资源（如各种政策工具——权威性工具、市场化工具、社会化工具、管理学工具）（胡仲勋 等，2016；李建忠 等，2013；黄忠敬，2008），需要结合本地实际选择合适的行动路径（如信息化、集团化、城乡互动、以评促建）（杨小微，2016），解决各类具体问题（如义务教育均衡化、普职教育均衡、增强体制活力），但从区域教育现代化的高水平需要来看，则需要聚焦系统层面的一个宏观问题，即如何在动态稳定的系统格局中激发变革活力。据此，优化区域教育系统的运行机制就需要参照上述研究成果，关注系统全局，超越旧的平衡，创造变革机遇，进而建立新的平衡；找到影响系统结构和平衡状态的关键性因素，从保持系统有序生成活力的角度优化运行机制。如此，方能让区域教育系统沿着现代化的方向达到更有活力的境界，因为"一个系统只有在正好能在稳定性和流动性之间保持平衡时才能够产生复杂的、类似生命的行为"（沃尔德罗普，1997）[432-433]。

（二）教育现代化推进机制运行的基本框架

区域教育现代化所需的推进机制，应着眼于让区域教育系统在不同发展阶段利用相互制衡的因素之间的关系，创造变革机遇，推动区域教育产生系统变革。我们参照目前已被广泛采用的"以评促建"的行动路径，将这一过程区分为若干个阶段，进而分别把握各阶段相互制衡的两个关键因素（即系统整体格局的稳定性和系统内部生成的创造性）的具体表现。

从已有的典型经验来看，在一段时间内推进区域教育现代化的历程大致可分为如下四个阶段。从推进机制（即运行机制）的角度来看，在每个阶段都需要把握两个相互制衡的宏观因素（即反映并影响区域教育系统整体格局的因素），它们分别对应于系统整体格局的稳定性和系统内部生成的创造性（或流动性），由此形成每个阶段动态稳定有序同时又充满活力的状态，解决全局性的发展问题。表 10-1 简要描述了区域教育系统这一推进机制的基本情形。

表 10-1　教育现代化推进机制的基本框架

阶段	相互制衡的两个宏观因素		本阶段力图解决的发展问题
	系统稳定性	系统创造性	
科学调研	持续发展	探索转型	通过创新实现可持续发展
协商决策	整体布局	重点突破	以重点突破带动整体推进

续表

阶段	相互制衡的两个宏观因素		本阶段力图解决的发展问题
	系统稳定性	系统创造性	
合作实施	全面实施	特色发展	在全面实施中倡导特色创新
评价反馈	达标评价	激励创新	在衡量达标程度的同时敞开创新空间

在第一阶段"科学调研"中，区域教育现代化首先要解决的关键问题是通过创新实现可持续发展，尤其是在战略格局中探索转型发展。此时，从区域教育系统全局的角度来看，需要在稳定性方面确保新的发展与已有的发展具有连续性，从创造性的方面努力探索让本区域的教育系统实现转型性的发展。为此，可通过科学的调研梳理已有的发展格局，关注其中值得保持的优势、可以利用的资源，并在此基础上探明新的努力方向，特别是可实现转型性变革的发展空间（沃尔德罗普，1997）[432-433]。

在第二阶段"协商决策"中，需要解决的关键问题是在制定发展规划的过程中，通过逐步实现的重点突破来整体推进区域教育系统沿着现代化的方向实现转型性变革。此时，需要在稳定性方面谋划区域教育全局，在创造性方面关注各个领域的重点突破点。为此，可在明确转型发展方向的前提下，调动各类主体的积极性，通过多方协商来整体规划教育现代化的战略格局，制定教育现代化的评价指标体系。在整体规划中，针对不同领域、不同层次、不同项目、不同主体、不同阶段的实际情况，确立共通性的发展标准和思路，协调相互之间的关系；在此基础上，确立不同领域和阶段重点突破的关键项目，并为此配置资源，引领教育现代化整体推进。

在第三阶段"合作实施"中，需要解决的关键问题是在全面实施中实现特色发展。其中，全面实施体现了区域教育系统的稳定性这一宏观因素，实现特色发展体现的则是另一个宏观因素——创造性。在这一阶段，鉴于教育系统内部可分为不同层次、不同领域的子系统，因此在推进教育现代化的过程中，不仅要强调按照规划部署和发展标准来全面实施、相互协作，而且要关注各类主体在各自所在的子系统中建设执行团队、激活内部资源，以最适合的方式实现特色化的创新发展。

在第四阶段"评价反馈"中，需要解决的关键问题是在衡量达标程度的同时敞开创新空间。其中，"达标评价"体现稳定性这一宏观因素，以便引导区域内各类主体在各自负责的子系统中努力达成教育现代化的基本要求；同时，"激励创新"则体现创造性，用以欣赏、鼓励通过创造性的努力促进本区域教育系统达到更高水平的现代化，并为后续发展提供新的创意和动力。为此，可参照教育现代化的发展指标体系，通过系统地调研评估各领域的发展水平，充分肯定取得的进展，并从专业的角度鉴赏具有创造性的工作经验和典型案例，总结其中蕴含的有关教育治理思路的专业化的认识，打开下一阶段创新发展的新空间。在此基础上，形成各项工作总结报告。

教育现代化本身就是一个教育改革与发展的过程，对教育现代化的推进就是为了促成系统性的教育变革而在更高层面采取的战略抉择。如图10-3所示，这一推进过程所需要的运行机制，需要着眼于区域教育系统的整体变革，在不同发展阶段立足已有的稳定格局，逐步打破旧的平衡，建立新的平衡，在有序的系统格局中创生活力、实现创造，进而在促进变化的过程中"立序"。在从旧有的秩序转换到新的秩序的过程中，宏观层面优化运行机制的努力可以全面持续地推进中观层面和微观层面——"实施行动项目"和"配置要素资源"——的改革，将自上而下的部署和推进与自下而上的实施和创造结合起来，整体推进区域教育沿着现代化的方向实现系统变革。

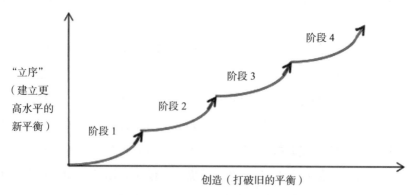

图 10-3　区域教育现代化的推进机制（对运行机制的主动运用）

二、教育现代化推进机制的运行过程

在辨析了教育现代化推进机制的基本形态之后，我们还需要进入具体的实践层面，了解它的具体运行过程，以便更好地把握和利用这种推进机制。在这里，我们依然分四个阶段逐步展开探讨。

（一）科学调研，审时度势确立教育现代化发展的战略方向

要让一个教育系统逐步实现现代化，需要区域性的行政部门充分发挥领导作用，以便凝聚各类主体的智慧，共同谋划并具体推进。为此，在从教育政策的角度正式启动教育现代化之时，就需要组织调研团队，对本区域教育系统已有的发展基础、可用资源和新的发展需求做全面而科学的调查研究，进而结合本区域的实际制定教育现代化的发展目标和相关规划。具体来说，为推进教育现代化而开展的调查研究，基本上包括如下几个要素，这些要素可以看作前后相继的不同环节，但在实际工作中它们有可能是前后呼应、交错进行或循环往复的。

1. 组建调研团队，设计调研方案

当社会对教育发展水平有了更高期待，教育工作者有了更高的专业追求时，将"教育现代化"作为发展主题，显然需要超越一般意义上的政策制定和实施举措，凸显教育系统变革的专业品质。

与此相应，在组建调研团队时，需要充分吸收各方面的专业人才，以便设计更为专业的调研方案，在系统调研的过程中对不同领域有更准确的信息搜集和专业判断。首先，应有熟悉教育现代化理论和改革实践的研究人员。他们在教育政策、教育改革等方面有持久而深入的研究，能对走在前列的国家和地区的教育发展状况做充分的了解、辨析并提炼出新的见解，并以此为参考，分析本地区教育发展状况并提出新建议。其次，应有熟悉本地区教改经验和发展经历的专家。他们可以充分利用在教育行政管理、教育实践创新方面积累的专业智慧，特别是设计和实施本地区前期教育发展规划、教改项目的经验，从而在先进的理论、其他国家和地区的经验与本地区的实际之间做好衔接，确保通过调研获得的信息和据此提出的设想符合本地实际。最后，应有扎根具体的教育组织（特别是各级各类学校）

持续开展各方面教改实践的领导。他们熟悉以学校为代表的教育组织的基本业务和变革经验，善于用创新智慧来为具体的学生、家长、社区提供更合适的教育服务，并为此运用新的教育理念、用好教育政策、整合教育资源等。

与此同时，应该看到，推进教育现代化归根结底是要更好地解决当前教育发展中的现实问题。为此，调研团队需要针对本地区的教育发展问题，设计调研方案。一般来说，调研所涉及的主要问题大致可分为两类。一类是教育系统与社会其他系统之间的关系问题，即教育与社会、市场的关系问题，包括政府在教育发展中的角色问题、市场机制介入后的政府办学情况、社会公益力量捐资助学情况、教育经费的投入情况、教育发展不均衡的原因、流动人员子女的教育问题、素质教育实施的外部环境问题等。另一类是教育系统内部各因素之间的关系问题，包括学校自主权问题、学校面向市场的问题、行政部门对学校的各类评估问题、接受社会捐资办学的情况、普通教育课程中职业教育的渗透问题等（尤敬党，2006）。随着这些信息的逐步获取，同时也伴随着对教育现代化发展指标和各方面文献资料的梳理，调研团队可望进一步完善调研方案，为新的决策提供坚实的基础。

2. 协调各类主体，共同完成调研

有研究者为了确立我国"公众参与、专家论证、政府决策"的政策制定体制，特别是超越以往由政府官员主导的一种垄断性的、一元化的体制结构，以"公众接受度"和"专业技术要求"两个分类标准为依据，区分出政策制定过程的不同类型，并据此探讨了不同情形中官员、专家和公众互动模式（多元平衡模式、价值主导模式、理性主导模式、自主决策模式）（朱伟，2012）。以此为参照，推进教育现代化所需的模式更接近多元平衡模式（即高公众接受度和高专业技术要求），其中的主体参与情形更为复杂，需要引入协商决策机制。

从教育系统内部来看，这里不仅有决策主体，还有利益主体、行为主体。从教育系统全局来看，政府站在战略的高度予以引领、推动，它是教育现代化进程中的主导性力量，因此政府决策部门、调研部门应该在调研过程中自上而下地整体部署。与此同时，教育系统不同于其他社会系统的一个重要特点就是各类教育组织的成员即各类教育活动的主体（尤其是学校中领导、教师和学生）都在创生新的教育资源，正是这种持续创生的资源以及创生过程的品质，决定着教育发展的整体质量和教育现代化的实现程度。因此，要自下而上地敞开必要的空间，让这些主体和与之相关的其他主体（家庭成员、社会人士）参与调研。其中，领导、教师的积极作为，学生、家长的主体作用和区域内教研部门及相关专业人员的指导作用，都应在调研过程中有足够的体现。这是由教育组织和教育活动决定的。显然，从整体推进一个地区的教育现代化的角度来看，需要在调研过程中充分了解这些不同主体的实际情况（包括他们的教育观念、发展水平）。在此过程中，不仅可以开展专题性的深度调研，还可以开展系统性的数据搜集与整理，从而为摸清本地区教育发展状况提供系统而科学的证据。

3. 借鉴专业智慧，透视发展格局

在充分调研并搜集到足够资料的基础上，从中解读出区域教育发展现状，对系统性的教育发展格局形成一个整体的判断，这就需要超越经验描述、事例讲述、数据罗列等做法，借鉴专业智慧。

首先，参照教育现代化的理论成果，深度理解教育发展政策。在紧跟时代步伐、理解国家和地区层面的社会发展战略时，本地区的决策者、研究者、执行者和参与者，应该尽可能充分地学习了解教育改革与发展的相关理论和经验（如教育治理的理念和实践），特别是关于教育现代化的理论成果和已有经验。只有如此，方能站在时代的前沿深度理解教育发展政策，深度理解本地区教育的发展现状，做出更为合理的判断和选择。

其次，在系统格局中准确把握本地区的教育发展基础。一方面，要把握本地区的教育在我国社会发展整体格局中的位置，尤其是从本地区经济社会发展的大格局来理解教育发展现状，据此拓展新的发展空间；另一方面，要立足区域教育系统内部，系统梳理已有的改革发展成果，描绘出本地区教育的整体面貌，其中需要特别关注已有的发展优势和尚存的发展问题。

最后，以先行国家和地区的教育发展指标为参照，审视本地区的教育发展需要。实际上，这也是制定本地区教育现代化指标体系和发展规划的必要前提。在这方面，联合国教科文组织的世界教育指标、OECD 的教育指标、世界银行的教育指标体系、欧盟的欧洲教育质量指标、美国教育发展指标、新加坡教育发展指标，都可以作为国际视野下的参照系；北京、上海、浙江、广东、江苏、天津、成都等地的教育现代化指标，也都可以作为参照系。有了这些参照系，我们可以更清楚地理解本地区教育现代化的基础，更准确地定位新的发展空间。此时，需要特别关注的是：教育现代化体现的是新的专业追求，而不仅仅是一般意义上的行政任务；与此相应，要求本地区教育系统的整体发展实现转型，或者在已经启动的教育现代化发展历程中走向更高境界。

（二）协商决策，研制评价指标并制定发展规划

在科学调研的同时，适合本地区实际需要的教育现代化远景和与之相适应的发展思路亦逐步生成。在此基础上，从政策制定的角度来看，可以凝聚各方智慧，共同协商制定本阶段的教育现代化指标体系，选择新的发展战略，制定发展规划。现实中，这几个方面的行动往往是交织在一起的或者是循环往复的，因此，我们既需要区分不同的努力空间，也需要站在全局性的战略高度予以整合协调。

1. 参照先进经验，辨析发展目标

从已有的经验来看，推进教育现代化一个很有价值的切入点就是研制本地区的教育现代化指标体系，据此明确本阶段的发展目标，衡量每一步取得的进展和尚需解决的发展问题，评估验收各领域、各层次教育系统推进教育现代化的实际成效。

从推进教育现代化的全局和全程视野来看，研制教育现代化指标体系，就是用系统的、量化的方式来陈述阶段性的、专题性的发展目标，以体现本地区教育系统的整体转型路径或沿着教育现代化走向更高境界的路径。此时需要同时关注三个方面的努力状况。

其一，透视先进经验中最值得借鉴的特点。例如，上海、江苏、天津等地属于经济发达地区，其教育现代化发展状况和相应的发展指标备受关注。其中，上海市 2010 年教育现代化指标体系分为市级和区县级两个层次。市级指标体系包括布局、投入、过程、质量 4 个模块；区县级指标体

系包括两个部分——基本指标（分布局、投入、过程、质量4个模块）和特色指标（分教育开放度与贡献力、自选指标两方面的内容）。这样的指标体系涵盖面广，且层次清晰，既有利于保障教育现代化推进的统一性，又可以关注各区县的教育发展个性（王伟民，2010）[46]。从江苏省2010年教育现代化主要指标来看，该省将教育发展置于宏观的经济、社会和文化背景中考察，聚焦教育事业，选择符合区域特点的指标。天津市的教育现代化主要指标项目较少，显得简洁直观。换言之，不同地区、不同时期的教育现代化发展指标，固然有很多相同、相近之处，但它们都服务于本地区各有差异的发展需要，因此研制者必然会有不一样的选择，而这恰好为新的探索者和实践者提供了不同的思考视角。

其二，深度分析本地区的发展需要。充分学习、借鉴已有经验和指标体系，归根结底是为了研制本地区所需的教育现代化发展指标。这就需要全面、系统地反映教育全过程的问题，指标之间要保持内在的逻辑性，指标体系的整体结构应具有严谨性，以更好地体现本地区本阶段的发展需要。

例如，在制定上海市2010年教育现代化指标体系时，研究者在采用CIPP模式从结构上优化指标体系的过程中，为确保指标体系的科学性，特别注意处理好三个方面的关系。（1）教育内部与外部的关系。实现教育现代化不仅是学校、教育行政部门的责任，更需要全社会（包括政府、社会和家庭等）的共同参与和关注，需要把各类主体都纳入其中。（2）定性与定量的关系。研究者坚持以定量指标为主、定性指标为辅，将两者结合起来。为了便于常规性监测，研究者在市、区（县）两级指标中分别抽取了10项核心指标，而这10项指标都是整个指标体系中敏感的、显性的、可量化的指标（如社区教育三级网络基本形成、每十万人口在校大学生数）。相关数据采集方便，具有可监测、可比较的特点，且简约明了。（3）普适性与特色性的关系。一方面，这一指标体系总结、借鉴了国内外的相关研究成果，具有横向可比性；另一方面，上海教育现代化是上海市城市现代化的重要组成部分，是具有上海文化特点的教育现代化，因此要尽可能体现国民教育体系和终身教育体系的构建，以及教育的多样化、国际化、信息化等要求，以充分体现海派教育的特色（王奇，2009）[17-18]。显然，所有的研究归根结底都是为了理解本地区本阶段的发展需要。

其三，明智选择本阶段教育现代化的价值取向。从世界各国的现代化进程中可以看到，现代化肇始便具有理性精神和人文气质，所以主体性、科学、民主和法治理所当然地成为现代性的典型要素。进入 20 世纪下半叶，国际化、信息化成为新一轮现代化的主要潮流，再加上由城市化进程所引发的公平正义诉求和社会各方面的回应，现代化不断增添着丰富的新含义。同时，人们在反思为现代化付出的沉重代价，如能源枯竭、环境污染、生态失衡等时，又渐渐坚定了可持续发展的信念。由此，科学、民主、法治、公平正义、可持续发展、国际化以及信息化等，便成为现代化绕不开的价值命题。（杨小微，2015a）

据此看来，不同国家和地区在推进教育现代化的过程中肯定有相通的价值追求。就教育现代化本身的内涵来说，它一方面意味着教育事业自身的发展与进步，要求成为一个内部结构完善、系统运转有序、可持续发展的系统；另一方面，在不同的区域和阶段，教育现代化的进程和要求也不一样，多元化和多样性是教育现代化的一个重要特点。更具体地看，各国各地在不同的历史发展阶段，其社会条件和教育发展基础有自身的特殊性，因此，在逐步理解自身的发展需要时，需要在重点关注的价值维度和每个维度预期达到的发展程度等问题上有合适的判断和选择。实际上，任何一套教育现代化评价指标体系以及其中每个具体的指标，其背后必然蕴含着某个或多个教育价值理念；也可以说，用于呈现特征、彰显特质的指标，必然来自特定的价值理念（尽管有时指标的制订者并没有很明确地意识到这一点）（杨小微，2015a）。

经过上述努力，本地区本阶段的教育现代化发展指标体系和全局视野中具有标志性的战略目标就可望逐步生成并得到清晰表述。

2. 结合本地实际，选择发展战略

在参照先行推进教育现代化的国家或地区的经验，理解并利用相关理论成果，深度分析本地教育发展目标的基础上，接下来要做的就是针对发展目标整合发展资源，有序规划教育系统的现代化变革历程。在整体布局的同时，需要优先关注最为重要的战略目标并为此选择发展战略，这是教育发展规划中的关键因素和核心线索。

战略是一个源于军事学的概念，具有"指导战争全局的计划和策略""泛指决定全局的策略"等含义。后来，人们在组织管理尤其是企业管理中应用这一术语，将其视作形成组织的长期目的和目标、限定主要活动程序和调配资源的具体方法，并视不同场合而将其视作计划、计谋、模式、定位、观念等。也有学者从"什么不是战略"的角度来澄清相关的认识，提出：（1）战略不是对组织以外短期变化所做的反应，也不是对日常工作所做的总结；（2）战略不是对组织现状的简单推论；（3）战略不是单项组织活动的计划，是多项活动的综合；（4）战略不是一种理论说教，更不是领导者个人思想的集合，战略是行动的规划和落实（高洪源，2006）[5-6]。

综合上述观点，我们可以认为，发展战略涉及为实现教育价值和发展目标而主动策划的、足以带动一个教育系统（一个国家、地区或一所学校的教育系统）实现新的整体变革和发展的核心思路和相应的系统举措，是为达成发展目标而对本系统在3—5年或更长时间段内的发展方向和整体格局的宏观构想。在其上，是教育价值取向和发展目标；在其下，是发展规划的具体内容，尤其是各领域工作的行动路径和具体计划。

从分析教育现代化发展模式的角度，采用政策阶段理论，我们可以从背景及初始条件分析、政策制定过程分析、政策实施分析和政策效果分析等方面来理解选择发展战略的思考框架（见图10-4）。以此为依据，我们就不难理解不同地区在不同阶段会有不一样的战略抉择。正是这些战略抉择，让前期的调研分析、目标辨析和指标体系的研制等工作产生了积极的成效，也让推进教育现代化整体布局有了最为突出的重点，有了阶段性的创新亮点。

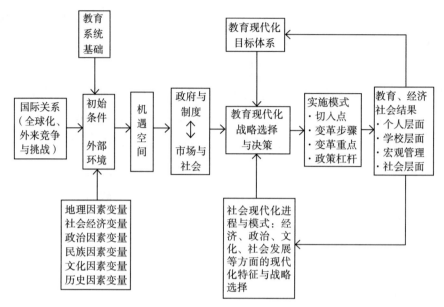

图 10-4　区域（国家和地区）教育现代化发展分析框架

资料来源：谈松华，王建.教育现代化区域发展模式研究 [M].北京：北京师范大学出版社，2011：93-95.

3. 倾听各方建议，制定发展规划

经过前述努力，教育现代化的蓝图就被逐步描绘出来了。在此基础上，进一步制定以教育现代化为主题的发展规划（或者以之为主线的区域性的五年发展规划），也就顺理成章了。这主要从如下方面逐步推进。

首先，组织专业团队，制订发展规划的初稿。要针对本阶段需要解决的发展问题和由此确立的发展目标和主要任务，整体构思规划文本，特别是其中的战略思路和重点项目。从战略的高度来看，致力于推进教育现代化的发展规划应该具有超前性、引导性、操作性。超前性，意味着在立足现有条件的同时对教育系统自身的发展规律和未来的发展趋势有合理的预判；引导性，意味着在教育系统的价值取向、整体功能和本地区的特色发展方向等方面具有指导意义；操作性，意味着能够切实有效地解决本区域的教育发展问题，特别是为重点目标设计一批重点项目（工程）和相应的保障机制（陈峰，2012）。

其次，协调各方力量，商议修改发展规划。制定区域性的教育发展规划，显然需要协调整个教育系统内外的多方面资源。其中，从参与主体的角度来看，整个规划过程需要调动区域内相关职能部门和各层次力量来参与，鼓励关心教育的热心人士、社会组织、专家学者参与规划制定过程，由此激发各方面主体的热情和智慧，通过多维、多向的沟通过程来凝聚共识，共同完善发展思路，包括修改发展规划初稿。通过这样的过程，原来存在于少数领导人或者专家思维中的教育发展战略思想就会更加明确并得以丰富、完善，进而让区域教育系统内各类主体，特别是各层级的关键人员都能在这种互动交流中达成共识，从而为后续实施发展规划做好思想准备。

最后，凸显战略意图，精心策划重点项目。在逐步完善发展规划文本时，还需要集中优质资源特别是专家团队和锐意改革的实践团队的智慧，参照区域教育现代化可选的三个切入点（配置要素资源、实施行动项目、优化运行机制），针对不同领域的改革发展需要做出合适的选择（包括在不同的切入点之间灵活切换）。同时，要对本阶段发展格局中的重点项目（工程）进行专项设计，甚至制定专题性的分类规划方案，如教师教育、德育工作、学前教育等规划方案。

4.确保推进成效，完善制度设计

我们前面对推进教育现代化的三个切入点的辨析已经表明：在区域教育现代化所需的多方面保障条件中，特别关键的就是制度设计，并由此促成机制优化。制度体系是区域性教育系统的子系统。换言之，对制度的设计也应该有整体的系统视角。"我国现代教育的发展除涉及到国家教育行政部门外，还涉及到金融、人事、民政、社会保障等政府相关部门。如协调不好，容易政出多门，造成条块分割。"（黄明东　等，2007）例如，为了推进教育现代化，需要协调相关的人才政策、科技政策、就业政策、资源政策，由此构建合理的配套政策体系。此时，有必要从如下两个方面努力。

在横向上，明确单独的、具体的制度（政策）各自的效用，并在此基础上保持各单项制度与体系中其他制度之间的协同性。单项政策在政策体系中的耦合状况良好，在其运行的范围、先后次序上能够有机地结合起来，就可以构成一个制度体系。在这样的系统中，各单项制度（政策）之间相互兼容、贯通，产生互补和互相支持的效应，从而降低政策运行成本，提高区域教育系统的整体效能。

在纵向上，在新旧制度（政策）之间形成前后相继、相互支持的效应，使原有制度（政策）和新的制度（政策）所决定的利益分配格局以及相关主体之间的力量处于均衡状态，从而形成有利于教育现代化推进的生成机制和生态环境。为此，有必要依托专业力量，梳理已有的教育制度（政策）体系，对其中的单项制度进行整合，进一步明确既定制度的时效，辨明目标体系，促成前后衔接通畅、不断推进教育现代化的格局。

（三）合作实施，落实推进规划并关注动态生成

在制定发展规划的同时及之后，需要通过各种具体的举措来切实促进区域教育系统的改进，由此逐步落实发展规划。在这里，需要考虑各种"力"的组合：既要有培训、资源驱动、利益诱导等引导性的拉力，也要有督导、考核等逼迫性的推力。因为教育改革涉及的教师、学生、家长、社区、教育行政领导和政府等六类利益主体都有可能贡献自己的力量或者发挥自己的反作用（陈峰，2012）。为此，需要明确责任主体，落实项目内容，整合相关资源，进而协调推进节奏。据此来看，如下三方面的努力是至关重要的。

1. 明确责任主体，落实项目内容

整体促进一个区域的教育系统实现现代化，需要通过各类行动项目（包括行政协调项目和具体的教改项目、常规工作项目）；与此同时，还需要参照指标体系来明确各级各类子系统、各个项目的责任主体、行动计划和监测标准，以便实质性地推进。其中，可重点考虑如下三个方面的内容和相关主体。

首先，政府尽责，引领区域教育现代化。根据国家法规明文规定的地方教育职责，立足国情、教情，从地方政府承担各级教育发展、管理、保障的主体地位以及政府努力程度与当地教育发展水平之间的关系出发，可将地方政府教育现代化履职的主要内容确定为三个大的方面，即领导与统筹管理、教育体系建设与协调发展、措施保障和实施成效。从这三个方面

入手，可立体地展示地方政府教育履职的全貌。这三个方面反映了政府的能力、努力与成效，可以较为系统、全面、客观、多元化地反映地方政府教育履职的整体情况与水平。同时，这三个维度符合政府履职的国际趋势与特点，不仅涉及效率效益（"投入－产出"），也反映了对于结果（质量保障、影响力）的关注，同时还体现了对于过程的影响（政府的领导、管理、保障能力与水平）（张珏 等，2015）。

其次，基层主动，充分开拓发展空间。在制度创新的过程中，进一步落实和扩大各类主体合法的自主权，特别是中小学办学自主权，逐步推进"管办评"分离。可在区域教育系统内部探讨如何超越学校这类微观层面的教育组织，建立学区或集团这类中观层面的主体并策划实施相应的工作项目。由此，为基层教育组织及其成员敞开充满活力的发展空间，这是教育现代化的题中应有之义。一方面，落实和扩大学校办学自主权，完善中小学校内部治理结构，依法制定学校章程，规范学校治理行为；另一方面，积极尝试，逐步推进"管办评"分离，实现教育治理现代化。为此，可在地方教育立法、政府教育管理、学校管理机制和行政执法体制建设等方面进行有益的探索，包括培育第三方社会专业组织，调动行业协会、专业学会、基金会等社会组织参与教育公共治理的积极性，鼓励专门机构和社会中介机构评估、监测教育质量，推动学校、家长、社会共同参与教育治理，汇集各方资源，形成合力。

最后，科研助力，提供强有力的专业支持。教育现代化是包括教育思想观念、教育体系、教育管理与制度、教育内容、教育手段方法和教育主体等要素在内的教育系统变革过程。为此，除了行政推动、各类教育主体主动进取之外，还很有必要动员更多的专业力量，就教育现代化面临的各类新问题展开专题研究，从而为区域教育系统整体实现现代化提供系统而强大的专业支持。

2. 组建工作团队，有效整合资源

教育现代化需要协调多元主体共同参与教育治理，其中就包括围绕每个项目（特别是阶段性的战略项目）组建工作团队、凝聚多方智慧、整合各类资源（包括社会力量办学和"管办评"分离背景中的第三方评估等专业资源），通过相互合作来稳步开展各种具体行动。

首先，用好政策资源，特别是区域层面的制度资源，努力拓展创新空间。为了推进教育现代化，每个区域都会在制度方面做出有针对性的改革，从而敞开新的创新空间、用好已有的政策资源或开发新的政策资源。例如，为了促进均衡发展、实现教育公平，在公用经费拨付生均化和基础设施配置标准化的基础上，深圳市南山区在1995年前后致力于实现"三个转变"——从培植少数典型转向扩大整体优势，从偏重硬件建设转向注重软件建设，从重视公办学校转向促进公办、民办教育协调发展；同时，坚持"三个保障"——保障学校和教育机构发展特色的相对自主权，保障不同类型学校教师专业发展的机会均等，保障所有居民（包括弱势群体在内）的受教育权利（冯增俊 等，2014）[19]。有了这些政策导向和相应的政策资源，通过不同的学校和教育机构、不同的培训项目或工程来落实教育集团化、品牌化、信息化等路径时，就有了切实有效的政策保障。

其次，充分利用项目团队内部的专业资源，通过创新解决每个项目发展中的问题。围绕具体的项目，相关的学校、教育机构或项目团队，可以主动辨析面临的发展问题，激活团队内外的专业智慧，探寻解决问题的对策并逐步实施。例如，在现代化特色学校建设项目中，每一所学校都可以采用制定和运用学校章程、有序推进校内组织变革、开发特色教改项目、建立同类特色学校写作研讨制度等方式，凝聚校内教师和校外专家的创意，从而分阶段取得有效进展，在一定的时间段（如三年规划期）内取得明显进步。再如，在集团化办学项目中，可以先行开展研究，完善管理机制，探索新的办学模式，包括伙伴互助式教育集团、特色融合式教育集团和以公办幼儿园为龙头的幼教帮扶式教育集团等多种类型的教育集团，丰富集团化办学类型，提升区域教育均衡化水平（冯增俊 等，2014）[30-31]。

最后，努力开发利用各种社会资源。从具体的教育机构特别是学校的角度来看，在实施教育现代化的具体项目时，可以逐步营造开放的格局，让学校资源为社区共享，包括学习资源、文化设施与活动空间的开放，及教师、家长、学生等人员的文化资源的开发利用；同时，社区内的资源也可以为教育机构所用，包括各种文化场所和实践基地的开发利用，还包括立足社区邀请热心教育事业的人士为教育活动贡献力量。这样，可以围绕具体的工作项目，形成资源共享、互利共赢的局面。在此基础上，还可以致力于建设学习型社会，利用现代化教育理念和手段融通普通教育、成人教育、职业教育、社区教育、企业教育等方面的资源，形成促进终身教育发展的整体格局，并成为深化区域教育现代化的一个切入点。

3. 协调推进节奏，创造特色经验

教育现代化需要在较长的时间段内持续推进，这就要求在区域教育系统的整体格局中打开全程视野，结合各个子系统的实际情况促成不同阶段发展目标的实现，在系统格局中自下而上生成整体性的现代化品质，实现以现代化为主题的区域教育系统变革。应着眼于区域教育现代化的战略格局，在具体的工作项目中，协调不同阶段的工作重点和相应举措、配套资源，逐步创生特色化的经验并稳步推动现代化进程。

例如，上海市的学校委托管理在前三轮实践中聚焦了不同的工作重点。首轮托管（2007—2009年）聚焦探索委托管理的有效方法与推进学校内涵建设，基本要求是实现托管工作的规范、有序开展，提升受援学校的办学质量。具体来说，就是从学校教育的实际问题出发，关注师生的教育需求，注重把握学校教育发展面临的关键问题，坚持对学校办学理念、发展思路、课程改革、课堂教学模式等方面进行改革和创新，在项目活动的过程中打造优质教育品牌，从而促进全市基础教育的均衡发展。第二轮托管（2009—2011年）聚焦于托管制度设计的进一步调整完善与支援机构托管工作的优化。其中，在进一步明晰委托管理政策方面，取得的进展包括：强调从学校管理、教师队伍、课程教学、学生发展、校园文化等方面推进受援学校的内涵建设；初步建立支援机构的准入机制；强调委托管理双方的前期沟通与自主选择，并制定实施关于委托管理专项经费使用的意见；完善委托管理项目评估制度和交流研讨平台。这些措施让受援区县教育行政部门的管理职能得到了进一步强化。第三轮托管（2011—2013年）在强调提升受援学校办学质量的基础上，关注教育专业机构的培育，积极拓展教育服务样式。经过探索，在"管办评"分离并联动的机制更趋完善的同时，委托管理成效也更为明显：受援学校内涵建设取得长足进步，支援学校和教育中介机构切实承担起办学责任，双方积极探索"价值引领、互助共赢"的委托管理模式和策略，聚焦发展瓶颈，努力改善可持续发展的机制与能力；同时，市和区两级教育行政部门进一步厘清了各自的职能，完善了委托管理工作的制度设计。其中，作为管理主体，各区县整体规划委托管理工作，并以此为契机创设各类学校发展平台，寻求进一步扩大委托管理效应，推进区域内学校的优质均衡发展（黄丹凤，2014）（陈效民，2014）[118-150]。

（四）评价反馈，确认发展成效并拓展新的空间

1. 参照发展指标，组织基层自评

推进区域教育现代化需要自下而上地主动协调多元主体、汇聚多方资源，因此，应该充分开发各子系统的内生活力，特别是各类基层单位（各类学校、学区、集团和社区）的自主活力。其中，让基层单位自觉参照发展指标来规划、推进并及时自评各个具体行动项目，应该成为区域教育现代化评价反馈工作的基本着力点。

2. 组建评估团队，系统分析成效

随着现代化进程的展开，区域层面系统化的评估活动可以参照评价理论研究成果（如第四代评价理论），采取共商、联动的监测评价方法开展，要在各子系统之间沟通信息、激发活力，在区域教育系统的整体视野中把握全局状况，并据此采用必要的反馈措施，用以弥补不足、增强优势、彰显特色。

在这一环节，按照《教育规划纲要》中的"管办评"分离要求，要逐渐形成政府管教育、学校办教育、社会评教育三者相对独立的教育治理模式。评估过程可分为决策、咨询和实施三个方面。其中，教育行政部门负责决策，下设领导小组办公室，负责决策后的工作统筹；酌情成立专家咨询组，主要负责建议如何评估，分析评估结果，以及根据评估结果对规划的实施和修订提出建议，等等；评估的工作可委托教科院、教育考试院、教研室、高校等评估机构实施，评估报告报领导小组办公室。教育行政部门可以采取购买服务、委托课题、下达专项任务等方式领导评估工作，评估机构根据领导小组办公室确定的总体评估方案开展工作。

同时，应建立规范的政策评估实施程序，包括：由领导小组办公室吸

收咨询专家意见，制定跟踪评估总体方案和要求，经批准后实施；遴选确定评估实施机构，委托评估业务；评估机构实施评估，行政部门给予条件支持和保障；形成评估报告，让专家咨询组对评估报告进行分析评价；评估报告和结果的使用和利用。与此同时，建立健全重点工作监测机制。

3. 总结专业经验，激活新的智慧

在评价时，评价者不仅要关注真实的发展水平，而且要关注各子系统的进步程度与努力程度。例如，应从区域教育治理和教育组织变革（特别是学校变革）的专业视角发现典型经验，并组织专业力量予以论证和提炼，形成有代表性的发展案例（管理案例）和体现先进理念的理性认识、理论成果，进而通过成果的辐射和推广来激活更多主体的智慧，让教育现代化迈入更高境界。

三、教育现代化推进机制的案例分析

从上面的探讨中我们可以看到：教育现代化的推进机制是对区域教育系统的一个宏观变量（运行机制）的主动运用，由此带动各个具体的行动项目和相关的资源要素在区域教育系统中相互协同作用，进而融入一个以教育现代化为主题的系统变革进程之中。

我们从一些典型经验中看到了诸多具有创造性的举措，它们通过不同的方式用到了这一推进机制。其中，安徽省合肥市包河区用以引领学校自主发展的协商式督导评估机制可以为我们提供一个典型的案例（陈雪梅，2016）。

在推进教育现代化的过程中，该区的教育工作者整体布局、稳步推进。他们看到，教育督导机构是一个与众不同的中介部门，既要督学又要督政，这就使得它在政府与学校之间起着重要的连通作用。为了更好地发挥教育督导机构的专业功能，他们主动探索，找到了制约教育现代化进程的一些关键问题。其一，上级部门对学校的评价名目繁多，且往往是用一把尺子去量不同的学校，在强调统一标准的同时，忽略了不同学校具体的发展生态和发展意愿，学校的特色得不到认可，学校办学的个性也得不到关注；其二，上级一般会要求学校编制三至五年的发展规划，但常见的情形却是

"规划规划，墙上挂挂"，很难落到实处。政府与学校之间怎样才能有效地达成共识？学校发展规划是不是一个合适的载体？为了解决这类问题，他们主动思考，试图在区域教育治理层面建立一种新的督导机制来引领学校健康发展。

为此，他们从现代化治理机制的角度，辨析了学校发展外在环境和内在动力的关系，明确了校长与教师是主导学校工作的关键力量这一前提。同时，他们也注意到：各级教育行政部门为了提高学校管理团队和教师队伍的素质，在教育培训上花了很多时间和经费，却缺乏在学校管理层面的研究与指导。那么，如何才能保证学校既能"正确地做事"（管理），又能时刻不忘"做正确的事"（领导）？经过多方面调研、分析，他们找到了一个很好的切入点：研制并实施学校发展规划。由此，他们将区域性的督导要求与学校自身的发展需要有机联系起来，引导学校制定发展规划。于是，协商式督导得以建立并找到了一个有效的载体。

在进一步的探索中，他们强调校长和教师是制定学校发展规划的主角；同时，考虑到要帮助校长和教师突破"身在此山中，不识庐山真面目"的盲区，还需要让校外的专业人员实质性地介入校情调研和规划研制过程，他们主动出击，借助华东师范大学、复旦大学等高校的研究力量，邀请高校和地方的专家全程参与指导，促进学校领导和管理品质的整体提升。

经过不断探索和进一步完善，一种以规划为载体的政府与学校之间的协商式督导评估机制已经形成。包河区47所中小学分批接受了以发展规划为载体的协商式督导评估，以此为标志，全区开启了教育治理现代化的探索之旅。具体来说，这一机制的运行主要涉及如下过程。

（一）共同调研，在对话中研制发展规划

专家进入学校，除了教会校长、中层干部及全体教师制定规划的基本方法和技能外，更重要的是帮助他们梳理学校的情况，从繁杂的现实中抽丝剥茧，找出问题和突破口。同时，通过这一过程促使学校领导、各层面干部和教师，学会用规划的思路来思考学校和个人的发展方向、目标和路径。这是一个非常艰难的过程，是一个专家、校长、中层干部、教师乃至家长在内的所有教育相关者不断沟通、对话、研讨、磨合和体悟的协商对话过程。只有通过这样的过程，才能制订出一份真正属于学校的规划文本。

（二）公开论证，在磋商中完善发展规划

发展规划的文本出来后，学校团队要在全区学校参加的规划论证会上公开答辩，接受质疑和修改建议，以再次明确方向、聚焦问题、形成共识，进而打磨规划。各学校以团队汇报的形式，从不同维度说明学校发展规划的制订过程，诠释学校的办学理念、发展目标和育人目标，解读学校发展项目及其实施策略和推进计划。专家们在认真研读各校发展规划的基础上，从不同角度对每所学校的发展规划进行悉心指导和精准点评。通过这一过程，各校在编制发展规划时存在的一些共性问题会得到有效解决，这些共性问题包括：对自身的诊断不够细致，针对性不强；在项目的设置和目标定位中对现实基础的考量不够；路径选择较雷同；文化存在贴标签现象；等等。同时，各校的发展基础、发展目标、办学特色也可得到充分辨析和表达，以便促进各校实现个性化发展。

之后，经学校教工大会通过，规划研制工作才算告一段落。有的学校在这一环节上会历时一年之久，数易其稿。在这样的过程中，学校上上下下所有人都被卷入，都要贡献智慧，他们的内在动力被激发出来，在美好的蓝图绘就时会有一份责任感油然而生。

（三）中期评估，确保规划项目逐步实施

当一份规划在政校双方协商对话之下终于出台后，不仅校长有责任带领全体师生在规划的指引下自主发展，区级教育主管领导也要思考如何从外部引领和保障方面确保规划目标的落实，关注指向目标的学校各个改革项目是否取得预期成效。因此，校长要持续保持对规划的重视，跟进执行过程的优化与质量的改进，教育行政部门也要在协商式督导评价机制的保障下全程参与学校的自主发展过程。

在这一环节，协商式督导评价着眼于学校个性化发展，它以学校规划为基础，把学校规划中的关键要素细化成可考量的目标。因此，评估细则的制定是一直伴随着学校规划制定的过程并在不断协商中达成的。每所学校都有一整套体现发展愿景和工作任务节奏、时间节点的指标体系，这既是自我监测的参照系，又是接受外在督导评估的可靠依据，同时也是学校与政府展开对话的基础。更具体地说，协商式督导评估从形式上可分为内部自评和外部评估。内部自评指的是学校自评自诊，外部评估指的是政府督导，它从时序上可分成阶段性评估和终结性评估。阶段性评估着眼于诊断，指向跟进和调整；终结性评估则着眼于绩效，指向达标。通过终结性评估之后，学校可以进入下一轮发展规划的制定和评估。

此外，在推进过程中，还可协调多方专业力量，为学校发展提供支持，以便学校有效实施发展规划中的各个项目。例如，合肥市望湖小学在包河区教体局的直接关心下，并经过相关专家的指导，2015年1月加入了包河区第三批学校三年发展规划项目。此后八个月的时间里，望湖小学对学校发展现状、优势及面临的挑战，未来三年学校发展理念、目标、思路及策略等进行了认真的梳理，制订了《合肥市望湖小学三年发展规划》。2015年8月，在专家论证会上，专家对规划文稿给予了充分的肯定，也提出许多中肯的意见。论证会后的半年里，望湖小学紧紧围绕三年发展规划进行落实和整改。不久，专家到校"回头看"，对规划文稿及评估体系进行了再次修订。

（四）终期验收，切实提升学校和教师发展品质

发展规划项目和协商式督导评估一般以3年为一轮。每所学校经历一轮之后，无论是校长还是教师，在制定规划的意识和能力方面都有了长足的进步，特别是协商式督导评估还可以延伸至学校对教师专业发展的评估中，提升教师的职业生涯规划意识和持续发展的内趋力，对解决教师职业倦怠问题大有益处。在此基础上，新一轮发展规划的研制逐步进入工作流程。

协商式督导评估在全国首开先河，这是学校进入自主管理、自主发展阶段的创新举措。发展规划是提升学校的抓手，目的是促进学校自觉辨析发展现状、选择发展目标和路径、策划并实施发展项目。要通过协商式督导评价机制的孕育和完善，撬动每所学校整体谋划学校改革与发展，为每所学校建立阶段性的发展目标，使学校发展的共同愿景落实到学校教育活

动的每个环节、每项工作中。在发展规划的研制、论证、中期评估、终结验收及新规划启动的不断循环过程中，一种对话机制得以形成，一种协商的文化得以形成，每一所学校都因此充满生机与活力。这是包河区推出协商式督导评价的根本目的，也是经由价值商谈走向现代化治理所要达到的境地。

第十一章　教育现代化监测制度探寻

　　建构教育现代化监测制度的目的在于为教育决策主体提供改进的依据和对策，从而为更好地推进教育现代化提供资源保障与制度支持，其意义不可小觑。然而，教育现代化监测制度的建立与实施，是一项繁杂的系统工程，既需要制定者与执行者把握其价值，坚守其原则，也要确立由检测制度、报告制度、问责制度、预警制度等共同构成的核心架构。

　　本书第九章从推进路径的视角讨论了江苏省和成都市的教育现代化监测范例。江苏和成都分别是我国在省级和市级层面设计与实施教育现代化监测制度的典型，它们为更多的省市重视并推行这一制度既提供了经验，也树立了信心。本章从更加抽象和概括的意义上探讨教育现代化监测制度的价值、架构和实施问题，可以与本书前面章节的内容相互印证、相互参照。

无论是 20 世纪前期试图移植西方的发展道路，还是近年来以实现中华民族伟大复兴为核心追求的"中国梦"的构建，其中都缠绕着一个百年梦想，即实现现代化。在中国追求现代化的路途中，教育现代化不仅是其中的重要组成部分，更重要的是，教育现代化实现与否以及实现的水平、程度，都深刻地影响着整个国家的现代化进程。根据现代化的实现程度、水平和进程，我们可以将教育现代化划分为三个阶段，即初步实现现代化、基本实现现代化、全面实现现代化。这意味着，教育现代化不仅是一个悬设在前方的愿景，也是提升教育发展水平的过程与途径。在实现教育现代化的过程中，为了确保过程合理性与价值合理性，必须根据有效的评价指标体系了解教育现代化的实现程度，随时跟进了解教育现代化指标的静态水平和发展态势，同时，据此确定是否需要做出必要的调整。基于此，构建教育现代化监测制度就成为推进教育现代化国家战略的重要课题。

一、教育现代化监测制度的价值和构建原则

建构完备的教育现代化监测制度，其目的并非只是提供关于教育现代化进程或实现程度的权威报告，其更重要的价值在于为教育决策主体提供改进的依据和对策，从而为更好地推进教育现代化提供资源保障与制度支持。

（一）教育现代化监测制度的价值

教育现代化监测具有很强的形成性功能。它既有助于各级教育决策及行政主体适时地调整教育政策、资源与服务支撑，也有助于办学主体适时地调整、改进自己的办学行为。一个好的监测制度对教育决策、教育实践具有重要的引领价值和诊断功能，有利于提升办学效益和教育教学的有效性，保证教育事业的健康、可持续发展。对教育现代化实施情况的有效监测，特别是对一些关键区域、关键问题、关键数据、关键节点的跟踪监测，有助于提升教育现代化的价值合理性与过程合理性。

1.建立教育现代化监测体系已经成为国际组织和发达国家的共识

日益加速的全球化进程促进了区域之间的信息交流、价值碰撞或融通，在这种背景下，超越主权国家框架的国际组织对国际政治经济的影响力开

始日益增强，并逐渐扩展渗透到全球各个领域。作为一种特殊的影响力量，国际组织在促进全球教育发展方面的影响力近年来也有日益增强的趋势，尤其在推广全球共享的教育价值理念、改善落后地区教育事业发展现状、推动教育事业全球协作等方面，发挥着越来越大的作用。尽管不同流派的学者对于国际组织的性质、影响力作用方式等问题有不同的认识，但人们一般认为，国际组织是国际交往与国际合作的高级形式，是实现成员国利益的重要权力工具，是具备相对稳定的价值、规范与组织形式的重要行为主体。以此为依据，与国际教育发展议题相关的国际组织，以倡导国际合作为主要方式，依靠成员间的双边或多边合作活动来谋求成员国共同的教育利益（杨启光，2012），从而实现其组织影响力。国际组织影响国际教育发展的方式非常多样化。例如：倡导新的教育发展理念；资助特定区域从事教育革新项目；为特定国家或地区提供教育发展咨询服务；等等。其中，研究与推出涉及教育发展课题的标准、规范、指标体系等，是其影响全球教育的重要策略之一。

教育现代化问题是许多国际组织非常关注的一个课题。早在20世纪70年代，OECD就开始了对教育发展指标体系的研究；联合国教科文组织则倾向于从教育供给、教育需求、入学和参与、教育内部效率、教育产出等五个方面构建教育指标体系，形成了包括22个指标的分析框架；世界银行作为一个主要通过政策建议、分析研究和技术援助等方式向发展中国家提供支持的国际组织，近年来对世界教育的影响力呈现上升趋势，它以国家的经济与社会发展水平为依据建立的教育发展指标体系，由教育投入、受教育机会、教育效率、教育成果、性别与教育等五个方面共16个指标构成（张莉，2014）。

早期实现现代化的发达国家，因为并无强烈的现代化发展压力而无须专门制定教育现代化监测标准和制度，但是全球化浪潮中国与国之间教育发展水平的横向比较，无疑让许多发达国家在教育发展战略和政策方面产生了一定的压力。因此，许多发达国家近年来都非常关注通过有效的教育监测体系为国家教育发展战略提供有价值的参考。美国国家教育统计中心定期发布各种教育统计数据，出版多种教育统计报告，如《美国教育统计摘要》《美国教育状况》《教育统计预测》等（张莉，2014）。德国政府在最近十余年中表现出对教育质量、教育发展水平的强烈关注，这一方面与德国学生在 PISA 测试中成绩不理想有关，另一方面也反映出德国政府在勾画21 世纪发展蓝图时对教育之于国家创新体系的重要价值的深刻认识。2003年 2 月，德国联邦教育与研究部会同各州文化部长常设会议举行联合会议，研究如何开发国家教育标准等相关议题。联邦教育与研究部部长布尔曼（Edelgard Bulmann）女士明确提出要制定国家教育标准，成立国家教育评估机构，定期发表国家教育报告等。英国在 20 世纪 80 年代末就加强了对教育质量的宏观监控和政策引导。1992 年，英国专门成立教育标准办公室，试图通过把原来相对分散的地方性督导网络实现功能聚合，建立起一个独立于行政体系之外的全国督导体系，承担对全国公立教育系统和办学机构进行督导检查的使命。

2. 构建教育现代化监测制度是推进教育现代化的保障

教育现代化不只是一个宏观的国家教育发展战略，也不是一个经由顶层设计而确定下来并悬设在前方的美好愿景。事实上，教育现代化实现的程度与水平直接决定着每一个受教育者及其家庭的切身利益。因此，它是一个非常典型的公共问题，不仅涉及国家层面上的教育投入、教育资源配置、教育治理等宏观问题，也涉及具体区域的教育价值理念、治理水平和教育发展水平问题，更与每一个微观的主体——学校、家庭及受教育者的利益息息相关。所以，教育现代化是一个需要多方参与治理或协同治理的重大课题。对于这样一个涉及面广、因素与过程复杂的课题而言，一种有效的监测制度的建立是确保教育现代化健康推进的制度保障。布尔曼在论及建构国家教育质量评估体系的重要性和迫切性问题时曾说："我们必须更关注教育的结果，也就是说，我们必须实现从对投入的调控到对产出的调控的转变。"（周丽华，2003）对"产出的调控"，其实质就是通过对教育质量的监测与评估，获得教育事业发展的有效数据，从而确定后续调整改进策略。如果缺乏对教育发展水平、教育现代化推进水平的静态监测与动态追踪，就不可能掌握准确数据，也不可能据此制定有效、有针对性的发展战略与决策，因而也不可能制定切实有效的推进路径与策略。

3. 构建教育现代化监测制度是规范办学行为、培育教育核心价值的内在需求

没有规矩，难成方圆。缺乏有效的监测制度，教育现代化的推进就很容易受到诸多因素的影响：如果对教育现代化的价值、对教育现代化与实现中华民族伟大复兴之间的关系理解不到位，办学主体就有可能存在懈怠心理，将教育的优先发展战略弃置不顾；如果对教育现代化的理念理解不透，仅仅偏向于在硬件、资源配置的意义上理解教育现代化的推进，则各级办学主体就有可能将注意力过多地放在教育硬件的建设上，忽略教育的内涵建设与品质提升；如果对教育现代化的理解过分屈从于现实逻辑，以考试分数和升学率作为衡量区域、学校办学质量和教育发展水平的核心甚至唯一标准，就可能进一步助长"应试教育"之风，使考试成为评价学生、教师、学校、区域教育的唯一依据，成为教学活动乃至整个教育的核心追求，导致教育发展离真正意义上的现代化越来越远。

建立教育现代化监测制度，是对各级政府和办学主体的一种主动的规范引导行为。一种好的监测体系的建立，对于政府和办学单位的办学行为具有重要的价值引领和导向作用。换言之，监测制度及相应的评价指标体系不仅是自上而下、由外而内地实施监测评估的依据，同时也是政府和办学主体对自己的办学行为、各指标点上的水平等进行自我评估、检测，从而明确后续发展方向与目标的依据。相对于政策、文件，监测制度由于稳定性强，指标体系健全，监测点更细致更专业，因而对办学行为的规范和引导更直接，也更为有效。除此之外，建立有效的教育现代化监测制度，也是引导和培育正确的社会舆论、为教育事业发展创设健康的社会生态的内在需要。

（二）教育现代化监测制度的构建原则

"跨越指标和数据、从指标体系走向制度建设是教育现代化监测评价的必然要求。"（李伟涛，2015）从对指标的探索和对数据的分析，逐渐走向对教育决策规划的改进研究，从而形成一个相对稳定的教育现代化监测制度框架，是我国教育事业发展进入到深入推进教育现代化阶段后面临的重要议题。我们认为，在尝试构建教育现代化监测制度时需要把握一些基本

的原则。

1. 科学化

教育现代化监测是一个非常严谨的专业课题。因此，首先必须秉持实事求是的科学化原则。秉持科学化原则，意味着教育现代化监测应当有规范的流程设计。实施监测，不应当是某些人、某些部门一时心血来潮的突击检查，而应当是在严谨的标准规范约束下，在长期跟踪研究和数据累积基础上，对教育现代化的现有状态、发展动态和动向的监测。对于现代化监测制度的构建而言，科学化原则的核心要求是确立教育现代化监测国家标准。没有标准，仅凭常识和经验，监测很容易受到集团或个体利益、监测主体个人好恶等不稳定因素的影响，其合理性、可靠性都无法得到基本保障。需要申明的是，强调国家标准的建立并非忽视教育现代化推进与实现的区域差异性与个性。由于历史与现实的原因，中国教育现代化的区域差距不容忽视，这对教育现代化监测及其制度的确立无疑是严峻的挑战。国家标准是在对现代化内核充分理解的基础上，综合考虑各种因素而形成的具有较强普适性与约束力的标准框架。在这一标准框架之下，各区域可以研制更为精细的区域性监测标准，但区域标准应以不与国家标准相冲突为底线。

2. 开放化

现代化是人类社会从工业革命以来所经历的一场涉及社会生活诸领域的深刻的变革过程，这一过程以某些既定特征的出现作为实现标志，表明社会实现了由传统向现代的转变。尽管日益丰富多元的现代化理论已经多维度地阐释了表征现代化之属性的现代性，但是现代化迄今为止也很难说是一种已经得到广泛认同和接纳的对某一种凝固状态的确定性陈述。换言之，现代化既表征着某些属性和特质，又呈现为一个绵延的过程。更重要的是，伴随着现代化进程的推进，人们对现代化的认识会日益深化，现代化的标准和需求也可能发生深刻的变化。基于此，现代化监测制度的构建，必须在确定和开放之间保持一种必要的张力。坚持确定性，是为防止监测过程主观随意性过大；坚持开放化，是为防止监测制度与标准僵化、固化，无法适应教育现代化的过程性特征。教育现代化监测制度构建的开放化原则，意味着监测标准与制度的构建并不是一劳永逸的，而是需要随着人们对教育现代化认识的提升、对实现教育现代化支撑条件的改善以及对教育现代化实现水平的再判断等不断改进和优化的。

3. 本土化

现代化作为一个跨文化的概念，具有一些内在的、普遍性的特征。例如，现代化通常表现为工业化、都市化、理性化、世俗化等。但是，现代化在表现出跨文化特征的同时，也具有非常强的文化性。这种文化性，首先表现为对现代化内涵理解上的文化性，即处于一种文化传统中的人，在接纳现代化、理解现代化的过程中，会自带本土文化的"眼镜"。这种"自带"，有的出于对现代化之外扩效应的戒心，试图维系本土文化、民族文化、地域文化的核心；有的则是在无意识中，因原有文化的深度浸润而自带了本土文化的"透镜"。在一个国家、地域追求现代化的过程中，现代化之普遍性与特殊性的内在紧张几乎总是如影随形。

现代化，尤其是后发外生型现代化，在推进过程中，总会在接纳与失去之间取舍两难。现代拉美学者坎克里尼（Néstor García Canclini）认为全球化必然会导致"去域"现象的出现，即"文化与地域之间的某种自然关系的丧失"。美国现代社会学奠基人帕森斯把这个过程视为地域特殊性转向全球普遍性的必然过程。英国社会学者吉登斯（Anthony Giddens）则以"去传统化"这样的概念来描述地域性传统文化的现代性变迁。依据吉登斯的看法，传统和自然在过去是一个相对固定的"风景"、一个构成社会活动的"风景"。而当这样的自然消失时，与它相联系的传统也必然受到挑战（周宪，2007）[210-212]。这似乎意味着，"去传统化"即人与传统的历史、文化失去了价值归依和情感归属上的意义联系；传统文化因此不再具有维系人伦关系、为人提供身份认同的现实力量（向荣，2010）。

客观上讲，现代化尤其是裹挟了全球化力量的现代化进程，无论就其实质还是就其目前所产生影响的方式而言，确实是一个"去域化"和"去传统化"，并使不同地方的文化逐渐趋同的历史进程。但是，这也恰恰暴露了现代化的本质缺陷。如果说现代化发展的早期，由科技崛起和理性张扬而带来的"红利"产生了强烈的吸引力和示范效应，从而引发后来者的模仿和跟进，那么，随着现代化进程之负效应的显现，人们对现代化所潜伏或导致的价值、思维、文化形态和发展模式的同质化趋势的警惕心越来越强烈。德国社会学家韦伯在 20 世纪初就曾深刻指出，西方现代性并非启蒙运动所标举的理性之胜利，而是一种变质的工具理性的张扬与膨胀。当代社会学者伯格（Peter Berger）敏锐地意识到，东亚出现的工业资本主义体现了一种不同于西方现代性的新形态的现代性。他认为，西方资本主义现代性最重要的一个组成因素是个人主义，但东亚模型则侧重集体团结和纪律。那么，是什么使东亚的现代性有别于目前居于支配地位的西方现代性的？在伯格看来，文化因素居于核心位置（沈洪，2012）。

认可现代化路径的差异性与多元性，意味着中国在追求教育现代化的过程中应该保持文化自信与文化自觉，在尊重现代化普遍性价值的同时，能够自觉保护本土文化特质，敢于也善于从本土文化的核心理念与精神气质入手，培育能够体现本土核心价值与社会需求的现代化理念和发展模式。由此出发，中国教育现代化监测制度的建构，必须在考虑现代化之普遍性特征的同时，通过在普遍性的特殊化和特殊性的普遍化两个方向上的同时着力，实现普遍性与特殊性、全球化与本土化的综合融通。

4. 综合化

教育现代化是一个复杂的系统工程。系统内各要素之间以及系统与外部环境之间的恰当配合是保证系统良性运行的基本条件，否则就会发生紊乱，导致失误。因此，在构建教育现代化监测制度时，必须具有综合的视野和协同的眼光。这意味着，教育现代化评价指标的研制、监测细则的制定、施测过程的展开，都必须以研究教育发展与社会其他子系统的复杂协调关系为前提。一种有效的监测制度，既要正确反映经济社会发展对教育的客观需求，使教育现代化的评价指标和监测点与经济社会现代化的目标相适应；同时也要考虑经济社会发展能够为教育现代化所提供的条件。这意味着，教育现代化监测制度要兼顾监测的评价性与导向性，兼顾社会需求与可能。因此，教育现代化监测制度的构建，应当坚持全局、协调的眼光，遵循综合化原则。

二、教育现代化监测制度的架构

对于政策与制度的制定而言，确保理念与标准的清晰无疑是重要前提；而在政策与制度的推进实施阶段，监测制度无疑起着重要的作用。在教育现代化的内涵、评价指标体系相对确定之后，如何确保相关的理念、政策和标准得到执行和落实？执行与落实的情况怎样、水平如何？相关的政策与标准以及推进的方式与路径是否合理？是否需要做出必要的调整？……这些问题，都对监测体系和制度提出了要求。一般而言，教育现代化监测制度的确立，主要聚焦五个关键问题：（1）教育现代化的相关政策与标准是否按照设计得到有效实施？（2）推进实施的过程与实际产出水平是否与政策预期吻合？（3）推进过程及按此过程推进所导致的受益范围是否覆盖了政策所明确承诺或隐性关切的受益者？（4）为确保教育现代化预期目标的实现，可能面临的问题、风险及挑战有哪些？（5）针对教育现代化推进中产生的问题，后续实施工作需要做出哪些调整？有效的教育现代化监测，不仅有助于教育决策与管理者有效干预政策的实施，还能促使决策者、实施者与相关利益主体通过有效的协商，明确政策实施的工作重心，强化各方责任，使政策所提供的资源在政策覆盖人群中合理配置及有效流动，促使相关政策目标的实现（科拉罗 等，2011）。

那么，一项完备的教育现代化监测制度具体包括哪些构成要素呢？无疑，对于一个复杂的、生成中的制度系统来说，将之清晰地表达出来是有难度的，但是，可以尝试按照一般的监测流程，将教育现代化监测制度的核心要素分为以下几个方面。

（一）检测制度

合理规范的检测制度是教育现代化监测具有权威性、公正性的重要保证。教育现代化的检测，意味着必须依照教育现代化评价标准体系，进行监测标准的精细化、可操作化改造。监测标准应当是一系列具有专业性的、可观测的、可测量的定量或定性因素（变量）；指标体系的构建要以教育现代化的相关政策目标为导向，并设定各项指标的预期目标。通过分析投入、保障、产出、阶段性结果以及影响目标实现或过程推进的诸多因素，将阶段性结果与预期目标进行比较，从而得到区域性或者全国性教育现代化推进实施情况及阶段性成果的真实状况。

考虑到我国教育现代化的推进路径与现实发展水平，教育现代化的检测环节中有两个课题是难度最大的，也是在指标研制与具体施测中必须审慎面对的。

其一是合理兼顾教育现代化的显性指标与隐性指标。在相当长的时间里，由于对教育现代化评价指标体系的理解存在分歧，标准建设不够完善，监测制度尚不健全，我们既无法全面客观地对教育现代化的推进过程与实现水平做出科学合理的评估，也很难有效诊断现代化推进过程中存在的问题及其根源。在教育决策与实践变革过程中，有一种取向变得越来越明显，即将政策与实践的关切重心过多地放在教育设施的更新、硬件的改善方面。在全球化、信息化浪潮的影响下，中国在教育现代化进程中对新的信息技术与教学改革经验的接受呈现出空前活跃的状态，原本作为后发外生型现代化国家所具有的经验延后性特征，得到了很大程度的削弱。例如，近年来，出现于西方发达国家、源于新信息技术手段与教育教学改革整合的慕课、翻转课堂等，在中国不仅成为广为传播的教育变革理念，甚至在一些地方已经转化成了教育变革经验。在这个过程中，无论是对西方理念的接纳，还是由理念到实践的转化，中国的教育改革都不仅不落后于西方发达国家，甚至走在了很多西方国家的前面。但是，与器物、形式层面的接纳和建构相比，真正体现现代化核心价值的教育理念、教育制度、教育运行机制等的培育与生成要艰难得多。因此，对教育现代化推进过程、实现水平、支撑保障等各因素和环节的检测，不仅应检测其硬件设施、技术配置等外显的方面，更重要的是对各类教育主体的价值观念、思维方式、教育运行机制等内隐方面是否符合现代性要求进行检测与评估。比较而言，对现代化内隐性维度的检测更为复杂，检测主体要有一种透析的意识与能力，能够在区域、学校的日常教育运行中，在教育主体的互动交流中，在具体的教育教学实践中，透析出当前教育现代化的水平与发展阶段。

其二是教育现代化检测中的数据获取与评析。教育现代化推进过程与实现水平的科学检测是一种典型的由证据支撑的检测。这意味着，检测的实施需要遵循科学研究的程序，结论的得出与呈现应当建立在清晰、确定的数据来源基础上。一般而言，教育现代化检测数据最直接的来源是官方统计机构数据库、政策执行部门日常管理数据库以及实地调查数据。在具体的数据采集和分析过程中，需整合多种来源的数据，综合比对分析，多方验证，防止因某一种数据的失真造成对检测结论真实性的损害。需要说明的是，教育现代化的检测过程同时也是对教育现代化评价标准、监测制度和检测指标等进行反思修订的过程。

（二）报告制度

教育现代化监测报告是描述教育现代化进程、状态和阶段性成果，并按照一定格式呈现的兼具专业性和政策性的文献。建立教育现代化监测的报告制度，一是有利于督促职能部门加强自身主体责任意识，及时了解教育现代化的进展状态与发展水平，及时把握教育现代化推进过程中存在的问题，反思自身作为责任主体在管理、保障、服务、监督等各个环节上应当承担的责任；二是有利于社会各界及时了解各级教育行政部门推进教育现代化工作所取得的成绩、遇到的问题等，借此创设良好的舆论环境，及时获得社会的理解和支持；三是有利于不同区域教育行政部门及时了解其他区域推进教育现代化的经验与水平，在对比中明确差异与差距，实现经验共享。

依据不同的分类标准，教育现代化监测报告可以分为不同的类型。以报告所涵盖的内容范围来分，可以分为综合性报告与专题性报告。前者是对教育现代化推进过程、实现水平与程度等诸多方面的一揽子监测分析报告；后者是基于特定政策的需求，就教育现代化某一维度、方面（如中小学师生比指标、校园网络覆盖率指标等）的发展状况实施评估监测而形成的分析报告。从报告所涉及的区域范围来看，可以分为宏观报告、中观报告与微观报告。一般而言，宏观报告主要指全国性的教育现代化监测报告。中观报告一般是区域性的分析报告。在这里，区域是一个弹性比较大的概念，它既可以指省域，也可以指市域或者县域。微观报告一般涉及教育教学的具体实施环节。因此，它可以是对一个学校教育现代化水平的监测报告，也可以是对一个学校教育集团或"紧密型教育共同体"① 教育现代化发展水平（包括集团内校际均衡度等指标）的监测报告。依据教育现代化监测报告行为主体来分，可以大致分为政府的监测报告、第三方的监测报告和自我监测报告。不同的行为主体，启动监测的目的不同，调动监测资源的能力不同，实施监测的方式方法也不同，由此形成的监测报告，在适用性、结论的可靠性等方面均可能存在一定的差异。

教育现代化监测报告制度的建立，一方面需要依托各级教育现代化监测行为主体的自觉意识，即行为主体应当清晰地意识到实施监测报告制度对于推进自身及他者实现教育现代化的重要意义，清晰地意识到实施监测与提供报告是一份重要的社会责任；另一方面，监测报告制度的建立也有赖于逐渐形成一种严格规范的报告管理机制。各级教育行政部门应当将教育现代化监测报告纳入本地、本部门的常规管理工作中。与此同时，监测报告制度的建立，还意味着需要配套建立报告的及时上报和适时发布制度。应当根据教育现代化推进的需要，确定发布的时间以及发布的方式，确保关键的信息能够有效地传递给相关决策者、管理者，必要时传递给主要利益相关群体乃至向全社会发布。

（三）问责制度

教育现代化监测中的检测制度和报告制度，将对相关责任主体形成较大的压力。但是，仅有检测和报告制度是不够的，一种有效的监测还需要有严格的问责制度作为支撑与保障。从制度创生与理论建设的角度讲，问责制度发端于西方，主要指问责主体要求其管辖范围内的各级组织和成员就承担职责和履行义务的情况，承担否定性后果的一种责任追究制度。在教育现代化监测制度建设中构建和完善问责制度，主要价值在于进一步明确责任主体和主体责任，解决教育现代化推进中相关责任主体责权意识不明晰、执行力不强、效率低下等问题。

构建问责制度，前提是明"责"。教育现代化的相关决策者与领导者，

---

① 例如，浙江省杭州市西湖区为改造薄弱学校，缩小区域内校际教育差距，实现品牌增值和校际共融发展，开展了区域内紧密型教育共同体改革探索，在一定程度上改变了政府管理基础教育学校的模式。

应当明确各级政府和教育行政部门在推进教育现代化过程中所应承担的具体责任，必要时督促他们对责任进行分解，形成阶段性任务及完成任务的时间表。这一规划设计将成为后续教育现代化监测的重要依据之一。教育现代化问责制度建设的核心是加强责任主体在推进教育现代化过程中的执行力，以及强化对教育现代化进程中权力运作的监督。问责制度的建设与执行需要整合各种数据和力量；需要在标准、数据的支持下，在多方听取意见建议的基础上，将群众监督、舆论监督等结合起来，对教育现代化推进中的各项工作进行事前、事中、事后各个环节的评估检测；既要对照标准检测教育现代化的实现水平及过程合理性，也要监督工作推进过程中责任主体在该项工作中的精力投入和权力运行的规范性与有效性。在一定意义上说，问责制度是否健全直接决定着教育现代化监测制度健全与否，以及是否具有政策与实践效力，并在很大程度上决定教育现代化各级各类责任主体的工作投入状态，进而在一定程度上决定教育现代化的进展与成效。

（四）预警制度

预警制度，指预先发布警告的制度，即通过对信息数据的整合与分析，预先判断事情发展的动态，对可能出现的风险或危机进行提前警告、超前反馈，为及时布置工作、防范风险于未然奠定基础。一般而言，预警制度主要针对的是风险性大、社会影响广泛和深远的问题与领域。例如，近年来环境污染问题日益突出，由此生发出的社会问题与自然灾害问题逐渐增多，相应的预警机制应运而生；社会转型期社会不稳定因素的增加则催生出社会危机预警机制；近年来青少年学生违纪违规、违法犯罪问题凸显，对中小学建立学校危机管控和预警机制提出了紧迫的要求；……那么，在教育现代化的推进过程中，需要建立预警制度或预警机制吗？从表面上看，教育现代化是一项系统性强、艰辛复杂、需要稳步推进的事业，它既不太可能产生紧急的危机事件，也不太可能造成社会动荡，因此，建立预警机制或预警制度的内在需求似乎并不强烈。但是，教育事业是一项错综复杂、影响广泛而深远的事业，教育现代化的发展方向、发展路径可谓牵一发而动全身。在推进过程中，可能会出现发展方向偏离、责任主体投入不足、执行力弱化等问题，也可能会出现过分重视某些指标而有意或无意地忽略其他发展指标的问题，还有可能会出现在错误政绩观的影响下只追求"锦上添花"而回避"雪中送炭"的政策误区，从而导致区域之间、区域内部教育均衡发展受到影响，进而影响到教育现代化水平。凡此种种均表明：无论是从建立健全教育现代化监测制度的角度讲，还是从提升教育现代化水平的角度讲，教育现代化的预警制度建设都是必要的。

三、教育现代化监测制度的实施

制度文本的创生过程固然艰难，但完成文本还只是制度建设的一部分，甚至还不是主要部分。要想使一项制度成为"活的"、有生命力和影响力的制度，更重要的是将制度付诸实施。在这个意义上，制度的影响力是以执行和应用为保障的。要想使制度对个人、组织起到规范、约束作用，甚至形成一定的压力，关键是将制度文本或语言，转化渗透为社会生活中的实践逻辑，并逐渐内化为个体与组织运作的"惯习"。

（一）明晰责任主体

教育现代化监测制度实施与应用的重要前提是厘清责任主体。在传统的政府管理架构中，政府几乎是监测、评估的唯一主体。这种"管办评"一体化的政府包揽模式，不仅影响施政绩效，而且容易滋生官僚主义倾向。党的十八届三中全会明确提出，全面深化改革的总目标是完善和发展中国特色社会主义制度，推进国家治理体系和治理能力现代化。在这一宏观战略之下，教育部原部长袁贵仁在 2014 年全国教育工作会议上明确提出加快推进教育治理体系和治理能力现代化的发展目标，即围绕教育治理体系建设、教育治理能力提高，深化教育领域综合改革；通过深化教育领域综合改革，实现教育事业科学发展；通过教育事业科学发展，更好地促进教育公平、优化教育结构、提高教育质量；通过促进公平、优化结构、提高质量，更好地为促进中国经济转型升级、全面建成小康社会提供坚强有力的人才支撑和智力支持。从传统的"统治""管理"架构走向现代治理体系和治理能力的现代化，一个重要的变迁是多中心、多主体协同的联合行动及其规则的构建。

1995 年，全球治理委员会在《我们的全球伙伴关系》中对治理做出了这样的阐释：治理是各种各样的个人、团体处理其共同事务的总和。它是一个持续的过程，通过这一过程，各种相互冲突和不同的利益可望得到调和，合作行动得以开展。据此理解，治理不只是一整套规则，也不只是一种活动，而是表现为一个过程。治理过程的基础不是控制，而是协调；治理既涉及公共部门，也包括私人部门；治理不是一种正式的制度，而是多主体之间的持续互动。如果说单中心意味着政府作为唯一的主体对社会公共事务进行排他性管理，那么多中心则意味着在社会公共事务的管理过程中，并非只有政府一个主体，而是存在着包括中央政府单位、地方政府单位、政府派生实体、非政府组织、私人机构以及公民个人在内的许多决策中心，它们在一定的规则约束下，以多种形式共同行使主体性权力（陈广胜，2007）[99]。由多中心、多主体构成的多元共治架构，并不简单意味着政府的退出或退隐，也并不意味着政府简单依循"小政府、弱政府"的角色来施政。建构现代治理架构，重要的是明确多元主体的职能分工和权力边界。无疑，这需要从政府的主动让权、放权开始，以便为多元主体共同治理创造更多的空间；与此同时，在转型变迁阶段，政府还应当积极培育社会力量，提升多元主体的共治意识与技术，为多元主体实现真正意义上的共同治理提供技术支撑和平台支持（王名 等，2014）。

教育现代化监测制度的建立与实施是一项繁杂的系统工程。无论是制度文本的建设还是制度的执行、实施与评价反馈，都离不开各级政府的主动承担、积极参与和适当引导。因此，政府是教育现代化监测的当然责任主体。它不仅应当对自身推进教育现代化的目的正当性、过程合理性、成果有效性等进行自我监测与评估，还需负责对下辖政府、教育行政部门在推进教育现代化进程中的工作绩效进行监测与评估。各级各类学校是教育现代化监测的另一责任主体。教育现代化并不仅仅指资源配置的现代化，更重要也更艰难的是每天发生着的学校教育实践的现代化。学校是教育现代化监测的责任主体，它不仅应当作为监测对象接受外界的监测与评估，而且应当作为主体对自身推进教育现代化的价值合理性、过程合理性与工作绩效进行自我监测与评估。各级政府与学校既是推进教育现代化的责任主体，同时也是教育现代化监测制度建立与实施的责任主体。这种格局固然有利于培育主体的自我监测与反省意识，保持教育现代化进程的系统性，但责任主体角色的双重性与一体化格局，极易造成责任主体因高度的利益相关性而在监测中无法做到客观公正，或者在很多情况下因为"身在其中"而无法抽离出来做全面的观察与透析。因此，教育现代化监测除了利益相关者之外，还需要积极引入或培育第三方责任主体。在这里，所谓第三方责任主体，指的是既不制定政策，也不执行政策，而是独立于政策运行过程之外的相对超脱的机构或组织。为了更好地、更公平地实施监测，第三方责任主体一般应当是具有相关专业资质的、相对独立于政府的社会组织。多元责任主体的协同监测，对于教育现代化的合理推进具有重要的监督保障意义。

（二）厘清边界

责任主体由一元走向多元，无疑有助于从多个维度确保教育现代化监测制度的贯彻落实。但是，在实现政府简政放权、社会治理结构变迁的转型阶段，责任主体的多元化也可能带来潜在的新问题。例如，不同责任主体的角色可能会出现重合，责任分担可能会模糊不清；相关责任主体可能因责任边界不明而导致责任重合或者形成责任真空；等等。解决这些问题，一方面需要依托多元责任主体协商与沟通机制的建立，另一方面则需要作为社会治理结构变革主体的政府承担引领者的角色，要求责任主体各自厘清责任边界。在这个过程中，政府不仅应当起到引领、培育作用，更重要的是应当学会向学校、社会组织让渡必要的权力。在一定意义上，破解政府管得过多、管得过死问题的关键，是政府在诸多专业领域采取主动"退让"策略。政府"退"一分，其他责任主体的责任与行动才有可能"进"一分。这是多元主体协作关系构建初期必然出现的一种趋势。

李克强总理在 2015 年政府工作报告中三次提到了"第三方"。在 2014 年工作回顾中，他指出，"我们狠抓重大政策措施的落实，……引入第三方评估和社会评价"。在 2015 年工作总体部署中，他提到"提供基本公共服务尽可能采用购买服务方式，第三方可提供的事务性管理服务交给市场或社会去办"，"积极推进决策科学化民主化，重视发挥智库作用"。这一社会管理的顶层设计思路，对于推进教育现代化监测制度建设与实施具有宏观的战略引领价值。近年来，各类专业性第三方社会组织的创生与蓬勃发展，一定意义上反映出政府社会治理理念变迁进程中社会组织监管与服务意识的觉醒和专业水平的逐渐提升。可以预见，在未来一段时间内，无论是学校现代管理制度还是第三方责任主体，都将面临一个由初创到逐渐成熟的过程。在这个过程中，如何协调不同责任主体的角色，明确各自的责任边界，将是影响教育现代化监测制度贯彻落实的重要因素。

对于政府而言，一个重要的转变应当是在明确自身责任的同时，主动向学校、社会公开自身职能、职责权限、管理流程和监督方式等事项，真正做到"让权力在阳光下运行"。在必要的条件下，在一些领域中，政府可以尝试开展负面清单管理试点，清单之外的事项由学校自主施行或由社会组织主动承当。这一举措将有可能为学校和第三方组织机构开放出越来越大的空间，从而逐渐建构起一种体现"管办评"分离理念的协同监测制度与机制。厘清边界，意味着不同的责任主体可以清晰地意识到自己的责任及其边界，既不逃避自身本应承担的责任，也不僭越承揽过多的责任，更不随意越界去干预其他主体的行动。

（三）动态优化

无论是从人类发展史的角度，还是从制度史的角度来看，制度都不是一个悬置在个人与社会面前的天然事物。相反，任何制度都是随着人的需求与自觉意识的成长，随着社会发展进步而逐渐产生、变迁、完善，从而达到相对稳定的存在状态的。旧制度经济学家凡勃伦认为，制度系统的形成既具有隐蔽性，又往往是基于明确设计意图的。而新制度经济学尽管也承认制度在有些情况下具有超越个体利益甚至超越个体监控的力量，但在制度起源论上，却均主张制度是社会的产物。任何制度都是基于人际沟通的需要，基于维系社会关系秩序的需求而创生出来的。作为人类社会自觉创生的思想产物，制度既有其自身的稳定性，又可能伴随人类思想观念、社会发展水平等因素的变迁而发生变异。一种制度能够得以延存，一个重要的原因是人们需要这种制度去维系基本的社会秩序，并且对于这种制度存在足够程度的认同。只有公众形成对制度的认同，才能形成遵守制度的责任感、忠诚意识和人际互信。

在一定意义上说，制度具有超人格特征，即它在很多时候可能会超越个体或群体的利益，表现出较强的影响人甚至约束人的力量。制度一旦被广泛接纳，便表现出相对的稳定性。这种稳定性，一方面是维系制度权威的基础，另一方面也是维系人们对制度的认同与信任的基础。一个变动不居甚至朝令夕改的制度，会导致人们无所适从，从而失去对制度的信任，瓦解制度合理性的基础。但是，制度作为一种自觉建构生成的存在，既不具有超越历史与时间的永恒性，也不具有跨越地域与超越文化差异的普适性。当制度无法满足人们的需要，或者社会的发展产生了对新制度的强烈需求时，就有可能催生出新的制度，或者引发制度革新或变革。

教育现代化监测制度的实施，一方面需要遵循制度的逻辑，以有效的制度防止监测中的主观化、随意化问题；另一方面，监测制度本身也需要根据教育现代化的推进，以及监测实施效果的反馈，不断改良优化，以确保监测制度能够很好地适应我国教育现代化发展的需要。近年来，中国教育呈现出加速发展的态势。"发展"往往是形成新的"发展观"的最好生境。教育现代化的推进，不仅可能革新人们对现代化乃至教育现代化的理解，而且可能使人们对实现教育现代化的价值和现实可能性、实现教育现代化的预期时间等问题产生新的、更为理性的认识。这些新的理解与认识，不仅是教育政策制订者和相关责任主体重新思考和厘定教育现代化评价指标的依据，也可能促成人们重新思考教育现代化监测制度的改进与优化。

第十二章　教育现代化政策创新

　　教育现代化有其特定的内涵与意蕴。从政策角度来看，教育现代化既是我国教育改革发展的政策理想与目标，也是指导我国教育改革和发展的政策纲领与路线，一定意义上可以说，我国教育事业的改革与发展所体现的就是教育现代化的政策实践。

　　改革开放以来，我国在不同时期颁布的教育改革纲领性文件均将"教育现代化"作为指导思想，尤其是《教育规划纲要》明确提出到2020年基本实现教育现代化的战略目标。本章着力解读这些重要文件在价值取向上何以重视人的现代化，在政策目标图景上如何聚焦公平和质量等核心内涵；同时，探讨如何吸取地方推进教育现代化的有效经验和成果，将其转化为内外部政策工具，发挥规范、引领和奠基作用。

　　政策研究、理论探讨与实践探索各有侧重而又相互依存、相互转换。随着教育改革的深入与拓展，教育现代化面临的问题将更加复杂，要想破解难题、创新实践、如期达成目标，需要在政策、理论和实践之间展开充分互动和有效转换，最终形成一种良性循环。

前文侧重进行了教育现代化理论和实践层面的探讨，本章则主要从政策角度切入，分析探讨如何在政策价值、政策目标、政策主体与政策机制方面突破创新，以更好地推进与实现教育现代化。

一、价值引领：以"人的现代化"为核心目标

（一）改革开放以来教育现代化政策的演变历程

中国追求国家现代化与教育现代化的道路从一开始便不平坦，但现代化的梦想却如明灯一样，指引着有识之士为之毕生探索与奋斗。直到改革开放，我国教育事业才迎来真正的春天。1983 年，邓小平同志以其超凡的胆识远见，为北京景山学校题词，挥毫写下"教育要面向现代化，面向世界，面向未来"，为中国教育现代化的实践探索吹响了启航的号角。

改革开放 40 年来，从遥不可及的梦想到诸多省市宣布基本实现教育现代化，我国教育现代化已经从"面向"走到了"推进"阶段，最终将于 2020 年"基本实现"。改革开放以来，我国教育现代化经历了什么样的政策探索历程？教育现代化的政策含义又发生了哪些变化？这些问题值得探索。

1. 20 世纪 80 年代：教育为社会主义现代化建设服务

1978 年 12 月，中国共产党十一届三中全会召开，会议上果断停止了"以阶级斗争为纲"，做出了全党工作重心转移到社会主义现代化建设上来的战略决策。党的十二届三中全会明确了推进经济体制改革的决定。改革开放催生了全社会各行各业的活力与热情，伴随经济社会生活的跃进，人才短缺问题开始引发政府与全社会的关注。

邓小平同志早在 1977 年就强调指出："我们要实现现代化，关键是科学技术要能上去。发展科学技术，不抓教育不行。"（邓小平，1994）[40] "不抓科学、教育，四个现代化就没有希望。"（邓小平，1994）[68] 1982 年，在谈到党的十二大提出的到 20 世纪末国民生产总值翻两番的总目标时，邓小平同志再次指出，翻两番"大体上分两步走，前十年打好基础，后十年高速发展。战略重点，一是农业，二是能源和交通，三是教育和科学。搞好教育和科学工作，我看这是关键。……现在要抓紧发展教育事业"（邓小平，1993）[9]。

伴随着我国经济体制改革的不断深入与社会事业的快速发展，1985年5月，《中共中央关于教育体制改革的决定》颁布，这一政策文件成为指导我国20世纪80年代教育发展的纲领性文件。《中共中央关于教育体制改革的决定》开宗明义："教育必须为社会主义建设服务，社会主义建设必须依靠教育。社会主义现代化建设的宏伟任务，要求我们不但必须放手使用和努力提高现有的人才，而且必须极大地提高全党对教育工作的认识，面向现代化、面向世界、面向未来，为九十年代以至下世纪初叶我国经济和社会的发展，大规模地准备新的能够坚持社会主义方向的各级各类合格人才。"这一规定明确了政府对于教育的职能定位，即为经济建设与社会发展提供人才。《中共中央关于教育体制改革的决定》将其概括为：教育体制改革的根本目的是提高民族素质，多出人才、出好人才。

虽然《中共中央关于教育体制改革的决定》通篇未提及或者提出"教育现代化"这一表述，但是从文本中对教育与社会主义建设关系的论述来看，如"教育工作不适应社会主义现代化建设需要的局面还没有根本扭转"，"要改革同社会主义现代化不相适应的教育思想、教育内容、教育方法。经过改革，要开创教育工作的新局面"，其中内在地蕴含着教育要与社会主义现代化建设相适应的要求。我们认为，这是20世纪80年代对"教育现代化"这一政策命题的初步尝试与探索。

这一尝试与探索初步回应而非回答了教育现代化的政策内容。这些内容包括：教育应培养的人才素质为有理想、有道德、有文化、有纪律，有为国家富强和人民富裕而艰苦奋斗的献身精神，有实事求是、独立思考、勇于创造的科学精神；在教育现代化的推进工作中，要"从教育体制入手，有系统地进行改革。改革管理体制，在加强宏观管理的同时，坚决实行简政放权，扩大学校的办学自主权；调整教育结构，相应地改革劳动人事制度"。

2.20世纪90年代：教育要作为社会主义现代化建设的基础优先发展

20世纪90年代，我国改革开放和现代化建设进入了一个新阶段，即要建立社会主义市场经济体制，加快改革开放和现代化建设步伐，进一步解放和发展生产力，使国民经济整体素质和综合国力都迈上一个新台阶。这对教育工作来说既是难得的机遇，又提出了新的任务和要求。1993 年 2 月，中共中央、国务院发布了《中国教育改革和发展纲要》，这一纲要成为指导 90 年代我国教育改革与发展的基本政策。《中国教育改革和发展纲要》总结了新中国成立 40 多年来我国教育事业发展的宝贵经验，明确提出了建设中国特色社会主义教育体系的主要原则，其中首要原则是："教育是社会主义现代化建设的基础，必须坚持把教育摆在优先发展的战略地位。"

相比于 20 世纪 80 年代"教育必须为社会主义建设服务"这一表述，上述论述进一步指明了教育的战略地位。其中蕴含着两个教育现代化的政策命题：其一，作为现代化建设的基础，教育的目标应该是什么？其二，应该如何优先发展具有战略地位的教育？

对于第一个问题，《中国教育改革和发展纲要》指出："根据我国社会主义现代化建设'三步走'的战略部署，到本世纪末，我国教育发展的总目标是：全民受教育水平有明显提高；城乡劳动者的职前、职后教育有较大发展；各类专门人才的拥用量基本满足现代化建设的需要；形成具有中国特色的、面向 21 世纪的社会主义教育体系的基本框架。再经过几十年的努力，建立起比较成熟和完善的社会主义教育体系，实现教育的现代化。"这是国家在重大教育政策文件中首次提及"教育的现代化"目标。

对于第二个问题，《中国教育改革和发展纲要》指出：为了实现上述目标，应采取深化教育改革、坚持协调发展、增加教育投入、提高教师素质、提高教育质量、注重办学效益、实行分区规划、加强社会参与的发展战略。在教育事业发展上，不仅教育的规模要有较大发展，而且要把教育质量和办学效益提高到一个新的水平。在结构选择上，以九年义务教育为基础，大力加强基础教育，积极发展职业技术教育、成人教育和高等教育，把提高劳动者素质，培养初、中级人才摆到突出的位置。在地区发展格局上，从各地经济、文化发展不平衡的实际出发，因地制宜，分类指导，鼓励经济、文化发达地区率先达到中等发达国家 20 世纪 80 年代末的教育发展水平，积极支持贫困地区和民族地区发展教育。

3. 2000—2010 年：推进素质教育，培养适应现代化建设需要的新人

世纪之交，科学技术突飞猛进，知识经济已见端倪，国力竞争日趋激

烈。21 世纪初，我国已处在建立社会主义市场经济体制和实现现代化建设战略目标的关键时期。为进一步深化教育改革，全面推进素质教育，为实施科教兴国战略奠定坚实的人才和知识基础，1999 年 6 月，《中共中央国务院关于深化教育改革全面推进素质教育的决定》颁布，这是指导我国 21 世纪教育发展的纲领。

《中共中央国务院关于深化教育改革全面推进素质教育的决定》从我国社会主义事业兴旺发达和中华民族伟大复兴的大局出发，明确提出要"深化教育改革，全面推进素质教育，构建一个充满生机的有中国特色社会主义教育体系，为实施科教兴国战略奠定坚实的人才和知识基础"。文件明确了素质教育的内涵："实施素质教育，就是全面贯彻党的教育方针，以提高国民素质为根本宗旨，以培养学生的创新精神和实践能力为重点，造就'有理想、有道德、有文化、有纪律'的、德智体美等全面发展的社会主义事业建设者和接班人。"

对于面向 21 世纪、适应现代化建设需要的新人的素质，文件只提出了原则性的要求，即"使受教育者坚持学习科学文化与加强思想修养的统一，坚持学习书本知识与投身社会实践的统一，坚持实现自身价值与服务祖国人民的统一，坚持树立远大理想与进行艰苦奋斗的统一"。

2001 年，《国务院关于基础教育改革与发展的决定》颁布，其中从德、智、体、美等方面进一步明确了对面向 21 世纪的新人的基本要求："实施素质教育，促进学生德智体美等全面发展，应当体现时代要求。要使学生具有爱国主义、集体主义精神，热爱社会主义，继承和发扬中华民族的优秀传统和革命传统；具有社会主义民主法制意识，遵守国家法律和社会公德；逐步形成正确的世界观、人生观和价值观；具有社会责任感，努力为人民服务；具有初步的创新精神、实践能力、科学和人文素养以及环境意识；具有适应终身学习的基础知识、基本技能和方法；具有健壮的体魄和良好的心理素质，养成健康的审美情趣和生活方式，成为有理想、有道德、有文化、有纪律的一代新人。"

如果说改革开放前 20 年，我国教育改革处理的是教育体制与结构等外部问题，那么《国务院关于基础教育改革与发展的决定》则将教育改革的重心重新牵引回"实施何种教育"的内部探索。换言之，前20年对于教育现代化的探索，是在教育为社会主义现代化建设服务这一框架背景下进行的，教育现代化是由社会主义现代化建设这一外部战略驱动的。《国务院关于基础教育改革与发展的决定》依然将教育为社会主义现代化建设服务作为制度背景，但是探索的问题已经返回到教育现代化自身："人的素质"或者"人的现代化素质"的培养不仅表征着教育现代化的结果，更决定着社会主义现代化建设的状况。

4. 2011—2020 年：基本实现教育现代化

为了更好地适应全面建设小康社会、建设创新型国家的需要，加快从教育大国向教育强国、从人力资源大国向人力资源强国迈进，2010 年，中共中央、国务院颁布了《教育规划纲要》。

《教育规划纲要》在战略目标中明确提出"到 2020 年，基本实现教育现代化，基本形成学习型社会，进入人力资源强国行列"；在战略主题中，明确提出"坚持以人为本、全面实施素质教育是教育改革发展的战略主题"，"面向全体学生、促进学生全面发展，着力提高学生服务国家服务人民的社会责任感、勇于探索的创新精神和善于解决问题的实践能力"。

《教育规划纲要》第一次明确提出"基本实现教育现代化"的战略目标，并从普及教育、公平教育、优质教育、终身教育与教育体制五个方面进一步细化这一战略目标。这些规定有着重要的政策意义，既表明了实现教育现代化是我国长期以来教育改革与发展的核心目标，也明确了基本实现教育现代化的具体内容。

上述教育纲领性政策文件为改革开放以来我国教育改革与发展构建了基本的政策目标与政策空间。通过梳理这些政策文件可以看出，从"教育必须为社会主义建设服务"到"教育是社会主义现代化建设的基础，必须坚持把教育摆在优先发展的战略地位"，再到"全面推进素质教育，培养适应二十一世纪现代化建设需要的社会主义新人"，直至"到 2020 年，基本实现教育现代化"，不同历史时期政府对于教育现代化有着不同的政策思考。

从一定意义上讲，在这些基本的纲领性政策文件中，教育现代化不是一个抽象的理论命题，而是一个具体的现实问题；不是一个思辨性的价值选择，而是一个现实的社会需求；不是西化的理念移植，而是本土的实践创生。

（二）"人的现代化"：教育现代化的核心目标

《教育规划纲要》明确提出，到2020年要基本实现教育现代化。对于这样一个宏大的战略目标，我们可以追问一个更为根本的问题，即教育现代化的核心目标是什么？

从教育与社会的关系来看，教育现代化理所当然地要为社会的现代化建设发展服务。一定意义上讲，社会的现代化既离不开人的现代化，同时也是为了更好地促进人的现代化。在此意义上可以说，教育的现代化既通过人的现代化或者通过培育现代化的人才，为社会现代化建设服务；同时，它也是社会现代化的基础，是为了更好地促进人的现代化发展。

从教育与个体的关系来看，教育是培养人的事业。在不同的历史时期，教育培养人才的规格与素质要求各不相同。自从人类进入现代社会以来，教育的培养目标也发生了重大变化，现代社会的教育或者说教育的现代化当然要实现人的现代化。在此意义上，无论是从教育与社会，抑或是从教育与个人的关系来看，教育现代化的核心目标均在于人的现代化。

事实上，从改革开放以来我国教育现代化推进的政策演变历程也可以看出这样一条线索。无论是《中共中央关于教育体制改革的决定》，还是《中国教育改革和发展纲要》，均强调教育必须为社会主义现代化建设服务，希望教育能够多出人才、快出人才。但是对于人才的规格与素质并没有给出明确的要求，教育现代化的核心问题尚未被聚焦，尚不明晰。一直到20世纪90年代末期直至新世纪，随着《关于深化教育改革全面推进素质教育的决定》和《教育规划纲要》两份纲领性文件的发布，教育最核心的问题是培养什么人和怎样培养人的问题才被明确揭示出来。

什么是人的现代化？一般而言，人的现代化是指从传统人向现代人的转变，包括人格现代化、心理现代化、行为现代化和价值观念现代化等。

美国著名社会学家英克尔斯指出："一个国家可以从国外引进作为现代化最显著标志的科学技术，移植先进国家卓有成效的工业管理方法、政府机构形式、教育制度以至全部课程内容。……如果一个国家的人民缺乏一种能赋予这些制度以真实生命力的广泛的现代心理基础，如果执行和运用着这些现代制度的人，自身还没有从心理、思想、态度和行为方式上都经历一个向现代化的转变，失败和畸形发展的悲剧结局是不可避免的。再完美的现代制度和管理方式，再先进的技术工艺，也会在一群传统人的手中变成废纸一堆。"（殷陆君，1985）[4]英克尔斯的这段话指明，在现代化进程中，人是最基本的因素，没有人的现代化，任何社会的现代化进程都无法避免走向失败或者畸形发展。

在现实的历史时空中，人的现代化具体表现为个体的现代素质或者现代性特征。英克尔斯基于对多个发展中国家的个体现代素养的实证研究，归纳出现代人的特征或者人的现代性特征，具体包括如下方面：（1）准备和乐于接受他未曾经历过的新的生活经验、新的思想观念、新的行为方式；（2）准备接受社会的改革和变化；（3）思路广阔，头脑开放，尊重并愿意考虑各方面的不同意见、看法；（4）注重现在与未来，守时惜时；（5）具有强烈的个人效能感，对社会和人的能力充满信心，办事讲求效率；（6）计划；（7）知识；（8）具有可依赖性和信任感；（9）重视专门技术；（10）乐于让自己和后代选择离开传统上受尊敬的职业，对教育的内容和传统智慧敢于提出挑战；（11）相互了解，自尊和尊重他人；（12）了解生产及其过程。

我国不同时期的政策文件也提出过类似要求，如"以提高国民素质为根本宗旨，以培养学生的创新精神和实践能力为重点，造就'有理想、有道德、有文化、有纪律'的、德智体美等全面发展的社会主义事业建设者和接班人"，"重点是面向全体学生、促进学生全面发展，着力提高学生服务国家服务人民的社会责任感、勇于探索的创新精神和善于解决问题的实践能力"。其中创新精神、实践能力与社会责任感，以及"四有"要求都代表着对于个体现代素质的要求与期望。

基于不同的理论视角，对于人的现代化素养或者现代性特征会有不同的理解。我们认为，从个体的角度来看，如果将人的现代化理解为推进人从传统向现代的转型，则必然涉及个体的思想观念、素质能力、行为方式与社会关系等方面的现代转型。

思想观念的现代化是个体现代化的灵魂与前提，它涉及人的价值观念、精神态度、思维方式等方面的现代转化。在当前全球化进程中，尤其要注意将个体的现代化奠基于民族精神与本土文化的基础之上，在教育过程中要通过时代精神与本土文化气质来丰富完善个体的精神世界，否则个体的现代化将成为无根之萍，丧失灵魂。

素质能力的现代化是个体现代化的核心与关键，它涉及个体在现代社会发展中必须具备的知识、能力与技能等。联合国教科文组织 21 世纪教育委员会在《教育——财富蕴藏其中》报告中曾提出，要学会求知、学会做事、学会共处、学会做人，这对于个体的现代素质能力培养具有重要的启示价值。在当前知识经济与网络信息时代，尤其要注重个体的终身学习能力培养，如果个体缺乏终身学习的意识与能力，将会被湮没在快速变迁的时代中。

行为方式的现代化是个体现代化的外显与表征，它涉及个体的言行举止、行为习惯与社会行为等。在开放、参与、民主与法治的现代社会中，个体行为方式的现代化意味着个体在社会生活中要采取积极、理性与文明的行动，养成良好的行为习惯，提高社会参与能力，积极参加社会活动。

社会关系的现代化是个体现代化的重要内容之一，它涉及个体对待、处理直接或间接的社会关系时的态度情感与方式方法。伴随着经济的快速发展，社会结构更加多元，社会流动频繁，个体的社会关系发生重大变革。在此背景下，个体社会关系的现代化意味着个体要积极关注、参与社会发展，尊重并公平对待多元的社会群体，关注与支持弱势群体发展，等等。

（三）聚焦"人的现代化"，审视教育现代化的政策价值引领

公共政策的价值取向直接影响着其内容与结果，有什么样的价值取向，就有什么样的公共政策。因此，审视政策的价值取向，明晰合理的政策价值引领，对于政策实践而言有着重要意义。

正如前文所言，"人的现代化"是教育现代化的核心目标。因此，聚焦于"人的现代化"，需要进一步审视与明晰教育现代化的政策价值取向，以更好地推进教育现代化的政策实践发展。

1.明确教育现代化的目标与追求，坚持以人为本

人既是教育对象，也是教育主体。教育是关涉人、培养人的一项特殊的社会活动，人的发展问题既是教育政策赖以产生和演变的历史基础和逻辑起点，同时又体现着教育政策自身价值取向的完善程度。"人的现代化"既是教育现代化的核心目标，同时也是实现教育现代化的基础所在。因此，坚持将"人的现代化"作为教育现代化的核心目标时必须坚持"以人为本"。

从底线意义上看，在教育现代化的政策实践中，坚持以人为本，意味着在制订与执行教育政策的过程中，要尊重每一个受教育者的生命、权利与尊严，平等地对待每一个受教育者的权利与义务。从终极意义上看，在教育现代化的政策实践中，坚持以人为本，意味着要充分尊重与实现每一个受教育者的自由与选择，充分促进与实现每一个受教育者的自由与全面发展，把每一个受教育者作为目的而非手段。在此意义上，对教育现代化的政策实践而言，人既是发展的第一主角，更是发展的终极目标。

2.明确教育的战略性基础地位，坚持优先发展教育

公共政策在社会发展的不同阶段所起的作用是不同的，在资源有限的情况下，政府会依据社会问题的重要性设置政策发展顺序。人类社会对于教育重要性的认识是不断变化的。在教育发展的早期，教育更多的是家庭与私人事务，国家不会过多干预；一直到18—19世纪，伴随着教育在民族与现代国家形成中发挥越来越重要的作用，教育才从家庭与学徒制的随意附属品转变为国家的公共事业。尤其是进入20世纪之后，美国经济学家舒尔茨等学者提出人力资本理论，再次引发各国对教育事业的重视，在全世界范围内出现了"教育先行"、优先发展教育的现象。

改革开放以来，我国对于教育重要性的认识也在不断加强与深化。党的十二大报告将教育和科学作为经济发展的三大重点之一，党的十四大报告明确提出把教育摆在优先发展的战略地位，党的十五大报告将"科教兴国"作为国家的基本国策之一，党的十八大报告则进一步明确提出"教育是民族振兴和社会进步的基石"。

在教育现代化的发展进程中，必须明确教育的战略性基础地位，坚持

优先发展教育。这就意味着，国家与政府要从观念上予以优先重视，在资源上予以优先支持，在制度上予以优先保障，在发展上予以优先安排。优先发展教育不仅是现代化建设的客观需求，也是各级政府的核心责任所在。当前，我国教育现代化建设进程中存在的"观念上重视，行动上轻视"的现象亟须转变，各级政府应积极行动，切实贯彻落实优先发展教育的战略。

3.明确教育的过程变革，坚持全面、协调与可持续发展

反思西方社会的现代化进程，人的主体性和理性得到了前所未有的张扬，精于计算、注重技术的工具理性渐渐超越了价值理性并渗透到社会的各个领域，结果是付出了能源枯竭、生态恶化以及人的心态失衡的沉重代价。反思我国社会的现代化历程，虽然时间短暂，但是在超常规的快速发展过程中，也因为"效率优先"的发展战略与政策安排付出了沉重代价，导致了诸如贫富差距拉大、环境污染恶化等严重的社会问题。

上述现象在我国教育领域中也有反映，比如日益拉大的教育差距、日益严重的应试压力与知识取向的课堂教学等，都严重影响或者阻碍着个体的现代性发展。因此，聚焦"人的现代化"这一核心目标，我们迫切需要关注教育的过程变革，在教育现代化的进程中处理好速度、结构与质量问题，坚持全面、协调与可持续发展。

坚持全面发展，是指各级各类教育，不仅是基础教育、中等教育、高等教育，而且是学前教育、特殊教育等都应该获得相应的发展。坚持协调发展，是指各级各类教育在发展的过程中，在比例上要相称，要将发展的速度、质量、规模与效益统一起来；同时，还要实现教育自身发展与经济社会发展步伐相协调一致。坚持可持续发展，是指各级各类教育要将发展的长远规划与近期目标结合起来，加强教育制度与法律建设，通过政策与制度的方式促进教育的持久发展。

二、目标图景：公平、质量与多样

教育现代化不是一个静态的结果，而是一个不断推进、不断发展的"化"的过程。在此意义上，给出具体的、明确的、数量意义上的政策目标或者指标十分困难，但这并不妨碍我们勾勒出教育现代化的政策图景。

我们认为，教育现代化政策的实践进程必须不断回应与解决三方面的基本问题：首先，教育现代化应该是所有人共享的，而不是为某部分特殊群体私享的，因此，教育现代化的首要基础应该是公平；其次，现代化的教育应该是符合时代与社会需求的，注定是优质的，没有质量的教育现代化不是真正的教育现代化；最后，教育差异是客观存在的事实，从教育现代化的外部表征来看，其注定是在高公平、高质量基础上的多样化，这种多样化既包括从结果角度来看的丰富多样的教育现代化实践，也包括从过程角度来看的实现教育现代化的丰富多样的路径与方法。

（一）公平是教育现代化的根本

教育公平是社会公平的起点和核心环节，是社会稳定的重要基石。因此，公平是教育现代化的根本与首要目标。

教育公平是一个历史范畴，在不同的国家和不同的历史时期有着不同的含义。一般而言，教育公平的内涵包括三个方面：起点公平、过程公平和结果公平。具体而言，起点公平，是指受教育者在接受教育的机会和条件方面平等，享有平等的权利与义务；过程公平，是指受教育者在接受教育的过程中能够获得大致相当的教育待遇；结果公平，是指受教育者在接受同等水平的教育后能够获得相对均等的教育成功机会和教育效果。从各国教育发展的历史实践中可以看出，教育公平是逐步递进的发展过程。近现代以来，各国纷纷制订法律，实施义务教育普及制度，从法律与制度上保障了受教育者的教育机会与权利，大大促进了教育公平的发展。

当前，在我国教育事业取得巨大进步的同时，教育差距成为我们所面临的最严峻挑战。我国教育的不公平主要表现在以下三个方面。

其一，城乡教育差距。如表 12—1 所示，在义务教育阶段，城乡生均教育经费、生均预算内教育经费、生均公用经费和生均预算内公用经费存在着较大差距。2001 年，城镇小学生生均教育经费为 1484 元，而农村小学生只有 798 元，二者差距达 686 元。其二，地区间的教育差距。从全国范围来看，我国东中西部地区之间存在着较大的教育差距；同时，从各个省、自治区或直辖市来看，其内部也存在着较大的差距。如表 12—2

所示，通过计算差异系数 [1] 可以发现，在初中生、小学生的各项生均经费上，全国各省份间的差距还在不断拉大。其三，阶层间的教育差距。伴随着近年来我国社会贫富差距日益拉大，社会阶层发展很不平衡，表现在教育方面，各阶层之间的教育差距也较大。如表 12-3 所示，高阶层家庭背景的儿童约有 62% 就读于重点高中，而低阶层家庭背景的儿童约有 61% 就读于普通高中。

表 12-1　2001 年城乡义务教育学生生均经费差距

项目	小学生（元）		初中生（元）		城乡生均经费差距（倍）	
	城镇	农村	城镇	农村	小学生	初中生
生均教育经费	1484	798	1955	1014	1.86	1.93
生均预算内教育经费	953	558	1120	667	1.71	1.68
生均公用经费	389	160	624	146	2.43	4.27
生均预算内公用经费	95	38	268	45	2.50	5.96

资料来源：中国教育与人力资源问题报告课题组.从人口大国迈向人力资源强国［M］.北京：高等教育出版社，2003.本表由作者根据该书第588—593页中的表格整理而成。

表 12-2　四个年份全国普通中小学生生均经费省际差异系数比较

项目		1995年	1998年	2000年	2002年
小学生	生均教育经费	49.56	60.54	69.82	71.29
	生均公用经费	58.93	68.50	77.98	100.16
	生均预算内教育经费	63.12	70.33	76.19	72.55
	生均预算内公用经费	130.28	138.64	145.45	167.28

---

① 差异系数一般用来比较不同特质样本之间的离散程度，差异系数越大，表明不同样本之间的离散程度越高。

续表

项目		1995年	1998年	2000年	2002年
初中生	生均教育经费	40.6	55.70	63.65	64.97
	生均公用经费	55.94	67.60	71.31	87.35
	生均预算内教育经费	53.94	74.80	71.12	66.65
	生均预算内公用经费	109.01	160.67	139.78	144.98

资料来源：丁金泉．我国义务教育均衡发展问题研究［D］．上海：华东师范大学，2005：54 — 57.

表 12-3　不同阶层儿童在各类高中中的分布

（单位：%）

阶层	重点高中	普通高中
高阶层（高级和中级管理人员、技术人员）	61.9	38.1
中间阶层（职员、办事员、个体、私企人员、其他）	54.3	45.7
低阶层（工人、农民、下岗人员、失业人员）	38.9	61.1

资料来源：杨东平．中国教育公平的理想与现实[M]．北京：北京大学出版社，2006：176.

　　此外，20 世纪 90 年代以来，在我国社会结构中还出现了一个新的弱势阶层——进城务工的农民工。城乡之间的结构性差别，农村的"过密化"对农民外出起着推动作用，而城市社会的优越地位和条件对农民进城起着巨大的引拉作用。在这种"推"与"拉"的合力作用下，大量的农村人口进入城市工作生活，由此引发的外来务工人员随迁子女与留守儿童的教育公平问题也引起社会的关注。

　　基于上述问题，《教育规划纲要》将"促进公平"作为五大方针之一，明确提出："把促进公平作为国家基本教育政策。教育公平是社会公平的重要基础。教育公平的关键是机会公平，基本要求是保障公民依法享有受教育的权利，重点是促进义务教育均衡发展和扶持困难群体，根本措施是合理配置教育资源，向农村地区、边远贫困地区和民族地区倾斜，加快缩小教育差距。教育公平的主要责任在政府，全社会要共同促进教育公平。"

　　在未来推进教育现代化的政策实践中，第一，推进教育公平的关键是机会公平，要保证人人有平等的受教育机会；第二，推进教育公平的重点是义务教育均衡发展和帮助困难群体；第三，推进教育公平的关键措施是公共教育资源的合理配置，教育资源应优先向农村、边远与民族地区倾斜；第四，政府在推进教育公平中承担主要责任，同时动员全社会力量支持教育、办好教育。

（二）质量是教育现代化的核心目标

质量历来是教育的核心问题，直接决定着培养人才的规格与素养。改革开放以来，我国走出了一条"穷国办大教育"的快速发展道路，基本上解决了"有学上"的问题，成为人力资源大国。但是，实现由人力资源大国向人力资源强国的转变、实现从"有学上"到"上好学"的转变，则迫切需要将教育质量纳入教育改革与发展的核心范畴。在此意义上讲，质量是教育现代化的核心目标，事关国家与全社会现代化建设的命运。

但是何为质量，却是众说纷纭。美国管理学家朱兰（Joseph M. Juran）曾指出，在关于质量概念的诸多讨论中，有一个基本要素必不可少，即产品特性能够满足顾客要求，从而让顾客满意（中国教科院教育质量标准研究课题组，2013）。从顾客需求的角度来看，质量意味着适用性，但它会因为使用对象的不同而发生变化。同时，随着社会的发展、技术的进步，产品质量的内涵也不断更新和丰富。对此，在质量标准制订中具有重要影响的国际标准化组织将"质量"界定为"一组固有特性满足要求的程度"。这一定义的关键词有三个，即"要求""固有""满足"。其中质量要求可以针对实物产品，可以针对过程控制，也可以针对管理体系的运行；质量是产品、过程或者体系本来就有的不可分割的特殊属性；质量最核心的衡量标准是满足顾客的需求程度。

针对教育领域的质量概念，英国学者格林（Diana Green）将其划分为这样五类。第一，指独有且优秀。例如，牛津大学和剑桥大学提供的教育服务是其他一般大学根本无法相比的。第二，指与预定的规格和标准相一致，这种观点源于企业生产中的质量控制。第三，指适合于目的。该定义为大多数教育界人士所接受，但问题在于教育系统的各种利益相关者很难把各自的目的统一起来。第四，指实现本学校目标的效果。第五，指满足消费者规定的和潜在的需要的程度（中国教科院教育质量标准研究课题组，2013）。

由上可以看出，教育质量不仅在理论上是一个复杂的概念，同时也是一个复杂的政策与实践问题。但不论对教育质量存在多少种理解，从教育教学的实践来看，教育质量的核心在于特定类型、特定学段教育目标的实现程度，最终的落脚点则在于学生的全面发展。

我国的教育教学实践传统上一直重视"双基"，即基础知识与基本技能。由于过于重视学科知识导向，追求抽象知识体系的完整与系统，脱离现实生活，学生常常无法将抽象的知识与现实世界联系起来，无法运用学过的知识解决现实问题。这使得我国的教育常被人诟病为"应试教育"或者是"高分低能"。基于此，2001 年发布的《基础教育课程改革纲要（试行）》将"双基"目标调整为"三维"目标：知识与技能、过程与方法、情感态度与价值观。2014 年教育部印发的《关于全面深化课程改革落实立德树人根本任务的意见》又明确提出了"核心素养"这个概念。我国学者在梳理世界各国及相关国际组织已有核心素养概念的基础上指出，核心素养是指"个体在知识经济、信息化时代面对复杂的、不确定性的现实生活情境时，运用所学的知识、观念、思想、方法，解决真实的问题所表现出来的关键能力与必备品格"（佚名，2015b）。

虽然世界各国或国际组织有关"核心素养"的概念略有不同，比如OECD 用"胜任力"、美国用"21 世纪技能"、日本用"能力"等，但这些概念均指向一个问题，即什么样的人才可以较好地在 21 世纪生存、生活与发展。学生核心素养或者关键能力培养已成为 21 世纪世界各国教育改革与发展关注的焦点。

《教育规划纲要》将"提高质量"作为五大工作方针之一，明确提出："把提高质量作为教育改革发展的核心任务。树立科学的质量观，把促进人的全面发展、适应社会需要作为衡量教育质量的根本标准。树立以提高质量为核心的教育发展观，注重教育内涵发展，鼓励学校办出特色、办出水平，出名师，育英才。建立以提高教育质量为导向的管理制度和工作机制，把教育资源配置和学校工作重点集中到强化教学环节、提高教育质量上来。

制定教育质量国家标准，建立健全教育质量保障体系。加强教师队伍建设，提高教师整体素质。"

在未来，以提高质量为核心任务的教育现代化实践要做到这样几点。第一，要树立科学的质量观，把促进人的全面发展与适应社会需要作为衡量教育质量的根本标准。这其中，要处理好人的全面发展与国家社会需要的关系，处理好国内培养与国际视野的关系。第二，要尽快制订与建立教育质量标准与保障体系。教育行政部门要统筹规划，整合专业机构、学术单位与行业协会等各方面的力量，建立协作机制，制订教育质量的国家、地方标准及其保障体系，为各级各类学校提供教育质量参照与提升教育质量的保障。第三，要推进各级各类学校的多样化、特色化发展，不断提高教育质量。"千校一面""千人一面"的教育不可能是高质量的教育。要鼓励各类学校发挥自主性与创造力，积极适应学生发展需求与社会发展需求，增强学校办学活力，促进学校办出特色，提升内涵与质量。

（三）多样是教育现代化的生态表征

"多样"是一个组织或者系统活力的重要标准之一。如果组织与系统的成分过分单一化，就意味着组织与系统内部无法进行充分的资源或者能量交换，长此以往，此类组织或系统的生命力必将消亡殆尽。我们认为，未来的教育现代化生态必将是丰富多样的。

教育现代化的多样生态可以从三个方面来理解。首先，教育资源的供给是多样丰富的。公共教育的国家化并不代表着所有的教育都必须由国家与政府来提供，民办或私立教育一直是教育资源供给的重要组成部分。其次，教育现代化的发展路径与方式是多样丰富的。由于区域与学校的差异，在充分挖掘其自主性与创造性的基础上，现代化的发展路径与方式也将是多样丰富的。最后，从结果来看，无论是为促进个体发展还是为适应社会需要，教育现代化的生态表征也将是丰富多样的。当然，这种丰富多样的教育现代化生态的基础是高度公平与高质量的教育现代化。

改革开放以来，我国教育现代化初步呈现出多样发展的态势，但是依然存在诸多问题。

在教育资源的供给方面，从最初鼓励捐资助学到改革办学体制，允许社会各界共同办学，再到《中华人民共和国民办教育促进法》的颁布实施，为民办教育的发展奠定了基本的制度与法律规范，我国形成了全社会积极参与、公办教育和民办教育共同提供多样化教育服务的基本政策格局。我国教育资源的供给初步实现了从"单一"到"多元"的转变，但是，在推进教育服务多样化供给的改革进程中，依然面临着如何保障公办教育与民办教育公平竞争，如何实现民办教育的公益性与营利性并举，如何构建公益性、准公益性、非营利性与营利性并存的多样性的教育供给系统等诸多难题。

从教育现代化的发展方式与路径来看，我国幅员辽阔，地区发展程度参差不齐，在义务教育普及的过程中就采取了"三类地区，分步推进"的原则。1985 年《中共中央关于教育体制改革的决定》提出了基础教育"地方负责、分级管理"的原则，激发了地方活力，促进了教育的快速发展。但是，在推进区域教育现代化的实践中，我国普遍存在着"标杆现象"，即全国向东部地区看齐，农村向城市地区看齐，普通学校向重点学校看齐。以优先发展的区域或学校作为标杆是可以理解的，但是，这种看齐不能被简单理解为照搬硬套"标杆"区域或学校的发展道路与方式。未来在推进区域教育现代化的过程中，迫切需要地方结合自身实际，走有区域特色的多样化的教育现代化发展道路。

学校教育现代化是教育现代化的重要内容。但是，我国中小学普遍存在"千校一面""千人一面"的现象，这极大地阻碍与影响着教育现代化的多样发展。对此，《教育规划纲要》明确提出要推动普通高中多样化发展。普通高中是现代学校系统中的关键环节，上承高等教育，下接义务教育。普通高中多样化必然要求整个学校系统类型的多样化变革。从表面上看，学校多样化的发展意味着学校类型的多样化；从实质来理解，学校类型的多样化意味着整个教育系统的变革，其关键是走向开放、可选择（霍益萍 等，2009）。开放是指在普通教育与职业教育、高中与大学、学校与社会之间建立联系与对接的途径与机制，以尽可能为学生在不同类型学校之间的流动以及离开或者重返学校提供可能；可选择是指学生具有选择与转换学校的自由以及离开或者重返学校的自由，并为他们提供相应的保障措施。同样的道理，多样化的教育指向适应学生发展的差异，满足学生的多样需要；适应社会发展的需求，适应国家发展的任务。它需要的是在普通教育与职业教育之间、学校与社会之间以及不同类型的学校之间建立多样、开放与可选择的新教育系统。

在教育现代化政策的实施过程中将会出现两类矛盾。一是中央教育政策统一要求与地方教育自主发展之间的矛盾。中央规划的教育现代化图景是基于全国整体教育发展状况确定的，地方政府在实施过程中必然会因为地方实际而采取各异的发展方式。这种顶层统一规划与基层差异发展之间的矛盾将会贯穿教育现代化实践的整个过程之中。二是上级的统一标准与地方多样化发展之间的矛盾。这就要求在教育现代化政策的实践中，国家要通过教育现代化的总体原则、战略目标与主题来引领与促进地方的教育发展；同时，地方要在国家政策空间范围内加强自身的自主发展与多样发展，最终呈现"一花独放不是春，百花齐放春满园"的景象。

三、治理变革：调动多元主体参与教育现代化实践

政策执行是政策实践过程中的关键环节。教育现代化政策推进与实施的效果如何将直接影响甚至决定着教育现代化目标的实现。就此而言，教育现代化目标的实现不仅需要全社会的共同努力，还需要从政策执行的体制与机制上改革创新，以更好地推进教育现代化发展。

当前的中国正处于经济社会转型发展的大变革时期，在此背景下，教育改革不断向纵深发展，教育体制改革也已经进入了深水区。在这一变革过程中，旧有社会关系下的教育格局被打破，新的教育利益主体与关系不断产生，政府一统天下的局面被政府、学校、社会等多种教育力量共同发展所替代。在此情况下，传统意义上的政府过分集权的教育行政管理体制迫切需要转型，政府作为单一主体的自上而下的"命令－服从式"政策执行模式迫切需要变革，政府、学校与社会多元主体"共同参与、多元互动"的治理模式将成为教育现代化政策执行与实施的新取向与新机制。

虽然从"管理"到"治理"只有一字之差，但是其中的内涵却有着巨大的差别。英语中的"治理（governance）"源于拉丁文和古希腊语，原意是控

制、引导和操纵。其与"统治（government）"一词在原意上差异不大，可以交叉使用，主要用于与国家公共事务相关的管理活动和政治活动中。自 20 世纪 90 年代以来，西方政治学家和经济学家不断赋予治理以新的含义。库伊曼（J. Kooiman）和范弗利埃特（M. van Vliet）指出："治理的概念是，它所要创造的结构或秩序不能由外部强加；它之发挥作用，是要依靠多种进行统治的以及互相发生影响的行为者的互动。"（俞可平，2000）[3]

治理理论作为一种新的理论范式，主张通过合作、协商、伙伴关系等方式对公共事务进行管理，倡导各种公共的和私人的机构与政府一起提供公共产品与公共服务（姜美玲，2009）。在教育现代化的政策执行过程中，迫切需要以治理变革调动多元主体参与推进与深化教育现代化的实践。

（一）营造舆论氛围

教育政策方案一旦颁布，就需要通过多种渠道，向政策的执行主体、客体以及社会各界宣传教育政策的目标、意义、内容、要求等，以获得各方对于政策的认同理解，形成有利于教育政策执行的舆论氛围和实施环境。

教育现代化是我国教育改革的理想与目标，伴随着我国教育实践的不断发展，其政策思路越来越清晰，政策目标越来越明确，政策内容越来越丰富。但是，各方主体出于自身的利益考虑，对其的认同理解并不相同，比如地方政府追求教育政绩、市场追求教育利润、学校追求教育声誉、家长追求优质教育等。在此背景下，更迫切需要形成社会各方对于教育现代化政策的共同理解与认同。

首先，聚焦"人的现代化"，坚持教育现代化政策的专业性引领。在当代社会，教育事业的发展越来越错综复杂。对于教育现代化政策，公众基于个人的自身利益、政府基于国家的整体利益而在理解上存在分歧，既是客观的，也是正常的。在此背景下，教育专业人士要肩负起专业引领的社会使命，通过自身的专业素养、专业能力和专业觉悟，聚焦于"人的现代化"这一核心价值，通过多种渠道引领公众与社会各主体准确理解教育现代化政策的实践含义，引领正确的舆论导向。

其次，坚持教育现代化事业的公共性，允许公众对教育现代化政策进行评论。在当代社会，教育已成为一项公共事务，事关每位社会成员的切身利益与命运前途。同时，由于公民利益表达渠道的多样化，教育更易受到全社会的关注。在此背景下，公众会对教育现代化政策发表诸多评论。对此，教育现代化的政策执行机构既要以包容的心态来看待诸多评论，从社会公众的评论中查找问题，发现弊端，及时应对；同时也要针对社会公众的评价及时做出回应，积极利用舆论，引导社会公众对于教育现代化的理解。

最后，积极利用网络媒体，提高公众执行教育现代化政策的积极性与创造性。在传统媒体时代，社会个体更多地是以一种受众的面貌出现，媒体传输具有单向性特征；而在网络化时代，社会个体不仅是信息媒体的受众，同时也是信息媒体的创造者与互动者。因此，政策执行机构要充分利用当今网络媒体的多向传输功能，引导与提升公众执行教育现代化政策的积极性与创造性。在制订《教育规划纲要》过程中，有关单位就通过网络、座谈会等多种方式向全社会公开征求意见。在三种征求意见的渠道中，除了传统的信函渠道外，另外两种渠道都是网络渠道：电子邮箱与教育部门户网站。网络信息平台使教育政策主体与客体之间的沟通交流更加便捷。积极利用网络信息平台，促进政府与公众在教育现代化政策问题上的交流与沟通，既有利于良好舆论环境的营造与政策共识的达成，也有利于提高公众执行教育现代化政策的积极性与创造性，这也是教育治理之道的时代体现。

（二）优化资源配置

资源是政策顺利、有效执行的保障。但是，资源的有限性导致在实施任何政策的过程中均需要认真考虑资源的配置与优化问题。

改革开放以来，我国教育事业发展取得了世人瞩目的成就，建成了世界上最大规模的教育体系，保障了亿万人民群众受教育的权利。尤其是进入 21 世纪以来，城乡免费义务教育全面实现，职业教育快速发展，高等教育进入大众化阶段，教育供给总量不足的矛盾得到根本缓解。我国教育现代化实践正从以规模扩张为主的外延式发展进入到以全面提高质量为核心的内涵发展的新阶段。

但是，伴随着"有学上"问题的基本解决，"上好学"的问题开始成为社会民众关注的焦点。这就意味着，在新时期面对公平、质量、多样的教育现代化政策目标，我国迫切需要打破以往主要依靠计划手段、强调行政本位、偏重外延发展的资源配置途径与方式，优化与创新教育资源配置方式，提供多样化与高质量的教育资源，满足社会民众对优质教育的需要。

其一，引入市场手段，适应多样化教育需求，丰富教育资源的供给选择。计划作为教育资源配置的重要方式，在我国教育现代化发展的历史中起到了巨大的作用，但是过度倚重计划方式也导致了教育体制缺乏活力，难以适应复杂多样的教育需求。在教育现代化深入发展的新时期，我国迫切需要引入市场资源，合理利用市场机制，通过价格、竞争、评估、委托管理等市场手段，打破政府单一供给教育资源的局面，创新办学体制，激活教育资源供给方活力，丰富教育资源供给的品种与类型，以适应社会民众对教育的多样化需求。

其二，注重教育内涵发展，供给优质教育资源。改革开放后的一个时期内，我国教育现代化发展面临的主要矛盾是教育供给不足与民众教育需求不断增长的矛盾。在此情况下，我国的教育资源配置与投入偏重教育规模扩张与硬件建设。当前，随着教育供给问题（"有学上"）得以基本解决，人民群众对于优质教育资源的需求日益成为教育现代化发展中的基本问题。在此背景下，我国的教育资源配置迫切需要依据教育内涵发展的需要，遵循学校教育的内在规律，注重在课程建设、教学研究、学校管理、学校规划、教师培训等方面的投入，不断提高学校品质与教育质量，以供给更多优质的教育资源，办人民满意的现代化教育。

其三，强化政府责任，重点保障教育公平。公平是教育现代化的重要基础。公平缺失，会导致教育现代化"异化"为少部分人的权利享受。在此意义上，教育资源的优化配置必须注重公平目标的实现。尽管经过多年的努力奋斗，我国教育现代化发展取得了巨大的成就，但区域、城乡间依然存在着较大的教育差距，还存在贫困地区、贫困家庭、流动群体儿童入学难等教育不公平现象。因此，政府要强化责任意识，加大对贫困地区的教育投入，缩小区域、城乡之间学校教育的发展差距，努力保障基本教育公共服务的均等化；加大对贫困家庭、弱势群体、流动群体儿童的资助支持，创新政策与制度供给，努力让每一个孩子都能享受公平的现代化教育。

（三）多元主体共同参与

从管理到治理的转变，意味着在政策执行过程中主体的多元化，即从单一的政府主体转变为政府、学校与社会等多元主体共同参与。多元主体参与，意味着政策执行主体的结构性变革，同时也意味着各主体在职责内容与职责履行方式上要有所侧重，发挥各自专长、协调互补，共同推进教育现代化政策实践。

其一，政府部门要转变职能，简政放权，发挥主导统筹作用。政府首先要转变自身职能，简政放权，把该放的放掉、该管的管好，做到不缺位、不越位、不错位。政府只有明确自身的核心职能，该简的简，该放的放，才能真正激发学校和社会的活力，激发各主体的潜力和发展动力，才能从名目繁多的"全包全揽"中解放出来，有足够的时间精力抓教育现代化的宏观布局与战略调整问题。同时，政府部门简政放权也不是推卸责任。政府部门需要从具体的教育现代化事务中脱身，要在引领或者引导教育现代化建设的"价值"或者"标准"建设上下功夫。比如，对于中小学校发展，政府部门要从具体的管理者职责中脱身出来，要通过富有教育现代化内涵的学校建设标准、学校教育质量标准、学校课程标准、教师专业标准等标准建设，引领与指导各类学校教育事业的发展。除此之外，政府还要持续推进教育现代化法治与制度建设，不断健全教育法治体系，完善现代化学校教育制度，为教育现代化的深入推进与持续发展提供制度与政策保障。

其二，学校要发挥主体作用，不断激发活力，实现自主、特色与健康发展。当前，学校是教育行政部门的下属单位，政府扮演着学校举办者、管理者等多重角色，"政校不分""教评不分"的现状严重束缚着学校的办学活力。为此，一方面政府要通过规范制度等方式适当将学校的人事聘任权、财政预算权与教学自主权等下放给学校，使学校可以真正地发挥自主性。另一方面学校要通过建立和完善学校法人治理结构，保证自身的自主发展；应建立健全学校理事会，整合学校、社区、家长、学生、专家等多方资源，定期召开会议，确立与实施学校重大发展事项与规划；建立学校发展章程，完善学校的决策机制与程序，保障教师与学生关于学校发展的意见得到充分听取；完善已有的教代会等组织形式，充分保障学校师生的合法权益；建立合理的信息发布与监督机制，保障学校信息公开、透明，接受校内外的监督。通过厘清与重建学校内外部的治理关系，给予学校真正的自主管理权、发展权，这样学校才能真正激发自身活力，不断变革，实现自身的自主、特色与健康发展。

其三，社会主体协同参与，推进教育现代化建设。伴随着经济与社会的深入发展，传统的政府－市场的二元结构正在向政府－市场－社会的三元结构转变。在教育现代化发展中，除了政府与学校外，还存在着第三类主体，可以统称为社会主体，它既包括专业教育研究机构、服务机构，也包括各类基金会、NGO、家长群体等。在教育现代化政策执行过程中，政府迫切需要激发社会主体的积极作用，使之协同参与。一方面，政府要通过颁布政策与标准、营造环境，不断培育教育服务类社会组织，如可以借鉴律师、会计师等比较成熟的中介行业，引导并尽早成立教育中介机构的行业协会等互益性组织，帮助其逐步提高管理能力和业务指导水平，提高其专业性和公信力，引导其积极投身教育现代化的建设与服务；另一方面，要充分发挥教育专业研究组织的智库作用，为推进教育现代化提供智力支持。教育科学研究是认识教育规律的重要工具，是促进教育事业科学发展的重要手段。在教育现代化建设过程中，要充分发挥教育专业研究组织的智库作用，加强教育现代化建设的前瞻性研究、对策性研究与针对性研究；要强化问题导向，以推动教育现代化实践和提高教育质量为根本出发点，直面教育改革发展中的热点、难点、重点问题，深入开展理论探索和调查研究，以服务决策、指导实践、引导舆论。

（四）上下结合，充分发挥地方及基层的创造性

教育现代化是一项系统工程。在推进我国教育现代化发展的过程中，既存在从中央顶层设计到地方实施执行的自上而下的实践机制，也存在地方试点探索再到全国推广的自下而上的实践机制。正是自上而下与自下而

上两种实践机制的结合，不断激发我国教育现代化的发展活力，保障我国教育现代化实践的快速发展。

在充分调动多元主体参与教育现代化实践的过程中，要充分促成自上而下与自下而上两种实践机制的结合，特别是要积极倡导自下而上的实践机制，充分发挥地方基层的创造性。

第一，要重视自上而下的顶层设计与部署实施。《教育规划纲要》是新时期我国教育现代化的政策纲领，是中央政府自上而下的统一规划和部署，它既是解决当前我国教育现代化发展中诸多复杂问题的根本指南，也是全国各地因地制宜、大胆试验中不能偏离的基本指针。在推进教育现代化政策实施的过程中，一方面中央要考虑到各地教育发展的现实差异，在顶层设计时结合地方实际，科学规划，配置资源；另一方面地方也要按照中央的规划部署，"全国一盘棋"，认真执行。

第二，要倡导自下而上的"基层创造"与试点探索。在地方与基层推进教育现代化的进程中产生了诸多"基层创造"，它们反过来又成为引领、推进或者倒逼顶层设计的重要力量。如1999年杭州市求是小学大胆创新，试行"连锁办学"，在全国最早开启义务教育公办名校集团化办学的探索。2002年10月，经杭州市西湖区人民政府批准，杭州市求是教育集团正式建立，成为浙江省首个公办基础教育集团。到2007年底，杭州市教育集团达69个，成员单位有257个。杭州市推进名校集团化办学，促进了基础教育的均衡发展，这也是我国各地促进义务教育优质均衡发展的重要战略之一。中央也非常重视地方与基层的试点探索。如2010年10月，《国务院办公厅关于开展国家教育体制改革试点的通知》，要求在全国多个地区、学校开展包括10大领域、50项试点任务的探索实践（见表12-4）。

在倡导自下而上的"基层创造"与试点探索的过程中，一方面要变革政府治理模式，简政放权，赋予地方探索创造的政策空间，支持基层的创新行为；另一方面，更要认真倾听基层的民意诉求，构建一个顺畅的协商对话平台，直面民众关心的现实教育问题，以学生的健康成长与终身幸福为本。唯有这样，基层创新、试点探索才能真正获得持久的生命力。

表 12-4 国家教育体制改革重点任务及试点地区、学校

改革任务		试点任务	试点地区、学校
一、建立健全体制机制，加快学前教育发展	1	明确政府职责，完善学前教育体制机制，构建学前教育公共服务体系	辽宁省大连市，上海市闵行区，江苏省镇江市等市县，浙江省杭州市、宁波市，安徽省合肥市，甘肃省甘南藏族自治州、临夏回族自治州，宁夏回族自治区部分市县
	2	探索政府举办和鼓励社会力量办园的措施和制度，多种形式扩大学前教育资源	河北省，内蒙古自治区，浙江省，云南省
	3	改革农村学前教育投入和管理体制，探索贫困地区发展学前教育途径，改进民族地区学前双语教育模式	黑龙江省，广西壮族自治区10个县，贵州省毕节地区，西藏自治区山南地区，新疆维吾尔自治区
	4	加强幼儿教师培养培训	江苏省，浙江省部分学校
二、推进义务教育均衡发展，多种途径解决择校问题	5	推进义务教育学校标准化建设，探索城乡教育一体化发展的有效途径	北京市部分区县，天津市，山西省，黑龙江省部分县市区，江西省，安徽省，湖南省，四川省成都市，新疆维吾尔自治区
	6	创新体制机制，实施县域内义务教育学校教师校际交流制度，实行优质高中招生名额分配到区域内初中学校的办法，多种途径推进义务教育均衡发展	北京市部分城区，天津市，河北省，山西省晋中市，辽宁省大连市、本溪市，吉林省通榆县，上海市，江苏省，浙江省嘉善县，安徽省，福建省部分市县，山东省，河南省，湖北省，广东省广州市、惠州市、佛山市南海区，海南省，四川省8个县，云南省，甘肃省庆阳、酒泉市，青海省6个自治州30个县的478所学校，宁夏回族自治区，新疆维吾尔自治区13个县的100所学校，新疆生产建设兵团农八师石河子市
	7	完善农民工子女接受义务教育体制机制，探索非本地户籍常住人口随迁子女非义务教育阶段教育保障制度	北京市，上海市，安徽省，广东省，云南省，新疆维吾尔自治区
	8	完善寄宿制学校管理体制与机制，探索民族地区、经济欠发达地区义务教育均衡发展模式	广西壮族自治区凭祥市、龙胜各族自治县，贵州省毕节地区，甘肃省酒泉市，青海省海南州
	9	建立健全义务教育均衡发展督导、考核和评估制度	北京市，上海市，安徽省，云南省

续表

改革任务		试点任务	试点地区、学校
三、推进素质教育，切实减轻中小学生课业负担	10	规范中小学办学行为，改进教育教学方法，改进考试评价制度，探索减轻中小学生过重课业负担的途径和方法	辽宁省盘锦市，江苏省南通市，安徽省，山东省，陕西省西安小学，甘肃省部分市县
	11	深化基础教育课程、教材和教学方法改革	北京市，广东省深圳市
	12	整体规划大中小学德育课程，推进中小学德育内容、方法和机制创新，建设民族团结教育课程体系，探索建立"阳光体育运动"的长效机制	北京市，内蒙古自治区，上海市，广西壮族自治区，甘肃省兰州市、天水市、张掖市，新疆维吾尔自治区
	13	开展普通高中多样化、特色化发展试验，建立创新人才培养基地，探索西部欠发达地区普及高中阶段教育的措施和办法	北京市，天津市，黑龙江省，上海市，江苏省，陕西省，四川省，新疆维吾尔自治区，宁夏回族自治区部分市县
	14	研究制定义务教育质量督导评价标准，改革义务教育教学质量综合评价办法，建立中小学教育质量监测评估机制，探索地方政府履行教育职责的评价办法	北京市，天津市，上海市，安徽省，湖北省，海南省，重庆市，云南省部分市州，甘肃省，宁夏回族自治区部分市县
四、改革职业教育办学模式，构建现代职业教育体系	15	建立健全政府主导、行业指导、企业参与的办学体制机制，创新政府、行业及社会各方分担职业教育基础能力建设机制，推进校企合作制度化	天津市，辽宁省，长春汽车工业高等专科学校，上海市嘉定区、上海工艺美术职业学院，江苏省，江西省，河南省，湖北省，广东省佛山市顺德区、中山火炬高技术产业开发区、中山火炬职业技术学院，重庆市16个职教园区，四川省德阳市，云南省昆明市等7市州
	16	开展中等职业学校专业规范化建设，加强职业学校"双师型"教师队伍建设，探索职业教育集团化办学模式	北京市，天津市，河北省，辽宁省，黑龙江省哈尔滨市、齐齐哈尔市、牡丹江市，安徽省皖江城市带9市59县区，福建省，河南省，湖南省，广西壮族自治区10所高职院校，海南省，陕西省，甘肃省，宁夏回族自治区职业教育园区，新疆维吾尔自治区
	17	开展民族地区中等职业教育"9+3"免费试点，改革边疆民族地区职业教育办学模式和人才培养体制，加快民族地区、经济欠发达地区中等职业教育发展	广西壮族自治区，四川省民族地区，贵州省毕节地区，云南省昆明市等9市州，青海省17所职业技术学校
	18	建立中等职业教育工作督导体系	内蒙古自治区

改革任务		试点任务	试点地区、学校
四、改革职业教育办学模式，构建现代职业教育体系	19	开展地方政府促进高等职业教育发展综合改革试点	北京市石景山区、大兴区，吉林省长春市，上海市，江苏省苏州市、无锡市、常州市、南通市，浙江省宁波市、温州市，山东省青岛市、日照市，河南省商丘市，湖南省长沙市、株洲市，广东省广州市，广西壮族自治区南宁市、柳州市
	20	探索建立职业教育人才成长"立交桥"，构建现代职业教育体系	北京市，天津市，上海市，广东省，甘肃省兰州市、定西市、庆阳市
五、改革人才培养模式，提高高等教育人才培养质量	21	完善教学质量标准，探索通识教育新模式，建立开放式、立体化的实践教学体系，加强创新创业教育	安徽省，广东省，新疆维吾尔自治区克拉玛依市，北京大学，中国人民大学，中国农业大学，中国传媒大学，中国政法大学，中央音乐学院，中央美术学院，南开大学，大连理工大学，复旦大学，同济大学，上海财经大学，东华大学，南京农业大学，合肥工业大学，华中科技大学，湖南大学，中南大学，西南大学，西南财经大学，西南交通大学，西北农林科技大学，北京航空航天大学，北京理工大学，哈尔滨工业大学，哈尔滨工程大学，南京航空航天大学，中央民族大学，西南民族大学，北方民族大学，大连民族学院，北京协和医学院，暨南大学，沈阳音乐学院南校区，赣南医学院，海南大学，西藏藏医学院，青海大学藏医学院
	22	设立试点学院，开展创新人才培养试验	北京大学等部分高校
	23	实施基础学科拔尖学生培养试验计划	北京大学，清华大学，北京师范大学，南开大学，吉林大学，复旦大学，上海交通大学，南京大学，中国科学技术大学，浙江大学，厦门大学，山东大学，武汉大学，中山大学，四川大学，西安交通大学，兰州大学
	24	改革研究生培养模式，深化专业学位教育改革，探索和完善科研院所与高等学校联合培养研究生的体制机制	北京市部分高校与科研院所，在沪10所高校、部分大学附属医院，清华大学，上海交通大学，宁夏医科大学

续表

改革任务		试点任务	试点地区、学校
五、改革人才培养模式，提高高等教育人才培养质量	25	探索开放大学建设模式，建立学习成果认证和"学分银行"制度，完善高等教育自学考试、成人高等教育招生考试制度，探索构建人才成长"立交桥"	北京市，上海市，江苏省，广东省，云南省，中央广播电视大学
	26	推进学习型城市建设	北京市，上海市，山东省济南市，广东省广州市
六、改革高等教育管理方式，建设现代大学制度	27	探索高等学校分类指导、分类管理的办法，落实高等学校办学自主权	北京市，黑龙江省，上海市，江苏省，浙江省，安徽省，湖北省，广东省，云南省
	28	推动建立健全大学章程，完善高等学校内部治理结构	北京大学，中国人民大学，清华大学，北京师范大学，中国政法大学，天津大学，大连理工大学，吉林大学，东北师范大学，复旦大学，东华大学，华东师范大学，东南大学，浙江大学，华中师范大学，湖南大学，重庆大学，四川大学，西南财经大学，西北农林科技大学，长安大学，兰州大学，北京航空航天大学，哈尔滨工业大学，西北工业大学，中国科学技术大学
	29	建立健全岗位分类管理制度，推进高校人事制度改革，改革高校基层学术组织形式及其运行机制	清华大学，北京交通大学，大连理工大学，上海财经大学，华南理工大学，哈尔滨工业大学，哈尔滨工程大学，中国科学技术大学
	30	建立高校总会计师制度，完善高校内部财务和审计制度	黑龙江省，浙江省，厦门大学，山东大学，华中科技大学，长春理工大学
	31	改革学科建设绩效评估方式，完善以质量和创新为导向的学术评价机制	湖南大学，长安大学，中国科学技术大学
	32	构建高等学校学术不端行为监督查处机制，健全高等学校廉政风险防范机制	黑龙江省

续表

改革任务		试点任务	试点地区、学校
七、适应经济社会发展需求，改革高等学校办学模式	33	推进高校与地方、行业、企业合作共建，探索中央高校与地方高校合作发展机制，建设高等教育优质资源共享平台，构建高校产学研联盟长效机制	北京市，天津市部分高校与科研院所，山西省，辽宁省，黑龙江省，江苏省，江西省，湖北省，重庆市，甘肃省部分高校，北京师范大学，北京外国语大学，华北电力大学，天津大学，江南大学，武汉理工大学，华中师范大学，中南大学，华南理工大学，重庆大学，西北农林科技大学，西安电子科技大学，北京理工大学，南京理工大学
	34	发挥行业优势，完善体制机制，促进行业高等学校特色发展，培养高水平专门人才	北京科技大学，北京化工大学，北京交通大学，华北电力大学，东北林业大学，上海交通大学，中国矿业大学，河海大学，中国地质大学（武汉），华中农业大学，西南财经大学，西南交通大学，长安大学，中国人民公安大学，南京森林警察学院
	35	完善来华留学生培养体制机制，扩大留学生招生规模	北京市、上海市、江苏省、广东省部分高校，北京外国语大学，西安电子科技大学，哈尔滨工业大学，哈尔滨工程大学，华侨大学
	36	探索高水平中外合作办学模式，培养国家紧缺的国际化创新人才，建立具有区域特色的国际教育合作与交流平台，完善中外合作办学质量保障机制，提高中外合作办学水平	北京市，上海市，浙江省，广东省，广西壮族自治区，云南省，北京师范大学，北京外国语大学，北京交通大学，华东理工大学，中山大学，华南理工大学，西南财经大学，西南交通大学，西北工业大学，中南民族大学，华侨大学，中国科学技术大学
	37	加强内地高校与港澳知名高校合作办学，探索闽台高校教育合作交流新模式	福建省，广东省
八、改善民办教育发展环境，深化办学体制改革	38	探索营利性和非营利性民办学校分类管理办法	上海市，浙江省，广东省深圳市，吉林华桥外国语学院
	39	清理并纠正对民办教育的各类歧视政策，保障民办学校办学自主权	上海市，浙江省，广东省深圳市，云南省
	40	完善支持民办教育发展的政策措施，探索公共财政资助民办教育具体政策，支持民办学校创新体制机制和育人模式，办好一批高水平民办学校	上海市，浙江省，福建省，江西省，广东省深圳市，云南省，宁夏回族自治区，武汉科技大学中南分校

续表

改革任务		试点任务	试点地区、学校
八、改善民办教育发展环境，深化办学体制改革	41	改革民办高校内部管理体制，完善法人治理结构，建立健全民办学校财务、会计和资产管理制度	上海市，江苏省，浙江省，云南省，西安欧亚学院
九、健全教师管理制度，加强教师队伍建设	42	制定优秀教师到农村地区从教的具体办法，探索建立农村教师专业发展支持服务体系，创新农村义务教育阶段教师全员培训模式，推进农村教师周转房建设，多种措施加强农村中小学教师队伍建设	北京市，黑龙江省，江西省部分县市，湖北省，湖南省，广西壮族自治区，重庆市，云南省，陕西省宝鸡市、安康市，新疆维吾尔自治区
	43	完善师范生免费教育政策，扩大实施范围	北京市，江苏省，湖南省，新疆维吾尔自治区，上海师范大学，云南师范大学，西北师范大学
	44	创新教师教育体系和培养模式，探索中小学教师和校长培训新模式，构建区域协作的教师继续教育新体制，建设支撑教师专业化发展的教学资源平台	河北省，吉林省，浙江省，山东省，湖南省，新疆维吾尔自治区，北京师范大学，东北师范大学，华东师范大学，华中师范大学，西南大学，陕西师范大学，西北师范大学
	45	完善民族地区双语教师培养培训模式	青海省6个自治州，新疆维吾尔自治区
	46	开展教师资格考试改革和教师资格定期注册试点，建立中小学新任教师公开招聘制度和办法，探索建立教师退出机制	河北省，上海市，浙江省，福建省，湖北省，湖南省部分学校，广西壮族自治区，海南省
	47	探索中小学校长职级制，深化中小学教师职称制度改革	吉林省松原市，上海市，山东省潍坊市，广东省中山市，陕西省宝鸡市
十、完善教育投入机制，提高教育保障水平	48	探索政府收入统筹用于优先发展教育的办法，完善保障教育优先发展的投入体制	北京市，内蒙古自治区，上海市，江苏省，安徽省，广东省，重庆市，云南省，新疆维吾尔自治区
	49	探索高校多渠道筹集办学经费的机制	中国科学技术大学
	50	根据办学条件基本标准和教育教学基本需要，研究制定各级学校生均经费基本标准	北京市，天津市，辽宁省，上海市，江苏省，浙江省，安徽省，河南省，湖南省，广东省，广西壮族自治区，重庆市，云南省，甘肃省

四、政策工具：提炼地方有效经验，发挥辐射引领作用

政策工具是政府执行政策、达成政策目标的方法或者手段。合适的政策工具对于教育政策的有效实施起着事半功倍的效果。现代政府的政策工具是丰富多样的。根据学者麦克唐纳和埃莫尔（Lorraine M. McDonnell, Richard F. Elmore）的分类，政策工具可分为 5 种：命令性工具、激励性工具、能力建设工具、系统变革工具和劝告性工具（黄忠敬，2008）。如果依照政策工具是作用于教育的内部要素还是外部环境这一标准，还可以进一步将上述政策工具分为两大类：外部工具，包括命令性工具、激励性工具和劝告性工具，这些工具更多用于营造一种环境氛围，规范或者引导教育现代化的主体行为；内部工具，包括能力建设工具和系统变革工具，其价值是关注教育现代化的主体要素，通过教育现代化实施主体如学校、校长或教师等自身能力建设或者优化，进而提升教育现代化的内涵与品质。

地方政府在推进教育现代化政策实践的过程中，创造了诸多有益的实施经验与有效的方法手段。例如：江苏省通过设计好的教育现代化指标体系，对省、市、县三级教育现代化建设进行监测评估，明确问题与不足，通过评估来引导与促进教育现代化的深化与发展；上海市对于薄弱学校的委托管理与杭州市的名校集团化，通过合约促进优质学校与薄弱学校间的结队联动，发挥优质学校的专业引领与示范辐射作用，促进薄弱学校的快速提升；在华东师范大学基础教育改革与发展研究所和太仓市中小学之间的 U–S 合作中，高校专家基于调研，深度持久指导中小学校的整体规划、特色发展、课程设计、文化营造、教师培训、教学教研、学生发展，促进中小学校的质量提升与内涵发展；等等。这些举措是地方政府针对区域教育现代化发展过程中的困境与难题进行大胆探索，创造性地走出的富有地方特色的教育现代化之路。

在推进与实施教育现代化政策的过程中，上述地方探索与创造的有效的方法手段，既丰富了我国教育现代化实施过程中的政策工具与手段，也为其他区域推进教育现代化实践提供了参照与借鉴。为了更好地发挥这些有益经验的引领辐射作用，地方政府要积极加强学习交流，通过借鉴与提

炼不同区域实施的有效方法与手段，结合自身的现实状况，创造性地开发政策工具，以更好地推进教育现代化政策实践进程。

在考察与学习借鉴地方推进教育现代化实践的有效经验过程中，可以从教育现代化的内外部两个方面探索与思考如何将他人的经验提炼为政策工具，以实现"他山之石，可以攻玉"。

（一）聚焦生态环境，发挥外部工具的规范与引导作用

教育现代化不是自给自足的，正如同教育一样，它是社会现代化的重要组成部分。在一定意义上，教育现代化的政策命题是在社会的现代化发展背景下倒逼出来的，如以下苏南地区教育现代化的发展案例。

伴随着经济体制改革与市场经济的发展，苏南地区的经济与社会进入快速发展阶段。在经济与社会现代化的发展过程中，人力资源的作用日益重要，因此苏南各市把"科教兴市"作为经济社会发展的主体战略之一，明确提出要优先发展教育、超前发展教育。

经济与社会的快速发展倒逼着苏南地区的教育现代化进程，苏南地区首先在全国率先完成"普九"任务，然后率先创建了一批教育现代化示范乡镇和开发区教育实验区，再建设苏南教育现代化示范区。苏南地区经济与社会现代化的快速发展为教育现代化营造了良好的生态环境，政府在其中发挥着积极的主导、统筹作用。尤其是近年来，伴随着苏南国家自主创新示范区成立并将自身定位为"创新驱动发展引领区、深化科技体制改革试验区、区域创新一体化先行区"，苏南地区教育现代化发展进入了"快车道"，更加注重创新型人才的培养。

上述对于苏南地区经济社会发展与教育变革之间关系的简要回顾，进一步表明了教育现代化是社会现代化的一部分，缺乏经济与社会发展支撑的教育现代化注定是不现实的，教育现代化须服务于经济与社会发展的现代化。例如，在"苏南教育现代化示范区建设考核评估体系"中，共有5个一级指标、18个二级指标。其中，一级指标"教育发展水平"下又包含4个二级指标，分别为"高标准提升教育普及程度""高质量提升学生综合素质""全方位推动教育的信息化、国际化""不断提高教育服务经济社会发展能力"。这些二级指标不单单是就教育自身而提出的目标要求，也反映了经

济与社会现代化提出的更深层次的人才现代化要求。

因此，地方政府要积极通过命令性、激励性或者劝告性的外部性政策工具，聚焦区域教育现代化的外部生态环境，规范、引导甚至倒逼教育现代化发展。

（二）聚焦主体要素，发挥内部工具的奠基与长效作用

教育是由不同要素构成的，其基本的主体是校长与教师。如果没有基本要素与构成单位的现代化，教育现代化注定是虚假的、表面的。在推进教育现代化的过程中，诸多地方纷纷探索通过推进基本构成单位与主体的变革发展来提升教育现代化水平，如上海的委托管理与杭州的名校集团化措施。

上海的委托管理始于浦东新区将公办学校东沟中学委托给上海成功教育管理咨询中心管理。4 年的实践证明，东沟中学经过托管之后从一所"困难校"一跃成为"同类学校中教育质量名列前茅、社会认可的合格学校"。上海市将此模式的要点概括为：参与委托管理的支援主体一般为中心城区的品牌中小学及长期从事教育研究与实践的教育机构，受援学校则为郊区农村义务教育阶段办学相对薄弱的学校。自委托管理项目启动以来，五轮累计托管农村学校 208 所，惠及 4400 多个班级、15 万余名学生。

杭州市的名校集团化措施始于 1999 年，当年杭州市求是小学试行"连锁办学"，接管竞舟校区。2002 年，经杭州市西湖区人民政府批准，杭州市求是教育集团正式建立，为浙江省首个公办基础教育集团。自 2004 年以来，杭州市全面实施名校集团化战略，通过输出名校品牌、理念、管理、文化、师资，采取"名校＋新校""名校＋弱校""名校＋农校"等多种方式，实现优质教育资源的均衡化。

委托管理与名校集团化措施，经过各地政府的相互学习、模仿、移植与改造，又逐渐扩散到苏州、合肥等地，发挥着更大的作用与效果。

在这一过程中，无论是委托管理还是名校集团化，都是借助于名校或者专业组织的优势力量，促进薄弱学校在理念规划、管理机制、教师专业发展、教学科研等某个或者某几个方面加强自身能力建设，或者着力于学校整个系统的变革提升。从实践的角度来看，这些举措对于提升薄弱学校

的办学质量是有效的，这也促进了教育现代化发展从原来的注重"硬件标准"的建设转变为突出"软件内涵"的发展。

教育现代化的政策，最终要落脚在教育最基本的构成单位与构成主体上，即学校、校长与教师身上。如果没有相应的政策工具将教育现代化落实到能力与素质建设上来，落实到整个系统结构的优化重组与机制创新上来，那么教育现代化终将是镜中花、水中月。因此，要积极聚焦教育现代化的主体要素，利用内部工具加强能力建设与系统变革，促进校长和教师专业发展，真正为教育现代化发展奠基。

第十三章　教育现代化推进中的文化生成

英克尔斯指出："一个国家，只有当它的人民是现代人，它的国民从心理和行为上都转变为现代的人格，它的现代政治、经济和文化管理机构中的工作人员都获得了某种与现代化发展相适应的现代性，这样的国家才可真正称之为现代化的国家。"（殷陆君，1985）[8]

假如英克尔斯的这一说法是可以接受的，那么教育现代化就不可避免地具有双重使命：一方面它必须致力于现代人的培养，即在那些接受教育的个体身上形塑现代人格；另一方面它必须使那些从事教育工作的人获得"现代性"。实际上，无论是哪一个使命，都意味着教育现代化的推进必定伴随着那些参与或卷入其中的人在观念和行为方式上发生某种变化。当这种变化逐渐积累并发展为一种相对稳定的群体模式后，一种新的文化就会涌现，就会生成。

从这个意义上说，教育现代化是一个文化事件或文化过程，其核心是人的现代化、文化的现代化。推进教育现代化的过程，就是在教育系统乃至整个社会系统中培育"现代人"，形成切合现代性的文化意识和文化形态。

　　无论是政策创新、实践变革还是理论探索，都是在特定的文化语境中发生，受特定的文化背景影响甚至支配，并且能不断生成出新的文化观念或视角的。从这个意义上说，教育现代化的评价与推进就是一个重大的文化事件、一次难忘的文化经历、一场深刻的文化洗礼。本章在前文所述关于教育现代化的理论、实践和政策的基础上，尝试探寻我国教育现代化推进过程中所关涉的文化转变和文化生成问题。

一、过去与现在：文化生成的历史之维

　　毫无疑问，现代化首先涉及的是一个历程，通常意味着国家或社会由过去到现在、由传统到现代的某种渐进式或激进式的变革或转型。因此，如何看待和把握过去与现在、传统与现代的关系，一直是现代化理论和实践当中的热门话题，也是颇具争议的问题。在西方，传统（tradition）一词起源于拉丁文"traditum"，其最基本的含义是任何从过去延传到现在的东西。在中国，"传""统"两字最初是独立使用、各表其义的，两字连用始见于《后汉书·东夷列传》中"国皆称王，世世传统"，意指世代相传、至今不绝的某种根本性的东西（程亮，2005）。可见，中西方有关"传统"的原初理解并无二致。然而，在推进现代化的过程中，社会或公众对于这种由过去而来的东西往往持有不同的立场和态度，而这些不同的立场和态度往往带来不同的教育变革，塑造的是不同的文化心态或行为。这里主要探讨三种典型的处理传统的立场和态度，及其教育和文化意义。

　　（一）将传统作为改造的对象

　　在各种有关现代化的话语中，"传统"通常作为与"现代"相对的范畴。譬如，勒纳在《传统社会的消逝》一书中提出了"传统社会"和"现代社会"两种社会系统；英克尔斯比较了"传统人"和"现代人"。在早期的现代化理论家那里，"传统"常常被看作"现代"的对立面，是现代化否弃或改造的对象。例如，韦伯在他的历史社会学著作中，将"理性""进步""自由""平等"等观念放入现代的篮子，而将阻碍这些观念实现的东西都看作是传统。事实上，这一看法的源头可以追溯到早期的启蒙思想家。每当进步主义者赞誉科学和理性之时，传统就不可避免地要遭到批判，被

认为是无知、迷信、旧秩序、教会统治、宗教不宽容、财富分配不均、社会等级制等落后的东西的原因或结果，包含着阻止发展、妨碍科学和理性的全部因素（希尔斯，2014）[7]。对此，亨廷顿也曾说，"现代的理想一提出，凡不属于现代的一切东西都被贴上了传统的标签"（布莱克，1996）[112]。在这种背景下，"传统"的声名日渐衰颓，在 20 世纪 50 年代美国的现代化理论思潮中达到了极边尽限的地步（余英时，2005）[8]。这种截然的两分及对立，使传统在现代化的过程中几乎没有任何位置，成为有待剔除和改造的东西。由此，现代化在很大程度上就是反传统。这种风潮在中国一度有过之而无不及，正如林毓生所说，"二十世纪中国思想史的最显著特征之一，是对中国传统文化遗产坚决地全盘否定的态度的出现与持续"（林毓生，1986）[2]。这是因为，对于中国这样由外力因素触发而走上现代化道路的国家而言，其"本土结构中更多地充满了传统性的因素"（黄济 等，2003）[205]，这样一来，传统性和现代性之间的对抗常常更加带有激烈性和戏剧性。

在西方，教育现代化最初也是以传统教育为革新对象的。尤其是 19 世纪末 20 世纪初掀起的新教育、进步主义教育等教育革新运动，对传统教育展开了激烈的抨击，试图扭转传统教育的教师中心、学科中心、课堂中心的倾向，走向以儿童的生活或经验为中心的新体系。一时间，涌现了各种尝试改变传统教学组织形式甚至学校架构的新方案，如从设计教学法、道尔顿制、文纳特卡制到后来的个别化或差异化教学，从费勒（Francisco Ferrer）的"现代学校"、尼尔（Alexander S. Neil）的"夏山学校"、杜威的"实验学校"到斯坦纳（Rudolf Steiner）的华德福学校，如此等等。这些方案在很大程度上是激进的，因为它们都试图超越甚至否弃"传统的学校"及其教育方式，都强调尊重儿童的天性和自由，促进他们个性化或差异化发展，而反对传统教育所内含的成人控制和社会压迫。

如果说对待传统教育的这种立场在西方有其内在逻辑的话，那么它在中国就变得尤为激进。传统的中国教育把建构和谐的社会秩序、维护君主的权威、培养士人和民众的道德看成是至高无上的，因此知识系统以经学为中心、以理解和揣摩圣贤的经典为正途。19 世纪末，来自西方的"科学技术"以其与"富强"高度结合的能力，开始逐渐取代"道德"而成为进步人士心中"知识"和"文明"的主要标志。当对单纯模仿西洋致富技术彻底失望时，进步人士便开始寻求对传统文明的根本重建以及对传统知识系统的更新，而这需要从改造传统和教育革新开始，如改造传统书院、创办新式学堂、大兴留学教育、废除八股考试，并最终废除了科举制，等等。之后，当进步人士发现"中体西用论""中西互补论"等并不能富国强兵时，便开始转向全盘否定中国传统文化，掀起了一场新文化运动。他们抨击传统教育的危害和没落，大力倡导新教育。例如，陈独秀等旗帜鲜明地主张全盘接受西方文明，对传统儒家思想展开全盘清算和激烈批判。他认为，传统与现代、中国与西方之间绝无调和的可能："吾人倘以新输入之欧化为是，则不得不以旧有之孔教为非。倘以旧有之孔教为是，则不得不以新输入之欧化为非。新旧之间，绝无调和两存之余地。"（陈独秀，1987）[660] 吴虞、鲁迅、李大钊、胡适等人同样是这场反传统运动的排头兵，他们不仅呼喊出"礼教吃人"，更喊出了"打倒孔家店"的口号。暂且不论这场运动对于解放思想的意义，至少其在对待传统的态度方面是十分激进甚至偏颇的，诚如金耀基所言："五四以来，中国文化思想界的主流是批判传统，……批判精神是应该肯定的，在当时真有勇猛创新的气象。但它对中国文化的评估是片面性的，以此并未能提供一条中国现代化的路向。"（金耀基，2010）[190] 新中国成立之后一直到改革开放之前，这种激烈的反传统思潮和情绪一直占据着上风，由此传统消失了，甚至现代精神也随之不见了，这与教育现代化和现代教育背道而驰（魏曼华，2013）。

（二）将传统作为复活的对象

上述立场实际上是将传统和现代置于互相对立的状态，认为二者分别指代两种截然不同的思想观念、文化习俗或行为方式等，传统的内容常常被认为是变迁的阻碍物和现代化的障碍，由此遭到激烈的批判和摒弃。然而，随着现代化的深入推进，这种立场逐渐显示出自身的缺陷，正如古斯费尔德（Joseph R. Gusfield）所言，这种冲突看上去完全是抽象的和不真实的。他批判了四种认识上的谬误：新变迁会取代旧传统；传统形态与现代形态经常处于相互冲突的状态；传统与现代是相互冲突的系统；现代化进程削弱了传统基础（谢立中 等，2002）[319-327]。任何国家或社会都有属于自身的传统，这些传统并不是现代化所应否弃的，相反，应该是现代化所要利用的。因此，一些人主张回到过去，回归传统，重新发掘它们所内含的能够推进现代化的丰富资源和智慧。这种恢复或复活传统的观念，在一定程度上是对前述激进立场的保守反应，有助于调和过去与现在、传统与现代之间的紧张关系。

在中国的现代化道路上，也有相当一部分人不满全盘西化的论调，主张维护甚至恢复中国传统。例如，维新斗士梁启超号召青年以"孔老墨三位大圣"和"东方文明"去拯救西方文明，重新以"孔化"代替"欧化"。文化守成主义者梁漱溟则认为应当在文化复兴中实现现代化（艾恺，1996）[199]，他认为，"未来世界文化是中国文化的复兴"，只有"老树上发新芽"，发扬儒家文化，进行乡村教育和乡村建设才能治世救国。以章太炎、刘师培为代表的国粹派则认为，国学是立国之本，国学亡则国亡，国学兴则国自立，因此，"自国的人，该讲自国的学问，施自国的教育"。以梅光迪、吴宓等为代表的学衡派则一方面驳斥新旧论，指出"何者为新？何者为旧？此至难判定者也"（郑大华，2005）；另一方面开始以平等的姿态审视中西文化、现代与传统，要求重视中国传统学问，强调人文科学的作用。20世纪80年代开始，一股复兴传统、复兴国学的潮流逐渐兴起，并在后来不断发展。这一方面得益于对"全盘反传统"运动的彻底反思和改革开放给思想界注入的清新空气，另一方面是因为传统文化的现代价值被西方学者所认识。例如，汤因比曾说，真正能够挽救21世纪的，只有中国的孔孟学说和大乘佛法。

在教育领域，这种主张恢复传统的呼声常常会出现，当然这与教育所具有的保存传统的性质不无关联。就像希尔斯（Edward Shils）所说的，教育即传授，而传授意味着延传某些已经获致的东西。在现代欧美思潮中，在对诸如新教育、进步主义教育之类现代教育的回应中，以赫钦斯（Robert M. Hutchins）、阿德勒（Mortimer J. Adler）等为代表的永恒主义者就坚决认为教育应当复古，教育要回到古希腊、回到柏拉图时代去。马里坦（Jacques Maritain）也主张重建"托马斯主义"，认为教育应当重新以宗教为基础。新近，我国教育领域也掀起了一股复兴传统之风，以"孟母堂"等为典型的现代私塾受到热捧，《弟子规》《三字经》、五禽戏等儒学经典和传统文化重新走进中小学课堂，穿汉服、拜孔子等古代典仪蔚然成风。继承和弘扬中华优秀传统文化也越来越成为中国教育界的普遍共识和共同追求，国家层面开始将优秀传统文化纳入中小学课程。暂且不论中国课堂教学改革的出路是否真如一些人所认为的那样，在于回归传统，中国传统文化中确实存在许许多多有助于教育现代化的元素有待被重新发现。

（三）将传统作为现代的语境

复归传统的观念在一定程度上缓和了传统与现代之间的矛盾，试图确立传统在现代化中的作用和地位：一方面现代化所追求的某些价值可以在过去或传统那里获得辩护和确证；另一方面传统的某些元素可以矫正现代或现代化的弊病，甚至拯救现代性，或者说使现代或现代化更为完善。但是，这种定位仍然将传统看作是绝对和固定的，是存在于过去的某种东西，是可以与现在和未来没有关联的。由此，传统与现代之间的关系是断裂的、功能性的，而不是连续的、内生性的，这也导致"改造"和"复活"这两条道路都走得不畅通。第三条道路试图超越这种静态的理解，重新定位传统及其与现代的关联。

首先，人们逐渐发现传统是一种比通常所意识到的更为特定也更具流动性的概念。这主要体现在这样几个方面。其一，传统本身不再被视为一个牢固的统一整体，而逐渐剥离、分解出若干更为具体的概念部分。其二，传统具有自身的价值和存在方式。无论是作为改造对象抑或是作为复活对象，传统都是与现代相独立、相对应的概念，这实质上隐含了一种二分法，而对传统本身视而不见。实际上，"那些对传统视而不见的人实际上生活在它的掌心之中，正如当他们认为自己是真正的理性的和科学的时候，并没有逃出传统的掌心一样"（希尔斯，2014）[334]。其三，传统开始不再与"过去""旧"等概念等同起来，开始不再被视作过去已经存在的事物，这意味着落后、迷信等元素逐渐从传统概念中抽离出来，传统恢复中性，传统亦可以是"未来"。其四，传统开始不再被视作一种绝对的、固定的、不变的事物，不再被视作一种规则、惯例或习俗，人们开始关注自身与传统的关系，传统不再被视为一种"身外"之物，借用布伯（Martin Buber）的话说，不论人们如何思考、行动，"它，总是它"。正因为如此，传统开始成为人们有价值生活的重要组成部分，传统总是无所不在，既贯穿人类的全部生命，又存在于现代社会的各个角落。

其次，有关传统与现代关系的认识发生转变，这体现在这样三个方面。其一，现代性和传统性并不存在质的对立，而只有量上的消长。传统与现代是一个"连续体"，新与旧之间并没有楚河汉界之分。例如，布莱克（Cyril E. Black）明确指出，在任何社会中不存在纯粹的现代性和纯粹的传统性。相反，现代化过程是一个传统性不断削弱和现代性不断增长的过程（布莱克，1996）[译者前言 18]。其二，现代化是基于传统的现代化，现代性是对传统性的补充，现代化建立在传统之上。正如余英时所说，现代即是传统的现代化，离开传统这一主体，现代化根本无所附丽（余英时，2005）[8]。其三，传统存在于过去、现在和未来这一时间过程之中，且随着现代性的增长而获得新生。一方面，传统是流动的过程，它与现在同步，同时又是面向未来的，是"尚未被规定的"。正如甘阳等人所说，传统真正的落脚点恰在未来，而不是在过去，它永远处在制作之中、创造之中，永远向未来敞开无穷的可能性（甘阳，2006）[53]。另一方面，传统与我们存在内在的关联。伽达默尔就说，传统并不是我们继承得来的一宗现成之物，"我们其实是经常地处于传统之中，而这种处于绝不是什么对象化的行为，以致传统所告诉的东西被认为是某种另外的异己的东西——它一直是我们自己的东西，一种范例和借鉴，一种对自身的重新认识"（加达默尔，1999）[361-362]。因为我们理解着传统的发展并且参与在传统的发展之中，从而也就进一步规定了传统。

这样一来，传统不应被当作障碍或不可避免的情况，而是有价值的现代生活所不可或缺的；不应仅仅被理解为存在于过去，而是根源于过去的现在；它不是现代化的对象，而是现代化的基础或语境。由此，教育现代化与特定国家或社会的文化或教育传统不是断裂的，而是在这些传统中展开的。百余年来，我国的教育现代化尽管在发展方向上与国际趋势存在呼应，但是在具体的发展道路和推进方式上展现了中国的本土特色或文化传统。比如：我们的教育系统逐渐强调分权或治理，却需要应对教育行政人员甚至公众从我们的文化体系中习得的权威人格；我们在强调规则意识或依法治教的时候，也不得不面对人情社会或关系社会的潜在影响；我们在强调学校教育的全面发展目标或素质教育的时候，也不能不面对千百年来人们对考试和"读书"价值的功利化追求；我们在大力发展职业教育的时候，也需要考虑公众对各种职业或工作进行等级划分的文化意识；如此等等。尽管我们拥有与其他国家相同的现代学校系统，但是由于我们独有的传统，我们的教育在目的、内容和方式上很难说是与其他国家完全一致的，因此有所谓"中国式"的教学、班级、教研等说法。这样说，并非要在教育现代化问题上倡导一种文化或价值上的相对主义，而仅仅是为了从社会学的意义上指出传统之于教育现代化的内在影响。推进教育现代化，需要审慎地考察源于过去、存于现在、面向未来的各种传统，从而推进文化的延续和更新。

二、多元与复合：文化生成的现实境遇

由上可知，包括教育现代化在内的所有现代化过程都不是纯然与过去决裂的，而是扎根在特定的历史和传统之中。这意味着不同的国家或地区由于历史和传统的不同，其现代化的路径或方式可能是各异的，由此带来的文化转变也是不尽相同的。总体来说，文化在世界范围内并不是统一的，而是具有多样性，如梁漱溟等人就认为中国、印度以及西方拥有不同的文化，具有不同的发展路向。事实上，即便是同一个国家或地区，在长期的社会历史过程中所沉淀的文化传统也未必是单一的、不变的，比如雷德菲尔德（Robert Redfield）就认为同一国家或社会有所谓"大传统"和"小传统"的区分。如果我们仔细检视一下当代中国教育的方针政策、学校实践甚至教师或家长的观念和行为，就会发现塑造我们观念和行为方式的传统同样是多元的。比如：甘阳在《通三统》中提到，深刻影响当代中国社会生活的主要是"孔夫子的传统""毛泽东传统"以及"邓小平传统"；邹诗鹏也认为，马克思主义派、自由主义西化派与保守主义现代新儒家派分别以"综合创新""全盘西化""中体西用"构成了当下中国文化意识的主张；

等等。因此也可以说，本土文化、西方思想和马克思主义是当前中国语境中主要存在的传统，这些传统深刻地影响着中国教育的现代化过程及其文化生成。

（一）本土的文化

社会学者伯格认为，西方资本主义现代性偏向个人主义，而东亚模型则侧重集体团结和纪律，即非个人主义式的资本主义现代性。是什么使东亚的现代性有别于目前居于支配地位的西方的现代性？基本上是文化，在中国特别是儒家的文化。在这个意义上，建构中国现代性的部分资源应该并且必然会来自中国的文化传统。作为四大文明古国之一，中国本土文化的多样繁荣和博大精深是全世界公认的。两千多年前诸子百家争鸣所累积的大量的文化资本和财富尽管受到朝代更迭所带来的强烈冲击，但至今仍然在华夏大地具有广泛且深远的影响力。不能否认的是，儒家文化自汉武帝"罢黜百家，独尊儒术"开始就作为中华文化的正统，已经与中国的政治、经济以及人们的生活高度耦合，并长期被作为中华文明的标志，以至于当现在人们讨论中华本土文化与现代化的时候，就不自觉地建立起以儒家文化为主的分析框架，而忽略了道教、佛教等等同样在中华大地上具有广泛影响力的文化系统。事实上，这三种文化也意味着不同的教育传统，尽管儒释道三者都十分重视人的内在修为，但儒家教育非常重视政治思想和道德，佛教侧重人的内心修养和思想的熏陶，道教注重修身养性等内容。韦伯在对中国的宗教进行考证分析的时候，并没有忘记道、佛二教。当然，在他眼中，佛、道二教和儒教一样，也还是传统主义的，甚至有过之而无不及。他总结道："就其效果来说，道教比正统儒教的传统主义性质更强。……在任何情况下，从道教里都找不出通往理性的——不管是入世的还是出世的——生活方式论之路"（韦伯，1995）[256]，"佛教被引进后已不再是印度早期佛教时期的救赎信仰，而是僧侣组织的巫术和秘传的实践"（韦伯，1995）[277]。然而，中国本土的文化真的如韦伯等人所认为的那样，不可能如清教那样为资本主义精神的萌发提供土壤吗？事实上，中国本土的文化不仅如前文所说是一个庞大的思想体系，包含着多方面、多层次的内容，同时也具有极强的延展性与包容性。其中，来自域外的佛教逐渐凸显为本土文化之中沟通儒家文化和西方文化的中介，如晚清好佛学的人，几乎都是趋新的士大夫。他们从日本迅速崛起中，似乎获得一个启示，即佛教也不是那么保守，佛教原来与西学颇有相通之处。由此可见，中华本土文化本身即是多元的，它与现代化之间并不呈现出一种因果关联，现代化也并非评判中华本土文化的价值尺度，中华文化也便不可能与现代生活截然分离。

在现代化推进的过程中，本土传统文化仍然在教育领域发挥着深刻而重要的影响，这使得当前中国的教育相较于西方教育似乎更加具有"人文精神"。"厚重的人文主义精神，以及对理想人格的追求，是中国教育传统的基本特征之一"（胡金平，2001）。这表现在：首先，在培养什么人的问题上，"德性"一直作为重要的标准。在儒家看来，学做一个完善的人不仅是首要关切的问题，而且是终极关切和全面关切的问题，这集中体现为儒家的"君子的理想"。儒家认为"尽其心者知其性也，知其性则知天矣"，要实现内在超越，所依赖的完全是个人的修养，而这种修养的最高境界就是"仁"这一"君子人格"。"君子"所表征的绝不止于个人的修为，它同样指称群体的精神。这是因为，对于君子而言，要实现"仁"，就必须"克己复礼"，遵守人伦秩序。其次，在教育目的上，"为中华之崛起而读书"的社会本位论仍然是主流思想。君子必须具有一种家国天下的情怀，"治国、平天下"才是君子修身的最终目的，"士不可以不弘毅"。同样，在实现自我超越上，道、佛二教显然也都将重点放在每个人的内心自觉之上，这正印证了中华本土文化的"成人之性"。正如余英时所说，如果说中国文化具有人文精神，那么追求个人价值的努力是向内而不是向外的正是一种具体表现（余英时，1995）[11]。最后，在师生关系上，尊师重道的观念依旧深入人心。

（二）西方的思想

和中国本土文化传统一样，西方的思想也不是一个和谐的整体，其中包含了许多互相歧异以至于冲突的部分。余英时在这一方面做了十分详细的说明："西方文化的来源是多元的，所以情形更是复杂万分。宗教、哲学、科学、文学、艺术从来便各有独自的领域，也各具不同的传统。以眼前而论，西方世界在学术思想方面尤其充满着内在的矛盾和紧张。撇开马克思主义与非马克思主义两大壁垒的对峙不谈，学术界便有所谓人文学与科学的'两个文化'的冲突，哲学界也有英美分析传统与欧陆的存在主义和现象论之间的争执；在一般思想界，德国的'批判理论'现在正在向主流派的政治社会学说挑战。"（余英时，1995）[59]

西方思想曾给中华本土文化带来了强烈的震撼，也曾一度被人们当作解决中国问题之良方，它所蕴藏的科学、民主和个人主义的精神至今仍然在中国社会有十分广泛的影响力。这些也深刻地反映在当前中国的教育发展过程中，主要表现为对科学技术知识的重视、对教育民主和公平的关心，以及对儿童自由和权利的关注。有人总结说，如果说中华本土文化显示的是"成人之性"，那么西方文化就是一种"成物之性"。暂且不论这种说法是否合理，但它确实在一定程度上反映了西方思想中所内含的科学精神。"学好数理化，走遍天下都不怕"等观念的深入人心，"李约瑟问题"的研究热也从侧面说明了西方文化之中科学精神对于当前中国教育的影响。这深刻地反映在当前中国教育对于公平和民主的强烈追求之中。和"赛先生"（science）一道影响中国教育的，还有"德先生"（democracy）。需要说明和重视的是，西方的民主思想与中国古代"民为贵，社稷次之，君为轻"的民本思想存在根本的差别。罗素认为，"我们所追求的在将来才能产生的教育制度乃是一种能为每个男女儿童都提供享受现存最佳机会的制度"（罗素，1999）[8]。这深刻地反映在中国教育对公平和民主的强烈追求之中。启蒙运动中高扬的个人主义精神同样对中国影响颇深，与中国本土的人文精神不同，它所关注的是个人的价值和权利，主张天赋人权，认为人生来就是平等和自由的。这直接体现在改革开放以来我国教育发展逐渐从人才取向向个人取向的回归上。这种回归不仅针对以往教育重视知识传递、重视考试选拔的弊端，也是因为我国经济与社会发展的整体水平在不断提高，逐步有条件保证让儿童普遍享有基础教育。另外，社会主义市场经济体制的发展，特别是在利益驱动下形成的以个人或组织为主体的自由竞争，引发了社会观念的进一步转变，如从强调集体、社会转向关注个体、个人，从强调服从、合作转向关注自主、竞争。人们普遍接受这样的理念：每个人都是独特的，都是有价值的，社会应该保障每个人的受教育权益，创造条件为每个人提供自我实现的机会，而不应该为了一部分人的利益而牺牲其他人的权益。在教育领域，人们开始积极关注和尊重每个学生的价值，保证每个学生全面而生动的发展。

毋庸置疑，西方思想中存在许多有益元素，也在一定程度上代表了现代文明的方向，正如余英时所总结的："就中国文化重建的方向而言，民主与科学确实代表现代文明的主要趋势。"（余英时，1995）[57]但是，我们仍然需要明了的是，一方面这些思想可能会带来负面效应，就科学而言，它虽然无所不在，但也使人类的精神受到了桎梏，"没有任何别的东西像科学那样给人类造成空前的不安和迷惑"（刘青峰，2006）[1]；另一方面，西方思想的产生和发展所立足的必然是其特定的社会语境和历史背景，它并不是"放之四海而皆准"的灵丹妙药，是否能在其他地方结出果实、能结出怎样的果实都有待审慎的判断与时间的验证。

（三）马克思主义

尽管马克思主义同样来源于西方，但它给中国带来的影响却比其他西方思想更为深远。一方面，马克思主义是关于现代化的理论，它是时代化的，是反映时代精神、回答时代课题、引领时代潮流的。早在一百多年前，马克思便在《资本论》第一卷第一版的序言中表达了有关现代化的思想，他写道："工业较发达的国家向工业较不发达的国家所显示的，只是后者未来的景象。"这一思想被西方现代化论者公认为是关于落后国家发展道路和工业化问题的重要提示（罗荣渠，2013）[13]。另一方面，自"十月革命"的炮声给中国送来马克思主义，它便长期作为共产党人争取民族独立和人民解放事业的指南针。新中国成立以后，马克思主义及其与中国社会主义建设事业相结合生成的中国特色社会主义理论体系更是被确立为整个国家社会主义建设事业的指导思想。这就在根本上决定了马克思主义必然成为影响现代化最为主要的力量之一。

在教育领域，马克思主义无疑同样处于核心地位。首先，马克思主义是一种科学的世界观和方法论，它与中国的具体实践相结合产生了毛泽东思想、邓小平思想、"三个代表"重要思想、科学发展观、习近平新时代中国特色社会主义思想，逐步形成了具有中国特色的现代教育科学理论体系，这为一切教育活动奠定了理论根基，保障了教育现代化理论的科学性。所有教育内容和教育活动都深刻反映了马克思主义的整体精神，所有教育理论也都需要通过马克思主义来诠释和理解。其次，马克思主义深刻地影响了我国的教育政策和学校实践。特别是它融贯在国家的教育目的和方针中，规定教育必须为社会主义现代化建设服务，要求培养德智体美劳等全面发展的社会主义事业的建设者和接班人——这与马克思主义有关人的全面发展的学说是紧密关联的，并强调教育必须与生产劳动相结合的原则——这一原则是马克思主义区分两种教育制度的重要标尺之一，充分显示了社会主义教育制度的优越性。不仅如此，马克思主义及其中国化的理论或思想，切实地贯穿在教育系统的各个要素层面，体现在学校教育的全过程。从根本上说，马克思主义构成了筛选和评判本土传统文化和外来思想的尺度，是重塑本土文化、转化外来思想的重要支点。离开了对马克思主义的关注，就很难阐释和理解当代中国的教育政策和学校实践。

（四）在多元中走向整合

上述三者是对当下中国教育具有持续影响的重要传统。但是，这些不同的传统在实践层面如何整合在一起呢？一种比较激进的观点认为，不同传统之间存在互斥性，接受某种文化传统就需要彻底抛弃其他的传统；还有一种观点认为，这三种传统具有不可通约性，应当尊重并同时保留这些传统。但是，"一个社会要想完全从它以往的文化中解放出来是根本不可想象的事"（余英时，1995）[50]，同样，教育现代化必须立足于这些多元的文化传统，并在这些传统之间找到一个合适的平衡点，实现多元文化传统的内在整合。

第一，这些传统并不是静止停滞的，也不是彼此封闭、不可通约的，借用一句古希腊谚语来说，就是"一切都在流动，一切又都碰撞在一起"。从前面的梳理中可以看到，这些传统实质上是高度概括性的，在每种传统的内部实际上存在各式各样的差异，但从整体来看，不同传统之间又并不是那样千差万别，而展现出某些共通的趋向。比如，在"人"这一点上，尽管它们各自描绘了关于人的不同设想，但对人的价值发现却是共同的。

同时，在不同文化传统碰撞的过程中也形成了许多新的传统，例如甘阳提到的"毛泽东传统""邓小平传统"等，这些传统共同构成了中国历史文明连续的统一体，而每一个较后的时代都能够自觉地承继和融汇先前的传统。

第二，不同文化传统都具有独特的价值系统和社会功能，要实现它们的整合就需要充分发掘各自所内含的意义。也就是说，试图以某一种文化传统来整合其他传统是无知的，也是不可行的。诚然，现代化并不是一个西方化的工程（吉登斯，2000）[7]，但它也不是完全本土的。针对前文所谈到的综合创新论、全盘西化论和中体西用论，方克立等人所提出的"马魂、中体、西用论"（李毅 等，2007）在一定程度上指出了当代中国新文化建设中它们各自的价值定位。但在现代化这一议题之上，我们仍然有必要回归人本身，以人为中心，审视它们对于人的发展的意义。

第三，现代性本身就是一个多元的概念，表征在各个方面，然而当各个方面整合在一起时，我们却会发现它本身的内涵并没有那么宽泛。正如英克尔斯所提出的问题："那里有不少的人在头发样式，服装款式，嗜好娱乐上，极力模仿现代西方社会的人，并与后者几乎没有两样，他们在现代化的享受和滥用方面，毫不逊色于西方。可是，要进一步看看他们在筹划现代化制度和运用现代管理方法时所表现出的无知、固执和办事不讲求效率，听听他们在对待不同意见和下属时所发出的独断专横的家长式命令，再想想他们对技术革新和新的大胆设想的反感样子，你能说这样外表在模仿着现代的人是真正的现代人吗？"（殷陆君，1985）[274-275] 在培养现代人的道路上，需要抓住现代化最为核心的要素以及最为根本的价值。但是，这并不意味着必须完全遵从某套价值观念或体系，而应当意识到不同文化传统及其所指涉的价值领域的相对独立性。正如哈贝马斯所指出的，各个不同价值领域的彼此分离化（differentiation of spheres of value）正是所谓"现代性"的核心所在。人们并非一定要在所有的领域都坚持一种一致的立场，而是完全可以对不同的价值领域做出不同甚至表面上矛盾的反应（甘阳，2006）[116]。

三、结构与主体：文化生成的内在张力

以上从历史的维度和现实的境遇两个方面分析了教育现代化过程中人的现代化或文化生成的问题。这实际上所要表达的是，现代化所要求的人的观念和行为方式的转变，始终离不开人所生活于其中的多样而流动的社会－文化传统。每个人都无法超越他所置身的背景和语境，而接受这样一种已经被接受并且延传的指导范型，人始终能感受到一股神奇的力量，即便很难言说，但是它始终在那里，不容忽视。问题是，每个个体如何在这些力量的作用下实现自身的观念和行为方式的现代转变，从而在学校及其系统内部乃至整个社会层面再造一种新的文化呢？在这里，厘清由历史和传统所构成的结构与主体之间的关系就显得十分重要了。

（一）人的现代化处在历史和传统之中

如果我们将教育现代化的核心理解为人或文化的现代化，那么我们就很容易在前述讨论的基础上断言：历史和传统同样是人的现代化的土壤，人的现代化始终是植根于历史与传统的。这具体表现在两个方面。

首先，历史与传统作为人们所依恋的对象，主导着现代人的个性、信仰、知识和行动。在一定意义上，现在世界存在着的物品和人类实践无一不呈现着过去。人们所接触的物品绝大多数先于他们而存在，并承载着来自过去的信息、事件和文明；人们所接触的人绝大多数是这个世界的先来者，在与他们交往的过程中，他们将自身的经历以及前人的记忆传递给这个世界的新人；家庭、学校等社会机构使在其中活动着的人倾向于相信和保留从古至今一直存在着的知识、经验、信仰和行为模式，充当维持古今之间同一性的角色。更进一步说，任何人都无法抛弃历史和传统，传统是人之所以能够成为人的基础，人们通过吸收传统而具备了人的特征。另外，传统之所以成为传统，也不仅在于其本身所意味着的理性与合理的经验，更在于其在悠久的历史中所保持的稳定性。传统必然存在于现在世界，而人们所特有的思古之情、对规则与先例的尊崇和传统所带来的精神力量激发了人们对传统强烈的依恋感，既定的传统从而成了他们自然而然的行事方式，它规定甚至是强制着人们的行动。

其次，历史与传统作为现代世界的组成要素和新世界的出发点，是现代人拓展认识、形成理解、构筑认同、实现创造的前提和基础。也就是说，历史和传统所内含的时间要素确认了现代人的延续性，从而赋予他们无限的未来，正如阿伦特（Hannah Arendt）所认为的，没有传统，价值就无法被遗赠给未来（阿伦特，2011）[3]。这是因为：其一，历史和传统让人们对自我和世界的认识不受个人经历和生命长短的限制，从而充满了无限的可能。其二，历史和传统赋予了人们超越现实的理解能力，理解在本质上是在当前语境中对过去意义的一种翻译。如伽达默尔所说，我们存在的历史性为我们整个的经验构造了最初的方向性，也使我们保持着对世界的开放性，让现代人的理解超越现存的东西（加达默尔，2004）[8-9]。其三，历史和传统构筑了现代人对自我和国家的认同。如泰勒（Charles Taylor）所说，作为世界时间中发生事件的链条，生活在任何时候都是较前发生的事情的后果（泰勒，2001）[441-442]，对自我的认同是在记忆和自我叙述中发生的，对国家的认同则基于伟大的过去和辉煌的历史。其四，创造必须依赖于历史和传统。尽管传统具有某种惰性，但它同样蕴藏着创造力，如果没有一种文化遗产，那么个人也别指望能做成任何事（列文森，2000）[113]，犹如希尔斯所指出的那样，即便是对具有极强创造力的人来说，过去也是一个无可回避的行动出发点（希尔斯，2014）[213]。

（二）在传统中塑造现代人

如前所述，人的现代化或者说文化的现代化，都意味着现代人的塑造，而这个过程又不可避免地处在历史和传统之中。这里自然就衍生出一个问题：在传统中塑造现代人是如何可能的？尽管每一个人当前所处的世界在时间上都能够被称为现代世界，但在其中却充满着多元的传统因素。对于孩子们尤其如此。正如阿伦特所说，"孩子们被引入的世界也仍然是一个旧世界，即一个由活着的和死去的人共同建造的、先已存在的世界"（阿伦特，2011）[167]。实际上，除了世界具有传统性质之外，像家庭、学校等在儿童成长的过程中起到重要作用的机构显然也带有很大程度上的传统性质。人们首先从其父母甚至是祖父母那里获得对世界的认识，习得第一批词汇以及最为基础的道德标准；家庭中既定的秩序、礼仪和规范在人们离开家庭环境的很长时间内依然指导着人们的行为方式；父母或其他的家庭权威对人们未来道路的选择（诸如职业、婚姻等）拥有极大的话语权。学校更是如此，它在一定意义上既是传统的产物，又是维护传统的手段，它习惯于将已有的价值观念、思想观念重复地传递给下一代（联合国教科文组织国际教育发展委员会，1979）[92]。学校传递给下一代的知识无疑都是按照某种意图经过筛选的。教师同样扮演着类似于父母的权威角色。社会和教育内部的评价标准指挥着人们不断地学习尽可能多的已经具有的知识，而不是发现新知。想要摆脱旧世界显然是不可能的，正如阿伦特所指出的，"每一代新人进入一个旧世界，正是人类境况的本质，从而为新一代人准备一个新世界的做法，只能意味着企图从新来者手里剥夺他们为自己创新的机会"（阿伦特，2011）[166]。这样看来，传统无处不在。那么，又如何能够在这样一个传统的世界里塑造新人呢？

事实上，教育的主体即儿童有着双重特性。刚出生的儿童是这个世界的新来者，他具有更新这个传统世界的可能性，同时他又处于成长和变化过程之中。塑造新人就意味着保护儿童更新的可能性，而这显然需要教育发挥它的功效，这是因为教育在本质上并不是塑造和培养传统的人，它的本质是"诞生性"（natality），承担着社会更新的重担。实际上，教育虽然具有保守性，但是正如阿伦特所认为的，这种保守性同样维护了教育所具有的更新功能，保护了儿童的创新性。经典的知识实际上是人类认识和更新这个世界的理性规则；教师的权威实际上保护了儿童，使之免于屈从孩子群体的"暴政"。"如果我们试图通过让年青一代免于传统的影响以保留他们的'诞生性'，那么我们将以'从他们的手中抢夺过他们开展新的事业、采取不被我们遇见的行动的机会'这样的悖论结束。所以，教育是我们保留'诞生性'与行动的未来之地。"（Higgins，2011）[214]

由上可知，在传统的世界中塑造新人似乎并不是一个悖论，人的现代化很大程度上依赖于个人是否在这个既定结构中发挥了他们本身所具有的创新潜能。然而，在这里，主体和结构之间的鸿沟似乎仍然是横亘在人的现代化道路上的难题。值得注意的是，传统和结构在人的现代化过程中扮演着极其重要的角色，在一定程度上具有某种威权性质，但是，这并不意味着社会结构是一种完全独立于人的行动的外在之物，主要对主体的自由创造产生某种约束力和制约力，也并不意味着人的主体性失去了它所具有的价值和功能。正如吉登斯所认为的，结构并不是固定不变的社会关系或者社会现象的模式，而是使社会系统中的时空"束集"（binding）在一起的那些结构化特征。正是这些特征，使得千差万别的时空跨度中存在着许多类似的社会实践，并赋予它们以"系统性"的形式（吉登斯，1998）[79]。也就是说，结构与主体并不是两个彼此独立的既定现象系列，而是呈现出一种二重性（duality），结构是一种潜在的、不断重复的、超越时空的规则和资源。相对于主体而言，它并不是什么"外在之物"，而是作为记忆痕迹，对人类具体情境中的实践活动施以影响。同时，这种实践活动反过来又生产着这样一种结构。

在吉登斯所构建的"结构－主体"模式之中，所有的人都是具有认知能力的行动者，也就是说，所有的行动者都十分清楚日常生活中所作所为的条件和后果。这种认知能力植根于他们的实践意识（practical consciousness）当中，是一种无须言语表述的自觉的判断能力。与此同时，这种能动作用不仅仅指人们做事情时所具有的意图，而是首先指他们做这些事情的能力，这种能力表现为人类行动者具有一种特有的反思性特征。由于这种特征的存在，行动者得以"反思性地监管"自己的行为。

（三）文化生成：人与传统交互的结果

人的现代化过程植根于历史和传统之中，但是，传统和现代化并不是矛盾的两极，传统不是一种超越人存在的"外在之物"，也并不必然是人们实现现代化的掣肘或约束，它存在于每个人的日常生活之中，内化于人的思维观念当中，为人的行动提供资源和指导，通过人作为主体的能动性而发挥它的功效。这样来看，人的现代化就不只关涉人这一主体单方面的因素，人必须从传统中获得通往现代之路的资源和可能性；人也并不是社会结构等外部因素所能完全左右的——人的行动并不是行动者既无法理解又无法控制的产物，人具有更新自我的愿望、能力和据此反思调整自身行动的倾向。人的现代化是人与传统交互作用的结果。

首先，正如希尔斯等人所认为的，传统之所以成为传统，在于其本身便具有一种克里斯玛（charisma）特质。也就是说，传统不仅是一种理性化的经验，更是确保人类生命在这个世界以最佳方式得以延续的指导范型。在与传统交互的过程中，人被赋予一种时间的向度，让自身保持与过去世界的连续性和一种历史知觉，保留人作为人的所有文化资源、生命体验和内在价值，从而能够创造历史；不仅如此，传统的多元性也让人能够有选择地对它们做出反应，不同传统在碰撞与融合的同时也强化了人作为主体的批判意识和选择能力。其次，人们在实践活动中所发挥的能动性使传统淡化了它保守的一面，而具有了现代的意义。当人类心智的创造力与传统内部的潜力相遇时，便产生了变迁（希尔斯，2014）[229]。

四、教育现代化的文化意蕴

现代化并不是教育的"专利"，除了教育现代化之外，在中国还存在着工业现代化、农业现代化、国防科技现代化等其他有关现代化的表达和实践形式，但一个显然的事实是，科学技术在教育领域似乎并没有产生如在农业、工业和国防等领域里的革命性效果，这就意味着教育现代化似乎并不仅仅是科学技术手段在教育中的运用那么简单，它要求整个行业生长出具有现代气质的价值理念和行动方式。金耀基先生在总结中国百年来现代化之路时曾说，中国百年的现代化，乃至20世纪绝大多数的非西方社会的现代化，所碰到的最根本问题就是文化问题。（沈洪，2012）他做出这样的判断，所依据的是中西文化在现代性萌芽上的差异性，以及中华文化古老深邃的事实。教育和文化一样古老，当整个中国受到西方"现代"科技和文明冲击之时，它才被迫走上现代化之路。事实上，在这之前，它从来都不是"非现代的"。因此，教育现代化在这个意义上就意味着优秀文化和精神之间的交互。但是，在不断推进教育现代化的过程中，"现代化"也越来越表现出文化中立性，这时教育现代化的意义和旨趣就不仅仅是文化的学习和交互，而是需要创生和孕育出具有鲜明本土特色的现代文化。

第一，教育现代化具有文化的品性。教育现代化归根结底是一个文化问题，教育现代化的愿望、诉求及其有关的一系列讨论和行动本身就具有一种文化的品性。首先，教育现代化表征着一种现代的价值文明、文化精神和文化形态，它代表了人类对共享的现代文明的认同以及对未来人类美好文明的憧憬和向往。顾明远教授总结了教育现代化的八个基本特征，分别是教育的民主性和公平性、终身性和全时空性、生产性和社会性、个性性和创造性、多样性和差异性、信息化和创新性、国际性和开放性、科学性和法治性（顾明远，2012）。不难发现，这些实质上并不是教育领域的专属价值，而是多个领域里的共同追求、共享价值。教育现代化是对这些价值的认同，体现着人类希望这些灿烂文化和价值得以传承的愿望。其次，教育现代化意味着对人类整体生活方式的改造。在很大程度上，文化本身就意味着人类的整体生活方式和共同体的价值理念，用艾略特的话来说，就是"一个群体特有的行事方式和利益"。正如杜威所认为的，"成人有意识地控制未成熟者所受教育的唯一方法，是控制他们的环境"，而学校就是"根据影响其成员的智力的和道德的倾向而塑造的环境典型"（杜威，2001）[25]，是这样一个承担着实现人类文明和价值传承任务的共同体。教育现代化的推进过程实际上就是将人们所认同的现代价值，诸如民主、正义、关怀等进一步融入学校的各类活动、各种关系之中，从而真正地使它们成为人们的生活方式。

第二，教育现代化意味着文化的交互。"现代"一词本身就意味着一种开放性和全球性，同样，现代社会的文化也具有多样性和融通性，并不是某种单一的文化一统天下，也不是不同的文化割据一方。正如齐美尔所认为的，社会是一个互动的迷宫和蛛网（斯温伍德，2006）[61]。社会文化总是多样的，彼此之间也总是呈现出互动的结构，推进教育现代化就必须正视这一点，以促进不同文化之间的交互融通。首先，教育现代化所表征的文化交互是多层次的。它不仅意味着不同文化传统之间的互动，如中西文化之间的互动，也意味着传统文化与现代文化之间的互动，还意味着同一社会文化整体中不同文化分支和脉络之间的互动。其次，教育现代化所表征的文化交互是和谐的。它意味着不同的文化以尊重与平等的姿态、以建构新的文化为目的互相接触和整合。最后，教育现代化所表征的文化互动内化在教育领域里的各项内容、各个角落之中。它不仅体现为课程内容领域不同文化内容的交融和整合，也体现为评价方式的多元和统整，更体现在学校内部人与人的关系之中。

第三，教育现代化意味着文化的创生。一种事物如果永远维持它现在的模样，那它很快就会过时。一种文化（cultura）要想持续保持繁荣，就必须不断更新、不断被创造，事实上，cultura 主要具有"栽培"或"照料"的意涵。culture 在早期的用法里，是一个表示"过程"（process）的名词，意指对某物的照料，一般指对某种农作物或动物的照料。在法文里，一直到 18 世纪，culture 都有这样一种含义，指的是正在被栽培或培养的事物（威廉斯，2005）[104]。教育作为一项文化事业，无可避免地承担着文化创生的使命，这不仅是文化内在的发展要求，更是推进教育发展和实现教育本身价值的需要，文化创新是教育变革与发展的持续动力（杨小微，2011）。同时，教育现代化即文化创生也不仅仅停留在愿望和意义层面，它更是一种客观存在的事实：在多元融合中产生新的文化，不断开拓创造，造就新人，实际上也是在创造一种新的文化。

余论：中国教育现代化的未来图景

教育现代化，永远像一面旗帜在召唤我们奔向未来！

无论是 1983 年邓小平为北京景山学校的题词"教育要面向现代化，面向世界，面向未来"，还是 1993 年《中国教育改革和发展纲要》确立的远期目标——实现教育的现代化，抑或 2010 年颁布的《教育规划纲要》提出的"到 2020 年，基本实现教育现代化"的战略目标，都在激励我们向着目标"在路上"，要求我们不停地去"创未来"。

每到一个重要的时间节点，"未来主义"的"画风"就会隆重登场，各种憧憬、各种推断、各种离奇或不离奇的想象就会纷至沓来。此种情况在 2016 年这个具有特殊意义的"十三五"规划开局之年亦不例外。尽管体现国家意图的 2020 年教育事业发展规划文本尚未出台，但教育现代化的专项研究已然启动，甚至在民间也出现了"中国教育 2050"的微信群。华为集团掌门人任正非发出意想不到的声音："华为已感到前途茫茫，找不到方向"，"华为正在本行业内攻入无人区，处在无人领航、无既定规则、无人跟随的困境"……这些并非故作惊人之语，而是在坦诚面对事实。这一事实告诉我们，向发达国家"抄作业"的时代即将过去，中国唯有不断地创新才有出路，只有创造未来才有可能预见未来！

未来应该如何预测、如何描画？地球上的先民预测未来的方法不外乎占卜和问天，科学昌明后才有了种种富有理性的方法。迄今为止，人们使用过的把握未来的方式，有哲学思辨式、文学想象式，更有科学推导式。概言之，人对未来的预判和把握，既可以定量，也可以定性，或定性＋定量。何时选用何种方式畅想教育的未来，不仅取决于研究者已经拥有的资料、证据，以及对方法的偏好，还取决于研究对象更适于何种方法。

畅想 2050 年的中国教育现代化，究竟能憧憬出什么样的画面？我们不妨勾勒出这样三幅图景。（1）宏观图景——教育与社会、生活和谐共生。各级各类教育之间开始形成有机融通的"立交桥"，教育与经济社会达成一种较为协调的互生状态，学习化社会始见雏形，教育的过程、质量和水平开始受到民众的普遍称道。（2）中观图景——学校成为令人向往的地方，另一种说法则是灵活流动的泛在学习 / 教育开始部分地取代定时定点的学校教育。具体表现为学校的生活与学习环境对每位师生变得舒适、亲切和友好，管理的宗旨定位于咨询、参谋和服务，领导的作用表现在前瞻、引领和沟通，课程与学习变得更加具有选择性和自主性，学校与家庭和社区的关系变得和睦与融洽。（3）微观图景——教育过程充满平等、尊重和爱。如果说行政维度基本解决了教育机会公平问题，那么教育过程公平（或学校内部公平）便上升为主要的问题。进一步讲，过程公平可以被理解为三个方面：对所有的人平等对待（即"有教无类"），对不同的人差别对待（即"因材施教"），对有特殊教育需求的人特别对待。其中，平等对待应优先于差别对待。无论是对权利的尊重，还是对机会和资源（包括情感资源）的分配，都须遵守这一优先顺序。

然而，从另一个维度分析，也可能出现三幅图景，即比现在更好、比现在更坏、与现在比不好也不坏。这取决于两个前提：一是多年未能消除的顽疾能否消除？二是新的举措是否合理到位？如本书多次提及的调研所见，在我国长三角地区，某些发达城市在教育发展上呈现的三大问题十分突出，即普教职教发展不均衡，重"普"轻"职"，升学主义仍占上风；公办、民办教育比例不协调，"公"多"民"少；学校办学自主权不足。对西部地区的调研结果表明，许多地方对教育现代化的理解还停留于信息技术现代化阶段，课堂上用先进的技术"支撑"落后的教学方式的现象较为普遍；"大班额"仍然是难以缓解的突出问题，区域差距、城乡差距甚至校际差距难以消除。这些短板如不补齐，这些壁垒如不打破，这些障碍如不消除，那么今后最好的情况也只是跟现在的状况差不离。

我国作为后发外生型国家，在现代化的道路上还须警惕"现代化陷阱"

和"现代化指标陷阱"。"现代化陷阱"是指简单地照搬发达国家的路径和标准，脱离自己的文化土壤；"现代化指标陷阱"则是说看似达到了指标要求，却在实质（比如现代化观念和制度）上与教育现代化渐行渐远。显然，我们只有对以往推进和评价教育现代化的路径、政策、经验加以深刻的反思，才能在迈向教育现代化的过程中走好每一步。

参 考 文 献

中文参考文献

阿伦特，2011. 过去与未来之间 [M]. 王寅丽，张立立，译. 南京：译林出版社.

艾恺，1996. 最后的儒家：梁漱溟与中国现代化的两难 [M]. 王宗昱，冀建中，译. 南京：江苏人民出版社.

奥斯维特，1999. 哈贝马斯 [M]. 沈亚生，译. 哈尔滨：黑龙江人民出版社.

贝尔，1989. 资本主义文化矛盾 [M]. 北京：生活·读书·新知三联书店.

贝斯特，凯尔纳，1999. 后现代理论：批判性的质疑 [M]. 北京：中央编译出版社.

波德莱尔，1987. 波德莱尔美学论文选 [M]. 郭宏安，译. 北京：人民文学出版社.

波普尔，1987. 客观知识：一个进化论的研究 [M]. 上海：上海译文出版社.

伯姆，2004. 论对话 [M]. 尼科，编. 北京：教育科学出版社.

布莱克，1996. 比较现代化 [M]. 杨豫，陈祖洲，译. 上海：上海译文出版社.

蔡元培，1991. 蔡元培教育论著选 [M]. 高平叔，编. 北京：人民教育出版社.

陈独秀，1923. 科学与人生观 [M]. 上海：亚东图书馆.

陈独秀，1987. 独秀文存 [M]. 合肥：安徽人民出版社.

陈峰，2012. 论区域教育发展规划及其研制 [J]. 教育导刊（10）：26–29.

陈鼓应，2003. 老子今注今译：参照简帛本最新修订版 [M]. 北京：商务印书馆.

陈广胜，2007. 走向善治：中国地方政府的模式创新 [M]. 杭州：浙江大学出版社.

陈鹤琴，1991a. 陈鹤琴全集：第 4 卷 [M]. 南京：江苏教育出版社.

陈鹤琴，1991b.陈鹤琴全集：第 5 卷 [M].南京：江苏教育出版社 .

陈嘉明，等，2001.现代性与后现代性 [M].北京：人民出版社 .

陈嘉映，1999.《存在与时间》读本 [M].北京：生活 · 读书 · 新知三联书店 .

陈少明，单世联，张永义，1995.被解释的传统：近代思想史新论 [M].广州：中山大学出版社 .

陈效民，2011.探索突破体制障碍 复制放大优质教育：义务教育阶段学校委托管理的实践与思考 [J].教育发展研究（6）：12–17.

陈效民，2014.走向优质均衡的本土创新：上海市学校委托管理及其评估研究 [M].上海：上海教育出版社 .

陈修斋，1986.欧洲哲学史上的经验主义和理性主义 [M].北京：人民出版社 .

陈旭麓，1992.近代中国社会的新陈代谢 [M].上海：上海人民出版社 .

陈学恂，1986.中国近代教育史教学参考资料：上册 [M].北京：人民教育出版社 .

陈雪梅，2016.协商式督导评估初探 [N].中国教育报，2016–05–26（7）.

陈玉琨，1999.教育评价学 [M].北京：人民教育出版社 .

成都市教育局课题组，2009.在统筹城乡综合改革试验背景下加快推进成都市教育现代化建设的研究报告 [J].教育科学论坛（4）：64–69.

程颢，程颐，2004.二程集：上 [M].2 版 .北京：中华书局 .

程亮，2005.论教育传统 [J].教育发展研究（12）：54–58.

褚宏启，1998.论教育现代化的价值取向 [J].教育理论与实践（5）：7–10.

褚宏启，2013a.教育现代化的路径：现代教育导论 [M].2 版 .北京：教育科学出版社 .

褚宏启，2013b.教育现代化的本质与评价：我们需要什么样的教育现代化 [J].教育研究（11）：4–10.

褚宏启，2014.教育治理：以共治求善治 [J].教育研究（10）：4–11.

茨阿波夫，1997.现代化理论与社会发展的不同路向 [J].国外社会科学（4）：28–37.

戴晖，柯玲，罗哲，2016.城乡一体 融合发展：成都市探索统筹城乡教育综合改革试验区第二阶段建设实践方式 [J]. 教育与教学研究（1）：7–19.

邓小平，1993. 邓小平文选：第 3 卷 [M]. 北京：人民出版社 .

邓小平，1994. 邓小平文选：第 2 卷 [M].2 版 . 北京：人民出版社 .

笛卡尔，1986. 第一哲学沉思集：反驳和答辩 [M]. 北京：商务印书馆 .

蒂利希，1998. 存在的勇气 [M].2 版 . 贵阳：贵州人民出版社 .

丁钢，2002. 历史与现实之间：中国教育传统的理论探索 [M]. 北京：教育科学出版社 .

丁金泉，2005. 我国义务教育均衡发展问题研究 [D]. 上海：华东师范大学 .

丁学良，1988.“现代化理论”的渊源和概念构架 [J]. 中国社会科学（1）：65–78.

杜成宪，丁钢，2004. 20 世纪中国教育的现代化研究 [M]. 上海：上海教育出版社 .

杜威，2001. 民主主义与教育 [M]. 2 版 . 王承绪，译 . 北京：人民教育出版社 .

段力佩，1982. 段力佩教育文集 [M]. 上海：上海教育出版社 .

方朝晖，1993. 重建价值主体：卡尔·雅斯贝斯对近现代西方自由观的扬弃 [M]. 北京：中央广播电视大学出版社 .

方然，2014.“社会资本”的中国本土化定量测量研究 [M]. 北京：社会科学文献出版社 .

方燕，张昕竹，2012. 机制设计理论综述 [J]. 当代财经（7）：119–129.

方勇，2010. 庄子 [M]. 北京：中华书局 .

费蔚，2014. 从管理到治理：区域推进义务教育优质均衡发展的体制机制创新 [J]. 教育发展研究（Z2）：13–20.

费希特，2003. 对德意志民族的演讲 [M]. 梁志学，沈真，李理，译 . 沈阳：辽宁教育出版社 .

费孝通，王同惠，1988. 花篮瑶社会组织 [M]. 南京：江苏人民出版社 .

冯建军，2012. 内涵发展：推进义务教育优质均衡的路向选择 [J]. 南京社会科学（1）：119–125.

冯友兰，1999. 中国现代哲学史 [M]. 广州：广东人民出版社 .

冯增俊，1999.论教育现代化的基本概念 [J].教育研究（3）：12–19.

冯增俊，王兆丁，孙明英，等，2014.中国教育现代化的南山模式 [M].广州：广东高等教育出版社.

弗洛姆，1991.人的呼唤：弗洛姆人道主义文集 [M].上海：生活·读书·新知三联书店上海分店.

富永健一，1986."现代化理论"今日之课题：关于非西方后发展社会发展理论的探讨 [J].严立贤，译.国外社会科学（4）：1–10.

甘阳，2006.古今中西之争 [M].北京：生活·读书·新知三联书店.

高秉江，2000.胡塞尔与西方主体主义哲学 [M].武汉：武汉大学出版社.

高洪源，2006.学校战略管理 [M].重庆：重庆大学出版社.

高书国，2015.教育指标体系：大数据时代的战略工具 [M].北京：北京师范大学出版社.

格里芬，等，2001.超越解构：建设性后现代哲学的奠基者 [M].北京：中央编译出版社.

葛兆光，2013.中国思想史：第二卷：七世纪至十九世纪中国的知识、思想与信仰 [M].2 版.上海：复旦大学出版社.

耿云志，1993.胡适语萃 [M].北京：华夏出版社.

龚天平，2013.经济伦理的实现机制 [N].光明日报，2013–11–26（11）.

古贝，林肯，2008.第四代评估 [M].秦霖，蒋燕玲，等译.北京：中国人民大学出版社.

古德诺，1987.政治与行政 [M].王元，杨百朋，译.北京：华夏出版社.

顾敦荣，王少东，1998.苏州教育现代化研究 [M].苏州：苏州大学出版社.

顾泠沅，1994.教学实验论：青浦实验的方法学与教学原理研究 [M].北京：教育科学出版社.

顾明远，2012.试论教育现代化的基本特征 [J].教育研究（9）：4–10.

郭齐勇，2009.中国儒学之精神 [M].上海：复旦大学出版社.

郭颖颐，2010.中国现代思想中的唯科学主义（1900—1950）[M].2 版.南京：江苏人民出版社.

郭永华，2009.内生追赶型中国教育现代化模式研究 [M].海口：海南

出版社 .

国际 21 世纪教育委员会，1996. 教育：财富蕴藏其中 [M]. 北京：教育科学出版社 .

国际学生评估项目中国上海项目组，2010. 质量与公平：上海 2009 年国际学生评估项目（PISA）结果概要 [M]. 上海：上海教育出版社 .

国联教育考察团，1932. 中国教育之改进 [M]. 国立编译馆，译 . 南京：国立编译馆 .

哈贝马斯，2004. 现代性的哲学话语 [M]. 南京：译林出版社 .

哈佛燕京学社，三联书店，2001. 儒家与自由主义 [M]. 北京：生活·读书·新知三联书店 .

海德格尔，2008. 论真理的本质：柏拉图的洞喻和《泰阿泰德》讲疏 [M]. 北京：华夏出版社 .

韩庆祥，2016. 现代性的本质、矛盾及其时空分析 [J]. 中国社会科学（2）：9-14.

何中华，2007. 社会发展与现代性批判 [M]. 北京：社会科学文献出版社 .

贺照田，2002. 西方现代性的曲折与展开 [M]. 长春：吉林人民出版社 .

赫舍尔，1994. 人是谁 [M]. 隗仁莲，译 . 贵阳：贵州人民出版社 .

亨廷顿，1989. 变化社会中的政治秩序 [M]. 北京：生活·读书·新知三联书店 .

亨廷顿，等，1993. 现代化：理论与历史经验的再探讨 [M]. 上海：上海译文出版社 .

胡金平，2001. 教育传统：教育现代化无法割断的联系 [J]. 华东师范大学学报（教育科学版）（2）：84-90.

胡瑞文，2009. 2020 年我国基本实现教育现代化展望 [J]. 教育发展研究（3）：6.

胡绳，1999. 人的改造 [M]// 丁守和 . 中国近代启蒙思潮：下卷 . 北京：社会科学文献出版社 .

胡适，1986. 胡适作品集：26[M]. 台北：远流出版事业股份有限公司 .

胡适，1991. 胡适学术文集：中国哲学史：下 [M]. 北京：中华书局 .

胡适，2003. 胡适全集：22[M]. 合肥：安徽教育出版社 .

胡仲勋，俞可，2016.以政策工具创新推进公共教育改革：基于纽约市教育局的经验 [J].全球教育展望（3）：81−89.

黄丹凤，2014.基础教育阶段学校委托管理评估的基本框架及特征分析：以上海市农村学校委托管理工作为例 [J].教育测量与评价（理论版）（2）：13−18.

黄济，郭齐家，2003.中国教育传统与教育现代化基本问题研究 [M].北京：北京师范大学出版社.

黄明东，罗志敏，严希，等，2007.教育现代化进程中公共教育政策体系的构建 [J].广州大学学报（社会科学版）（3）：63−66.

黄书光，2001.论中国早期教育现代化的艰难探索 [J].社会科学战线（6）：196−204.

黄旭，柯玲，2011.成都市统筹推进城乡教育现代化的基本模式 [J].教育与教学研究（7）：1−5.

黄忠敬，2008.教育政策工具的分类与选择策略 [J].国家教育行政学院学报（8）：47−51.

黄忠敬，2016.以共享课程建设推进区域教育优质均衡发展 [J].课程·教材·教法（3）：58−64.

霍益萍，黄向阳，李家成，2009.多样、开放、灵活：普通高中教育体系的构建 [J].教育发展研究（18）：15−18.

吉登斯，1998.社会的构成：结构化理论大纲 [M].李康，李猛，译.北京：生活·读书·新知三联书店.

吉登斯，2000.现代性的后果 [M].田禾，译.南京：译林出版社.

吉莱斯皮，2011.现代性的神学起源 [M].长沙：湖南科学技术出版社.

加达默尔，1999.真理与方法：哲学诠释学的基本特征 [M].洪汉鼎，译.上海：上海译文出版社.

加达默尔，2004.哲学解释学 [M].夏镇平，宋建平，译.上海：上海译文出版社.

姜美玲，2009.教育公共治理：内涵、特征与模式 [J].全球教育展望（5）：39−46.

姜义华，2000."理性缺位"的启蒙 ［M］.上海：上海三联书店.

蒋红雨，2004. 人文经验与科学经验：对人文科学与自然科学观念的生存论透视 [M]. 北京：社会科学文献出版社 .

蒋廷玉，王拓，2014. 江苏省启动实施教育现代化建设监测评估 [EB/OL]. （2014−01−07）[2016−08−20].http：//www.gov.cn/gzdt/2014-01/07/content_2561261.htm.

杰姆逊，1997. 后现代主义与文化理论 [M]. 北京：北京大学出版社 .

金耀基，1999. 从传统到现代 [M]. 北京：中国人民大学出版社 .

金耀基，2010.《从传统到现代》补篇 [M]. 北京：法律出版社 .

卡尔，2015. 教育的意义 [M]. 北京：中国人民大学出版社 .

卡利内斯库，1999. 两种现代性 [J]. 南京大学学报（哲学、人文科学、社会科学版）（3）：50−52.

卡林内斯库，2002. 现代性的五副面孔：现代主义、先锋派、颓废、媚俗艺术、后现代主义 [M]. 北京：商务印书馆 .

康纳，2002. 后现代主义文化：当代理论导引 [M]. 北京：商务印书馆 .

康有为，1981. 康有为政论集：上册 [M]. 汤志钧，编 . 北京：中华书局 .

科拉罗，胡咏梅，梁文艳，2011. 国际组织教育政策监测与评价体系的架构及其对中国的启示 [J]. 比较教育研究（2）：70−75.

赖配根，2015. 循证决策和精准督导：成都教育现代化的关键路径 [J]. 人民教育（16）：38−41.

李大钊，1984. 李大钊文集：上卷 [M]，北京：人民出版社 .

李刚，2015. 教育现代化评价热潮反思 [J]. 教育发展研究（11）：10−14.

李惠国，黄长著，2001. 重写现代性：当代西方学术话语 [M]. 北京：社会科学文献出版社 .

李建忠，曾天山，2013. 政策工具：国外治理教育的秘诀 [N] 中国教育报，2013−08−30（7）.

李江源，徐冰，2014. 论"成都教育"的自主与自信 [J]. 教育理论与实践（26）：12−15.

李进书，2014. 审美现代性与文化现代性：法兰克福学派思想的二重奏 [M]. 北京：人民出版社 .

李芒，蒋科蔚，2012. 教育信息化与"现代化风险"[J]. 现代远程教育研究（2）：3-12.

李欧梵，2010. 现代性的追求 [M]. 北京：人民文学出版社.

李伟涛，2015. 教育现代化监测评价研究：一个制度分析框架 [J]. 教育发展研究（1）：27-33.

李毅，寇清杰，张允熠，等，2007. 综合创新论与"马魂、中体、西用"：关于当代中国文化建设的探讨 [J]. 上海师范大学学报（哲学社会科学版）（6）：1-11.

李幼蒸，2000. 形上逻辑和本体虚无：现代德法伦理学认识论研究 [M]. 北京：商务印书馆.

李泽厚，2008. 中国近代思想史论 [M]. 北京：生活·读书·新知三联书店.

联合国教科文组织国际教育发展委员会，1979. 学会生存：教育世界的今天和明天 [M]. 上海师范大学外国教育研究室，译. 上海：上海译文出版社.

联合国全球治理委员会，1995. 我们的全球伙伴关系 [M]. 香港：牛津大学出版社.

梁漱溟，1992. 梁漱溟全集：第五卷 [M]. 济南：山东人民出版社.

列宁，1965. 黑格尔"逻辑学"一书摘要 [M]. 北京：人民出版社.

列文，1997. 倾听着的自我：个人成长、社会变迁与形而上学的终结 [M]. 西安：陕西人民教育出版社.

列文森，2000. 儒教中国及其现代命运 [M]. 郑大华，任菁，译. 北京：中国社会科学出版社.

林毓生，1986. 中国意识的危机："五四"时期激烈的反传统主义 [M]. 贵阳：贵州人民出版社.

刘福垣，2003. 社会保障覆盖率是全面小康的惟一考核指标 [EB/OL].（2003-12-05）[2015-02-05].http：//finance.sina.com.cn/roll/20031205/0917549114.shtml.

刘良华，2015. 西方哲学："生命·实践"教育学视角之思 [M]. 上海：华东师范大学出版社.

刘青峰，2006. 让科学的光芒照亮自己：近代科学为什么没有在中国产生 [M]. 北京：新星出版社.

刘荣飞，徐士强，2007. 关于引导外部优质资源介入薄弱学校管理的讨论 [J]. 上海教育科研（12）：10－13.

刘少杰，1997. 西方现代化理论的批判与重建 [J]. 社会学研究（6）：113－119.

刘小枫，1998. 现代性社会理论绪论：现代性与现代中国 [M]. 上海：上海三联书店 .

刘小枫，2010. 施特劳斯与现代性危机 [M]. 上海：华东师范大学出版社 .

刘小龙，2010. 试论我国教育现代化价值取向的困惑及其人本回归 [J]. 教育探索（11）：10－13.

刘朝晖，扈中平，1998. 对西方教育现代化历程的回顾与思考 [J]. 比较教育研究（5）：8－12.

鲁路，1997. 自由与超越：雅斯培尔斯对生存的阐明 [M]. 北京：中央编译出版社 .

罗荣渠，1986. 现代化理论与历史研究 [J]. 历史研究（3）：19－32.

罗荣渠，1993. 现代化新论：世界与中国的现代化进程 [M]. 北京：北京大学出版社 .

罗荣渠，1997. 现代化新论续编：东亚与中国的现代化进程 [M]. 北京：北京大学出版社 .

罗荣渠，2004. 现代化新论：世界与中国的现代化进程 [M]. 增订版 . 北京：商务印书馆 .

罗荣渠，2013. 现代化新论：中国的现代化之路 [M]. 上海：华东师范大学出版社 .

罗素，1999. 教育与美好生活 [M]. 石家庄：河北人民出版社 .

罗阳佳，2011. 上海学生 PISA 测试"全球第一"引发教育思考 [N]. 中国教育报，2011－03－17（5）.

罗哲，2015. 统筹城乡教育综合改革背景下成都市教师队伍建设的分析与探讨 [J]. 教育与教学研究（10）：1－4.

罗哲，罗膑露，2015. 成都市教师动态管理体制改革探析 [J]. 教育与教学研究（11）：10－13.

罗兹曼，1989.中国的现代化 [M].2 版.上海：上海人民出版社.

马克思，恩格斯，1972.马克思恩格斯选集：第 1 卷 [M].北京：人民出版社.

马智强，2008.语文课的出路：回归传统 [N].光明日报，2008-12-15（12）.

萌萌，2001.启示与理性：从苏格拉底、尼采到施特劳斯 [M].北京：中国社会科学出版社.

莫兰，2004.复杂性理论与教育问题 [M].陈一壮，译.北京：北京大学出版社.

钱澜，2015.文化融合与重构："一体化"管理的核心策略 [J].江苏教育研究（Z1）：22-25.

秦建平，张惠，2012.教育现代化监测指标研究：以四川省成都市为例 [J].教育导刊（5）：25-28.

秦晓，2010.追问中国的现代性方案 [M].北京：社会科学文献出版社.

仇忠海，2013."人之为人"的教育追求：我的育人思想与办学实践 [M].上海：上海教育出版社.

璩鑫圭，唐良炎，1991.中国近代教育史资料汇编：学制演变 [M].上海：上海教育出版社.

冉华，2016.教育现代化评价指标体系的价值维度比较研究 [D].上海：华东师范大学.

冉华，张旭，2015.走向综合：确立教育现代化评价维度的取向研究 [J].上海教育科研（11）：14-17.

容闳，1985.西学东渐记 [M]// 容闳，祁兆熙，张德彝，等.西学东渐记　游美洲日记　随使法国记　苏格兰游学指南.长沙：岳麓书社.

Rossi, Gilmartin, 1981.社会指标导论 [M].李明，赵文璋，译.台北：明德基金会生活素质研究中心.

瑞泽尔，2003.后现代社会理论 [M].北京：华夏出版社.

邵长兰，2011.困顿与求索：中国高等教育本土化研究：以 20 世纪二三十年代为背景的分析 [D].天津：南开大学.

沈洪，2012.寻求中国的"现代性" [EB/OL].（2012-11-01）[2015-06-30].

http://www. infzm. com/ contents/ 82519.

舒新城，1961.中国近代教育史资料：上册 [M].北京：人民教育出版社.

斯密，1997.道德情操论 [M].北京：商务印书馆.

斯温伍德，2006.现代性与文化 [M]// 周宪.文化现代性精粹读本.北京：中国人民大学出版社.

孙晶，2004.文化霸权理论研究 [M].北京：社会科学文献出版社.

孙志麟，2000.教育指标的概念模式 [J].教育政策论坛（2）：117-136.

索雷尔，2003.进步的幻象 [M].上海：上海人民出版社.

泰勒，2001.自我的根源：现代认同的形成 [M].韩震，等译.南京：译林出版社.

泰勒，2008.课程与教学的基本原理：英汉对照版 [M].罗康，张阅，译.北京：中国轻工业出版社.

谭国清，2009.传世文选：晚清文选（三）[M].2 版.北京：西苑出版社.

谈松华，王建，2011.教育现代化区域发展模式研究 [M].北京：北京师范大学出版社.

田国强，2002.现代经济学与金融学前沿发展 [M].北京：商务印书馆.

田正平，陈胜，2009.中国教育早期现代化问题研究：以清末民初乡村教育冲突考察为中心 [M].杭州：浙江教育出版社.

万俊人，2002.现代性的伦理话语 [M].哈尔滨：黑龙江人民出版社.

汪民安，2005.现代性 [M].桂林：广西师范大学出版社.

王海洲，2011.政治仪式中的权力结构及其动态分析 [J].南京社会科学（3）：78-85.

王湖滨，黄忠敬，2011.藉"托管"走向"均衡"：教育公共治理方式的新探索 [J].基础教育（2）：46-50.

王凯，2013.名校集团化：区域义务教育均衡发展策略 [J].基础教育（2）：17-21.

王律，2014.启蒙传统与教育现代性 [M].北京：人民出版社.

王名，蔡志鸿，王春婷，2014.社会共治：多元主体共同治理的实践探索与制度创新 [J].中国行政管理（12）：16-19.

王奇，2009.教育现代化：跨世纪的使命与选择：上海教育现代化内涵及指标体系研究 [M].上海：上海教育出版社.

王铁军，1999.教育现代化论纲 [M].南京：南京师范大学出版社.

王伟民，2010.追寻教育现代化的足迹：来自卢湾的实践报告 [M].上海：华东师范大学出版社.

王瑛，郑艳敏，贾义敏，等，2014.教育信息化资源发展战略研究 [J].远程教育杂志（6）：3-14.

威廉斯，2005.关键词：文化与社会的词汇 [M].刘建基，译.北京：生活·读书·新知三联书店.

韦伯，1995.儒教与道教 [M].王容芬，译.北京：商务印书馆.

韦尔默，2007.后形而上学现代性 [M].上海：上海译文出版社.

魏敦友，1999.回返理性之源：胡塞尔现象学对实体主义的超越及其意义研究 [M].武汉：武汉大学出版社.

魏曼华，2013.反思大跃进中的"教育革命" [J].教育学报（2）：96-112.

沃尔德罗普，1997.复杂：诞生于秩序与混沌边缘的科学 [M].陈玲，译.北京：生活·读书·新知三联书店.

邬志辉，1998.推行教育现代化的三个理论前提 [J].教育理论与实践（6）：1-6.

邬志辉，等，2008.学校教育现代化指标研究 [M].长春：东北师范大学出版社.

吴宁，2007.日常生活批判：列斐伏尔哲学思想研究 [M].北京：人民出版社.

吴先伍，2005.现代性的追求与批评：柏格森与中国近代哲学 [M].合肥：安徽人民出版社.

吴晓明，邹诗鹏，2009.全球化背景下的现代性问题 [M].重庆：重庆出版社.

希尔贝克，2014.多元现代性：一个斯堪的纳维亚经验的故事 [M].上海：上海人民出版社.

希尔斯，2014.论传统 [M].2版.傅铿，吕乐，译.上海：上海人民出版社.

希梅尔法布，2011. 现代性之路：英法美启蒙运动之比较 [M]. 上海：复旦大学出版社 .

夏中义，1995. 世纪初的苦魂 [M]. 上海：上海文艺出版社 .

向荣，2010. 地方性知识：乡土文学抵抗"去域化"的叙事策略：以四川乡土文学发展史为例 [J]. 当代文坛（2）：16-23.

项贤明，2007. 比较视野中的教育现代化进程 [J]. 比较教育研究（12）：1-7.

萧净宇，2007. 超越语言学：巴赫金语言哲学研究 [M]. 上海：上海人民出版社 .

谢立中，1998. 现代化理论的过去与现在 [J]. 社会科学研究（1）：67-73.

谢立中，2001. "现代性"及其相关概念词义辨析 [J]. 北京大学学报（哲学社会科学版）（5）：25-32.

谢立中，孙立平，2002. 二十世纪西方现代化理论文选 [M]. 上海：上海三联书店 .

熊春文，2012. 中国教育精神的现代转型：民初教育民主主义思想的知识社会学研究 [M]. 北京：中国人民大学出版社 .

休谟，1980. 人性论 [M]. 北京：商务印书馆 .

徐玲，2004. 国际教育指标体系的分析与思考 [J]. 教育科学（2）：18-21.

许美德，巴斯蒂，1990. 中外比较教育史 [M]. 上海：上海人民出版社 .

亚里士多德，1959. 形而上学 [M]. 北京：商务印书馆 .

严复，1986. 严复集：第三册 [M]. 北京：中华书局 .

杨斌，2010. 什么是真正的教育？：50 位大师论教育 [M]. 福州：福建教育出版社 .

杨伯峻，1963. 孟子译注：下 [M]. 北京：中华书局 .

杨伯峻，2009. 论语译注 [M].3 版 . 北京：中华书局 .

杨大春，1995. 沉沦与拯救：克尔凯戈尔的精神哲学研究 [M]. 北京：人民出版社 .

杨东平，2006. 中国教育公平的理想与现实 [M]. 北京：北京大学出版社 .

杨东平，周金燕，2003. 我国教育公平评价指标初探 [J]. 教育研究（11）：30-33.

杨启光，2012. 国际教育组织及其对国家教育发展的影响论析 [J]. 西南大学学报（社会科学版）（6）：54—60.

杨琼，2011. 治理与制衡：学校法人论 [M]. 北京：教育科学出版社.

杨小微，2011. 文化创新：教育变革与发展的持续动力 [J]. 教育发展研究（24）：3.

杨小微，2012. 长江文化共识下学校文化建设的思路探寻 [J]. 教育发展研究（8）：1—6.

杨小微，2014a. 探寻区域义务教育优质均衡发展的新机制：以集团化办学为例 [J]. 教育发展研究（24）：1—9.

杨小微，2014b. 教育现代化的路径选择 [J]. 人民教育（20）：8—12.

杨小微，2014c. 教育现代化的再理解与再出发 [J]. 教育发展研究（6）：3.

杨小微，2015a. 教育现代化评价之核心指标三问 [J]. 教育科学研究（7）：5—9.

杨小微，2015b. 让"春雨"泽润大地：提升进城务工人员随迁子女民办学校质量的有益尝试 [J]. 上海教育（12）：70—71.

杨小微，2016. 眺望 2020：破解教育基本现代化推进难题 [N]. 中国教育报，2016—03—31（6）.

杨小微，李学良，2016. 关注学校内部公平的指数研究 [J]. 教育科学研究（11）：5—12.

杨小微，孙阳，张权力，2013. 教育现代化：从梦想走向现实 [J]. 教育科学研究（11）：5—12.

杨银付，2015. 城市教育现代化监测评价的思路、指标与方法：以副省级城市为例 [J]. 教育发展研究（1）：57—61.

姚大志，2000. 现代之后：20 世纪晚期西方哲学 [M]. 北京：东方出版社.

叶澜，1999. 教育研究方法论初探 [M]. 上海：上海教育出版社.

衣俊卿，2011. 现代性的维度 [M]. 哈尔滨：黑龙江大学出版社.

佚名，2015a. 创建儿童友好学校："春雨计划"项目回眸 [J]. 教育发展研究（2）：75—80.

佚名，2015b. 核心素养如何转化为学生素质 [N]. 光明日报，2015—12—08

（15）.

尹后庆，2013. 见证变革：站在上海基础教育转折点上 [M]. 上海：上海教育出版社.

殷陆君，1985. 人的现代化：心理·思想·态度·行为 [M]. 成都：四川人民出版社.

尤敬党，2006. 教育现代化进程中公共教育政策的建模分析：基于江苏实践的回顾与分析 [J]. 教育发展研究（1）：46-49.

于文杰，2006. 欧洲近代学术思想的心灵之旅：论西学三分及其中介理论的历史可能性 [M]. 北京：商务印书馆.

余胜泉，2012. 推进技术与教育的双向融合：《教育信息化十年发展规划（2011—2020 年）》解读 [J]. 中国电化教育（5）：5-14.

余英时，1995. 中国思想传统的现代诠释 [M]. 南京：江苏人民出版社.

余英时，2005. 现代危机与思想人物 [M]. 北京：生活·读书·新知三联书店.

俞可平，2000. 治理与善治 [M]. 北京：社会科学文献出版社.

俞吾金，等，2002. 现代性现象学：与西方马克思主义者的对话 [M]. 上海：上海社会科学院出版社.

袁本涛，1999. 教育现代化及其基本特征浅论 [J]. 辽宁高等教育研究（2）：40-43.

曾荣光，2014. 教育政策行动：解释与分析框架 [J]. 北京大学教育评论（1）：68-89.

曾天山，褚宏启，2014. 现代教育管理学 [M]. 北京：教育科学出版社.

詹姆斯，2007. 真理的意义：《实用主义》续篇 [M]. 桂林：广西师范大学出版社.

张凤阳，2004. 现代性的谱系 [M]. 南京：南京大学出版社.

张珏，王秀军，姚轶洁，等，2015. 教育现代化与地方政府履职评价研究 [J]. 教育发展研究（1）：34-38.

张君劢，丁文江，等，1997. 科学与人生观 [M]. 济南：山东人民出版社.

张莉，2014. 中国教育现代化进程统计监测研究 [J]. 统计与信息论坛（10）：79-84.

张敏，2014. 现代性危机的政治哲学救赎：列奥·施特劳斯的政治哲学研究 [M]. 北京：中国社会科学出版社.

张庆熊，1999. 自我、主体际性与文化交流 [M]. 上海：上海人民出版社.

张文杰，等，1984. 现代西方历史哲学译文集 [M]. 上海：上海译文出版社.

张文喜，2002. 自我的建构与解构 [M]. 上海：上海人民出版社.

张旭，2016. 15 个副省级城市教育现代化监测数据分析与反思 [J]. 现代教育管理（1）：74-81.

张载，1978. 张载集 [M]. 章锡琛，点校. 北京：中华书局.

张之洞，1998. 劝学篇 [M]. 李忠兴，评注. 郑州：中州古籍出版社.

张志平，2006. 情感的本质与意义：舍勒的情感现象学概论 [M]. 上海：上海人民出版社.

赵敦华，1994. 基督教哲学 1500 年 [M]. 北京：人民出版社.

赵汀阳，2016a. 惠此中国：作为一个神性概念的中国 [M]. 北京：中信出版社.

赵汀阳，2016b. 天下的当代性：世界秩序的实践与想象 [M]. 北京：中信出版社.

郑大华，2005. 中国文化保守主义思潮的历史考察 [J]. 求索（1）：172-176.

中共中央文献研究室，2013. 习近平关于实现中华民族伟大复兴的中国梦论述摘编 [M]. 北京：中央文献出版社.

中国蔡元培研究会，1998. 蔡元培全集：第 14 卷 [M]. 杭州：浙江教育出版社.

中国大百科全书出版社《中国教育年鉴》编辑部，1984. 中国教育年鉴（1949—1981）[M]. 北京：中国大百科全书出版社.

中国教科院教育质量标准研究课题组，2013. 教育质量国家标准及其制定 [J]. 教育研究（6）：4-16.

中国教育学会，中国高等教育学会，1999. 中国教育改革发展二十年 [M]. 北京：北京师范大学出版社.

中国教育与人力资源问题报告课题组，2003. 从人口大国迈向人力资源强国 [M]. 北京：高等教育出版社.

中国史学会，2000.洋务运动：二 [M]. 上海：上海人民出版社 .

中央教育科学研究所，1984. 中华人民共和国教育大事记：1949—1982[M].北京：教育科学出版社 .

周稽裘，2008. 从自然融入到自觉推进：十一届三中全会以来江苏教育现代化的实践与反思 [J]. 江苏教育研究（1）：12−18.

周丽华，2003. 德国基础教育的改革理念与行动策略：解读德国教育论坛"十二条教改建议" [J]. 比较教育研究（12）：6−10.

周穗明，1995. 当代西方现代化理论的演进 [J]. 国外理论动态（23）：182−184.

周宪，2006. 文化现代性精粹读本 [M]. 北京：中国人民大学出版社 .

周宪，2007. 文化表征与文化研究 [M]. 北京：北京大学出版社 .

朱伟，2012. 政策制定过程中官员、专家与公众的互动模式研究：基于政策"类型－过程"的分析框架 [D]. 南京：南京大学 .

朱熹，1983. 四书章句集注 [M]. 北京：中华书局 .

朱旭东，1998. 教育现代化的几个理论问题初探 [J]. 比较教育研究（2）：1−6.

朱怡华，2011. 探索"委托管理"，促进教育公平：基于上海基础教育实践的调查与思考 [J]. 现代基础教育研究（3）：22−35.

朱有瓛，1986. 中国近代学制史料：第一辑下册 [M]. 上海：华东师范大学出版社 .

英文参考文献

Allison G,1971. Essence of decision: explaining the Cuban missile crisis [M]. Boston: Little, Brown and Company.

Duncan O D,1969.Toward social reporting: next step[M].New York: Russell Sage Foundation.

Green A,1990.Education and state formation: the rise of education systems in England, France and the USA[M].London: Macmillan.

Green D,1994. What is quality in higher education?: concepts, policy and practice[M]// Green D. What is quality in higher education?. Bristol, PA: Taylor & Francis.

Higgins C，2011.The good life of teaching: an ethics of professional practice[M].New Jersey: Wiley-Blackwell.

International Organization for Standardization, 2016. ISO 9000[EB/OL].[2016−09−10].https://www.iso.org/iso-9001-quality-management.html.

Juran J M, Blanton G A,1998. Juran's quality handbook[M]. New York: McGraw-Hill.

Noll H H，2014. European system of social indicators: a tool for welfare measurement and monitoring social change[M]//Michalos A C. Encyclopedia of quality of life and well-being research. New York: Springer.

Tönnies F,1988. Community and society[M]. New Brunswick, NJ: Transaction Publishers.

索　引

B

报告制度 294, 295

本土化 48, 54, 55, 92, 107, 117, 151,
  162, 177, 290, 291

本土立场 53–55, 85

C

蔡元培 48, 94

差别对待 167, 168, 170, 173, 177, 180,
  184, 185, 213, 359

产教融合 9, 187, 198, 201

陈鹤琴 48, 55

城市化 5, 6, 21, 64, 220, 221, 241, 242,
  270

城乡统筹 182, 199, 227, 228, 249

传统元素 32, 40, 45

春雨计划 245–248

CIPP 模式 119, 121, 122, 129, 138, 152,
  183, 184, 269

D

德尔菲法 124, 125, 157, 158, 188

德里达 17, 65–67, 69

第三方介入 9, 204, 229

杜威 26, 48, 54, 55, 66, 339, 356

F

法兰克福学派 66, 70, 77, 78

法治性 106, 356

弗洛姆 66, 72, 79–81

福柯 17, 66–70, 72

G

个性指标 113–115, 135–137

工具理性 38, 66, 69–75, 77, 78, 80–83,
  291, 312

工业化 5, 6, 12, 15–17, 21, 49, 89, 106,
  220, 223, 252, 290, 348

公平性 90, 151, 356

共性指标 113, 114, 127, 133–135, 152

"管办评" 分离 200, 230, 233, 258,
  275, 277, 278, 300

归纳－描述法 116–119

国际理解 159, 166, 168, 174

国际视野 53–55, 239, 253, 268, 318

H

哈贝马斯 60, 61, 65–67, 70, 75, 77, 78,
  80–84, 241, 350

核心指标 9, 109, 111, 113, 137, 147,
  154, 161, 188, 200, 217, 269

宏大叙事 66, 69

后发优势 24, 34

后来者 1, 4, 5, 11, 19, 20, 23–26, 28, 34, 36, 37, 291

后现代主义 17, 37, 59, 60, 62, 65, 66, 70, 72, 78, 80, 84–86

胡适 46– 48, 340

J

吉登斯 290, 350, 354

集团化办学 241–244, 251, 276, 326

价值多元 102, 103

价值理性 38, 312

价值体系 88, 92, 95, 102, 104, 112

价值引领 87, 105, 106, 278, 288, 303, 310

监测制度 198, 284–301

交往理性 65, 66, 78, 81, 83

教育质量 30, 36, 101, 118, 136, 138, 142, 151, 181, 182, 192, 193, 203, 211, 225, 231, 245, 248, 249, 275, 287, 297, 305, 316–318, 323–325, 335

经济合作与发展组织（OECD） 116, 184, 188, 234, 268, 286, 317

K

开放性 18, 96, 106, 171, 177, 352, 356

科学性 18, 22, 96, 103, 106, 112, 116, 126, 134, 145, 159, 163, 164, 171, 205, 216, 233, 269, 349, 356

可持续发展 2, 34, 37–39, 53, 91, 93, 94, 121, 125, 156, 159, 161–163, 165, 167, 170, 172, 174, 178, 198, 233, 235, 248, 262, 263, 270, 278, 285, 312

孔德 13, 17

L

联合国教科文组织 30, 118, 178, 253, 268, 286, 310, 353

M

马克思主义 93, 344, 345, 347–349

民主性 18, 96, 106, 356

N

内部工具 333, 335, 336

内涵式发展 5, 6, 101, 127, 145, 146, 161, 182, 183, 187, 191, 194, 195, 201, 213, 228, 233

内源动力 39, 40, 45

P

平等对待 159, 165, 167, 168, 170, 173, 177, 180, 184, 185, 192, 213, 359

PISA 测试 4, 234, 287

普职融通 9, 166, 198, 201

Q

启蒙理性 67, 71, 72, 78, 85

全球化 45, 50, 51, 54, 57, 59, 63, 91, 96, 171, 215, 285, 286, 290, 291, 293, 310

R

人本回归 56, 100

人的现代化 5, 6, 88, 91, 99–102, 113, 115, 146, 151–154, 186, 187, 192, 195,

197, 200, 215, 228, 302, 303, 307–312, 321, 337, 351–354

人文性 18, 106

柔性指标 154, 187, 213

S

生活世界 65, 72–75, 77, 78, 80–83, 246

生态环境 274, 334, 335

苏南教育现代化示范区 115, 138, 144, 145, 220, 223, 334

T

陶行知 48, 55

特别优待 167, 168, 170, 173, 177, 180, 184, 185

天人合一 52, 71

推进机制 205, 255, 256, 258, 259, 262, 264, 265, 279

推进路径 9, 10, 157, 189, 190, 195–198, 200, 204, 212, 284, 287, 293

W

外部工具 333, 334

外延式发展 6, 101, 213, 233, 322

委托管理 9, 196, 229–241, 251, 258, 277, 278, 323, 333, 335

魏源 40, 91

文化的现代化 5, 6, 337, 351, 352

文化生成 10, 337, 338, 344, 345, 351, 354

文化透视 40, 53

文化自觉 86, 238, 291

问责制度 284, 295, 296

物的现代化 105, 151, 154

X

系统－整体法 109, 116, 119

先行者 1, 4, 11, 19, 22, 27, 28

现代性 1–3, 6–9, 12, 18, 21, 22, 31, 37, 38, 46, 58–86, 106, 107, 118, 119, 157, 270, 289–291, 293, 309, 312, 337, 339, 342–345, 350, 355

信息化 28, 114, 116, 121, 125, 128, 130, 141, 142, 145, 146, 148, 150, 152, 159, 160–163, 166, 167, 169, 170, 172, 174, 175, 179, 187, 189, 193, 197, 199, 202, 203, 210, 217, 239, 252, 254, 258, 261, 269, 270, 276, 293, 317, 334, 356

Y

演绎－分析法 116–119

洋务派 40–42, 46

以评促建 105, 135, 151, 160, 184, 190, 194, 196, 199, 200, 204, 205, 212, 213, 218, 257, 261, 262

因材施教 51, 165, 192, 359

英克尔斯 5, 308, 309, 337, 338, 350

应答模式 122–124

预警制度 284, 296, 297

Z

政策创新 10, 142, 302, 338

政策工具 258, 261, 302, 333–336

中体西用 39–42, 44–46, 49, 54, 340,

344, 350

专业化 15, 29, 70, 74, 93–95, 121, 125,
 159–164, 166, 167, 169–171, 174, 175,
 179, 188, 194, 244, 264, 332

追随者 11, 24, 25, 27, 28, 34, 51

资源配置 36, 88, 90, 144, 145, 164, 171,
 191, 197, 199, 242, 249, 287, 288, 298,
 317, 322, 323

后　记

本书的完稿，意味着一个较为浩大的工程接近尾声了。然后，新的更为浩大的工程又将启动，因为关于我国2030年教育发展目标及推进战略的2017年度课题又已立项，真可谓"才下眉头，却上心头"。教育的现代化征程是没有止境的，同样道理，我们的研究也没有止境。

非常感谢课题组的老师和同学们，每一次调研都全力以赴，每一次研讨都倾情投入，每一段文字都细细打磨，……如果不是这样，要完成这么多次调研、这么多份报告、这么厚重的一本书，几乎是难以想象的！

下面要开列出为本书做出贡献者的长长的名单。导言、第八章和余论：杨小微。第一章：唐立宁、黄忠敬。第二章：黄书光。第三章：徐冬青。第四章：冉华。第五章：王娟。第六、七章：李学良、杨婷、高娅敏。第九章：杨小微、张文景、王晴、朱丽、高娅敏。第十章：李伟胜。第十一章：孙元涛。第十二章：刘世清。第十三章：吴煌、程亮。其中，杨婷担任了本书撰写的秘书工作。鞠玉翠、王占魁、张礼永、徐继洁等同事，张萌、杨雪等同学虽未直接参与写作，但参加了书稿讨论、苏南及重庆等地调研，以及和课题相关的活动。在此一并致谢！

还有很多为本书的文字打磨、编辑出版及发行付出心血的朋友们，恕不能在此一一具名，但心存感激！

尽管我们主观上努力了，但客观效果未必尽如人意，错讹之处在所难免，恳请读者朋友不吝赐教。相信我们还有弥补、完善和提升的机会。

杨小微

2018年1月